suhrkamp taschenbuch
wissenschaft 1338

Über Menschenrechte wird in jüngster Zeit nicht nur politisch, sondern auch philosophisch gestritten. In diesen Streit will der vorliegende Band mit begrifflichen Klärungen eingreifen. So geht es zunächst um die Frage, ob Menschenrechte moralisch oder juridisch zu verstehen sind, um die Frage ihrer Begründbarkeit und ihres Geltungsbereichs. Je nach der moralischen Deckung der Menschenrechte werden die Ansprüche der sozialen und internationalen Gerechtigkeit und die Spannungen zwischen Demokratie, Rechtsstaat und Menschenrechten unterschiedlich gewichtet. Schließlich weisen auch die Diskussionen um die Universalität oder Kulturrelativität der Menschenrechte sowie die Frage ihrer Geschlechtsspezifität auf die Notwendigkeit konzeptioneller Klärung hin.

Philosophie der Menschenrechte

Herausgegeben von
Stefan Gosepath und
Georg Lohmann

Suhrkamp

Bibliografische Information der Deutschen Nationalbibliothek
Die Deutsche Nationalbibliothek verzeichnet diese Publikation
in der Deutschen Nationalbibliografie;
detaillierte bibliografische Daten sind im Internet über
http://dnb.d-nb.de abrufbar.

7. Auflage 2019

Erste Auflage 1998
suhrkamp taschenbuch wissenschaft 1338

Printed in Germany
Umschlag nach Entwürfen von
Willy Fleckhaus und Rolf Staudt
ISBN 978-3-518-28938-9

Inhalt

UNIVERSALITÄT, KONKRETISIERUNG UND RELATIVITÄT

Georg Lohmann und Stefan Gosepath
Einleitung

1. Die *Allgemeine Erklärung der Menschenrechte* – politische Wirkung und philosophischer Aufklärungsbedarf

Vor nunmehr 50 Jahren, am 10. Dezember 1948, wurde von der Generalversammlung der Vereinten Nationen die *Allgemeine Erklärung der Menschenrechte* verabschiedet. Sie ist aus heutiger Perspektive eines der wichtigsten Dokumente des 20. Jahrhunderts.

Die Präambel verweist deutlich auf die barbarischen Erfahrungen des Zweiten Weltkrieges hin, die diese Verkündung »der Menschenrechte als das von allen Völkern und Nationen zu erreichende gemeinsame Ideal«[1] motiviert haben. Sie ist sicherlich durch die Zeitumstände geprägt worden. Auch die Vorgeschichte und die Artikel im einzelnen zeigen, daß diese Erklärung einen glücklichen Kompromiß zwischen den unterschiedlichen Interessen der politischen Mächte darstellt, die über die faschistischen Staaten gesiegt hatten; einen Kompromiß, der vielleicht in dieser Geschlossenheit und Ausgewogenheit, bei allen Unstimmigkeiten im einzelnen, wenig später, in der verfestigten Phase des »kalten Krieges«, so nicht mehr möglich gewesen wäre. Politische Differenzen bestimmten auch die folgenden Konventionen der UN, die internationalen Pakte und völkerrechtlichen Vereinbarungen. Sie zeigen die »allgemeine und tatsächliche Anerkennung und Verwirklichung« der Menschenrechte als einen schwierigen Prozeß der Ausbalancierung von nationalen und wirtschaftlichen Interessen.[2] Aber ungeachtet der anhaltenden

1 Als Grund für die Verkündung wird an erster Stelle angegeben, daß die »Verkennung und Mißachtung der Menschenrechte zu Akten der Barbarei führten, die das Gewissen der Menschheit tief verletzt haben«. Siehe die »Allgemeine Erklärung der Menschenrechte« vom 10. 12. 1948, abgedruckt in: Wolfgang Heidelmeyer (Hg.), *Die Menschenrechte*, Paderborn/München/Wien/Zürich 1982, S. 271.

2 Siehe *The United Nations and Human Rights. 1945-1995*, Depart-

politischen Interessendifferenzen[3] hinsichtlich der angemessenen Verwirklichung dieses »gemeinsamen Ideals« gilt die *Allgemeine Erklärung der Menschenrechte* 50 Jahre nach ihrer Verkündigung als nicht mehr zu ignorierende Formulierung eines weltweit Gültigkeit beanspruchenden normativen Maßstabes.

Die im 17. Jahrhundert (insbesondere von John Locke[4]) in der Tradition des Naturrechts entworfene und im 18. Jahrhundert von nationalen Versammlungen (*Virgina Bill of Rights* von 1776 und die *französische Déclaration des droits de l'homme et du citoyen* von 1789) deklarierte Idee der Menschenrechte ist so erst im 20. Jahrhundert zu einem – bei allen Einschränkungen – global wirksamen internationalen normativen Maßstab der Menschheit geworden. Die *Allgemeine Erklärung* verwandelt diese Idee in ein rechtlich und politisch wirksames Kriterium für den zivilen Umgang der Menschen miteinander, für die Legitimität von Staaten und für die Gestaltung nationaler und internationaler Verfassungen und Beziehungen. Die praktische Orientierung an den Menschenrechten und ihre Beanspruchung gibt allen Menschen auf der Welt das praktische Selbstbewußtsein, »frei und gleich an Würde und Rechten geboren zu sein«[5], dessen Wirkungsmächtigkeit gerade die politischen Umwälzungen des ausgehenden 20. Jahrhunderts gezeigt haben. Daß überall auf der Welt nationale und internationale, staatliche wie nicht-staatliche Organisationen, die gegen die Verletzungen von Menschenrechten protestieren und ihre Einhaltung einklagen, öffentliche Beachtung gewinnen, verdeutlicht ihre allgemeine Anerkennung und ihre globalisierende Wirkung.

Kontrastierend zu dieser beachtlichen Wirksamkeit steht der

ment of Public Information, United Nations, New York, The United Nations Blue Books Series, Bd. VII, New York 1995.

3 Siehe die Auseinandersetzungen auf der Wiener Konferenz 1993: *World Conference on Human Rights, Vienna, June 1993. The Contribution of NGOs Reports and Documents*, hg. von Manfred Nowak, Wien 1994.

4 John Locke, *Second Treatise of Government* (1690), Indianapolis, Ind. 1980; deutsch: *Über die Regierung*, Stuttgart: Reclam 1983. – Siehe zu diesem und den im folgenden genannten Autoren jeweils auch die Literaturangaben in der Auswahlbibliographie am Ende des Bandes.

5 »Allgemeine Erklärung der Menschenrechte«, in: Heidelmeyer (Hg.), *Die Menschenrechte*, a.a.O., S. 271.

andauernde internationale Streit um ein angemessenes Verständnis der Menschenrechte. Gewiß sind es jeweils besondere politische Interessen, die in den internationalen Gremien die nationalen Vertreter für eine bestimmte Interpretationsweise agieren lassen. Aber auch jenseits dieser oftmals nur zu durchsichtigen Versuche, eine bestimmte Konzeption der Menschenrechte für besondere politische Interessen zu instrumentalisieren, steht ein allgemein akzeptiertes Verständnis der Menschenrechte auf äußerst wackeligen Beinen. Viele gängige Auffassungen erweisen sich bei näherem Zusehen als formelhafte Kompromisse. Das muß nicht verwundern, gibt es doch auch in fachwissenschaftlichen und philosophischen Kreisen kein allgemein akzeptiertes Einverständnis darüber, wie wir die Menschenrechte zu verstehen haben. Es zeigen sich vielmehr tiefgreifende Divergenzen, die insbesondere dann deutlich werden, wenn die Idee der Menschenrechte überhaupt verteidigt werden muß, wenn die Diskussion mit Vertretern nicht-europäischer Kulturen gesucht oder wenn für eine verbesserte Interpretation der Menschenrechte argumentiert wird.

Ein wesentlicher Grund für diese divergierenden Auffassungen, auch bei den Verteidigern der Idee der Menschenrechte, ist die gegenwärtige Uneinigkeit hinsichtlich eines überzeugenden Verständnisses von Moral und Ethik und deren Verhältnis zum Recht. Je nach der jeweiligen Position ergeben sich unterschiedliche Auffassungen, was Bedeutung, Umfang und Begründbarkeit von Menschenrechten angeht. Für die erforderlichen begrifflichen und argumentativen Klärungen weiß sich zunächst die Philosophie zuständig. Im deutschsprachigen Raum ist die philosophische Diskussion der Menschenrechte vornehmlich als ideengeschichtliche Forschung und in vielen Veröffentlichungen allzu selbstverständlich in der Tradition des Naturrechts oder im Rahmen theologischer Prämissen geführt worden. So verdienstvoll diese Studien daher im einzelnen sind – ein grundlegender Mangel ist der fehlende Bezug zur aktuellen, moral- und rechtsphilosophischen Diskussion. Stärker systematische Fragestellungen kamen erst wieder im Kontext der neueren moralphilosophischen Diskussion auf, angeregt durch die Herausforderungen der Probleme der angewandten Ethik. So ist schon seit einiger Zeit im anglo-amerikanischen Kontext eine Neubelebung der philosophischen Diskussion der Menschenrechte zu beobachten, und auch in Deutschland hat sich, angeregt durch die jüngsten Veröffentlichungen von Jürgen Habermas, Otfried Höffe und Ernst Tugendhat[6], eine breitere Diskussion entwickelt.

Nun ist die Philosophie nicht gut beraten, wenn sie das Thema Menschenrechte im Alleingang behandeln will. Was immer die philosophische Auffassung der Menschenrechte ist, Menschenrechte sind auch gesatzte Rechte konkreter Staaten und Gegenstand internationaler Rechtsabkommen (Grundrechte, subjektive Rechte, internationale Rechte). In dieser Hinsicht sind sie ein wichtiges Thema von Rechtstheorien, Demokratietheorien und Theorien internationaler Politik. Der universelle Anspruch der Menschenrechte konfrontiert ferner jede philosophische Thematisierung mit den vielfältigen Problemen kultureller Differenzen und erfordert die Zusammenarbeit mit den entsprechenden Fachwissenschaften unterschiedlicher Kulturen. Der vorliegende Band berücksichtigt diese Einsichten, kann aber die sachlich naheliegenden Verflechtungen nicht alle und in vollem Umfang behandeln. So sind, neben den ideengeschichtlichen Aspekten und den religionswissenschaftlichen Fragen, explizit kulturvergleichende Studien ebenso ausgeklammert, wie die spezifischen juristischen Probleme der Institutionalisierung und Durchsetzung der Menschenrechte unbehandelt bleiben. Auch fehlte der Platz für eine Einzelrechtsdiskussion.

Konzeptionelle Fragen stehen im Vordergrund; daher trägt der Band den Titel »Philosophie der Menschenrechte«. Die philosophischen, begrifflichen und argumentativen Klärungen sind insofern zentral und grundlegend, weil hier die konzeptionellen Weichen gestellt werden. Wir haben uns auf drei Themenbereiche beschränkt, in denen die konzeptionellen Fragen an konkreten Problemen und den sie betreffenden Intuitionen getestet werden sollen. Zu den Bereichen »Soziale und internationale Gerechtigkeit«, »Demokratie und Menschenrechte« und »Universalität, Konkretisierung und Relativität« haben wir Aufsätze aus Philosophie und Rechtswissenschaft gesammelt. Der Band stellt sich so die Aufgabe, in einer Diskussion unterschiedlicher Positio-

6 Vgl. Jürgen Habermas, *Faktizität und Geltung*, Frankfurt am Main: Suhrkamp 1992; Otfried Höffe, »Ein transzendentaler Tausch: Zur Anthropologie der Menschenrechte«, in: *Philosophisches Jahrbuch* 99 (1992), S. 1-28; Ernst Tugendhat, *Vorlesungen über Ethik*, Frankfurt am Main: Suhrkamp 1993, 17. Vorlesung.

nen und Disziplinen zu einem gegenüber dem bisherigen Forschungsstand neuen und für unsere heutigen Probleme besseren Verständnis der Menschenrechte beizutragen.

2. Konzeptionelle Klärungen

Schon die *begriffliche Bestimmung*, was Menschenrechte ihrer Bedeutung nach sind, ob sie als vorstaatliche moralische Rechte von juridischen Grundrechten zu unterscheiden sind oder ob es nur einen Rechtsbegriff gibt, ist in der vorliegenden Literatur eine strittige Frage. Je nach Verständnis werden damit die Weichen für unterschiedliche Auffassungen der Begründung, der Reichweite und der Einklagbarkeit von Menschenrechten gestellt. So ist es eine weitverbreitete Annahme, daß auch in Staaten, in denen die Menschenrechte nicht als einklagbare Grundrechte verbrieft sind, gleichwohl jede Person in diesen Staaten entsprechende Menschenrechte »besitzt« und zum Beispiel nicht gefoltert, nicht willkürlich verhaftet oder in ihrer Meinungsfreiheit willkürlich beschränkt werden darf. Strittig in diesen Fällen ist aber, was man überhaupt unter »Rechte« versteht und in welcher Weise Rechte, Pflichten und Klagebefugnisse bzw. Sanktionen aufeinander bezogen sind. Vom begrifflichen Vorverständnis hängt auch ab, was Rechte wie schützen und wer Subjekt der Rechte ist, ob es neben den klassischen individuellen Menschenrechten auch »kollektive« Menschenrechte gibt, wie die Trägerschaft von Rechten erklärt wird und wer Adressat der entsprechenden Pflichten ist. Da es offensichtlich unterschiedliche Arten von Menschenrechten gibt – was ist ihnen gemeinsam, um sie als Menschenrechte zu verstehen? Schließlich ist zu fragen: Welche Bedeutung kommt der Auffassung »des« Menschen bzw. der »Menschenwürde« zu? Steht dahinter ein anthropologisch oder kulturell bestimmtes Verständnis? Ist die Geschlechterdifferenz schon begrifflich von Bedeutung? Ist die Abgrenzung von Tieren zwingend? Eine Klärung der Begriffsfragen wird sicherlich die folgenden Fragekomplexe im Auge haben müssen; dennoch haben sie ein eigenständiges Gewicht.

Wie wenig einheitlich das philosophische Verständnis der Menschenrechte gegenwärtig ist, zeigt sich besonders hinsichtlich der *Fragen nach ihrer Begründung* oder Begründbarkeit. Das Auffassungsspektrum reicht von der Leugnung ihrer Begründbarkeit und damit der Existenz von Menschenrechten überhaupt (Bentham, MacIntyre[7]) bis zur Überzeugung ihrer absoluten Begründetheit. Sieht man einmal von skeptischen begründungstheoretischen Positionen ab, so sind es der universale Geltungsanspruch von Menschenrechten, ihr egalitärer Charakter und ihr unbedingter (kategorischer) Anspruch, die einer besonderen Begründung bedürfen. Je nach begrifflichem Vorverständnis und vertretener Moralauffassung variieren die unterschiedlichen Begründungsversuche: Absolute Begründungen operieren in der Tradition des Naturrechts oder des Vernunftrechts (Kant[8]) mit dem Begriff der Menschenwürde oder der Selbstzweckhaftigkeit des Menschen als eines absoluten Wertes (Spaemann, Vlastos[9]) oder versuchen über transzendentale Argumentationen den Menschenrechten eine nichtrelative, objektive Bedeutung zu geben (Apel, Gewirth, Höffe[10]). Die Positionen, die eine relative Begründung der Menschenrechte vertreten, sind höchst unterschiedlich. Starke (kultur-)relative Auffassungen verstehen die Menschenrechte als relativ auf ein bestimmtes Kultursystem »begründbar« oder als kulturrelative Vorstellungen (Rorty[11]). Andere folgen einem »cross-cultural approach«, der durch einen

7 Vgl. Jeremy Bentham, »Anarchical Fallacies. Being an Examination of the Declaration of Rights Issued During the French Revolution«, in: *The Works of Jeremy Bentham*, Bowring edition, Edinburgh: William Tait 1843; teilweise wieder abgedruckt in: Jeremy Waldron (Hg.), *»Nonsense Upon Stilts«. Bentham, Burke and Marx on the Rights of Man*, London: Methuen 1987; Alisdair MacIntyre, *Der Verlust der Tugend*, Frankfurt am Main/New York: Campus 1986.

8 Immanuel Kant, *Die Metaphysik der Sitten. Kant's gesammelte Werke* (Akademie Ausgabe), Berlin 1902 ff., Bd. 6.

9 Robert Spaemann, »Über den Begriff der Menschenwürde«, in: Ernst-Wolfgang Böckenförde und Robert Spaemann (Hg.), *Menschenrechte und Menschenwürde*, Stuttgart: Klett-Cotta 1987; Gregory Vlastos, »Justice and Equality«, in: R. Brandt (Hg.), *Social Justice*, Englewood Cliffs, N.J.: Prentice Hall 1962.

10 Karl-Otto Apel, *Transformation der Philosophie*, 2 Bde., Frankfurt am Main: Suhrkamp 1973; Alan Gewirth, *Human Rights*, Chicago: University of Chicago Press 1982; Otfried Höffe, »Ein transzendentaler Tausch: Zur Anthropologie der Menschenrechte«, a.a.O.

11 Richard Rorty, »Menschenrechte, Rationalität und Gefühl«, in: Stephen Shute und Susan Hurley (Hg.), *Die Idee der Menschenrechte*, Frankfurt am Main: Fischer 1996.

Kulturvergleich empirische Gemeinsamkeiten als Basis festzustellen versucht (An-Na'im, Walzer[12]). Schwach relative Positionen verstehen den egalitären Universalismus der Menschenrechte als relativ auf bestimmte Moralvorstellungen (Tugendhat[13]) oder politische Positionen (Rawls[14]). Relationale Positionen versuchen den Objektivitäts- und Universalitätsanspruch von Menschenrechten durch Korrespondenzen zwischen Menschenrechten und Volkssouveränität einzulösen; begründet werden die Menschenrechte dann als legitime Grundrechte (Habermas[15]) oder als legitime grundrechtliche Freiheitsrechte (Alexy[16]). Für die Begründungsproblematik generell von Bedeutung ist die Frage, ob man alle Menschenrechte als individuelle Freiheitsrechte auffassen kann – und welcher Freiheitsbegriff zugrunde gelegt wird – oder ob hier anthropologische Überlegungen zu grundsätzlich schutzwürdigen Bedürfnissen oder Fähigkeiten weiterhelfen (Nussbaum[17]). Unter dem Begründungsaspekt werden so Fragen nach dem Verhältnis zwischen Anthropologie, Moral, Recht und Politik aufgeworfen.

Eng mit den Antworten auf die Begründungsfragen sind auch die Auffassungen bezüglich *Umfang, Reichweite und Rangordnung der Menschenrechte* verbunden. Hier geht es einmal um Fragen der inhaltlichen Ausgestaltung der Menschenrechte. Die klassische Einteilung der Menschenrechte in drei inhaltlich zu unterscheidende Klassen – liberale Freiheitsrechte, politische Teilnahmerechte und soziale Teilhaberechte (Jellinek, Marshall[18])

12 Abduhlahi An-Na'im (Hg.), *Human Rights in Cross-Cultural Perspectives*, Philadelphia: University of Pennsylvania Press 1992; Michael Walzer, *Lokale Kritik – globale Standards. Zwei Formen moralischer Auseinandersetzung*, Berlin: Rotbuch 1996.

13 Tugendhat, *Vorlesungen über Ethik*, a.a.O.

14 John Rawls, »Das Völkerrecht«, in: Shute und Hurley (Hg.), *Die Idee der Menschenrechte*, a.a.O.

15 Habermas, *Faktizität und Geltung*, a.a.O.

16 Robert Alexy, *Theorie der Grundrechte*, Frankfurt am Main: Suhrkamp 1985.

17 Martha Nussbaum, »Menschliches Tun und soziale Gerechtigkeit«, in: Micha Brumlik und Hauke Brunkhorst (Hg.), *Gemeinschaft und Gerechtigkeit*, Frankfurt am Main: Fischer 1993.

18 Georg Jellinek, *System der subjektiven öffentlichen Rechte*, Tübingen, 2. Auflage 1905; Thomas H. Marshall, *Bürgerrechte und soziale Klassen*, Frankfurt am Main/New York: Campus 1992.

– ist oft auch so verstanden worden, daß damit eine Rangordnung hinsichtlich der Begründbarkeit impliziert sei oder daß nur die Freiheitsrechte universell und für alle gleich gälten, während die anderen Rechte jeweils nur als Bürgerrechte sinnvoll seien. Damit verbunden ist die Frage, ob auch die korrespondierenden Pflichten mit gleichem Umfang und gleichem Rang verstanden werden oder ob negative Pflichten für alle gelten, positive Pflichten hingegen nur für einige (Shue, Koller[19]). Schließlich ist zu fragen, ob und mit welchen Begründungen der Katalog der Menschenrechte erweitert werden soll (siehe zum Beispiel gegenwärtig die Bestrebungen, eine UN-Konvention zu kulturellen Rechten zu verabschieden) oder aber einzuschränken ist und im Rahmen welcher Konzeption von Menschenrechten diese Fragen zu diskutieren sind. Von großer politischer Bedeutung schließlich sind konzeptionelle Fragen, die mit den stattfindenden Regionalisierungen der Menschenrechte zu tun haben. Vertreten die »Europäische Konvention der Menschenrechte« und die ihr nachfolgenden Konventionen für den afrikanischen, asiatischen, islamischen Raum[20] unterschiedliche Menschenrechtsauffassungen? Ergänzen und konkretisieren sie die universellen Menschenrechte, oder ersetzen sie sie durch kultur- und religionsbestimmte, partikulare Konzeptionen?

3. Soziale Menschenrechte und Fragen der Gerechtigkeit

Sollen die Menschenrechte nur dem Schutz individueller Freiheiten oder auch der Gewährleistung von Gütern und Chancen durch das Gemeinwesen dienen? Letztere werden Anspruchsrechte oder soziale Rechte genannt. Die *Allgemeine Erklärung der Menschenrechte* schließt solche ökonomische und soziale Rechte ein. Wahrscheinlich ist diese Klasse von Menschenrechten inhaltlich am umstrittensten.

Hier geht es zum einen um die Frage, ob es nicht gegen sozio-

19 Henry Shue, *Basic Rights*, Princeton: Princeton University Press 1980; Peter Koller, »Der Geltungsbereich der Menschenrechte«, in diesem Band, S. 96-123.

20 Siehe die entsprechenden Dokumente in: *The United Nations and Human Rights. 1945-1995*, a.a.O.

ökonomische Rechte spricht, daß es sich bei ihnen um positive Rechte handelt, weil zur ihrer Erfüllung bestimmte positive Maßnahmen, wie Hilfeleistung oder Bezahlung von Steuern etc., erforderlich sind, die man sonst nicht unternommen hätte. Die klassischen bürgerlichen und politischen Menschenrechte hingegen sind negative Rechte, weil zu ihrer Durchsetzung andere ›nur‹ bestimmte Handlungen unterlassen müssen. Sind negative Rechte nicht moralisch zentraler, unter anderem weil sie in jedem Fall zu garantieren sind und ihre Durchsetzung nicht, wie bei positiven Rechten, von der Leistungsfähigkeit jener Personen abhängt, die das entsprechende Recht garantieren sollen? Um sozioökonomische Rechte gegen den Einwand zu verteidigen, es handele sich wegen ihrer positiven Dimension bei ihnen um keine genuinen Menschenrechte, wird von ihren Verfechtern geltend gemacht, daß es nicht zutreffe, daß bürgerliche und politische Rechte nur negativ sind. Auch die klassischen bürgerlichen Freiheitsrechte hätten neben dem negativen Element, nämlich der Pflicht zum Respekt, immer auch ein positives Element, nämlich die Pflicht zu Schutz, Hilfeleistung und Subsistenzgewährung (Shue, Tugendhat[21]).

Fragen nach der *Begründung sozioökonomischer Rechte* innerhalb eines Staates bilden einen weiteren Problemkomplex. Hier lassen sich verschiedene Positionen unterscheiden. In der Tradition des Liberalismus hält eine Position am Primat der Freiheit fest, weitet das Freiheitsverständnis aber zu einem positiven Freiheitsbegriff aus. Danach ist nicht nur die Freiheit gegen äußeren Zwang zu schützen, sondern deren tatsächliche Ausübung auch zu ermöglichen. Offen bleibt, ob sich wesentliche soziale Rechte auf diese Weise begründen lassen.[22] Andere Auffassungen lassen die liberale Beschränkung auf Freiheit hinter sich und orientieren sich an der Idee der Gerechtigkeit. Soziale Rechte konstituieren danach die Idee der Gerechtigkeit und konkretisieren sie zugleich (so zum Beispiel Tugendhat, Shue und andere[23]). Soziale

21 Shue, *Basic Rights*, a.a.O.; Tugendhat, *Vorlesungen über Ethik*, a.a.O., 17. Vorlesung; ders., »Die Kontroverse um die Menschenrechte«, in diesem Band, S. 48-61.

22 Kritisch dazu Tugendhat, »Die Kontroverse um die Menschenrechte«, ebd.

23 Tugendhat, *Vorlesungen über Ethik*, a.a.O., 17. Vorlesung; Shue, *Basic Rights*, a.a.O.

Rechte seien deshalb ein wesentlicher und mit den liberalen Freiheitsrechten gleichrangiger Bestandteil der Menschenrechte. Hier ist nun zu fragen, wie Umfang und Reichweite und die Priorität der Erfüllung sozialer Rechte je nach Rechtfertigungsstrategie zu bestimmen sind. Eine Position konzipiert soziale Rechte vor allem als Schutz menschlicher Grundbedürfnisse, deren lebenswichtiger und basaler Charakter begründen soll, warum Menschenrechte weltweit einen minimalen, jedoch ausreichenden Lebensstandard sichern sollen (Okin, Nussbaum[24]). Andere Gerechtigkeitstheorien[25] verstehen hingegen soziale Menschenrechte als gleichen Anspruch aller auf eine sozial gerechte, das heißt möglichst egalitäre Güterverteilung. Wer so argumentiert, möchte soziale Rechte nicht nur als Rechte auf die Erfüllung basaler Bedürfnisse oder auf einen minimal-adäquaten Lebensstandard verstanden wissen.[26] Kann die Gleichsetzung von sozialen Menschenrechten mit sozialer Gerechtigkeit für unser Verständnis von Menschenrechten aufkommen, wonach wir unter Menschenrechten nur besonders grundlegende und wichtige Rechte verstehen, aber nicht das Ganze der Gerechtigkeit?

Soziale Menschenrechte gelten qua Menschenrecht für alle Menschen weltweit. Damit ergibt sich eine Verbindung zum *Problem internationaler distributiver Gerechtigkeit.*[27] Die Notwendigkeit internationaler Hilfe wird zwar allseits anerkannt, aber deren Art und Umfang sind höchst umstritten.[28] Hier ist ein

24 Nussbaum, »Menschliches Tun und soziale Gerechtigkeit«, a.a.O.; Susan Moller Okin, »Liberty and Welfare«, in: J. R. Pennock und J. W. Chapman (Hg.), *Human Rights*, New York: New York University Press 1981.

25 Gerechtigkeitstheorien wie im Prinzip die von John Rawls, *Eine Theorie der Gerechtigkeit*, Frankfurt am Main: Suhrkamp 1975, und Bruce Ackerman, *Social Justice in the Liberal State*, New Haven: Yale University Press 1980. Beide entwickeln ihre Theorien jedoch nur für die Gerechtigkeit innerhalb einer Gesellschaft. Nach Rawls gelten für internationale Gerechtigkeit wesentlich minimalere Prinzipien; vgl. ders, »Das Völkerrecht«, a.a.O.

26 So argumentiert Stefan Gosepath, »Zur Problematik sozialer Menschenrechte«, in diesem Band, S. 146-187.

27 Vgl. zum Überblick Christine Chwaszcza, »Politische Ethik II: Ethik der internationalen Beziehung«, in: Julian Nida-Rümelin (Hg.), *Angewandte Ethik*, Stuttgart: Kröner 1996, S. 154-198.

28 Vgl. die verschiedenen Begründungsstrategien für Prinzipien inter-

kommunitaristisch inspirierter Einwand ernsthaft zu prüfen, ob substantielle ethische Prinzipien innerhalb kulturell geteilter Wertvorstellungen einer lokalen Gemeinschaft nicht stärker begründbar und besser realisierbar sind. Zwar gebe es transnationale ethische Prinzipien, die aber allenfalls »dünn« sein könnten.[29] Lassen sich starke Forderungen sozialer Gerechtigkeit ausgerechnet in dieser »dünnen« Schnittmenge verschiedener lokaler Moralen finden? Auch stellen sich Fragen nach dem Stellenwert und Umfang distributiver Gerechtigkeit. Prinzipien oder Theorien der Verteilungsgerechtigkeit sind meistens nur für eine Gesellschaft formuliert worden und gelten nur innerhalb dieses Rahmens als gerechtfertigt.[30] Lassen sich diese Prinzipien ohne weiteres auf die ganze Welt übertragen? Kritiker warnen auch hier wieder vor einer »universalistischen« Überdehnung. Wer derartige Theorien universell anwenden wolle, löse sie von jenen intuitiv geteilten Gerechtigkeitsvorstellungen, von denen die Theorie in der Regel abhänge. Eine politische Gemeinschaft sei die weiteste Sphäre für Gerechtigkeitsforderungen. Es ist des weiteren unklar, wer die Ausführenden der notwendigen Hilfeleistung sein sollen. Wer hat welche Verpflichtungen? Sind Individuen mit diesen Pflichten zur Hilfe in Not in diesem Ausmaß nicht überfordert? Können Kollektive Verantwortung tragen und Pflichten haben oder nur Individuen? An welche Kollektive, wenn überhaupt, richtet sich die Aufforderung: an Staaten, Regierungen, internationale, multinationale, transnationale Institutionen?[31] Ebenso unbestimmt ist schließlich, wer die Empfänger der Hilfeleistung, die Anspruchsberechtigten internationaler Gerechtigkeit sein sollen. Wer hat welche Rechte?

nationaler Gerechtigkeit, wie sie Onora O'Neill in »Transnationale Gerechtigkeit« in diesem Band, S. 188-232, diskutiert.

29 Walzer, *Lokale Kritik – globale Standards*, a.a.O.

30 So am prominentesten bei Rawls, *Eine Theorie der Gerechtigkeit*, a.a.O., die nur für die Grundstruktur einer westlichen Gesellschaft, verstanden als System fairer Kooperation zum wechselseitigen Vorteil, entwickelt wird. Zu einer Globalisierung von Rawls' Theorie vgl. Thomas Pogge, »Rawls and Global Justice«, in: *Canadian Journal of Philosophy* 18 (1988), S. 227-256, und Charles Beitz, *Political Theory and International Relations*, Princeton: Princeton University Press 1979.

31 Vgl. dazu Thomas Pogge, »Menschenrechte als moralische Ansprüche an globale Institutionen«, in diesem Band, S. 378-400.

4. Demokratie und Menschenrechte

Auch wer die Auffassung der Menschenrechte als vorstaatlicher, moralisch begründeter Rechte vertritt, wird zur Verbesserung ihres Schutzes ihre Positivierung in geltendes Recht befürworten. In dem Augenblick aber, wo Menschenrechte in verfassungsmäßig verbriefte Grundrechte transformiert werden oder wenn sie von vornherein als juridische Rechte aufgefaßt werden, ergeben sich eine Reihe von neuen Problemen, die bisher nur angedeutet wurden. Zunächst einmal entsteht eine Spannung zwischen dem universellen Anspruch der Menschenrechte und dem jeweils nur partikularen Geltungsbereich staatlichen Rechts. Diese Spannung als eine zwischen Menschen- und Bürgerrechten setzt zunächst das jeweilige Staatswesen unter *internen* Druck. Zunächst ist zu fragen, welche Staatsform denn überhaupt den Anforderungen einer Positivierung von Menschenrechten genügen würde. Reicht ein formaler Rechtsstaat aus (Böckenförde[32]), oder muß als eine Maximalforderung ein verfassungsrechtlich kontrollierter, demokratischer Rechts- und Sozialstaat verlangt werden (Alexy, Habermas[33])? Und welchen Sinn haben sie in Staaten, die nur im eingeschränkten Sinne als »Rechtsstaaten« bezeichnet werden können? Die Menschenrechte fungieren hier als ein rechtsverbindlicher Maßstab für den Legitimitätsanspruch staatlichen Rechts und staatlichen Handelns. Auch hier ergeben sich besondere Probleme, weil (oder wenn) die Menschenrechte gleichzeitig noch als vorstaatliche, moralisch begründbare Rechte verstanden werden.

Westliche Demokratien verpflichten sich zwar auf die Einhaltung von Menschenrechten als Grundrechten, doch ist unklar, wie das Spannungsverhältnis zwischen Demokratieprinzip und den demokratischer Selbstbestimmung entzogenen Menschenrechten gelöst werden kann. Liberale Auffassungen, die den Vorrang der (moralischen) Menschenrechte vertreten, streiten mit republikanischen Positionen, die den Vorrang der Volkssouveränität betonen. Läßt sich dieses Spannungsverhältnis durch die

32 Ernst-Wolfgang Böckenförde, »Ist Demokratie eine notwendige Forderung der Menschenrechte?«, in diesem Band, S. 233-243.

33 Richard Alexy, »Die Institutionalisierung der Menschenrechte im demokratischen Verfassungsstaat«, in diesem Band, S. 244-264; Habermas, *Faktizität und Geltung*, a.a.O.

Annahme der Gleichursprünglichkeit beider Prinzipien lösen (Habermas[34])? Oder muß nicht vielmehr, gerade wenn die politischen Partizipationsrechte als zentraler Teil der Menschenrechte angesehen werden, ein moralisch begründeter Vorrang der Menschenrechte vertreten werden (Larmore, Höffe, Dworkin[35])?

Die Menschenrechte setzten aber auch die Außenbeziehungen demokratischer Rechtsstaaten unter Druck: Einmal als ein intern angelegter, aber nach außen gerichteter Druck erfordern sie einklagbare Rechte für Nicht-Bürger (Wellmer[36]). Das deutsche Asylrecht hatte, bevor die letzten Gesetzesänderungen es inhaltlich beinahe zur Bedeutungslosigkeit einschränkten, hier eine paradigmatische Rolle. Der universelle Anspruch der Menschenrechte fordert aber auch die jeweiligen Staaten auf, auf internationaler Ebene dafür zu sorgen, daß internationale Rechtsinstitutionen geschaffen werden, die als Klageinstanz auch Durchsetzungslegitimation und -kompetenz hätten. Man kann sich leicht darüber einigen, daß die Entwicklungen der UN-Organisationen der letzten Jahre hier begrüßenswerte Ansätze zeigen, daß diese aber ebenso nicht ausreichend sind. In welche Richtung sollen weitere Anstrengungen unternommen werden? Muß das Völkerrecht und transnationale Recht unter die normativen Kautelen der Menschenrechte gestellt werden, und ist dies bei den komplexen, globalen Rechtsentwicklungen überhaupt möglich? Reicht Kants Idee eines Weltbürgerrechts und eines Völkerbundes souveräner Republiken aus, oder muß doch eine Art von Weltstaat angestrebt werden?[37] Wie weit kann die Ein-

34 Ebd., Kapitel III.

35 Charles Larmore, »Die Wurzeln radikaler Demokratie«, in: *Deutsche Zeitschrift für Philosophie* 41 (1993), S. 321-327; Otfried Höffe, »Eine Konversion der Kritischen Theorie?«, in: *Rechtshistorisches Journal*, Nr. 12 (1993), S. 70-88; Ronald Dworkin, »Gleichheit, Demokratie und Verfassung«, in: Ulrich K. Preuß (Hg.), *Zum Begriff der Verfassung*, Frankfurt am Main: Fischer 1994.

36 Albrecht Wellmer, »Demokratie und Menschenrechte«, in diesem Band, S. 265-291.

37 Immanuel Kant, *Zum ewigen Frieden.* Akademie-Ausgabe, Bd. 8; vgl. zur neueren Diskussion von Kants Friedensschrift: Matthias Lutz-Bachmann, John Bohman (Hg.), *Frieden durch Recht. Kants Friedensidee und das Problem der neuen Rechtsordnung*, Frankfurt am Main: Suhrkamp 1996; Jürgen Habermas, »Kants Idee des ewigen Friedens – aus dem historischen Abstand von 200 Jahren«, in:

schränkung nationaler und demokratischer Souveränität gehen, und welche Begründungen haben wir, um im Falle gravierender Menschenrechtsverletzungen in einzelnen Staaten von außen zu intervenieren? Gibt es wirklich ein »Menschenrecht auf Frieden«, und wie verhalten sich das völkerrechtliche Friedensgebot und das Selbstbestimmungsrecht zu den normativen Forderungen der Menschenrechte? Welche Rolle und Funktion spielen die national und international operierenden nicht-staatlichen Menschenrechtsorganisationen (Non-Governmental Organizations, NGOs), und welche Rolle sollten sie im Verbund mit einer weltweiten moralisierten Öffentlichkeit spielen? Die Liste der Fragen und Probleme ließe sich ohne Mühe noch verlängern, doch ist wohl so schon deutlich geworden, daß die hier anstehenden Probleme komplexer Natur sind und im Rahmen diese Bandes nur von der konzeptionellen Seite aus betrachtet werden können.

5. Universalität, Relativität und Differenziertheit der Menschenrechte

Dem traditionellen Selbstverständnis nach gelten die Menschenrechte universell und unbedingt. Dagegen ist (von politisch interessierter Seite, aber auch von relativistischen Moralauffassungen) der Einwand der kulturellen Abhängigkeit erhoben worden, von einigen zum Vorwurf des Eurozentrismus und Imperialismus (Lyotard[38]) verschärft. Zu fragen ist, ob hier Forschungen in »cross-cultural perspective« oder zu einem »Dialog« der Kulturen einen übergreifenden Konsens erreichen können, ob anthropologische Minimalkonzepte weiterhelfen oder ob nicht vielmehr eine moralphilosophische Neubesinnung darüber nötig ist, warum und wofür ein universaler Anspruch erhoben werden muß. Auf diesem Wege könnte vielleicht den Regionalisierungsbestrebungen – die, wie oben schon angesprochen, mit den jüngsten asiatischen, afrikanischen und islamischen Menschenrechtskonventionen die offizielle UN-Politik zu bestimmen drohen – entgegengewirkt werden. Gerade die Ereignisse der letzten Jahre

ders., *Die Einbeziehung des Anderen*, Frankfurt am Main: Suhrkamp 1996

38 Jean-François Lyotard, *Der Widerstreit*, 2., korr. Auflage, München: Fink 1989, S. 241 ff.

in diesen Regionen haben ja gezeigt, daß die Menschenrechte nicht mehr (nur) als von außen kommende, »westliche« Forderungen verstanden werden, sondern daß sie eine oft nur mit Gewalt unterdrückte interne Forderung der Menschen dieser Kulturräume geworden sind.[39]

Gleichwohl ist eine ganze Reihe von Problemen, die sich aus dem universellen und egalitären Gehalt der Menschenrechte ergeben, bislang ungelöst und auch schon begrifflich schwer zu bestimmen. In Frage gestellt wird der universelle Anspruch der Menschenrechte ja auch von bestimmten Positionen der feministischen Wissenschaftsdiskussion. Hingewiesen sei nur auf die scharfe Auseinandersetzung über die menschenrechtliche Einschätzung massenhafter Vergewaltigungen von Frauen im Bosnienkrieg. Gibt es nur einen geschlechtspezifischen Schutz der Menschenrechte (MacKinnon[40])? Die Diskussion um die Gleichwertigkeit und die geschlechtsspezifischen Anwendungen moralischer Rechte läßt nach Verbesserungen bezüglich des zumeist formalen Verständnisses der Universalität der Menschenrechte fragen.[41] Schließlich zwingt die Reflexion auf die kulturellen Voraussetzungen der Wahrnehmung von Menschenrechte ebenfalls zu einem differenzierteren Verständnis ihrer Universalität[42], wie in ähnlicher Weise die Beachtung der ökonomischen Bedingungen von sozialen Menschenrechten eine in ihrem jeweiligen Umfang bedingte Gültigkeit nahelegt.

39 Siehe zum Beispiel die Diskussion in: Tore Lindholm und Kari Vogt (Hg.), *Islamic Law Reform and Human Rights. Challenges and Rejoinders*, Oslo: Nordic Human Rights Publication 1993. Siehe auch Georg Lohmann, »Zu Problemen der Institutionalisierung von Menschenrechten in Japan«, in: P. Koller und K. Puhl (Hg.), *Current Issues in Political Philosophy: Justice in Society and World Order*, Wien: Hölder-Pichler-Tempsky 1997.

40 Catherine A. MacKinnon, »Kriegsverbrechen, Friedensverbrechen«, in: S. Shute und S. Hurley (Hg.), *Die Idee der Menschenrechte*, a.a.O.

41 Susan Moller Okin, »Konflikte zwischen Grundrechten. Frauenrechte und die Probleme religiöser und kultureller Unterschiede«, in diesem Band, S. 310-342.

42 Henry Shue, »Menschenrechte und kulturelle Differenz«, in diesem Band, S. 343-377.

6. Die Beiträge

Konzeptionelle Fragen der Bestimmung von Menschenrechten

Otfried Höffe geht vom Problem der interkulturellen Geltung der Menschenrechte aus und entwickelte einen moralischen, durch einen »transzendentalen Tausch« charakterisierten Begründungsansatz, der Menschenrechte als die wechselseitige Sicherung basaler Handlungsfähigkeiten konzipiert. Weil alle hinsichtlich gewisser transzendentaler Interessen übereinstimmen können, lassen sich sowohl die interkulturelle Geltung wie auch einige der sozialen Menschenrechte besser, weil moralisch begründbar, verstehen.

Ernst Tugendhat beginnt mit einer Analyse des Begriffs von Menschenrechten. Die Behauptung, daß Menschenrechte universell existieren, bedeutet, daß ein Staat, der sie nicht garantiert, nicht legitim ist. Politische Macht kann in der Moderne nur als legitim gerechtfertigt werden, indem gezeigt wird, daß sie die Interessen aller gleichmäßig berücksichtigt. Demokratie allein reicht nicht zu einer solchen Legitimation; die Freiheit eines jeden einzelnen muß ebenfalls garantiert werden. Tugendhat will zeigen, daß das Verständnis von Freiheit als bloß negativer Freiheit, wie es den klassisch liberalen Konzeptionen der Menschenrechte zugrunde liegt, unzureichend ist, weil der Schutz nur der negativen Freiheit nicht im Interesse eines jeden liegt. Eine Erweiterung hin zum positiven Freiheitsbegriff bleibt noch unzureichend, weil so immer noch jene vernachlässigt werden, denen, selbst wenn man ihnen die Gelegenheit bietet, die Fähigkeiten fehlen, ihre Freiheiten zu nutzen. Die Anerkennung der Rechte dieser Personen bedeutet einen moralischen Sprung. Da die Behinderten, Alten und Jungen überhaupt keinen Vertrag und die Besitzlosen keinen fairen Vertrag schließen können, muß eine kontraktualistische Begründung von Menschenrechten zurückgewiesen werden.

Georg Lohmann zeigt zunächst die jeweiligen Mängel und Schwierigkeiten auf, die auftreten, wenn Menschenrechte vornehmlich entweder als moralische Rechte (Tugendhat) oder als juridische Rechte (Habermas) aufgefaßt werden und zu der Frage führen, wann Menschen überhaupt Menschenrechte »haben«. Im Ausgang von der These, daß (moralische) »schwache« Rechte sich erst in spezifischer Weise aus wechselseitigen moralischen Verpflichtungen »ergeben«, insofern sie wechselseitig gestiftet werden, bestimmt er die Menschenrechte als eine Teilklasse von moralischen Rechten und entwickelt eine differenzierte Konzeption, die in drei Schritten die moralische, juridische und historisch-politische Dimension der Menschenrechte berücksichtigen kann.

Auch *Peter Koller* geht von einer Bestimmung der begrifflichen Struktur der Menschenrechte aus, um dann vor dem Hintergrund der Theorie der »moralischen Arbeitsteilung« Differenzierungen im Geltungsumfang der Menschenrechte aufzuzeigen. Auf diese Weise ergibt sich ein Vorschlag zu den inhaltlichen Verpflichtungen, die den Menschenrechten korrespondieren.

Andreas Wildt nimmt noch einmal kritisch die bisherige Rede von »moralischen Rechten« auf, um dann einen eigenen begrifflichen Vorschlag vorzulegen, der es gestattet, das »Haben« von Menschenrechten und ihre Universalität und Fundamentalität genauer zu verstehen. So kann das Verhältnis von Menschenrechten und Gerechtigkeit und, in Anlehnung an John Rawls' Differenzprinzip, eine bessere Abgrenzung und Begründung von sozialen Menschenrechten genauer bestimmt werden.

Soziale Menschenrechte und Gerechtigkeit

Stefan Gosepath vertritt die These, daß die Menschenrechte, insbesondere soziale Menschenrechte, am plausibelsten durch ein Prinzip sozialer Verteilungsgerechtigkeit begründet und konstituiert werden können. Im Rahmen einer allgemeinen Konzeption von Moral und Recht lassen sich mindestens drei prinzipielle Begründungen für soziale Menschenrechte finden: »Schutz der Freiheit«, »Befriedigung von Grundbedürfnissen« und »distributive Gerechtigkeit«. Für alle drei Auffassungen sei Gerechtigkeit jedoch die basale Leitidee. Deshalb sei es einseitig, Menschenrechte nur als Freiheitssicherung oder als minimaler Standard der Erfüllung von Grundbedürfnissen zu verstehen. Nach Gosepath bildet statt dessen der weltweite moralische Anspruch auf den gerechten Anteil von Gütern und Lasten das Prinzip zur Generierung moralisch anzuerkennender subjektiver Menschenrechte. Die drei Klassen von Rechten (Freiheits-, Partizipations- und soziale Rechte) lassen sich gleichwertig aus diesem Rechtsprinzip der Verteilungsgerechtigkeit ableiten und sollten dementsprechend auch den gleichen Rang als moralische und als positive Rechte einnehmen.

Onora O'Neill diskutiert die verschiedenen moralphilosophischen Ansätze zur internationalen Gerechtigkeit. Sie kritisiert dabei kommunitarische, konsequentialistische, libertäre und verteilungstheoretische Ansätze. Sie selbst vertritt – gegen eine auf Rechten aufbauende Moralauffassung – eine Pflichtenethik. Mittels eines kantischen Konstruktivismus sollen fundamentale Prinzipien gesucht werden, die von allen trotz aller Unterschiedlichkeit universal akzeptiert und angewandt werden können. Anders als Moralauffassungen, die auf Rechten basieren, lasse dieser Ansatz neben Gerechtigkeit Raum für soziale und institutionelle Tugenden und verschaffe einen differenzierten Zugang zu menschlichen Bedürfnissen, menschlicher Endlichkeit und Verletzbarkeit. Normativ folge aus ihm, daß wichtige politische Verhältnisse und Verhaltensweisen, die den Empfängern mit ihren speziellen Verletzlichkeiten und Bedürfnissen die Möglichkeit des Einspruchs und der Verhandlung verweigern, als ungerecht abgelehnt werden müssen.

Demokratie und Menschenrechte

Ernst-Wolfgang Böckenförde geht von der Frage aus, ob die Menschenrechte auf Demokratie angewiesen sind oder ob ihre Realisierung nicht auch in anderen Staatsformen unterstellt oder erwartet werden könnte. Unter Demokratie versteht er eine bestimmte voraussetzungsreiche, verfahrensmäßig abgesicherte Ausübung von Herrschaft durch ein konkret vorfindliches Volk. Die entsprechenden Voraussetzungen sind soziokultureller, politisch-struktureller und ethischer Natur. Weil er die Menschenrechte naturrechtlich als vorstaatliche und universal begründete Rechte versteht, sei ihre Geltung nicht an Demokratie als eine besondere, voraussetzungsreiche Staatsform zu binden. Die für ihre rechtliche Geltung notwendigen Bedingungen staatlicher Herrschaftsausübung setzt er deshalb schwächer an: »Gewaltenteilung und Machtkontrolle, einschließlich unabhängiger Rechtspflege«, reichten aus.

Robert Alexy vertritt eine differenzierte These zum Verhältnis von Demokratie und Menschenrechten, die in gewisser Weise zwischen Böckenförde und Habermas vermittelt. Für Alexy sind Menschenrechte spezifische moralische Rechte, deren Institutionalisierung sowohl international wie innerstaatlich geboten ist, weil nur so Durchsetzung und Entscheidbarkeit gesichert werden kann. Weil Menschenrechte aber auch ein Abwehrrecht gegenüber staatlicher Willkür darstellen, ist zu fragen, welche Art staatlicher Ordnung (formeller Rechtsstaat, demokratischer Rechtsstaat, demokratischer Verfassungsstaat) sie benötigen. Gemessen am moralischen Gehalt sei ein demokratischer Verfassungsstaat die beste Institutionalisierung der positiv rechtlichen Transformation der Menschenrechte.

Albrecht Wellmer beschäftigt sich mit den Problemen, die sich bei der Transformierung von Menschenrechten in Bürgerrechte ergeben. Problematisch sei nicht nur die damit notwendig einhergehende Partikularisierung; auch die Anwendung von Grundrechten in der Demokratie erfordere einen Prozeß der Interpretation und Entscheidung, der nur durch ein Wechselspiel von demokratischer Öffentlichkeit und demokratischen Institutionen angemessen geregelt werden könne. Der Universalismus der Menschenrechte fordere eine interne Kodifizierung von Menschenrechten für Nicht-Bürger und zugleich eine externe Universalisierung demokratischer Bürgerrechte. Dieser Prozeß könne freilich, da er mit einer Transformierung und partiellen Entmächtigung besonderer Kulturen verbunden sei, nicht ohne Unrecht geschehen und sei daher von einer sittlichen Ambivalenz nicht zu befreien.

Ronald Dworkin geht in seinem Beitrag der Frage nach, warum es ein Menschenrecht auf Demokratie gibt. Nach dem gängigen Modell der Demokratie, dem ein statistischer Begriff des Volkes zugrunde liege, sei ein Grund hierfür in der Tat nicht zu sehen. Denn wie solle man erklären, warum sich die Minderheit an ein Gesetz halten solle, das von der Mehrheit beschlossen wurde, aber von der Minderheit als Unrecht angesehen wird? Der gängige Hinweis, daß demokratische Gesetze und Verfassungen Kompromisse seien und Bürger/innen Kompromisse machen müßten, erscheint Dworkin unbefriedigend, weil so grundlegende politische Werte wie Freiheit, Gleichheit, Volkssouveränität nicht erklärbar seien. Als bessere Alternative empfiehlt Dworkin, Demokratie als *joint venture* zu verstehen: Wenn sich jeder als Teil einer (vorgängigen) Gemeinschaft sieht, gibt es ein kollektives Gefühl der Verantwortung für die kollektiven demokratischen Entscheidungen. Diese kommunitäre Demokratiekonzeption will Dworkin als Liberaler allerdings nur gelten lassen, wenn es sich um eine moralische Gemeinschaft handelt, die als ihren höchsten politischen Wert gleiche Achtung ansieht. Von dieser obersten Leitidee lassen sich dann – wie Dworkin in seinen Schriften ausgeführt hat – die klassischen Bürgerrechte ableiten, so auch das Recht auf politische Partizipation.

Universalität, Konkretisierung und Relativität

Susan Moller Okin geht es darum, einen Konflikt zwischen (Typen von) Menschenrechten, die normalerweise als recht grundlegend und unproblematisch gelten, anhand empirischer Fälle aufzuzeigen: Weltweit bestehen Frauen zunehmend auf ihren basalen Rechten (auf körperliche Unversehrtheit, persönliche Freiheit und soziale Unterstützung) und fordern sie als Menschenrechte ein. Dabei geraten sie allerdings immer öfter in Konflikt mit einer anderen zeitgenössischen Strömung, der Ablehnung des Universalismus zugunsten kultureller und religiöser Selbstbestimmung. Mit Berufung auf letztere werden immer häufiger Einschränkungen und Verletzungen der Rechte von Frauen gerechtfertigt, zum Beispiel bei Klitorisbeschneidungen. So stellt Moller Okin die Frage nach dem relativen Stellenwert des Menschenrechts auf Religionsfreiheit, insbesondere angesichts der oft vernachlässigten Tatsache, daß in der Regel Menschen nicht als erwachsene autonome Individuen ihre Religion frei wählen, sondern mehr oder weniger doktrinär in sie hineinsozialisiert werden.

Henry Shue stellt anhand des Konflikts zwischen universalen und partikularen Konzeptionen der Menschenrechte heraus, was eine adäquate Rechtstheorie heute (noch) zu leisten hat. Den Angriff der Verfechter kultureller Unterschiede gegen die allzu große Abstraktion universaler Rechtskonzeptionen will Shue gelten lassen. Die harten und konkreten Probleme würden in diesen Theorien nicht angegangen. Vor allem seien die den einzelnen Rechten korrespondierenden mannigfaltigen Pflichten zu spezifizieren. Zu diesem Zweck müsse einerseits ausbuchstabiert werden, was es heißt, einen bestimmten Rechtsanspruch wirklich erfüllt zu bekommen, und dazu seien politische, soziologische, historische und ökonomische wissenschaftliche Erkenntnisse zu berücksichtigen. Andererseits verbindet Shue mit diesem interdisziplinären empirischen Unternehmen die Hoffnung, daß sich Solidarität und Gemeinschaftlichkeit herausbilden könnten, indem man gemeinsam überlegt, worauf man sich vernünftigerweise einigen könnte, wenn man weiß, welche Pflichten für wen damit einhergehen würden.

Thomas Pogge elaboriert und verteidigt Artikel 28 der UN-Menschenrechtsdeklaration: Die Erfüllung von Menschenrechten hänge im wesentlichen von der beeinflußbaren Struktur (nationaler, aber vor allem) internationaler Institutionen ab, und deshalb sei es unsere moralische Verantwortung, diese Struktur im Sinne der besseren Einlösung von Menschenrechten zu reformieren. Mit dieser These, daß Menschenrechte primär Ansprüche an globale Institutionen darstellen, widerspricht Pogge der gängigen und, wie er meint, unplausibleren Sichtweise, die jedes Individuum als Adressaten von Menschenrechten ansieht.

7. Danksagungen

Die Beiträge sind überwiegend überarbeitete Fassungen von Vorträgen, die auf einem internationalen Symposium in Berlin im Mai 1995 gehalten worden sind bzw. dort zur Diskussion standen; sie werden hier in dieser Form zum ersten Mal veröffentlicht. Wir haben sie ergänzt durch schon publizierte Beiträge von Onora O'Neill[43], die ihren ursprünglich vorgesehenen Vortrag nicht halten konnte, und einen Aufsatz von Ernst Tugendhat.[44] Der Vortrag von Jürgen Habermas auf dem Symposium ist an anderer Stelle veröffentlicht worden.[45] Wir danken der Deutschen Forschungsgemeinschaft (DFG), der Hochschule der

43 Onora O'Neill, »Transnational Justice«, in: D. Held (Hg.), *Political Theory Today*, Oxford 1991, S. 276-304; in diesem Band, S. 188-232.

44 Ernst Tugendhat, »Die Kontroverse um die Menschenrechte«, in: *Analyse und Kritik* 15 (1993), S. 101-110; in diesem Band, S. 48-61.

45 Habermas, »Kants Idee des ewigen Friedens – aus dem historischen Abstand von 200 Jahren«, a.a.O.

Künste Berlin und der Freien Universität Berlin für die Unterstützung des Symposiums. Wir möchten uns ferner bei Friedhelm Herborth und Petra Willim vom Suhrkamp Verlag für die gute Zusammenarbeit bedanken, bei Frau Willim insbesondere für die Übersetzungen.

Otfried Höffe
Transzendentaler Tausch – eine Legitimationsfigur für Menschenrechte?

1. Ein interkultureller Diskurs

Was die – wenigen – Kritiker abschätzig die »Zivilreligion der Moderne« nennen, ist in Wahrheit ein unverzichtbarer Bestandteil der neuzeitlichen Rechts- und Staatsmoral. Als Rechtsinstitut sind die Menschenrechte so gut wie selbstverständlich geworden, ihre genaue Legitimationsgrundlage ist es aber noch lange nicht.

Einleitend nenne ich nur diese eine Schwierigkeit: Wenn man die Menschenrechte zu eng an die neuzeitliche Rechtsentwicklung bindet, also an eine bestimmte Kultur und Epoche, dann setzt man, natürlich *à contre cœur*, aufs Spiel, was der Begriff verlangt: eine schlechthin universale Gültigkeit. Eine erste Stufe der Universalität ist zwar noch unproblematisch. Was die einschlägige Rhetorik besagt, daß niemand »wegen seines Geschlechtes, seiner Abstammung, seiner Rasse, seiner Sprache [...] benachteiligt oder bevorzugt werden« darf (GG, Art. 3, 3) – dieses Verbot könnte die lediglich kulturinterne Universalität bedeuten: daß innerhalb der westlichen Rechtsgesellschaften, vielleicht sogar nur innerhalb eines Staates, jedes Mitglied über dieselben Grundrechte verfügt. Tatsächlich erhebt aber das Rechtsinstitut, wenn es denn seinen Namen verdient, einen größeren Anspruch. Selbst wer außerhalb der abendländischen Rechtskultur und ihrer Neuzeit lebt, soll allein deshalb, weil er Mensch ist, gewisse Rechte besitzen; beansprucht wird also eine zweite Universalitätsstufe, nämlich die sowohl interkulturelle als auch überepochale Gültigkeit.

Dieser Anspruch, daran gibt es keinen Zweifel, ist nur dort berechtigt, wo man die Legitimationsgrundlage von den Entstehungsbedingungen methodisch abkoppelt und zeigt, daß das Rechtsinstitut, obwohl es sich im Abendland – freilich erst gegen erhebliche Widerstände – ausbildet, in seiner Legitimität von den historischen Bedingungen unabhängig ist. Wenn wirklich der Mensch als Mensch gewisse Rechte haben soll, dann können die für das Abendland charakteristischen Erfahrungen durchaus eine heuristische Bedeutung haben; eine Kraft der Rechtfertigung kommt nicht ihnen, sondern lediglich den abendlandunabhängigen oder, allgemeiner, den kulturinvarianten Argumenten zu: Zur Legitimation der Menschenrechte bedarf es eines interkulturellen Diskurses (vgl. Höffe 1996).

Die Forderung nach einer kulturneutralen bzw. interkulturellen Argumentation spricht sich leicht aus, hat aber eine große Reichweite. Die Legitimation ist beispielsweise abzukoppeln von der Debatte um ökonomische Voraussetzungen. Wenn es Menschenrechte geben soll, dann darf es sie nicht erst deshalb geben, weil die neuzeitliche Wirtschaftsform, der Kapitalismus, eines universal gültigen Rechtsschutzes bedarf. Ebenfalls abzukoppeln ist die Legitimation von einer bestimmten Entwicklungsphase des modernen Staates, des Absolutismus.

Insbesondere der letzte Abstraktionsschritt verdient eine besondere Aufmerksamkeit. Seit Georg Jellineks *System der subjektiven öffentlichen Rechte* aus dem Jahre 1892, also seit mehr als einem Jahrhundert, unterscheidet die Theorie des Rechts- und Verfassungsstaates bei den subjektiven öffentlichen Rechten drei Arten. Hinsichtlich der Ansprüche des Rechtssubjekts an die Rechts- und Staatsordnung meint der *status negativus* die persönlichen Freiheitsrechte, der *status activus* die demokratischen Mitwirkungsrechte, und der Inbegriff der Leistungsansprüche des Bürgers an sein Gemeinwesen heißt *status positivus.*

Den rechtsphilosophischen Rang dieser Unterscheidung kann man kaum zu hoch veranschlagen. Wenn man sich die inzwischen weltberühmten Gerechtigkeitsgrundsätze von John Rawls (1971) ansieht, so kann man in ihnen Jellineks Unterscheidung wiederfinden. Rawls' erstes Gerechtigkeitsprinzip, das der größten gleichen Freiheit, die jedem Menschen gebühre, deckt die beiden ersten Arten ab – und läßt zugleich Jellineks Differenz von Freiheitsrechten und Mitwirkungsrechten vermissen. Und Rawls' zweites Gerechtigkeitsprinzip übernimmt im Unterschiedsprinzip Aufgaben das *status positivus.*

Solange man bei den subjektiven Rechten auf den Bürger einer Rechts- und Staatsordnung achtet, kann man von Grundrechten sprechen. Das Rechtsinstitut ist jedoch grundlegender; auf »angeborene Rechte« erhebt der Mensch, bloß weil er Mensch ist,

Anspruch, und das heißt, was man gern übersieht, auch unabhängig von einem Staatswesen. Unter den Menschenrechten sind also die Rechte zu verstehen, die dem Menschen als Menschen zukommen, unter Grundrechten die elementaren Rechte jedes Bürgers eines Staates.

Die Menschenrechtserklärungen, insbesondere die ersten Dokumente, sind sich der grundlegenderen Bedeutung durchaus bewußt. Die *Virginia Bill of Rights* (1776) hat einen Aufbau, dem die französische *Déclaration* (1789) im wesentlichen folgt. Den Anfang – in Virginia Artikel 1, in Frankreich Artikel 1 und 2 – bilden vorstaatlich gültige Rechte. Im Anschluß daran wird für alle Staatsmacht die Legitimationsgrundlage aufgeführt; Artikel 2 bzw. Artikel 3 sagt, daß alle Gewalt vom Volke ausgeht. Erst in einem dritten Schritt kommt die Staatstätigkeit zur Sprache, und dann sowohl die Selbstbeschränkung der Staatsmacht als auch positive Staatsaufgaben.

Diese Abfolge enthält eine wichtige Aussage. Zum Begriff der Menschenrechte reflektiert sie die Einsicht des neuzeitlichen Naturrechts, daß es um Ansprüche geht, die legitimationstheoretisch gesehen primär die Menschen sowohl gegeneinander erheben wie sich gegenseitig gewähren. Erst sekundär und subsidiär zu den Menschenrechten erhält der Inbegriff der öffentlichen Gewalten, der Staat, seine Legitimation ; er hat die Aufgabe, den angeborenen Rechten zur Wirklichkeit zu verhelfen, der Jurist sagt: sie zu gewährleisten.

Wenn man von allen Besonderheiten der Neuzeit abstrahiert, kann man sich fragen, was denn noch übrigbleibe. Weit verbreitet ist die Ansicht, die Idee der Menschenrechte sei an ein bestimmtes Menschenbild gebunden. Zu einem »Menschenbild« gehört aber ein Zusatz, der die Sache nicht nur inhaltlich profiliert, sondern auch in ihrer Gültigkeit einschränkt: Das eine Menschenbild stellt sich als jüdisch dar, ein anderes – zwar mit dem ersten verwandt, aber auch wesentlich verschieden – als christlich, ein drittes als muslimisch, ein viertes – im strengen Weder-Noch – als atheistisch, und das neuzeitliche Menschenbild ist, vielleicht zusätzlich, individualistisch. In jedem Fall trägt der Begriff des Menschenbildes ein Moment der kulturellen Relativierung an sich.

Dort, wo man, was der Mensch ist, durch ein Menschenbild qualifiziert, bindet man die Rechte, die der Mensch bloß deshalb hat, weil er Mensch ist, an eine Interpretation von begrenzter Gültigkeit. Man setzt, freilich auf subtile Weise, die »Idee« des Menschen *sans phrase* aufs Spiel, mithin auch den Gedanken, der Mensch habe unabhängig von allen Interpretationskontroversen unveräußerliche Rechte. Um dieser fatalen Konsequenz zu entgehen, macht sich die Legitimation der Menschenrechte von der Relativierung frei und sucht eine von Menschenbildern unabhängige Bestimmung des Menschen.

2. Transzendentale Interessen, Partialanthropologie

Um Rechte auszuweisen, die dem Menschen als solchem zukommen, muß man von allen gruppen-, kultur- und epochenspezifischen Vorstellungen der Menschen, von sogenannten Menschenbildern, absehen und einen kulturunabhängigen, streng universalen Begriff vom Menschen entwickeln. Ein derartiger Begriff, das Thema einer philosophischen Anthropologie, ist dem abendländischen Denken seit langem vertraut. Neuerdings herrscht allerdings die Skepsis vor, beispielsweise als Mißtrauen gegen die Annahme eines immergleichen Wesens des Menschen. Wenn man auf Philosophen wie Rorty (1989, S. 44) hört, ist die Skepsis inzwischen sogar so selbstverständlich, daß man sich mit einer kurzen Nebenbemerkung – »fruitless by way of anthropology« – begnügen kann. Wenn die Skepsis berechtigt wäre und wir nicht bloß, wie häufig behauptet, in einem nachmetaphysischen, sondern zusätzlich in einem nachanthropologischen Zeitalter leben würden, wäre es um die Legitimation von *Menschen*rechten schlecht bestellt.

Tatsächlich kommt die Skepsis übereilt. Für unsere Zwecke lassen sich zwei grundverschiedene Begriffe von Anthropologie unterscheiden. Eine normative Anthropologie, mit einer teleologischen Anthropologie als Variante, definiert den Menschen von den Aufgaben oder Chancen her, die er wahrzunehmen hat, wenn er in einem emphatischen Sinn Mensch sein will. Eine normative Anthropologie befaßt sich mit dem wahrhaft humanen Menschen. Wer nun von einem entsprechenden Begriff aus Menschenrechte ausweisen will, läuft Gefahr, daß erst der humane Mensch zählt und dem nicht so humanen Menschen grundlegende Rechte abgesprochen werden.

Der Gefahr, Ungleichheiten zum Recht zu verhelfen, entgeht, wer die Frage, wo der Mensch zu sich selbst kommt, offenläßt. Aus diesem, aber auch nur diesem Grund pflegt die Idee der Menschenrechte hinsichtlich des Humanum eine bewußte Unbestimmtheit; sie verzichtet auf jeden normativen Begriff. Indem die Idee der Menschenrechte zum Humanum gar nicht Stellung nimmt, enthält sie eine Partialanthropologie und kann nur deshalb den verschiedenen Kulturen und Epochen zugemutet werden. Scheinbar ein Mangel, ist die Unbestimmtheit tatsächlich ein Vorzug, weder eine Gleichgültigkeit gegen das Humanum noch eine Reduktion, sondern ein Ausblenden der hier störenden Faktoren, eine Konzentration auf das Wesentliche.

Mit ihrer charakteristischen Unbestimmtheit ist es der Idee der Menschenrechte möglich, universal gültig zu sein, ohne in eine Uniformität zu fallen, die manche von universalen Konzepten befürchten. Weil sie gegen anspruchsvollere Definitionen nicht indifferent, wohl aber offen sind, bleibt erstens den verschiedenen Kulturen, bleibt zweitens innerhalb derselben Kultur den verschiedenen Subkulturen und bleibt schließlich innerhalb beider – vorausgesetzt, die entsprechenden Randbedingungen liegen vor – den Individuen das Recht auf Eigenart, auf Andersartigkeit, sogar auf Exzentrizität.

Unbegrenzt ist dieses Recht allerdings nicht. Das Plädoyer, das Denker der sogenannten Postmoderne zugunsten eines radikalen Pluralismus halten (Lyotard 1983, Feyerabend 1989, Rorty 1989), erscheint im Licht der Menschenrechte als ausgesprochen leichtfertig; denn wie soll lebensfähig sein, wofür votiert wird, die soziale Vielfalt, wenn es im Sozialen nichts anderes denn eine Vielfalt gibt. Gegen eine radikale Pluralisierung und eine ebenso radikale Historisierung erheben die Menschenrechte Einspruch und erklären gewisse Bedingungen für weder pluralisierbar noch historisierbar. Somit gehen Bescheidenheit und Unbescheidenheit eine charakteristische Verbindung ein. Jene Annahme, die allem Recht auf Vielfalt und Nonkonformität eine Grenze setzt, die anspruchsvolle Annahme von übergeschichtlich gültigen Bedingungen des Menschseins, verbindet sich mit einer Bedingung für Vielfalt und Nonkonformität, mit einem Verzicht, freilich keinem absoluten, sondern einem lediglich themenbestimmten Verzicht auf jeden normativen Begriff des Humanen.

Möglich wird diese Verbindung nur durch die Umkehrung

des anthropologischen Blicks, durch eine Konversion also, die durchaus den anspruchsvollen Titel verdient, den sich die neuzeitliche Philosophie für grundlegende Veränderungen reserviert. Zur Begründung der Menschenrechte braucht es eine kopernikanische Revolution, hier freilich nicht für die Erkenntnistheorie, sondern für die Anthropologie; außerdem ist sie nicht grundsätzlich vonnöten, sondern nur auf ein präzises Thema beschränkt. Statt den Menschen von dem her zu definieren, was ihm Glück, Selbstverwirklichung oder eine sinnerfüllte Existenz erlaubt, verabschieden wir das teleologische Denken. Menschwerden im anspruchsvollen Sinn eines normativen Begriffs heißt nach Vollendungsbedingungen des Humanums suchen. Der Gedanke der Menschenrechte begnügt sich aber mit dem, was den Menschen als Menschen möglich macht; in bewußter anthropologischer Bescheidenheit konzentriert er sich auf die Anfangsbedingungen, auf Elemente nämlich, die den Menschen als Menschen möglich machen. Und nur deshalb verdienen die Menschenrechte die Qualifikation, die die einschlägige Rhetorik nennt: als dem Menschen unverzichtbare Elemente sind sie ihm angeboren und unveräußerlich.

Weil es – aufs Menschsein bzw. auf Handlungsfähigkeit bezogen – um Bedingungen der Möglichkeit geht, kann man den seit Kant einschlägigen Ausdruck verwenden und von transzendentalen Elementen der Anthropologie sprechen oder von (relativ) transzendentalen Interessen.

3. Ein transzendentaler Tausch

Mit transzendentalen Interessen allein ist die Legitimationsaufgabe noch unterbestimmt. Zu zeigen bleibt nämlich, daß man auf die Anerkennung derartiger Interessen einen subjektiven Anspruch hat. Angeborene Interessen – wenn sie sich denn finden lassen – machen im Begriff der Menschenrechte nur die erste Hälfte verständlich: daß jeder ein Interesse hat; die andere Hälfte, daß ein subjektives Recht vorliegt, bleibt unerklärt.

Gewöhnliche Ansprüche werden durch das positive Recht (oder durch ihm funktionale Äquivalente) bestimmt. Als dessen normative Vorgabe haben die Menschenrechte eine vor- und überpositive, eine moralische Bedeutung. Im Rahmen der Moral wiederum gehören sie wegen ihres Anspruchscharakters zur Moral dessen, was die Menschen einander schulden; nicht erst zum verdienstlichen Mehr, zur Tugendmoral, zählen sie, sondern zur Moral des einander Geschuldeten, zur Rechtsmoral.

Von einem Anspruch – und das ist trivial – kann man generell nur dort reden, wo jemand anderer den Anspruch zu erfüllen hat. Wer Rechte legitimieren will, muß daher die entsprechenden Pflichten rechtfertigen; vom bloßen Begriff her sind die Menschenrechte an korrelative Menschenpflichten gebunden. An diesem Sachverhalt verdienen zwei Momente eine Betonung. Einerseits bestehen die Ansprüche nicht in einem absoluten Sinn; das Lebensrecht meint ja nicht das Recht – an wen sollte es sich richten –, sterben müsse man entweder gar nicht oder erst im hohen Alter, wenn man, wie es von Abraham heißt, »des Lebens satt« ist. Andererseits – und dieses Moment ist noch wichtiger – richtet sich das nur relative, trotzdem nicht bedingte Recht an die Mitmenschen und verlangt von ihnen, und zwar ausnahmslos von jedem, eine Leistung. Und deren Minimum heißt: keine Gewalt auszuüben, woraus die Integrität von Leib und Leben folgt.

Aristoteles begründet sein wirkungsmächtiges Wort vom Menschen als von Natur aus politischem Lebewesen (*physei politikon zôon*) mit jenem Zusammenspiel zweier Argumente, dem wechselseitigen Vorteil und gewissen Sozialimpulsen, aus dem – über die Stufen des Hauses und der Sippe bzw. des Dorfes vermittelt – am Ende als größere und komplexere Sozialeinheit die Polis entsteht. Die Anthropologie der Menschenrechte stellt weder Aristoteles' Sozialimpulse in Frage – die Sexualität und den Drang zur wirtschaftlichen Kooperation – noch den Vorteil der größeren Sozialeinheiten. Sie erweitert aber den Blick und entdeckt eine Komplikation: Nicht in einem neuen Menschenbild liegt der Grund für die kopernikanische Revolution in der Anthropologie, sondern – was in einem neutralen Sinn Fortschritt bedeutet – in einem gewachsenen Problembewußtsein.

Die Folge der Komplikation: Was bisher schlicht »Sozialwesen« hieß, erhält die Qualifikation des *Positiven*. Ihr, der gegenseitigen Hilfe und Ergänzung, kurz: der Kooperation, tritt als *negatives* Komplement die wechselseitige Gefährdung zur Seite: Der Mensch ist sowohl verletzbar wie gewaltfähig, also potentieller Täter für seinesgleichen und potentielles Opfer zugleich.

Diese Anthropologie des Sowohl-Opfer-als-auch-Täter-Seins

erinnert an ein Hobbes-Wort und sieht sich ebenso wie dieses – *homo homini lupus* – dem Vorwurf ausgesetzt, erneut auf einem Menschenbild, zudem auf einem sehr einseitigen, pessimistischen Bild aufzubauen. Für die Grundidee der Menschenrechte ist der Vorwurf aber unberechtigt. Ein weiteres Mal bescheiden, wird die negative Sozialanthropologie nicht als exklusiv gültig behauptet, sondern wieder nur als eine Partialanthropologie. Die (bald unmittelbare, bald mittelbare) Gewalt gegen seinesgleichen gilt nicht als ein Grundzug des Menschen, sondern nur als eine nicht auszuschließende Gefahr.

Weil die Konfliktgefahr zur *conditio humana* hinzugehört, kann man nicht länger der Aristoteles-Tradition folgen und soziale Institutionen nur aus der natürlichen Entfaltung vorgegebener Sozialimpulse heraus verstehen. Eine größere Eigenleistung ist vonnöten; obwohl der Mensch ein Sozialwesen »von Natur« ist, muß er sich als aktuales Sozialwesen selber hervorbringen: Gesellschaft entsteht erst aus einer wechselseitigen Anerkennung. An dieser Aufgabe heben die Menschenrechte einen kleinen, wohlbestimmten Teil heraus, die Elementarschicht angeborener Interessen; bevor man sich um die Chancen der Selbstverwirklichung kümmert, sorgt man für die Grundbedingungen des Menschseins.

Daß sie auf dem Spiel stehen, erklärt noch nicht die charakteristische Leidenschaft, die den Protest gegen Menschenrechtsverletzungen trägt: ein Pathos nicht der Enttäuschung oder der Verachtung, sondern der Empörung. Berechtigt ist diese Reaktion, weil es erstens um angeborene Interessen geht, deren Anerkennung zweitens den Charakter eines Anspruchs hat. Meist wird dieser Punkt übersehen: die begriffliche Differenz, die zwischen einer anthropologischen Vorgabe, der Bedrohung angeborener Interessen, und einer rechtsmoralischen Aufgabe besteht. Wer die Differenz überspringt, versucht einen legitimatorischen Salto, mit dem er doch nur die Frage offenläßt: Wieso darf ich von den anderen beanspruchen, daß sie die mir unverzichtbaren Interessen anerkennen?

Den Weg weist die begriffliche Korrelation von Rechten und Pflichten. Und der hier maßgebliche Gedanke gilt generell, nicht etwa nur bei angeborenen Interessen: Auf die Anerkennung einer Leistung besteht dort ein moralischer Anspruch, wo die Leistung lediglich unter einem Vorbehalt erbracht wird: unter der Voraussetzung, daß eine korrespondierende Gegenleistung erfolgt. Weil Menschenrechte einen Anspruch meinen, stellen sie kein Geschenk dar, das man sich entweder wechselseitig macht oder – aus Sympathie, aus Mitleid oder auf Bitten – dann einseitig offeriert. Um eine Gabe handelt es sich, die nur unter der Bedingung der Gegengabe erfolgt; Menschenrechte legitimieren sich aus einer Wechselseitigkeit heraus, *pars pro toto*: aus einem Tausch. Nun steht in der Menschen*pflicht*, wer die Leistungen, die lediglich unter Bedingung der Gegenleistung erfolgen, von den anderen tatsächlich in Anspruch nimmt; umgekehrt besitzt er das Menschen*recht*, sofern er die Leistung, die nur unter Voraussetzung der Gegenleistung erfolgt, wirklich erbringt.

Gegeben ist diese Situation, wo man ein unverzichtbares Interesse nur in und durch Wechselseitigkeit realisieren kann. In seiner Wahl ist man dort also gebunden, wo sich das transzendentale Moment mit einem sozialen Moment verbindet, also bei einer angeborenen Wechselseitigkeit oder inhärenten Sozialität. Wo Interessen unaufgebbar und darüber hinaus an Wechselseitigkeit gebunden sind, dort überträgt sich die Unaufgebbarkeit auf die Wechselseitigkeit; in seinen Optionen ist man nicht mehr frei; der entsprechende Tausch ist unverzichtbar.

In diesem Legitimationsmuster ist ein moralisches Element anwesend, es fällt jedoch durch eine bemerkenswerte Anspruchslosigkeit auf. Die schon auf der deskriptiven Seite, bei der Anthropologie, entdeckte Strategie der Bescheidenheit findet sich im normativen Moment wieder; und ohne die doppelte Bescheidenheit wäre die Legitimation nicht möglich. Den Menschenrechten liegt eine Moral zugrunde, die über zwei Vorzüge verfügt. Erstens gehört sie zur Moral des Geschuldeten, zur Rechtsmoral oder Gerechtigkeit; und zweitens ist sie den in der Ethik sonst üblichen Kontroversen entzogen, da sie sich mit einer Ethik der Wechselseitigkeit oder Tauschgerechtigkeit zufriedengibt. Nicht deshalb gibt es Menschenrechte, weil der eine gibt, der andere nimmt, sondern nur aus dem Grund, daß das Geben und Nehmen wechselseitig stattfindet und daß darüber hinaus zwischen Gabe und Gegengabe ein ungefähres Gleichgewicht besteht. In moralischer Hinsicht basieren die Menschenrechte auf der Goldenen Regel, und diese ist ein Kriterium der Tauschgerechtigkeit.

Nur in Klammern: Angesichts der Inflation von Ansprüchen, die heute im Namen der Gerechtigkeit erhoben werden, empfiehlt es sich anzuerkennen, daß die Gerechtigkeit mit Wechselseitigkeit verbunden ist. Eine nüchterne Gerechtigkeitstheorie beruft sich daher auf die Tauschgerechtigkeit als ihr neues Paradigma. (Zum Umfeld vgl. Axelrod 1984, Lévi-Strauss 1949 und Mauss 1923/24; meine eigenen Ausführungen greifen zurück auf Höffe 1992 und 1994.)

Wegen des moralischen Elements hat die Legitimation – argumentationslogisch nicht anders zu erwarten – die Struktur: Ethik plus Anthropologie. Dabei ist der ethische Anteil so gut wie unproblematisch; rechtsmoralische Probleme werfen die Menschenrechte durchaus auf; die größeren Schwierigkeiten liegen trotzdem bei der anthropologischen Frage: Wo gibt es unverzichtbare Interessen, die sich nur in und aus Wechselseitigkeit realisieren lassen?

Nehmen wir als Beispiel das Interesse an Leib und Leben. Im Gegensatz zu Hobbes und jenen neueren Hobbesianern, die in der vor-perestrojkaschen Friedensdebatte das physische Überleben der moralisch-politischen Selbstbestimmung vorgezogen haben, wird nicht behauptet, das Leben sei das schlechthin höchste Gut. Denn man kann schwerlich sagen, politische, kulturelle oder religiöse Ideale höher einzuschätzen sei schlicht unvernünftig. Andererseits hat das Leben tatsächlich einen besonderen Rang, dieser ist aber anders zu interpretieren. Es liegt kein alle anderen Interessen überragendes, kein sie dominierendes Interesse vor, wohl aber ein transzendentales Interesse. Denn auch wer nicht sonderlich am Leben hängt, hat deshalb ein Interesse daran, weil er andernfalls weder etwas begehren noch sein Begehren zu erfüllen trachten kann. Unabhängig von dem, was man inhaltlich anstrebt oder meidet, mithin als Bedingung der Handlungsfähigkeit, bildet das Leben die Voraussetzung für ein handlungsorientiertes Begehren. Das Leben ist eine notwendige Bedingung für Handlungsfähigkeit, eine *condition of agency*. Hier tritt die singuläre Bedeutung eines transzendentalen Interesses und des ihm korrespondierenden Menschenrechts zutage: Was auch immer man *in concreto* begehrt und zur Realisierung des Begehrten unternimmt – als Lebewesen braucht der Mensch dafür Leib und Leben.

Mit Hilfe der neuen, transzendentalen Interpretation lassen sich nun Phänomene wie Widerstand gegen militärische Gewalt, Märtyrertum, auch Lebensüberdruß als respektable und nicht schlicht irrationale Optionen verstehen: Man hält das Überleben nicht für das höchste Gut, will die Entscheidung über ein höheres Gut aber selber treffen, womit man denn doch ein Interesse am Leben beweist. Während der eine selber sagen will, ob und gegebenenfalls wann er des Lebens überdrüssig ist, will ein anderer (sei es ein Individuum oder sei es eine Gruppe) selber entscheiden, wofür er sein Leben opfert: aus Treue zu seiner politischen oder religiösen Überzeugung und nicht etwa, um von einem Räuber erschlagen zu werden.

Das Naturrecht der Aufklärung hat sich auf das Prinzip Selbsterhaltung berufen; für überzeugender, weil formaler und deshalb voraussetzungsloser erweist sich das Prinzip Handlungsfähigkeit. Für die Menschenrechte kommt es freilich nicht auf die Handlungsfähigkeit *sans phrase* an, sondern lediglich auf jenen Teil, der an Wechselseitigkeit gebunden ist: auf die Handlungsfähigkeit in ihrer sozialen Perspektive.

4. Sozialrechte oder ein Menschenrecht auf Leistungsansprüche?

Weil der Mensch nicht lediglich ein Lebewesen ist, umfassen seine Anfangsbedingungen mehr als bloß Leib und Leben. Da es namentlich der Intentionalität bedarf, sind deren Voraussetzungen in den Bedingungen für Handlungsfähigkeit miteingeschlossen: ein transzendentaler Rang gebührt auch der Sprach- und Denkfähigkeit. Entsprechendes gilt für positive Sozialbeziehungen; ohne einschlägige Kooperationsverhältnisse kann der Mensch nicht zum Menschen werden.

Ein großer Teil der Menschenrechte läßt sich genau von diesen drei Gruppen transzendentaler Interessen her rekonstruieren: vom Menschen als Leib- und Lebewesen, von ihm als Sprach- und Vernunftwesen und von ihm als Sozial- oder Kooperationswesen. Angesichts der Leichtfertigkeit, mit der man gelegentlich soziale Interessen zu sozialen Menschenrechten erklärt und aus ihnen großzügig Hilfs- und Betreuungspflichten ableitet, ist aber daran zu erinnern, daß selbst die Einsicht in die Unverzichtbarkeit eines Interesses nicht ausreicht, um Ansprüche zu reklamieren. Ohne den zusätzlichen Nachweis, daß so etwas wie ein transzendentaler Tausch vorliegt, fehlt es den Menschenrechten an

Legitimation. Für einige der sogenannten Sozialrechte läßt sich die Legitimation freilich erbringen:

1. Beginnen wir mit dem Sozialstaat und in seinem Rahmen mit einer klassischen sozialen Aufgabe, der Verantwortung für die ältere Generation (ausführlicher in Höffe 1989). Die in unserem Kulturraum beliebte Rechtfertigung vom Prinzip der Nächstenliebe bzw., säkularisiert, der Solidarität (Brüderlichkeit) her übersieht, daß man auf die Anerkennung von bloßen Solidaritätspflichten keinen Anspruch hat. Käme es tatsächlich auf die Solidarität an, so würde die Sorge für die Älteren etwas, das der Sozialstaat gerade nicht will: zu einer »Gnade«, die die Jüngeren großmütig gewähren oder aber zu gewähren sich weigern.

Nach dem neuen Paradigma ist nach Wechselseitigkeiten zu suchen, und diese lassen sich in drei Grundformen finden. Ihnen gemeinsam ist die Generationsstruktur menschlichen Lebens. Die einfachste Form besteht in einem synchronen, (ungefähr) zeitgleichen Tausch von positiven Leistungen und Gegenleistungen. Obwohl sie in den modernen Gesellschaften seltener geworden ist, gibt es sie durchaus noch, beispielsweise dort, wo die verschiedenen Generationen die ihnen spezifischen Fähigkeiten, Erfahrungen, auch Beziehungen mit wechselseitigem Vorteil austauschen.

Eine zweite Form bildet der phasenverschobene (diachrone) und dabei zunächst negative Tausch. Hier läßt sich die Legitimation der Freiheitsrechte ergänzen. Mit der Generationsstruktur menschlichen Lebens, die dort eingeklammert war, verbinden sich freilich unterschiedliche Macht- und Drohpotentiale, die folgenden Einwand provozieren: Weil der Mensch so gut wie machtlos auf die Welt kommt und in seinem Alter wieder zu einem hohen Maß an Machtlosigkeit zurückkehrt, kann er in beiden Lebensphasen für den transzendentalen Freiheitsaustausch zu wenig anbieten; der Mensch, so scheint es, ist in diesen Phasen seiner Biographie zum Tausch nicht fähig. Diese Konsequenz wird vermieden, sobald man einen phasenverschobenen Tausch in den Blick nimmt: Um heranwachsen zu können, haben die Kinder, um in Ehren alt zu werden, haben die gebrechlich gewordenen Eltern ein Interesse, daß man ihre Schwäche nicht ausnützt. Deshalb ist es für die mittlere Generation vorteilhafter, ihre Machtüberlegenheit gegen die junge Generation nicht auszuspielen, damit sie, wenn die Kinder heranwachsen, sie selber aber zur dritten Generation geworden sind, ihrerseits nicht den Machtpotentialen der zunächst ersten, inzwischen aber mittleren Generation ausgesetzt sind. Kurz, der generationsübergreifende Blick zeigt, daß es nicht etwa Solidaritäts-, sondern Gerechtigkeitsargumente, genauer: Argumente der Tauschgerechtigkeit sind, die die genannten Gruppen in dem allseits vorteilhaften Freiheitstausch einbeziehen.

Da der Mensch nicht bloß machtlos, sondern auch extrem hilflos geboren wird und da er nach einer Zeit relativer Selbständigkeit die Welt wieder hilflos verläßt, gibt es eine dritte Form, den positiven diachronen Tausch: Die Hilfsleistungen, die die junge Generation nach der Geburt und beim Heranwachsen erfährt, werden später durch eine Hilfe gegen die Älteren »wiedergutgemacht«.

Wer gegen das Tauschdenken skeptisch ist, kann sich spätestens hier selbstkritisch fragen, ob er nicht etwa einen zu engen, überdies zu »ungeduldigen«, vielleicht auch einen zu »kleinlichen« Tauschbegriff hat. »Ungeduldig« ist ein Tauschbegriff, der Phasenverschiebungen einzurechnen vergißt. Ferner ist »kleinlich«, wer immer nur dem gibt, von dem er erhalten hat, und nur so viel, wie er gerade empfangen hat. Schließlich hat einen zu engen Tauschbegriff, wer lediglich an Geld, Waren oder an jene Dienstleistungen denkt, die man in unseren Gesellschaften kaufen kann. Außer »materiellen« Vorteilen gibt es aber auch »ideelle« Vorteile; zu ihnen gehören Macht, Sicherheit, außerdem gesellschaftliche Anerkennung, vielleicht auch die durch Anerkennung vermittelte Selbstachtung; insbesondere und nicht zuletzt zählen dazu Freiheit und Chancen der Selbstverwirklichung.

2. Entwicklungsgeschichtlich gesehen, findet der phasenverschobene Tausch von Hilfsleistungen zunächst innerhalb der Familie und der Großfamilie, der Sippe, statt: Diese Beziehung entspricht einer Art von Eltern-Kinder-Vertrag, der über eine phasenverschobene, insgesamt aber wechselseitige Hilfe abgeschlossen wird. Teils weil sich die Sozialverhältnisse kompliziert haben, teils um die Eltern nicht vom Verhalten ihrer eigenen Kinder abhängig zu machen, wird im Sozialstaat der »Familienvertrag« zu einem »Generationsvertrag« erweitert. Für diese Erweiterung spricht ein institutionstheoretisches Argument, das in seinem Kern von der zur Tauschgerechtigkeit notwendigen Ergänzung, der korrektiven Gerechtigkeit, bestimmt ist:

Durch das politische Gemeinwesen, eine Institution zweiter Ordnung, werden Primärinstitutionen wie die Familien bzw. Großfamilien (Sippen, Klane) nicht bloß koordiniert und zusätzlich von gewissen Aufgaben entlastet. Sie werden auch in ihrem Eigenrecht und Eigengewicht relativiert; und mit der Entlastung geht eine Entmachtung einher. Nach dem tauschtheoretischen Prinzip des Nehmens und Gebens sind für die Entmachtungen »Entschädigungen« zu leisten. Die Sekundärinstitution, das Gemeinwesen, leistet sie, indem es für jene Aufgaben Verantwortung übernimmt, die die Primärinstitution, die Familie, gerade wegen ihrer Entmachtung durch das Gemeinwesen nicht mehr oder nur noch unzureichend erfüllt. Nach diesem Argumentationstyp ist ein großer Teil der Sozialstaatsaufgaben eine Kompensationspflicht und Auffangverantwortung. Folglich mag der Sozialstaat an seiner Oberfläche als eine Solidaritätsleistung erscheinen; dem legitimationstheoretischen Kern nach erfüllt er eine Aufgabe der Tauschgerechtigkeit.

In diesem Zusammenhang läßt sich auch die Frage behandeln, wie das Tauschdenken jene Personen berücksichtigen will, die – wie beispielsweise die von Geburt an Schwerbehinderten – in den Tausch nichts einbringen. In einem ersten Schritt wäre an die Verantwortung zu erinnern, die Eltern übernehmen, indem sie Kinder in die Welt setzen, an eine Verantwortung, die die Eltern mit der Primärgruppe, in der sie leben, teilen. Als zweiter Legitimationsschritt wäre das Argument der Kompensationspflicht und Auffangverantwortung anzuführen. Ein drittes Argument: Ein bedeutender Teil der Behinderungen verdankt sich Risiken, die mit unserer Zivilisationsform zusammenhängen; da wir deren Vorteile kollektiv in Anspruch nehmen, sind auch die Nachteile kollektiv zu tragen.

Eine analoge Aufgabe korrektiver Gerechtigkeit besteht bei weiteren Fragen der klassischen Sozialpolitik. Gewissermaßen als Fortsetzung von Familien- und Sippenverbänden waren die Kommunen bis weit ins 19. Jahrhundert wesentlich Solidargemeinschaften. Teils direkt, teils über Berufsgenossenschaften (»Zünfte«) vermittelt, kümmerten sie sich um die Arbeitsmöglichkeiten der Bürger und übernahmen darüber hinaus wichtige Aufgaben der Daseinsvorsorge. Zu den vielen Faktoren, die für den Zerfall der kommunalen Solidargemeinschaft verantwortlich sind, gehört auch das Erstarken einer politischen Zentralmacht.

Indem diese sowohl größere Regelungskompetenzen als auch einen höheren Anteil am gestiegenen Steueraufkommen an sich zieht, muß sie aus Gründen der Tauschgerechtigkeit Kompensationen leisten und in die Solidaritätsaufgaben vorstaatlicher Agenturen eintreten.

3. Entschädigungsaufgaben ergeben sich auch aus ungerechten Tauschbeziehungen der Vergangenheit, beispielsweise gegen Eskimos, Indianer, Indios und andere Ureinwohner, deren Besitz man bald gewaltsam, bald gegen unzureichende Gegenleistungen an sich genommen hat. Ebenfalls bestehen Verpflichtungen gegen die Farbigen Nord- und Südamerikas sowie gegen andere Gruppen, denen durch Sklaverei, durch Leibeigenschaft und Erbuntertänigkeit oder auch durch »subtilere« Einrichtungen über Jahrhunderte der Zugang zu Eigentumstiteln, zu gleichberechtigten Bildungseinrichtungen und zum sozialen Aufstieg versperrt worden ist. Ähnliches gilt für die Kolonien. Sofern in ihnen ein langfristig wirksames Unrecht geschehen ist – durch Monokulturen, durch mangelnde Bildungschancen für die Eingeborenen usw. –, schuldet man ihnen einen Ausgleich. Ihn schuldet freilich nicht eine sogenannte »Weltgemeinschaft«, auch nicht pauschal der »reiche Westen«, sondern die jeweils zuständige Kolonialherrschaft. Auch für die Frage, ob man die Frauen im Berufsleben vorübergehend bevorzugen soll, ist das Argumentationsmuster von Belang. Soweit sich nachweisen läßt, daß die in früheren Generationen anzutreffende kollektive Benachteiligung bis heute »durchschlägt«, allerdings auch nur so weit, wie der etwaige Nachweis reicht, ist eine kompensatorische und dann wieder kollektive Bevorzugung der Frauen legitim.

4. Zugunsten einer Reihe sozialstaatlicher Aufgaben spricht ein weiteres institutionstheoretisches Argument. Wie das erste wird es nur in Verbindung mit sozialgeschichtlichen Entwicklungen triftig und bestätigt das Argumentationsmuster »Ethik plus deskriptive Überlegungen«: Im Laufe ihrer Geschichte entwickeln sich soziale Institutionen zu fortschreitend differenzierteren Komplexen. Bei dieser Entwicklung handelt es sich zu einem großen Teil um strukturelle, also kollektiv eintretende Veränderungen mit einer strukturell, also wieder kollektiv neuen Lage von Vorteilen und Risiken. Allerdings – und darin liegt die Komplikation – verteilen sich die Vorteile und die Risiken auf die einzelnen Gruppen und Individuen in unterschiedlicher Weise.

Zum Beispiel verbilligt die industrielle Produktion die materiellen Güter, was allen zugute kommt; der kollektive Vorteil ist aber nur durch eine Arbeiterschaft möglich, die in den Produktionsprozeß (fast) nichts als ihre Arbeitskraft einbringt. Deshalb wird sie vom Risiko der Arbeitslosigkeit stärker getroffen als diejenigen Gruppen, die in den Wirtschaftsprozeß auch noch Grund und Boden oder Kapital einbringen. Für den kollektiven Vorteil, die verbilligte Güterproduktion, übernimmt die Arbeiterschaft als partikularen Nachteil eine neue Schutzlosigkeit. Aus Gründen der korrektiven Gerechtigkeit ist das Sonderrisiko von allen mitzutragen, die in den Genuß der verbilligten Güterproduktion geraten: für das Sonderrisiko muß sich die Gesamtgesellschaft verantwortlich fühlen.

Ähnliches gilt für andere Bereiche der modernen Ökonomie. Eine rationale Arbeitsgesellschaft erhöht nicht nur die Produktivität und Leistungsfähigkeit; sie verbessert auch – und dies wiederum in einem kollektiven Sinn – die Chancen für eine individuelle und individualisierte Selbstverwirklichung. Die spezialisierte Arbeitsgesellschaft birgt aber auch eine Reihe von Risiken: etwa die hohe gesellschaftliche Interdependenz und daraus resultierend die gestiegene Störanfälligkeit. Weiterhin nimmt die nichtselbständige Erwerbstätigkeit zu; ferner wird die Arbeit in kleinere und immer kleinere Portionen zerstückelt; außerdem ist sie mehr und mehr vorgeplant. Nicht zuletzt geht mit der erhöhten Mobilität ein Verlust heimatlicher Lebensräume einher, was die kulturelle Identität und emotionale Stabilität gefährdet. Da uns die Risiken wieder strukturell, also kollektiv, aber nicht gleichermaßen treffen, sollten sie aus Gründen der korrektiven Gerechtigkeit, nämlich als Ausgleich für die kollektive Verbesserung der Lebenschancen, ebenfalls kollektiv aufgefangen werden.

Aufgrund des zweiten institutionstheoretischen und zugleich sozialgeschichtlichen Arguments ist der Sozialstaat um neue Aufgaben zu erweitern, beispielsweise im Bereich der Bildung, die in einer Arbeitsgesellschaft nicht nur um ihrer selbst willen, sondern auch, sogar primär wegen der Berufsfähigkeiten gesucht wird.

5. Läßt sich mit einem Tauschdenken auch die neueste soziale Frage, der Schutz der natürlichen Umwelt, behandeln? Die natürliche Umwelt, wird man einwenden, ist eine Vorgabe, die sich gerade wegen ihrer Natürlichkeit nicht tauschen läßt. Der Ein-

wand ist berechtigt, seine Tragweite ist aber geringer, als man gewöhnlich erwartet. Gegenüber der naturalen Natur findet das Legitimationsmuster der Tauschgerechtigkeit zwar eine wesentliche Grenze; es braucht als Ergänzung – aber nicht als Alternative! – die Idee der Verteilung von primordialen Verfügungsrechten über die Natur. All das, was man an der Natur verändert, läßt sich jedoch tauschtheoretisch bzw. unter dem Gesichtspunkt der korrektiven Gerechtigkeit betrachten: beispielsweise der Abbau von Ressourcen, die Bewältigung von Gefahren und die Schaffung bzw. Inkaufnahme neuer Risiken.

Weil die natürliche Umwelt eine unverzichtbare Vorgabe ist und weil die Art, wie sie der jeweils nächsten Generation hinterlassen wird, deren Lebenschancen und Lebensrisiken entscheidend mitbestimmt, kommt es im Generationsvertrag nicht nur auf den Tausch der uns vertrauten Leistungen und Gegenleistungen an. Mindestens ebenso wichtig ist die Qualität der natürlichen Umwelt. Zu einem gerechten Tausch zwischen den Generationen gehört es deshalb, für diese Seite in der Generationsstruktur menschlichen Lebens sensibel zu werden; die jeweils vorangehende Generation darf der jüngeren keine Hypotheken vererben, für die keine entsprechend hohen Bürgschaften mitvererbt werden. Nach diesem Maßstab ist beispielsweise ein Abbau der nichterneuerbaren Energiequellen nur unter der Bedingung gerecht, daß er nicht schneller erfolgt, als man neue Quellen erschließt. Ferner darf man erst dann behaupten, neue Quellen erschlosssen zu haben, wenn sich das Risiko der Energiegewinnung nicht im Verhältnis zu den traditionellen Energiequellen vergrößert.

Für den Umweltschutz noch grundlegender als der Gedanke der Tauschgerechtigkeit ist der der korrektiven Gerechtigkeit. Als intuitiv plausibel erscheint es nämlich, die naturale Natur, weil sie eine prinzipielle Vorgabe darstellt, als Gemeineigentum der Menschheit, als ihre Allmende, zu betrachten, die jeder Generation und, innerhalb der Generationen, jedem Individuum gleichermaßen gehört. Wer diesen Gedanken anerkennt, hat es nicht schwer, als Verteilungsprinzip gegenüber der Allmende ein Gleichheitsprinzip zu vertreten. Es besagt, daß jede Generation und, innerhalb der Generationen, jedes Individuum das gleiche Recht auf die Allmende hat. Unter Voraussetzung dieses Gleichheitsprinzips verlangt die korrektive Gerechtigkeit, daß jede Generation und jedes Individuum, die sich etwas vom Gemeineigentum nehmen, in anderer Weise etwas zurückgeben und dabei den Gesichtspunkt der Gleichwertigkeit beachten. Nun sind vielleicht gewisse Dinge nicht substituierbar und trotzdem lebensnotwendig, so daß hier ein bloßer Abbau der natürlichen Ressourcen stattfindet. Dann müßte auch dieses Problem nach dem Gleichheitsprinzip gelöst werden; hinsichtlich der nicht substituierbaren Ressourcen darf jede Generation nur – etwa – dasselbe Maß an Abbau vornehmen. Daß ein derartiger Vorschlag eine Fülle von Zusatzfragen aufwirft, versteht sich von selbst. Schwierigkeiten, die einer Operationalisierung (dem Messen, Vergleichen, Durchsetzen ...) entgegenstehen, sind aber kein zureichender Einwand gegen den Grundgedanken; als eine Art von regulativer Idee gibt er die Richtung vor, in der die Operationalisierungen zu suchen sind. (Nähere Überlegungen in Höffe 1993, besonders Kapitel 11.)

Wir können die Überlegungen an dieser Stelle abbrechen. Sie dürften gezeigt haben, daß es zumindest den Versuch wert ist, sowohl die in der Rechtspolitik unstrittigen Bereiche der Menschenrechte als auch die strittigen Bereiche vom Standpunkt der Tauschgerechtigkeit und der sie ergänzenden korrektiven Gerechtigkeit aus zu betrachten. Dabei kommt es auf mindestens drei Punkte an: zunächst, normativ, auf eine Wechselseitigkeit der zum Tausch anstehenden Vor- und Nachteile; sodann, nichtnormativ, auf einen hinreichend weiten und sozialgeschichtlich sensiblen Tauschbegriff, auf den Nachweis, daß tatsächlich eine Wechselseitigkeit stattfindet. Und dort, wo sich Menschenrechte nicht mit Hilfe von Gedanken der Wechselseitigkeit und des Ausgleichs von Unrecht legitimieren lassen, ziehe man die Möglichkeit in Frage, daß vielleicht Menschen*interessen*, aber nicht wirklich Menschen*rechte* vorliegen.

Literatur

Axelrod, R. (1984), *The Evolution of Cooperation,* o. O.: Collins; deutsch: *Die Evolution der Kooperation*, München: Oldenbourg 1991.

Feyerabend, Paul K. (1989), *Irrwege der Vernunft*, Frankfurt am Main: Suhrkamp.

Höffe, Otfried (1989), »Normative Gerontologie«, in: *Jahrbuch christlicher Sozialwissenschaften* 30, S. 135-148.

– (1990), *Kategorische Rechtsprinzipien. Ein Kontrapunkt der Moderne*, Frankfurt am Main: Suhrkamp.

– (1991), *Gerechtigkeit als Tausch? Zum politischen Projekt der Moderne*, Baden-Baden: Nomos.

– (1993), *Moral als Preis der Moderne. Ein Versuch über Wissenschaft, Technik und Umwelt*, Frankfurt am Main: Suhrkamp.

– (1994), »Tauschgerechtigkeit und korrektive Gerechtigkeit: Legitimationsmuster für Staatsaufgaben«, in: A. Grimm (Hg.), *Staatsaufgaben*, Baden-Baden: Nomos, S. 713-737.

– (1996), *Vernunft und Recht. Bausteine zu einem interkulturellen Rechtsdiskurs*, Frankfurt am Main: Suhrkamp.

Lévi-Strauss, Claude (1949), *Les structures élémentaires de la parenté*, Nachdruck Paris: Mouton 1981; deutsch: *Die elementaren Strukturen der Verwandtschaft*, Frankfurt am Main: Suhrkamp 1980.

Lyotard, Jean-François (1983), *Le différend*, Paris: Minuit; deutsch: *Der Widerstreit*, 2. Auflage, München: Fink 1989.

Mauss, Marcel (1923/24), »Essai sur le don«, in: *Année Sociologique*, N.F. 1; wiederabgedruckt in: ders., *Sociologie et Anthropologie*, Paris: P.U.F. 1950, S. 145-279; deutsch: *Die Gabe*, Frankfurt am Main: Suhrkamp 1968.

Rawls, John (1971), *A Theory of Justice*, Oxford: Clarendon Press; deutsch: *Eine Theorie der Gerechtigkeit*, Frankfurt am Main: Suhrkamp 1975.

Rorty, Richard (1989), *Contingency, Irony, and Solidarity*, Oxford: Oxford University Press; deutsch: *Kontingenz, Ironie und Solidarität*, Frankfurt am Main: Suhrkamp 1989.

Ernst Tugendhat
Die Kontroverse um die Menschenrechte[1]

Was sind Menschenrechte, gibt es so etwas wie Menschenrechte, existieren sie universell, und welches sind sie?

Um diese Fragen sinnvoll angehen zu können, muß man sehen, daß es sich bei diesen Rechten um einen Teil einer legitimen staatlichen Ordnung handelt. Natürlich kann es solche Entitäten wie Rechte nicht gewissermaßen in der Natur geben; es kann nur einen metaphorischen Sinn haben, zu sagen, es gebe Naturrechte, wir würden mit ihnen geboren, sondern die Menschenrechte können wie alle Rechte nur verliehene Rechte sein, und daß es sie gibt, hat den Sinn, daß sie zu verleihen Teil einer legitimen staatlichen Ordnung ist; und die These, daß sie universell existieren, kann also nur den Sinn haben, daß jede staatliche Ordnung, die sie nicht enthält, ihren Bürgern nicht verleiht, als nicht legitim anzusehen ist.

Der Begriff der Legitimität muß also den Rahmen für die Frage der Existenz der Menschenrechte bilden. Überall, wo Menschen über Menschen Macht ausüben, stellt sich die Frage, ob die Macht legitim und das heißt berechtigt ist oder nicht. Sie stellt sich in erster Linie subjektiv, für die an dem Machtverhältnis Beteiligten und insbesondere für die, die in dem Machtverhältnis die Untergeordneten, die Abhängigen sind, denn für diese stellt sich stets die Alternative, ob sie die Macht der anderen akzeptieren, weil diese schlichte Gewalt – Zwang – ausüben (*brute force*), oder ob sie die Macht von sich aus akzeptieren, und das heißt eben: sie als zu Recht bestehend, als legitim anerkennen. Prinzipiell ist die Quelle der Legitimität, das heißt der geglaubten Legitimität, immer ein moralisches Konzept. Dieses Konzept kann entweder ein traditionalistisches sein; damit meine ich ein vorge-

1 Vortrag, gehalten auf dem Symposion »Normen, Werte und Gesellschaft« in Wien (Institut Wiener Kreis) am 1. Oktober 1993. Er erschien zuerst in *Analyse und Kritik* 15 (1993), S. 101-110. Vgl. die ergänzenden Überlegungen in meinen *Vorlesungen über Ethik*, Frankfurt am Main: Suhrkamp 1993, 17. Kapitel.

gebenes, durch Religion oder sonstige Tradition begründetes; die Macht etwa des Königs wird dann als legitim angesehen, das heißt, der Untergebene wird sich ihr freiwillig unterwerfen, weil der Glaube besteht, daß die Macht dem König etwa von Gott verliehen ist, daß er sie aufgrund seiner Abkunft innehat usw. Wird jede solche traditionalistische Moral als ihrerseits unbegründet verworfen, so ist die einzige Instanz, von der aus die Macht als legitim angesehen werden kann, das Interesse der Individuen selbst, und wenn sich keine Gründe anführen lassen, warum manche Individuen mehr wert sind als andere, läuft das auf die gleichmäßige Berücksichtigung der Interessen aller hinaus, so daß dies das einzige moralische Konzept ist, das verbleibt, wenn traditionalistische Konzepte entfallen. Es ist jedoch wichtig zu sehen, daß auch die gleiche Berücksichtigung der Interessen aller ein moralisches Konzept ist. Es ist nicht so, daß, wenn transzendente Legitimitätsquellen entfallen, nur die Interessen übrigbleiben, denn die gleiche Berücksichtigung der Interessen aller ist ja nicht ihrerseits ein Interesse, sondern ein moralischer Orientierungspunkt und eben offenbar der einzig verbleibende Gesichtspunkt, auf den hin alle Betroffenen sagen können, daß ein Machtverhältnis legitim ist.

Man kann nun die historische Entwicklung der Menschenrechte im Okzident als eine Reihe historischer Zufälle ansehen, und wenn sie sich darauf reduzieren ließe, wäre es nicht berechtigt, von universellen Menschenrechten oder auch nur überhaupt von Menschenrechten zu sprechen. Die andere Möglichkeit besteht darin, daß man die Entwicklung der Menschenrechte als eine notwendige Komponente derjenigen Legitimität ansieht, die übrigbleibt, wenn traditionalistische Legitimitätskonzepte abgebaut sind. Das Aufkommen der Menschenrechte in der europäisch-amerikanischen Geschichte wäre dann eng verknüpft mit der Geschichte des Abbaus der traditionalistischen Legitimitätskonzepte. Das heißt nicht, daß die Geschichte der Menschenrechte nicht von spezifischen Zufälligkeiten mitbestimmt wäre; im Gegenteil, solche Zufälligkeiten, vom Begriff der Menschenrechte her gesehen, sind in der Tat zu konstatieren; sie werden es jedoch gerade erlauben, das inhaltliche Bild der Menschenrechte, wie es sich in den bürgerlichen Staaten entwickelt hat, auf bestimmte Inkonsistenzen zu hinterfragen, so daß wir den Vertreter der bürgerlichen Menschenrechte in einen Diskurs verwikkeln können, in dem er selbst zu einem umfassenderen Konzept geführt werden kann, das beanspruchen könnte, das universelle Konzept der Menschenrechte zu sein.

Um eine Orientierung zu gewinnen, können wir von zwei entscheidenden Phasen der historischen Entwicklung ausgehen. Die erste ist die frühe englische Phase von der *Magna Charta* bis zur *Bill of Rights.* Für diese Phase ist charakteristisch, daß das allgemeine Konzept von Legitimität noch ein traditionalistisches war. Das Recht des Königs zu herrschen war vorgegeben, und die Rechte, die er zu konzedieren gezwungen wurde, waren Sicherheitsgarantien gegenüber hoheitlicher Willkür innerhalb einer traditionalistisch verstandenen Machtordnung. Das scheint mir die Begrenzung dieser Rechte zu sein und weniger der weitere Umstand, daß diese Rechte nur einer bestimmten Schicht gewährt wurden. So gesehen muß man auch die Rechtsstaatlichkeit des kaiserlichen Deutschland als dieser vordemokratischen Phase zugeordnet sehen; denn obwohl die Rechte jetzt nicht nur inhaltlich ähnlich erweitert waren wie die in den westlichen Demokratien und auf alle Bürger ausgedehnt wurden, handelt es sich um Freiheitsspielräume, die den Untertanen gewährt wurden, ohne daß der legitime Machtanspruch des kaiserlichen Souveräns in Frage gestellt wurde. Es ist dieser Teil der Entwicklung der Menschenrechte, der einen dazu verleiten könnte zu meinen, daß Grundrechte lediglich individuelle Freiheitsspielräume innerhalb einer nichtdemokratischen politischen Ordnung sind. Da das Volk nicht selbst an der Macht teilhat, räumt ihm die Macht wenigstens diese Spielräume ein.

Man muß nun den Übergang zur Demokratie als den entscheidenden Schritt ansehen, in dem die Legitimität der politischen Macht von einer traditionalistisch vorgegebenen zu einer auf das Wollen der Individuen selbst sich aufbauenden übergegangen ist. Die Macht steht den Bürgern nicht mehr gegenüber, sie sind nicht mehr Untertanen, sondern sie nehmen jetzt – idealiter gesehen, denn die Einzelheiten der schrittweisen Ausdehnung des Wahlrechts und das Problem der Repräsentativität brauchen uns hier nicht zu beschäftigen – an der Macht selbst teil. Nun könnte es so scheinen, als ob der Übergang der politischen Macht an das Volk selbst genügte, um die Macht legitim zu machen, und die Individuen, vom Legitimitätsgesichtspunkt her gesehen, keine Eigenräume gegenüber dieser Macht brauchten. Der klassische

Exponent eines solchen Konzepts einer Demokratie ohne Liberalismus war Rousseau. Es ist nicht der Umstand, daß die Demokratie, wie Rousseau sie sich dachte, eine direkte und nicht eine repräsentative war. Die Differenz zwischen direkter und repräsentativer Demokratie, wie wichtig sie in anderen Zusammenhängen ist, spielt für unser Problem keine Rolle. Der Punkt, auf den es ankommt, ist, daß nach Rousseau das Individuum seine individuelle Freiheit aufgibt und sich statt dessen als Teil des Gesamtwillens sieht. Da es auf die Besonderheiten der Rousseauschen Theorie nicht ankommt, können wir auch über seine dubiose Unterscheidung zwischen *volonté générale* und *volonté de tous* hinweggehen. Rousseau interessiert hier nur als Vertreter der Position, die glaubt, daß, sobald die Macht ans Volk übergegangen ist, die Individuen auf die Rechte, die sie gegenüber den absoluten Herrschern brauchten, verzichten könnten. Die Schwierigkeit, auf die wir hier stoßen, liegt im Begriff der Demokratie. Es könnte so scheinen, als ob, sobald wir Volkssouveränität haben, ein Zustand kollektiver Autonomie gegeben wäre. Aber diese Rede von kollektiver Autonomie kann über eine entscheidende Differenz hinwegtäuschen. Er verschleiert den Umstand, daß der einzelne, indem er an der sogenannten Autonomie des Kollektivs teilhat, als einzelner keine Autonomie mehr hat. Er hat seine Freiheit, wie Rousseau explizit sagt, an das Kollektiv abgetreten, und wenn jetzt für die Freiheit des Individuums als solchen innerhalb des Kollektivs keine Vorsorge getroffen wird, wäre das Kollektiv letztlich die einzige Entität, und die Individuen verwandelten sich in seine Teile. Am klarsten ist das Problem in den Debatten der amerikanischen verfassunggebenden Versammlung gesehen worden. Das Stichwort war das von der zu vermeidenden Tyrannei der Mehrheit. Hier standen bestimmte Besorgnisse im Vordergrund, die prinzipiell gesehen als zufällig angesehen werden können; so war die besorgte Minderheit, die sich vor der Tyrannei der Mehrheit fürchtete, die der Wohlsituierten, und außerdem bezog sich diese Diskussion gar nicht auf die Individualrechte, sondern auf die wünschenswerte Struktur der Regierung, insbesondere die Gewaltenteilung, aber wiederum ist das für uns sekundär. Entscheidend ist, daß, wenn das Volk entscheidet, die Mehrheit entscheidet, und das bedeutet, daß, wenn die politische Ordnung eine legitime, das heißt auf die Interessen aller gleichmäßig Rücksicht nehmende sein soll, es zwar notwendig, aber nicht ausreichend ist, daß sie demokratisch ist. Vielmehr müssen erstens in die politischen Entscheidungen Sicherungen eingebaut werden, damit das Unterlegensein einer Minderheit nicht ihre Vernichtung bedeutet. Zweitens, und das ist für uns das Entscheidende, müssen den Individuen Rechtsräume gewährt werden, in denen sie sich als Individuen behaupten und entfalten können; ihre Individualautonomie muß soweit respektiert und sogar gefördert werden, als dies sowohl mit der Autonomie der anderen als auch mit dem Funktionieren des Gemeinwesens vereinbar ist.

Es ist wichtig zu beachten, daß dieser Aspekt nicht einfach eine mögliche Auffassung ist, sondern daß sie zwingend ist, wenn es sich erstens um eine legitime Ordnung handeln soll und wenn zweitens der einzige Orientierungspunkt von Legitimität die Interessen der Individuen sein sollen. Die Rousseausche Alternative ist keine legitime, weil sie auf einer Verdrehung im Freiheitsbegriff beruht und die Interessen der Individuen als Individuen nicht mehr maßgebend sind.

Man könnte das Bisherige so zusammenfassen, daß der Liberalismus seinen Ursprung innerhalb autokratischer Ordnungen hatte; es gab daher Liberalismus ohne Demokratie, und es gibt die Idee einer Demokratie ohne Liberalismus. Aber die einzig legitime politische Ordnung scheint die einer liberalen Demokratie zu sein, denn nur sie scheint die politische Macht so zu strukturieren, daß die Individuen erstens gemeinsam die Träger der politischen Macht sind und daß sie zweitens einen Spielraum als Individuen behalten.

Aber damit stehen wir erst am Anfang, denn jetzt stellen sich mindestens zwei Fragen. Erstens: Wieviel Kompetenzen soll der Staat haben? Und das hängt damit zusammen, was er tun muß, um die den Individuen zu sichernden Rechtsräume zu garantieren. Zweitens: Verweist uns das Stichwort Liberalismus nicht auf eine letztlich zufällige oder jedenfalls einseitige Interpretation dieses Konzepts, die auf die spezifischen Interessen des kapitalistischen Bürgertums zurückgehen? Man kann auf die Geschichte der Menschenrechte nicht reflektieren, ohne John Locke zu berücksichtigen. Locke war der große Gegenspieler Rousseaus im 18. Jahrhundert: statt eines alles aufsaugenden Staates ein möglichst schwacher Staat, dessen einzige Legitimität in der Sicherung von ›Leben, Freiheit und Eigentum‹ besteht. Diese Formel kann natürlich ihrerseits nicht Legitimität beanspruchen, da sie zwar auf die individuellen Interessen von Untertanen, aber nur auf die einer bestimmten Schicht der Untertanen, die der besitzenden Klasse, Rücksicht nimmt, und der Schutz des Eigentums dieser Klasse heißt natürlich Schutz nicht nur vor willkürlicher Enteignung durch die Regierung, sondern auch Schutz gegen die Übergriffe der Armen. Führt uns also die Ablehnung des Konzepts von Rousseau nicht in eine entgegengesetzte Einseitigkeit, und ist es nicht gerade diese Einseitigkeit, die die Vorstellung stützt, daß die Idee der Menschenrechte eine Idiosynkrasie eines speziellen Gesellschaftssystems ist?

Doch auch hier werden wir unterscheiden müssen zwischen den inhaltlichen Besonderheiten des bürgerlichen Liberalismus und der zugrundeliegenden Idee. Es gibt zwei Möglichkeiten, das liberalistische Konzept zu kritisieren. Die eine betrifft die prinzipielle Rücksichtnahme auf die individuellen Interessen. Diese grundsätzliche Kritik, wie sie im Hegelianismus und auch im zeitgenössischen Kommunitarismus enthalten ist, halte ich für verfehlt. Diese Kritiker werfen dem Liberalismus vor, daß, wenn es letztlich um Wohl und Freiheit der Individuen geht, übersehen werde, daß wir schon immer soziale Wesen sind. Die Liberalen haben diese Kritik provoziert, weil sie von dem Gedankenexperiment eines individualistischen Naturzustandes ohne Staat ausgegangen sind. Die Fragwürdigkeit dieses Gedankenexperiments liegt jedoch, wie wir noch sehen werden, an einer anderen Stelle. Der Rückgang auf die Individuen impliziert keineswegs, daß verneint würde, daß wir alle soziale Wesen sind, sondern nur, daß es dem Individuum selbst überlassen bleiben soll, wieweit es dieses Faktum in seinen Willen aufnimmt; sind die Individuen, wie immer sie sich verstehen, nicht die letzten Instanzen der Legitimität, so müßten andere, überindividuelle Entitäten wie Hegels Staat oder seine Sittlichkeit eingeführt werden; und von woher sollen diese zu legitimieren sein?

Versteht man also den Individualismus als solchen als das spezifisch Bürgerliche, so ist nicht zu sehen, was man dagegen einwenden kann, immer vorausgesetzt, daß die Interessen der Individuen als letzte Legitimitätsinstanz anerkannt werden. Diese Komponente des bürgerlichen Konzepts ist vielmehr eine notwendige Folge des Wegfalls der ihrerseits unbegründbaren traditionalistischen Legitimationskonzepte, und die Frage, wie grundsätzlich sich die Individuen als sozial verstehen, bleibt völlig offen. Ausgeschlossen wird nur, daß ihnen bestimmte Sozialstrukturen zudiktiert werden. Es ist nicht eine einseitige Stellungnahme zugunsten eines bestimmten egoistischen Lebenskonzepts; die Frage wird lediglich offengelassen (zumindest im Prinzip). Es soll nur umgekehrt jede einseitige Stellungnahme zugunsten irgendeines bestimmten Lebenskonzepts ausgeschlossen werden.

Diejenige Kritik jedoch am liberalistischen Konzept, die aus der Perspektive der Legitimität mit Rücksicht auf die Interessen aller erfolgt, kann nur den Sinn haben, daß das liberalistische Konzept in der Art, wie es die rechtlich zu sichernden individuellen Eigenräume beschreibt, lediglich *eine* Gruppe von Individuen im Auge hat und die anderen Gruppen entweder übergeht oder sie sogar in der Art, wie die Rechte der privilegierten Gruppe formuliert werden, effektiv entrechtet. Wird der Liberalismus aus dieser Perspektive kritisiert, so ist das Kriterium der Kritik nicht irgend etwas, was außerhalb der Idee der Rechte steht, sondern man bleibt innerhalb der Orientierung an Rechten, und die Kritik zielt darauf, daß die Rechte anderer verletzt werden. Man kann sich die Differenz der zwei Arten von Kritik daran verdeutlichen, daß zum Beispiel das egoistische Erwerbsverhalten nach der einen Art von Kritik als lasterhafte Lebensweise verworfen wird, nach der anderen Art von Kritik an und für sich zugelassen und nur eingeschränkt wird, sofern es andere schädigt: es sind ausschließlich die Rechte der anderen, die einen legitimen Grund für das Verbot oder die Einschränkung bestimmter Verhaltensweisen abgeben, und dies eben, weil der einzige Maßstab von Legitimität die Rücksicht auf die Interessen aller ist.

Das erfordert nun eine inhaltliche Revision derjenigen Rechte, die in der liberalistischen Tradition als Menschenrechte anerkannt wurden. Der offenkundigste Kritikpunkt betrifft das uneingeschränkte Recht auf ungleiches Eigentum, unter gleichzeitiger staatlicher Sicherung dieses Eigentums gegenüber jenen, die keines haben. Aber die prinzipielle Auseinandersetzung mit dem inhaltlichen Konzept des Liberalismus muß tiefer ansetzen, und zwar bei demjenigen Begriff, dem der Liberalismus seine Bezeichnung verdankt, dem der Freiheit. Denn solange dieser Begriff die unbestrittene Grundlage bildet, kann der Vertreter des

Liberalismus immer die Auffassung vertreten, daß auch der Arme die gleiche Freiheit hat, sich reich zu machen. Diese Redeweise setzt freilich einen bestimmten, den sogenannten negativen Freiheitsbegriff voraus: ›Niemand hindert den Armen daran, sich mit legalen Mitteln zu bereichern‹; und dem ist ein anderer, sogenannter positiver Freiheitsbegriff entgegengesetzt worden, dem zufolge jemand nur frei zu etwas ist, wenn er die Fähigkeiten und die Gelegenheit dazu hat. Aber erstens gehört dieser Freiheitsbegriff bereits in die Kritik des Liberalismus, der Freiheitsbegriff des Liberalismus ist der negative; zweitens reicht auch der sogenannte positive Freiheitsbegriff nicht aus, um die Interessen aller zu berücksichtigen.

Es ist eine der Merkwürdigkeiten auch der zeitgenössischen Literatur, daß der Freiheitsbegriff häufig als der entscheidende und unhinterfragbare Grundbegriff politischer Legitimität angesehen wird, eine Merkwürdigkeit, die sich nur aus dem Gewicht der liberalistischen Tradition verstehen läßt. Man kann und muß freilich sagen, daß frei zu sein, autonom zu sein, tun und lassen zu können, was man selbst will, handeln zu können, ein Grundinteresse des Menschen ist; aber das heißt nicht, daß sich von daher alle Interessen der Individuen verstehen ließen. Schon das Recht auf Leben oder, allgemeiner gesprochen, auf körperliche Unversehrtheit und Sicherheit, das zu den klassischen Rechten des Liberalismus gehört, ist nicht ein Freiheitsrecht. Eine Person kann von Freiheit, von Handlungsspielräumen nur Gebrauch machen, wenn gewisse fundamentale Voraussetzungen, infolgedessen noch fundamentalere Interessen, gewährleistet sind. In dieser Hinsicht unterscheiden sich jedoch verschiedene Personengruppen voneinander. Daß die liberalistische Tradition den negativ verstandenen Freiheitsbegriff für die Menschenrechte als allgemein grundlegend ansehen konnte, lag daran, daß sie von einer privilegierten Personengruppe ausging, für die diese fundamentaleren Voraussetzungen mit Ausnahme der Sicherheit als gewährleistet angesehen werden konnten. Diese Voraussetzungen sind insbesondere, daß die Person die erforderlichen Fähigkeiten und materiellen Bedingungen zur Ausübung derjenigen Freiheit hat, die die Voraussetzung der eigenen Lebenserhaltung ist. Kinder, Alte, Kranke und Behinderte haben nicht einmal die dafür erforderlichen Fähigkeiten. Und diejenigen, die kein Eigentum haben und auch kein solches erwerben können, weil der

Besitz unter den Privilegierten bereits aufgeteilt ist, haben zwar die Fähigkeiten, aber nicht die materiellen Bedingungen. Diejenigen, die kein Eigentum haben, haben die Voraussetzung der eigenen Lebenshaltung nur, wenn sie sich bei denen, die Eigentum haben, verdingen und sich also von ihrer Macht abhängig machen. Das liberalistische System der Menschenrechte ist also in seinem inhaltlichen Konzept ein nicht legitimes, weil es erstens die Interessen verschiedener Teile der Bevölkerung nicht berücksichtigt und weil es zweitens neue Machtverhältnisse zugunsten der privilegierten Klasse erzeugt. Man könnte fragen, ob man diese Aussage nicht dahingehend abschwächen sollte, daß man sagt, dieses politische Konzept, also dieses Konzept der Menschenrechte, sei immerhin legitim für die privilegierte Klasse; aber erstens fragt sich, ob eine solche Relativierung von Legitimität (›legitim für‹) überhaupt einen Sinn hat, und zweitens war das auch gar nicht der Anspruch der liberalen Tradition. Vielmehr beanspruchte diese eine echte Legitimität für ihr Konzept. Der Liberalismus behauptete, daß die liberal verstandenen Menschenrechte tatsächlich im Interesse aller seien, und das gelang ihm, indem er einfach die Augen davor verschloß, daß erstens die Besitzlosen von ihrer negativen Freiheit ohne Gewährleistung von materiellen Voraussetzungen keinen Gebrauch machen können und daß zweitens die übrigen Randgruppen überhaupt existieren, was dadurch erleichtert wurde, daß Kinder, Frauen, Alte, Behinderte einfach als Anhängsel der männlichen erwachsenen erwerbsfähigen Personen und nicht als eigene Rechtssubjekte angesehen wurden. Es ist nun gerade dieser Umstand, daß die liberale Tradition die Interessen aller andersgearteten Gruppen, die nicht zu der privilegierten Kerngruppe gehören, nicht verneinte, sondern einfach übersah oder zumindest umdeutete, der es möglich macht, der nicht legitimen Konzeption des Liberalen die legitime nicht nur einfach gegenüberzustellen, sondern ihm zu zeigen, daß das partiell Legitime seiner Konzeption, wenn es in seiner Partialität anerkannt wird, von sich aus zu einem umfassenderen Konzept führt.

Das betrifft jedoch bereits die Basis, von der aus man die Frage nach der politisch-sozialen Legitimität stellen muß. Der Grund, warum ein hypothetischer Naturzustand und ein sich darauf gründender Kontrakt kein angemessener Ausgangspunkt ist, ist nicht der, den der konservative Antiindividualismus im Auge hatte – ihm zufolge stehen wir immer schon in sozialen Verhältnissen, die wir dann irgendwie zu akzeptieren hätten –, sondern der Grund ist, daß dieser Ausgangspunkt, wenn überhaupt, nur ein solcher für die Mitglieder der privilegierten Klasse des Liberalismus ist, nämlich für erwachsene und gesunde Männer, die ihren Lebensunterhalt im Prinzip selbst bestreiten können und die für die Aushandlung eines Kontrakts gleich stark sind; deswegen haben ja die Theoretiker des Naturzustandes immer explizit die fragwürdige Voraussetzung gemacht, daß alle von Natur ungefähr gleich stark sind. Das von der Legitimität her gesehen erforderliche politisch-soziale System normativer Gleichheit kann sich jedoch nicht auf der Basis gleicher faktischer Inputs eines Kontrakts ergeben. Die Idee eines Kontrakts ist also immer schon das ideologische Konstrukt derjenigen gewesen, die überhaupt in der Lage gewesen wären, einen einigermaßen symmetrischen Kontrakt oder überhaupt einen Kontrakt einzugehen.

Dieser Ausgangspunkt wirkte so radikal, weil er vor die Frage nach dem Wie des politischen Gemeinwesens sogar die nach dem Ob-überhaupt stellte: Wollen wir uns überhaupt zusammentun und ein politisches Gemeinwesen bilden? Die so gestellte Frage bezieht aber, wie bei Locke sehr deutlich wird, das Soziale als solches nicht ein, mit dem Ergebnis, daß die sozialen Machtverhältnisse erhalten werden und die politischen nur dazu dienen, sie zu zementieren. Aus der Perspektive des gleichmäßigen Interesses aller können wir die Frage nach dem Wie des Politischen nur in eins mit der Frage nach dem Wie der gesellschaftlichen Abhängigkeiten stellen. Da ein Teil der Bevölkerung, wie die Kinder und die Alten, primär abhängig und auf Hilfe angewiesen sind und für sie die Idee eines Kontrakts ausfällt, können wir die Ausgangssituation nur so sehen, daß wir alle bereits in mannigfaltigen Abhängigkeiten voneinander stehen und die Frage ist, wie diese so zu verändern sind, daß sie als legitim angesehen werden können.

Anstelle des Freiheitsbegriffs der liberalen Tradition wird daher ein anderer Grundbegriff erforderlich, der den der Freiheit umgreift. Hier hat sich zunächst der Begriff der positiven Freiheit nahegelegt, und die meisten Vertreter der sozioökonomischen Rechte arbeiten mit ihm, aber er reicht zum Beispiel für Kinder, Kranke und Alte nicht aus, weil sie nicht nur Betätigungsbedingungen brauchen, sondern positive Unterstützung – und die Frage, wofür sie diese brauchen, betrifft eben den erforderlichen Grundbegriff. Vielleicht kann man sagen: damit sie gedeihen können. Die Rechtsräume, die eine legitime Staatsordnung jedem Individuum einräumen muß, sind nicht einfach Freiräume, sondern – wie ich es etwas unbeholfen ausdrücke – Eigenräume des Sichentfaltens und Gedeihens.

Damit soll der positive Freiheitsbegriff keineswegs entwertet werden, ebensowenig wie der negative, sie reichen nur nicht aus. Der negative, daß das Individuum frei von unmittelbarer Gewalt und von Zwang sei, ist zweifellos für jedes Konzept der Menschenrechte fundamental. Und es ist richtig, daß an ihn unmittelbar der der positiven Freiheit angeschlossen wird. Für den ersten Schritt der Ausdehnung der Grundrechte über die der negativen Freiheitsrechte hinaus ist er grundlegend, weil erstens Autonomie ein menschliches Grundbedürfnis ist und weil zweitens nur mit ihm das primäre Defizit der kapitalistischen Gesellschaftsordnung gemildert werden kann, das darin besteht, daß viele Menschen ihren Lebensunterhalt bestreiten wollen und im Prinzip könnten, aber nicht können. Sie werden daran gehindert durch die bestehenden ökonomischen Machtverhältnissse, durch die negative Freiheit und die daraus resultierende Machtakkumulation der Privilegierten. Daraus ergibt sich die staatliche Verpflichtung auf Schaffung angemessener Arbeitsbedingungen für alle, die dazu fähig sind, insbesondere also das Recht auf Arbeit, das in vielen Menschenrechtserklärungen anerkannt ist, aber noch in keinem kapitalistischen Land verwirklicht ist. Und daraus ergeben sich eine Reihe von Forderungen zur Schaffung gleicher Ausgangsbedingungen, wie die Abschaffung bezahlter Privatschulen für die Elite und die Abschaffung des Erbrechts. Die Hervorhebung des Begriffs der positiven Freiheit ist auch deswegen wichtig, weil es das Prinzip Hilfe zur Selbsthilfe unterstreicht und ein falsches Verständnis des Wohlfahrtsstaats verbietet, dem zufolge es sich um eine bloße Kompensation durch Güter handeln könnte.

Gleichwohl hat dieses Prinzip seine Grenzen. Verwahrlosten Kindern, Alten, Behinderten fehlt nicht nur die Gelegenheit, sondern die Fähigkeit zum Lebenserhalt. Hier hat also der positive Freiheitsbegriff seine Grenzen. Sie müssen direkt unterstützt werden, freilich auf eine Weise, daß die Autonomie, deren sie fähig sind, weitestgehend berücksichtigt wird. Aber solche Rechte wie das auf Kranken- und Altersversorgung können natürlich nicht auf das Recht auf positive Freiheit reduziert werden.

Es ist zu beachten, daß die Anerkennung der Rechte der Nichterwerbsfähigen einen zusätzlichen moralischen Sprung erfordert. Denn bei denjenigen, denen die Gemeinschaft lediglich die Bedingungen der eigenen Lebenserhaltung bereitstellt, kann man weitgehend sagen, daß die ungleichen ökonomischen Machtverhältnisse teilweise kompensiert werden, wie man sich zum Beispiel an der Forderung nach Landverteilung veranschaulichen kann. Der Reichtum der Privilegierten muß eingeschränkt werden, weil er die Armut der Unterprivilegierten verursacht. Die Reichen befinden sich mit den Armen in Kooperation, aber in einer Form von Kooperation, die nicht im gleichen Interesse der Betroffenen ist. Hier ist es daher leichter, daß der gutwillige Liberale die Ungerechtigkeit dieses Systems der Menschenrechte anerkennt. Bei denjenigen hingegen, die an ihrem Gedeihen nicht aus Gründen gehindert werden, die das soziale System zu verantworten hat, könnten diejenigen, denen es gutgeht, gegenüber denjenigen, die hilfsbedürftig sind, jede Verantwortung zurückweisen, ähnlich wie sie es zum Beispiel gegenüber denjenigen tun könnten, die von einer Naturkatastrophe geschädigt wurden. Jedoch ist es erstens nur begrenzt richtig, daß diese Hilfsbedürftigkeit vom ökonomischen System unabhängig ist. Die Reichen haben gewöhnlich keine verwahrlosten Kinder und können sich gegen Krankheit, Alter und die Konsequenzen von Naturkatastrophen selbst helfen. Entscheidend ist freilich wohl, daß der Liberale geltend machen könnte, daß sein ursprünglicher Kontrakt sich auf die Behinderten usw. nicht erstreckt hat; anders formuliert: er könnte sie einfach aus den normativen Verpflichtungen von Gesellschaft und Staat herausdefinieren. Das kann freilich heute auch mit einem Teil der im Prinzip Erwerbsfähigen geschehen: es liege nicht am kapitalistischen Wirtschaftssystem, sondern am Geburtenüberschuß, daß es mehr Menschen gibt, als arbeiten können. Es handele sich nicht um Ungerechtigkeit, sondern Pech. So zu argumentieren ist jedoch nicht möglich, wenn eine nichtkontraktualistische Position bezogen wird, wenn eingestanden wird, was einfach die Realität ist, daß diese Menschen genauso ein Teil der Gesellschaft sind und ihre Interessen genauso zählen. Deswegen müssen ihre Rechte auf die Hilfe, die ihnen zu geben ist, als Menschenrechte anerkannt werden, die sie gegenüber dem politischen Kollektiv haben, wenn dieses als legitim gelten können soll. Sie haben Anspruch auf Hilfe, diese ist eine Pflicht und nicht Gnade.

Ein Recht, das heute besonders umstritten ist, ist das auf Freizügigkeit. Dieses Recht, das ein negatives Recht ist, wird heute allgemein innerstaatlich anerkannt, und ebenso das Recht auf Auswanderung, aber nicht das auf Einwanderung. Die Frage ist, ob, wenn von universellen Menschenrechten gesprochen wird und wir uns in einer Situation weltweiter ökonomischer Interdependenz befinden, Staaten das Recht haben, sich in dieser Weise abzukapseln. Was ist der prinzipielle Unterschied zwischen beiden folgenden Phänomenen: In vielen armen Ländern zäunen sich Gruppen von Reichen in Wohnkomplexe ein, die durch Stacheldraht und Bewaffnete gegen das Eindringen von Armen geschützt werden. Analog bunkern sich die reichen Staaten gegen das Eindringen von Armen ein. Die Argumentation ist in beiden Fällen analog: Wir können nichts dafür, daß es den Armen schlechtgeht, und in beiden Fällen wird die staatliche Gewalt oder staatlich geduldete Gewalt dafür in Anspruch genommen, das Recht auf Eigentum zu schützen. Die klassische kapitalistische Argumentation gegen die Armen, die der Ameise gegen die Grille – wir haben unser Haus in Ordnung gebracht, ihr das eurige nicht, also habt ihr kein Recht, in unser Haus einzudringen –, wird auf nationaler Ebene wiederholt. Wenn wir ökonomisch eine Weltgemeinschaft sind, stellt sich die Frage, ob die Menschenrechte in dieser Weise national eingeschränkt werden dürfen und als Kriterium für Legitimität nicht nur die Rücksicht auf die Interessen aller Menschen in diesem Staat, sondern aller Menschen angesehen werden muß. Aber auch die andere Seite der Analogie, die staatliche Sicherung der Wohnung, ist vielleicht nicht ganz so selbstverständlich, wie es scheint. Daß Häuser und Wohnungen unverletzlich sind, erscheint als ein fundamentales negatives Recht. Aber man kann sich doch fragen, ob, was so selbstverständlich scheint, nicht nur ein Teil der bürgerlichen Interpretation der Menschenrechte ist, *wenn* das Kollektiv diesen Schutz einerseits durch Polizei und Justiz sichert und diejenigen, die kriminalisiert werden, wenn sie einzudringen versuchen, in ihrer Not sich selbst überläßt. Die beiden Fälle sind gewiß nicht ganz so analog, wie ich sie hingestellt habe. Außerdem ist natürlich klar, daß, wenn die Unverletzlichkeit der Wohnung nicht erzwungen würde, das Chaos einträte. Ich meine nur, daß wir in beiden Fällen vor Problemen stehen, die gerade heute äußerst real sind und an denen man sich klarmachen kann, wie eng die Grenzen gezogen sind, über die hinaus auch die Aufgeklärteren unter den Privilegierten nicht bereit sind, die bestehende Ordnung in Frage zu stellen.

Georg Lohmann
Menschenrechte zwischen Moral und Recht[1]

Einleitung und Fragestellung

Obwohl die Menschenrechte weltweit politisch, philosophisch und rechtstheoretisch an Bedeutung gewonnen haben, macht die gegenwärtige Diskussion deutlich, über ein wie wenig einheitlich akzeptiertes Verständnis der Menschenrechte wir verfügen. Hier ist nicht nur der politisch motivierte Streit um ihre Kulturabhängigkeit oder Universalität zwischen asiatischen und islamischen Ländern auf der einen Seite und den Ländern mit westlich-liberaler Tradition auf der anderen Seite zu nennen[2], wie er etwa auf der UN-Konferenz über Menschenrechte in Wien 1993[3] wieder deutlich geworden ist, sondern auch der vormals in den Bahnen des Ost-West Konflikts geführte Streit über die Relation und Gewichtung zwischen liberalen Freiheitsrechten, politischen Mitwirkungsrechten und sozialen Rechten. Ein immerwährender Streitpunkt ist auch der Widerspruch zwischen der offiziellen Rhetorik der Deklarationen und Konventionen der Menschenrechte und den höchst unterschiedlichen Graden ihrer realen Beachtung, ganz abgesehen von den unbefriedigenden Möglichkeiten, bei eklatanten Menschenrechtsverstößen angemessene Reaktionen oder Sanktionen erwirken zu können. Die Philoso-

1 Der Beitrag lag auch Vorträgen zugrunde, die ich in Frankfurt am Main, New York und Dresden gehalten habe; den Teilnehmern dieser Diskussionen und den Teilnehmern des Symposiums bin ich für Anregungen und Kritik dankbar.

2 Siehe hierzu G. Lohmann, »Zu Problemen der Institutionalisierung von Menschenrechten in Japan«, in: P. Koller und K. Puhl (Hg.), *Current Issues in Political Philosophy. Justice in Society and World Order*, Wien: Hölder-Pichler-Tempsky 1997, S. 196-202.

3 Vgl. Wolfgang S. Heinz, »Die Kontroverse über Menschenrechte, Demokratie und Entwicklung zwischen den Regierungen des Westens, Chinas und der ASEAN-Staaten«, in: *Internationales Asienforum*, München, Bd. 25 (1994) 1-2.

phie kann angesichts dieser Lage versuchen, einen bescheidenen Beitrag zu leisten, indem sie versucht, begriffliche Zusammenhänge und einige Problemzusammenhänge zu klären, um so zu einem besseren Verständnis der Menschenrechte zu kommen, das wiederum eventuell erlauben würde, auch die politischen Streitfragen rationaler zu entscheiden.

Philosophisch gesehen scheint einer der Hauptstreitpunkte zu sein, als was Menschenrechte aufzufassen sind, welches ihr Status ist, ob sie moralische Rechte oder juridische Rechte (oder Rechte des Völkerrechts) sind. Viele andere Fragen, die sich im Zusammenhang mit der unter Philosophen neuerdings wieder geführten Menschenrechtsdiskussion stellen, scheinen von einer Stellungnahme zu diesen Fragen abhängig zu sein. Ich will mich in diesem Beitrag auf die Diskussion dieses Streitpunkts beschränken. Zu Beginn will ich die dafür wichtigsten begrifflichen und inhaltlichen Bestimmungen der Menschenrechte darlegen (I) und dann, anhand der differenten Auffassungen, die Jürgen Habermas und Ernst Tugendhat in ihren jüngsten Veröffentlichungen vertreten haben, die Probleme diskutieren, die sich bei einem Verständnis von Menschenrechten entweder als moralische Rechte (Tugendhat) oder als juridische Rechte (Habermas) ergeben (II). Ich vertiefe dann die Unsicherheit zwischen diesen Positionen, indem ich frage, warum Menschen Rechte haben (III). Abschließend versuche ich dann eine eigene, differenzierende Position zu skizzieren, die die Menschenrechte in einem dreistufigen Übergang zwischen Moral und Recht zu verstehen vorschlägt (IV).

I. Begriffliche und inhaltliche Bestimmungen der Menschenrechte

Zunächst möchte ich einige Unterscheidungen zur Bestimmung der Menschenrechte in Erinnerung rufen. Ihrem (formalen) Begriff nach scheinen die Menschenrechte zu beanspruchen, daß sie für alle Menschen gelten und insofern *universell* sind, daß sie für alle in gleicher Weise gelten und insofern *egalitär* sind und daß sie keinem Menschen abgesprochen werden können und insofern *kategorisch* sind. Mit diesen Bestimmungen operiert die gängige Rhetorik der Menschenrechte. Da wir es mit einer Vielzahl von unterschiedlichen Menschenrechten zu tun haben, die typischerweise in einem Katalog aufgezählt und insofern »zusammengefaßt« werden, soll eine erste, *inhaltliche* Orientierung gegeben werden: Neben den *negativen Freiheitsrechten* (»status negativus«[4]), die vornehmlich Abwehrrechte gegen Gewalteinwirkungen durch den Staat und durch einzelne umfassen, unterscheidet man die *positiven Teilnahmerechte* (»status activus«), die die politische und gesellschaftliche Meinungs- und Willensbildung betreffen, von den *sozialen Teilhaberechten* (»status positivus«), die die Gewährung gleicher und angemessener Lebensbedingungen sichern.[5]

Ich möchte drei paradigmatische und idealtypisch unterschiedene Positionen in der Tradition der Menschenrechte differenzieren, die je eine der inhaltlich klassifizierten Gruppen von Menschenrechten gegenüber den anderen hervorheben. Eine *klassisch-liberale* Auffassung der Menschenrechte, durch die Naturrechtsauffassung Lockes und die Vernunftrechtsauffassung Kants bestimmt, versteht die Menschenrechte vornehmlich als gleiche negative Freiheitsrechte aller, die als vorstaatliche Rechte moralisch begründet sind. Sie ermöglichen und sichern die Teilnahme- und Teilhaberechte, für deren Beachtung allein negative Pflichten auf seiten des Staates und aller einzelnen hinreichen. Eine *republikanische* Auffassung der Menschenrechte, beeinflußt durch Rousseau, sieht deren Zentrum in den positiven Teilnahmerechten, die in einer Konzeption eines gemeinsamen Guten begründet ist, so daß erst die positive Verpflichtung aller an der Mitwirkung der allgemeinen Willensbildung die gleichen negativen Freiheitsrechte und sozialen Teilhaberechte für alle sicherstellt. Schließlich betonte eine *sozialistische* Auffassung der Menschenrechte, daß die gleichen sozialen Teilhaberechte aller den entscheidenden Gehalt der Menschenrechte darstellen und die negativen Freiheitsrechte und positiven Mitwirkungsrechte erst bei ihrer Beachtung eine bedingte Berücksichtigung verdie-

4 Diese und die entsprechenden folgenden Bezeichnungen bei Georg Jellinek, *System der subjektiven öffentlichen Rechte*, 2. Auflage, Tübingen 1905.

5 Thomas H. Marshall vertritt die These, daß diese Menschenrechtsklassen auch historisch aufeinanderfolgen; siehe ders., *Bürgerrechte und soziale Klassen*, Frankfurt am Main/New York: Campus 1992, S. 33 ff.

nen. Begründet war diese Auffassung ihrem Selbstverständnis nach mit einer anthropologischen Theorie eines gemeinschaftlichen Wesens des Menschen. Es ist nun relativ unstrittig, daß diese idealtypischen Positionen unbefriedigend sind und je auf ihre Weise zu kritisieren wären.

Hinter diesen inhaltlichen Problemen stößt man schnell auf eine begriffliche Schwierigkeit. Unklar bleibt oft, ob es sich bei den Menschenrechten um so etwas wie *vorstaatliche* Rechte handelt oder ob es sich um von einem politischen Gemeinwesen *positiv gesatzte* Rechte handelt, die im deutschen Kontext dann auch »Grundrechte« heißen. Dahinter steht die Frage, wie der Ausdruck »Rechte« hier zu verstehen ist, ob in einem moralischen oder in einem juridischen Sinne. Dieses begriffliche Problem hat freilich grundlegende Auswirkungen und soll daher in einer ersten Vorüberlegung zumindest in seinen Bedeutungsunterschieden geklärt werden.

In diesem Kontext sind Rechte, im Sinne von »rights«, nicht von »law«, zunächst Rechte individueller Personen[6], das heißt »subjektive Rechte«. Sie regeln Beziehungen zwischen Personen. Allgemein kann man sagen, und ich schließe mich hier einem Vorschlag von Joel Feinberg[7] an, daß *Rechte spezifisch qualifizierte Ansprüche einer Person auf etwas gegenüber anderen Personen*[8] sind. Dem Recht der Person X auf etwas *korrespondieren Pflichten* von Y. Dabei kann Y eine negative Pflicht haben, X am Tun oder Unterlassen von etwas nicht zu hindern, oder eine positive Pflicht, Handlungen in bezug auf etwas für X zu tun. Rechte und korrespondierende Pflichten sind dabei im Rahmen eines

6 Ich glaube, daß es nur zu begrifflichen Unklarheiten führt, wenn man schon in diesem Zusammenhang auch von kollektiven (Menschen-) Rechten spricht, nach denen Träger eines Menschenrechts eine Gruppe (ein Staat, eine Kulturgemeinschafte etc.) sein soll. Siehe zu dieser Frage zum Beispiel E. Riedel, »Menschenrechte der dritten Generation«, in: *Europäische Grundrechte Zeitschrift* 1989, S. 12 ff. Siehe jetzt auch G. Lohmann, »›Kollektive‹ Menschenrechte zum Schutz ethnischer Minderheiten?«, Ms. 1998.

7 J. Feinberg, »Duties, Rights, and Claims« und »The Nature and Value of Rights«, in: ders., *Rights, Justice, and the Bounds of Liberty*, Princeton, N.J.: Princeton University Press 1980.

8 Siehe zu dieser »dreistelligen« Relation von Rechten R. Alexy, *Theorie der Grundrechte*, Frankfurt am Main: Suhrkamp 1994, S. 171 ff.

(moralischen oder legalen) Normensystems situiert. Rechte unterscheiden sich nun von irgendwelchen beliebigen Ansprüchen und Wünschen dadurch, daß der Rechtsträger X die korrespondierende Verpflichtung von Y *einklagen* kann und daß dieses Können durch eine *(Macht-)Befugnis* gestützt wird, die bei Nichterfüllung des Rechtsanspruchs *Sanktionen* in Kraft setzt, durch die gegebenenfalls das Recht *durchgesetzt* werden kann.

Neben dieser Parallelität zwischen den Charakteristika moralischer und legaler Rechte bestehen aber auch eine Reihe von Unterschieden:

(1) Ein erster Unterschied liegt in der *Begründung* der Befugnis, ein Recht einzuklagen: Ein moralisches Recht gilt als begründet, wenn es eine korrespondierende, moralisch gebotene Pflicht gibt, die ihrerseits als begründet gilt (siehe unten), ein legales Recht, wenn es Bestandteil einer positiven Rechtsordnung ist, die als ganze Legitimität beanspruchen kann.

(2) *Träger* von universellen moralischen Rechten sind alle moralischen Subjekte, bei speziellen Rechten (zum Beispiel Rechte der Kinder auf besondere Fürsorge durch ihre Eltern) besondere moralische Subjekte. Bei legalen Rechten sind die Träger immer Mitglieder des jeweiligen Rechtssystems.

(3) Im Falle moralischer Rechte sind die *Sanktionen* moralische Gefühle wie Empörung, Schuld und moralische Scham, die in moralischem Mißbilligen und Tadeln zum Ausdruck kommen. Sie können als *interne Sanktionen* angesehen werden, da sie voraussetzen, daß eine betreffende Moralauffassung von den Beteiligten geteilt wird.[9] Im Falle legaler Rechte sind die Sanktionen vornehmlich *externe Sanktionen*, die unabhängig von den jeweiligen Überzeugungen der Beteiligten wirken können, zum Beispiel Strafandrohungen.

(4) Die Instanz, bei der Rechte eingeklagt werden können, ist im Falle legaler, positiver Rechte eine besondere staatliche *Klageinstanz*, die auch über Durchsetzungsmacht verfügt. Im Falle rein moralischer Rechte fehlt eine solche besondere Instanz (wenn man dafür nicht die Tugendwächter der Moral heranziehen will), und deshalb ist es unklar, welche Bedeutung hier das Charakteristikum der Einklagbarkeit von Rechten hat.

9 Siehe Ernst Tugendhat, *Vorlesungen über Ethik*, Frankfurt am Main: Suhrkamp 1993, S. 339 ff.

Können daher Träger moralischer Rechte ihren entsprechenden Ansprüchen nur *appellativ* Durchsetzung verschaffen, so verändert sich auch der Charakter des Rechts selbst; es scheint zu einem moralisch gestützten Anspruch zu mutieren, der »schwach« ist in dem Sinne, daß ihm der für ein Recht konstitutive legitime Zwang fehlt. Ein so verstandenes »Recht« mag nicht nur als wenig wertvoll erscheinen[10], es wird auch unklar, ob es überhaupt noch als Recht bezeichnet werden kann.

Diese Unterschiede können nun eine Reihe von Unsicherheiten und Unklarheiten in der gewöhnlichen Rede von Menschenrechten erklären. Wird die Vorstaatlichkeit der Menschenrechte betont, so erhält offensichtlich der moralische Aspekt das Übergewicht. Wird hingegen ihr Schutzcharakter betont, so scheint die Auffassung legaler, das heißt positiv gesatzter Rechte den Ton anzugeben. Dabei ist es wohl so, daß auf den ersten Blick die allgemeinen Charakteristika von Menschenrechten sehr viel stärker nach dem Muster legaler Rechte verstanden werden und die moralische Auffassung der Rechte manchmal nur eine ergänzende Funktion zu haben scheint.

II. Menschenrechte als moralische Rechte (Tugendhat) oder als juridische Rechte (Habermas)

Die beiden exemplarischen Positionen, die ich hier behandeln will, kombinieren jeweils die negativen Freiheitsrechte, die die klassisch-liberale Position hervorgehoben hat, mit einer der anderen inhaltlichen Gruppe der Menschenrechte, schwächen aber die verbliebene Gruppe entweder ab oder vernachlässigen sie. *Ernst Tugendhat* arbeitet, mit Rückgriff auf Überlegungen von Henry Shue[11], in einer, wie ich sie nennen möchte, *liberal-sozialen* Auffassung der Menschenrechte den internen Zusammenhang zwischen negativen Freiheitsrechten und sozialen Teilhaberechten heraus, vernachlässigt aber entscheidend die politischen Mitwirkungsrechte. *Jürgen Habermas* auf der anderen Seite hebt in einer, wie ich sie nennen will, *republikanisch-liberalen* Auffassung die seiner Meinung nach gleichursprüngliche Be-

10 Ebd., S. 350.

11 Henry Shue, *Basic Rights. Subsistence, Affluence, and U.S. Foreign Policy*, Princeton, N.J.: Princeton University Press 1980.

ziehung von liberalen Freiheitsrechten und demokratischen Mitwirkungsrechten hervor und gibt, das mag erstaunen, den sozialen Teilhaberechten nur einen bedingten und abgeschwächten Status. Beide, und damit nehme ich die obigen Überlegungen zu Moral und Recht wieder auf, favorisieren zunächst jeweils eine der Auffassungen von Rechten, schwanken dann aber in charakteristischer Weise zwischen einer moralischen und einer legalen Auffassung des Rechtsbegriffs der Menschenrechte.[12]

(1) *Tugendhat* versteht die Menschenrechte als moralisch begründete Rechte. Die Moral, auf die er sich dabei stützt, ist die der »universellen und gleichen Achtung aller«.[13] Diese Moral hatte er zunächst so dargestellt, daß sie die Verpflichtung der gleichmäßigen Rücksicht der Interessen aller plausibel »begründet«, und er versteht die Menschenrechte dann als die dieser Pflicht korrespondierenden Rechte. Den Inhalt der Menschenrechte sieht Tugendhat in den schutzwürdigen Interessen und Bedürfnissen der Menschen (vor)gegeben[14], wobei das Kriterium für deren Schutzwürdigkeit ist, daß sie den moralischen Test bestehen, das heißt, daß sie aus einer unparteilichen Perspektive gerechtfertigt werden können. Er kritisiert die klassische liberale Auffassung, daß es sich hierbei vornehmlich und ausschließlich um den Schutz individueller Freiheiten handelt, wobei Freiheit im negativen Sinne als Nichtbehinderung durch andere verstanden wird. Schon das Recht auf Leben und Unversehrtheit der Person sei in diesem Sinne kein Freiheitsrecht, wie Tugendhat mit Shue betont.[15] Tugendhat ergänzt daher zunächst den negativen Freiheitsbegriff durch einen positiven, der die Fähigkeiten und Ressourcen/Gelegenheiten, so zu handeln, wie man will, mit umfaßt.[16] Aber auch damit seien nicht alle schutzwürdigen Interessen erfaßt, da zum Beispiel kleine Kinder, Alte und Kranke, also Hilfsbedürftige, darüber hinaus noch »positive Unterstüt-

12 Ich muß an dieser Stelle ihre unterschiedlichen Moralauffassungen als mehr oder weniger bekannt voraussetzen, wie ich auch die Komplexität ihrer jeweiligen Argumentationen für meine Zwecke vereinfachen und zuspitzen muß.

13 Tugendhat, *Vorlesungen über Ethik*, a.a.O., S. 336.

14 Vgl., mit Bezug auf Bedau, ebd., S. 356.

15 Ebd., S. 356.

16 Ebd., S. 359 f.

zung« benötigten. Die Menschenrechte schützten daher nicht einfach nur individuelle Freiheitsräume, sondern, wie er es eingestandenermaßen »etwas unbeholfen« ausdrückt, »Eigenräume des Sichentfaltens und Gedeihens«.[17]

Hinter diesem Vorschlag stecken sicherlich eine Reihe von Problemen, zum Beispiel, wie er sich von der vertrauteren Forderung eines Schutzes individueller Selbstverwirklichung unterscheidet; aber für unseren Zusammenhang will ich nur herausheben, daß Tugendhat damit, anders als in der kantischen Ethik, die negativen Pflichten, die sich aus der Achtung der Person ergeben, mit den positiven Pflichten der Unterstützung und Hilfe in Not *fast* auf eine Stufe stellt.[18] Den kantianisch begründeten *prinzipiellen* Vorrang der negativen Pflichten wehrt er grundlegend mit dem Argument ab, daß die negativen Freiheiten eben nicht dem einen Fundamentalinteresse des einzelnen entsprächen, da etwa körperliche Unversehrtheit und ein bestimmtes Existenzminimum erst den individuellen Freiheiten ihre Relevanz ermöglichen. Gleichwohl muß er, auch aus Gründen der ganzen Anlage seiner Moralkonzeption, dem Autonomieprinzip und damit den negativen Pflichten einen relativen Vorrang einräumen (das unterscheidet ihn auch von Shue). Dies äußert sich in der Forderung, daß das positive Recht auf Hilfe so verstanden werden müsse, daß ihm erstens als Hilfe zur Selbsthilfe entsprochen wird und zweitens nur aushilfsweise, wenn diese Selbsthilfe nicht möglich ist und Hilfe gewollt wird.[19]

Wie aber soll, was Tugendhats liberal-soziale Auffassung der Menschenrechte fordert, ein moralisch angemessenes Verhältnis zwischen den negativen und den positiven Pflichten oder zwischen den liberalen Freiheitsrechten und den sozialen und ökonomischen Teilhaberechten gefunden werden? An einer Stelle seines Buches sagt Tugendhat selbst, daß er hierfür »keine befriedigende Antwort«[20] wisse, und meines Erachtens liegt der tiefere Grund für diese Leerstelle darin, daß er den Rechtsbegriff der Menschenrechte aus der Perspektive der Moral betrachtet.[21]

17 Ernst Tugendhat, »Die Kontroverse um die Menschenrechte«, in diesem Band, S. 58.
18 Tugendhat, *Vorlesungen über Ethik*, a.a.O., S.332 ff.
19 Ebd., S. 354 f.
20 Ebd., S. 333.
21 In seinem Aufsatz »Die Kontroverse um die Menschenrechte« sagt

Tugendhat verhält sich bei der Bestimmung des Rechtsbegriffs, den er am Fall spezieller Rechte einführt, seinem Selbstverständnis nach gegenüber Moral und Legalität neutral; faktisch orientiert er sich aber am legalen Recht. Nur so kann man sich erklären, daß die Rechte von ihm zunächst als »schwache« moralische Rechte (siehe oben) klassifiziert werden und daß er dann fordert, daß sie aus moralischen Gründen in »starke« moralische Rechte, das heißt solche, die den legalen Rechten gleichen, überführt werden müßten. Es gehört eben zum orientierenden Rechtsbegriff hinzu, daß ein Recht einklagbar und gegebenenfalls durchsetzungsfähig sein muß, und diese Sicherheit wird nur vom legalen Recht eingelöst. Die Transformation schwacher moralischer Rechte in starke und dann legale Rechte setzt aber einen Rechtssetzungsprozeß voraus, der, auch innerhalb demokratischer Gemeinschaften, nicht allein durch Moral bestimmt ist. Die zweite von mir genannte Gruppe der Menschenrechte, die positiven Mitwirkungsrechte, beziehen sich genau auf die gleichberechtigte Teilnahme aller Betroffenen an diesen Prozessen der Rechtssetzung und politischen Willensbildung. Betroffen aber sind alle Menschen, sofern sie Staatsbürger sind, und das können sie unter den gegebenen Umständen nur sein, wenn sie jeweils Staatsbürger besonderer Staaten sind. Deshalb und noch aus anderen, gleich zu nennenden Gründen gehen in die Schaffung geltenden Rechts auch noch andere als nur moralische Erwägungen ein. Die vom moralischen Standpunkt aus erhobene Forderung, daß das geltende Recht nur dann legitim sei, wenn es moralischen Ansprüchen genügt, worauf Tugendhat sich beschränkt, ist daher selbst sicherlich legitim, aber nur eine notwendige, keine hinreichende Beurteilungsperspektive des Rechts. Das Recht selbst ist in der Lage, auch noch andere als nur moralische Gesichtspunkte in einer zumindest prinzipiell möglichen, legitimen Weise zu integrieren. Es ist diese Überlegenheit des Rechts gegenüber der Moral, die vermuten läßt, daß eine rechtsförmige Regelung des Verhältnisses zwischen negativen und positiven Pflichten das obige offene Problem angemessener lösen kann, als es in Tugendhats rein moralischer Betrachtungsweise möglich ist. Dieser

Tugendhat zwar zu Beginn, daß es sich bei den Menschenrechten »um einen Teil einer legitimen staatlichen Ordnung handelt«, aber er sieht als »Quelle« staatlicher Legitimität »immer ein moralisches Konzept«; in diesem Band, S. 48.

Mangel erklärt auch, warum bei Tugendhats Auffassung der Menschenrechte die positiven Teilnahmerechte, also die politischen Mitwirkungsrechte, so gut wie keine Rolle spielen und immer nur am Rande miterwähnt werden.

(2) Genau dieses Problem hat sich *Habermas* in seiner Auffassung der Menschenrechte zum Ausgangspunkt ihrer Behandlung gewählt. Er betont zunächst gegen Kant und gegen die naturrechtliche Auffassung, daß legale Rechte nicht der Moral untergeordnet seien; Recht und Moral sollen getrennt bleiben[22], sie unterscheiden sich in ihren »Formeigenschaften« und ergänzen sich nur in ihren unterschiedlichen Funktionen bei der Integration einer Gesellschaft. Habermas hat daher nur *einen* Rechtsbegriff und versteht darunter »das moderne gesatzte Recht, das mit dem Anspruch auf systematische Begründung sowie verbindliche Interpretation und Durchsetzung auftritt«.[23] Diese Grundentscheidung hat unmittelbar zur Folge, daß er die Menschenrechte »von vornherein als Rechte im juridischen Sinne«[24], das heißt nur in der Gestalt legaler Grundrechte, thematisiert. Gleichwohl versucht Habermas, den normativen Gehalt von Menschenrechten *als moralischen* Rechten zu berücksichtigen; fraglich ist, ob ihm das auf der Basis eines allein juridischen Verständnisses der Menschenrechte gelingen kann. Die Akzentsetzung geht so, umgekehrt zu Tugendhat, von der legalen zur moralischen Auffassung der Menschenrechte.

Da Habermas die Menschenrechte als legale Grundrechte versteht, speist sich ihre Legitimität aus der Legitimität des Rechtssetzungsprozesses einer konkreten demokratischen Rechtsge-

22 Das Verhältnis von Recht und Moral hat Habermas in mehreren, leicht voneinander unterschiedenen Fassungen bestimmt, deren Änderungen im einzelnen ich hier nicht nachzeichnen kann. Siehe zunächst die »Tanner Lectures« von 1986, abgedruckt in: Jürgen Habermas, *Faktizität und Geltung*, Frankfurt am Main: Suhrkamp 1992, S. 541 ff.; dann in *Faktizität und Geltung*, ebd., S. 135 ff.; Abänderungen und Präzisierungen enthalten auch das »Nachwort« zur 4. Auflage (1994) von *Faktizität und Geltung*, ebd., S. 661 ff., und ders., »Über den internen Zusammenhang von Rechtsstaat und Demokratie«, in: Ulrich K. Preuß (Hg.), *Zum Begriff der Verfassung*, Frankfurt am Main: Fischer 1994, S. 84 f.

23 Habermas, *Faktizität und Geltung*, a.a.O., S. 106.

24 Ebd., S. 136.

meinschaft. Diese ist seiner Meinung nach dadurch bestimmt, daß sich »Menschenrechte und Volkssouveränität wechselseitig voraussetzen«.[25] Die Rekonstruktion dieser Verschränkung, die ich im einzelnen hier nicht nachvollziehen will, führt zu einem »Demokratieprinzip«, das aus der Verschränkung von »Diskursprinzip« und »Rechtsform« hervorgeht.[26] Gemeint ist damit eine wechselseitige Bestimmung: Erst die rechtsförmige Institutionalisierung des Diskursprinzips – dem gemäß Handlungsnormen genau dann gültig sind, wenn »alle möglicherweise Betroffenen als Teilnehmer an rationalen Diskursen zustimmen könnten«[27] – schafft das Demokratieprinzip, und erst die Beachtung des Demokratieprinzips verschafft dem gesatzten Recht Legitimität. Nach Habermas fördert die Analyse dieser Verschränkung einen Katalog von Grundrechten zutage[28], deren erste Klasse (»Grundrechte 1 bis 3«) auf die liberalen Freiheitsrechte bezogen ist, insofern sie festlegen, unter welchen Bedingungen die einzelnen Personen sich als Rechtssubjekte und Adressaten von Gesetzen anerkennen. Hierunter versteht er erstens das Recht auf das größtmögliche Maß gleicher subjektiver Handlungsfreiheit, zweitens die staatsbürgerlichen Mitgliedsrechte und drittens die Rechtswegerechte, das heißt die Rechte auf Einklagbarkeit und Rechtsschutz. Die zweite Klasse ist auf die positiven Mitbestimmungsrechte der einzelnen Personen bezogen, die ihre »Rolle als Autoren ihrer Rechtsordnung«[29] bestimmen, und enthält viertens die chancengleichen, politischen Teilnahmerechte. Impliziert seien ferner soziale Teilhaberechte (als fünfte Grundrechtskategorie), welche die »Gewährung von Lebensbedingungen« für eine »chancengleiche Nutzung«[30] der erstgenannten Grundrechte sichern.

Die einzelnen Grundrechtsklassen haben freilich unterschiedliches Gewicht in der Habermasschen Rekonstruktion: Die Freiheitsrechte *ermöglichen* den Rechtssetzungsprozeß, ohne ihn, nach Habermas, zu regulieren. Die Mitbestimmungsrechte *regulieren* den Rechtssetzungsprozeß und haben als konstitutive Be-

25 Ebd., S. 112.
26 Ebd., S. 154.
27 Ebd., S. 138.
28 Siehe zum Folgenden: ebd., S. 155 ff.
29 Ebd., S. 156.
30 Ebd., S. 156 f.

dingungen das entscheidende Gewicht. Die sozialen Teilhaberechte hingegen haben nur ein bedingtes Gewicht. Sie sind »nur relativ begründete [...]«[31] Rechte und werden von ihm als ausgestaltende Implikationen der vorgenannten Rechte aufgefaßt, die dann wichtig werden, wenn der Rechtsstaat sich zum Sozialstaat wandelt.

Gegen diese Konstruktion will ich nun, bezogen auf die Frage nach dem Verhältnis von Recht und Moral, zwei Einwände vorbringen. Zunächst bleibt eine Unklarheit in der Gewichtung von Moral und Recht, auch wenn man die Erläuterungen im »Nachwort« zur 4. Auflage[32] mit beachtet. Sah es in der ursprünglichen Fassung von *Faktizität und Geltung* zunächst so aus, als legte Habermas Wert darauf, daß der normative Gehalt des »sparsamen Diskursprinzips« »gegenüber Moral und Recht *noch neutral*«[33] sein solle, so stellt das »Nachwort« klar, daß der ihm entsprechende »Sinn der Unparteilichkeit« schon dem Diskursprinzip einen moralischen Gehalt implantiert.[34] Aber diese Moral ist gewissermaßen unvollständig, weil Unparteilichkeit allein auch mit einer beschränkten Anzahl von Personen relationiert werden kann. Unklar ist, ob dann die Formulierung in der Definition des Diskursprinzips – »alle möglicherweise Betroffenen«[35] – nicht über diese partikulare Gerechtigkeit, die sich nur aus der Forderung von Unparteilichkeit allein ergibt, hinausgeht, ob also »alle von uns« oder wirklich »alle« in einer unparteilichen Begründung eines praktischen Urteils mit einzubeziehen wären. Im letzteren Fall wäre nicht zu sehen, wieso dann erst das Moralprinzip den Gedanken der Universalisierbarkeit enthalten soll. Eine Klarheit über den (möglicherweise) unterschiedlichen moralischen Gehalt von Diskurs- und Moralprinzip wäre aber notwendig zum Verständnis der für Habermas entscheidenden These, »daß sich das Demokratieprinzip der Verschränkung von Diskursprinzip und Rechtsform verdankt«.[36] Und sie ist auch dann noch notwendig, wenn man mit Habermas die »Form«-Unterschiede zwischen Moral und Recht oder zwischen Moral-

31 Ebd., S. 157.
32 Habermas, »Nachwort«, a.a.O., S. 676 ff.
33 Habermas, *Faktizität und Geltung*, a.a.O., S. 138.
34 Habermas, »Nachwort«, a.a.O., S. 676 f.
35 Habermas, *Faktizität und Geltung*, a.a.O., S. 138.
36 Ebd., S. 154.

und Demokratieprinzip beachtet, die er im »Nachwort« erläutert.[37]

Eine weitere Unklarheit entsteht durch Habermas' Bestimmung der Institutionalisierung des Rechts. Der zunächst neutrale Gehalt der Allgemeinheit rechtsförmiger Regelungen setzt eine moralische Intuition, nämlich die gleiche Achtung aller, voraus. Habermas spricht davon, daß das Rechtsmedium moralische Intuitionen bei den Rechtsgenossen schon *voraussetzen* muß und deshalb das Recht »Quellen der Legitimation [sich] erschließen muß, über die es nicht verfügen kann«.[38] Dieser Gedanke setzt sich in dem ganzen Buch fort, insofern die »kommunikative Macht« (Hannah Arendt), aus der sich nach Habermas die Zivilgesellschaft und die öffentliche Meinung in ihrer Funktion einer externen, moralisch sich legitimierenden Kritik der institutionalisierten politischen Willensbildungsprozesse speist, selber einen immer nur voraussetzbaren moralischen Gehalt zur Geltung bringt. Und erst das Wechselspiel zwischen intern implantierten moralischen Momenten der institutionalisierten demokratischen Willensbildung und den extern jeweils vorauszusetzenden moralischen Überzeugungen kann jenen prekären Prozeß einer deliberativen Politik so überzeugend und attraktiv machen, wie Habermas das in seinem Verfahrensbegriff der Demokratie ausmalt.

Der zweite Einwand wendet sich gegen die Gefahr einer Reduktion des normativen Gehalts der Menschenrechte, die dadurch verursacht wird, daß Habermas Menschenrechte nur als gesatzte Grundrechte thematisiert. Hier gibt es offensichtlich Probleme mit dem universellen Anspruch der Menschenrechte, die ja unseren geläufigen Intuitionen nach für jeden Menschen, das heißt für alle, gelten sollen.[39] Nach Habermas' positivem Rechtsbegriff könnte man vermuten, daß es jeweils nur bestimmte Menschen sein können, nämlich solche, die Staatsbürger in einem demokratischen Gemeinwesen sind, die über Grundrechte verfügen können. Dieser Konsequenz will Habermas aber nicht folgen, weil er mit Kant der Meinung ist, daß der »semantische

37 Habermas, »Nachwort«, a.a.O., S. 676 f.

38 Habermas, *Faktizität und Geltung*, a.a.O., S. 165.

39 Ein solches Bedenken äußert auch Otfried Höffe, »Eine Konversion der Kritischen Theorie?«, in: *Rechtshistorisches Journal*, Nr. 12 (1993), S. 70-88.

Gehalt« der Grundrechte einen globalen Anspruch beinhaltet.[40] Das Unbehagen, das Habermas selber empfindet, kann er aber nur korrigieren, indem er eine in ihrem Status unklare Idealisierung einführt. Seiner Sprachregelung nach ist dieses Problem eine moralische Frage, und bei ihr, so sagt er mit einer charakteristischen Zweideutigkeit, »bildet die Menschheit *bzw.* [!] eine unterstellte Republik von Weltbürgern das Bezugssystem«.[41] Den Universalismus der Menschenrechte kann Habermas nur in seine Begrifflichkeit aufnehmen, indem er *entweder* den Unterschied zwischen Menschenrechten und Bürgerrechten, zwischen »alle« im moralischen Sinne und »alle« im rechtlich-politischen Sinne, aufhebt und auf das Ideal einer Weltbürgerrepublik Bezug nimmt, von der er selber sagt, daß sie »eine – eher aus Verzweiflung geborene – Hoffnung«[42] sei.[43] *Oder* indem er den »universalistischen Sinn« der Menschenrechte auf die »klassischen Freiheitsrechte«, das heißt aber auf negative Rechte, beschränkt. Nur dann ist es zutreffend, daß die Grundrechte »sich auf sämtliche Personen [erstrecken], sofern sie sich nur im Geltungsbereich der Rechtsordnung aufhalten: alle genießen insoweit den Schutz der Verfassung.«[44] Schon die politischen Mitwirkungsrechte und erst recht die sozialen Teilhaberechte stellen positive Rechte dar, in deren Genuß eben nicht alle Menschen schon dadurch kommen, daß diese in einem Gemeinwesen verfassungsmäßige Grundrechte sind.

Diese Überlegungen verdeutlichen, daß Habermas, um den normativen Gehalt der Menschenrechte in seine Konzeption aufnehmen zu können, der moralischen Deutung der Menschenrechte doch ein stärkeres Gewicht gegenüber einem rein legalisti-

40 Siehe Habermas, »Nachwort«, a.a.O., S. 671 f.

41 Habermas, *Faktizität und Geltung*, a.a.O., S. 139, Hervorhebung vom Verfasser.

42 Ebd., S. 535.

43 Diese Annahme ist übrigens zugleich ein Moment der uneingestandenen Geschichtsphilosophie der Habermasschen Theorie; siehe hierzu: Georg Lohmann, »Kritische Gesellschaftstheorie ohne Geschichtsphilosophie? Zu Jürgen Habermas' verabschiedeter und uneingestandener Geschichtsphilosophie«, in: U. Weisenbacher und F. Welz (Hg.), *Soziologie und Geschichte. Zur Bedeutung der Geschichte für die soziologische Theorie*, Opladen: Westdeutscher Verlag 1998.

44 Habermas, »Nachwort«, a.a.O., S. 671.

schen Verständnis einräumen muß. Abschließend ist daher zu sagen, daß sowohl Habermas wie auch Tugendhat in je charakteristischer Weise in der hier relevanten Bestimmung des Verhältnisses von Moral und Recht schwanken. Habermas versucht, die aus der Perspektive des positiven Rechts resultierende zu enge Auffassung der Menschenrechte durch eine intern und extern wirkende Moral zu korrigieren; Tugendhat fordert die Schwächen einer rein moralischen Auffassung der Menschenrechte durch eine moralisch begründete Positivierung ihres Rechtscharakters, das heißt durch die Schaffung eines Staates mit einer »entsprechenden legalen Rechtsinstanz«[45], zu kompensieren. Korrektur und Kompensation machen aber in beiden Fällen unklar, warum denn Menschen Menschenrechte haben sollen. Die Klärung dieser Frage wird mich jetzt im nächsten Abschnitt beschäftigen.

III. Warum hat jeder Mensch Menschenrechte?

Kant war bekanntlich der Meinung, daß das Recht auf eine qualifizierte Freiheit jedem Menschen »kraft seiner Menschheit« zustehe und daß es nur dieses »einzige, ursprüngliche« Recht gebe, das er auch ein »angeborenes«[46] Recht nennt, welches, selbst wenn man es wollte, nicht aufgegeben werden kann. Kant meint hier aber nicht die biologische Eigenschaft, daß jeder Mensch ein Exemplar der Spezies Mensch ist, denn dann wäre ja, was Kant in der *Grundlegung* ausdrücklich zurückweist, »aus der besonderen Eigenschaft der menschlichen Natur«[47] die moralische Begründung des Menschenrechts zu gewinnen. Kant lehnt daher eine anthropologische Begründung des Menschenrechts ab. Er bezieht sich hingegen auf die Bestimmung des Menschen als »vernünftiges Wesen«. Daß die Menschheit in jeder Person als Zweck behandelt oder respektiert werden soll[48], ist nach Kant darin begründet, daß »die vernünftige Natur [...] als Zweck an

45 Tugendhat, *Vorlesungen über Ethik*, a.a.O., S. 350.
46 Immanuel Kant, *Die Metaphysik der Sitten.* Akademie-Ausgabe, Bd. 6, S. 237.
47 Immanuel Kant, *Grundlegung der Metaphysik der Sitten*, Akademie-Ausgabe, Bd. 4, S. 425.
48 Ebd., S. 429.

sich selbst« existiert und so »notwendig der Mensch« wie auch jedes andere vernünftige Wesen sich »sein eigenes Dasein« vorstellt.[49] »Menschheit« steht hier also für die vernünftige Natur des Menschen, und es ist der absolute, selbstzweckhafte Wert der »Vernunft«, an dem jeder Mensch teilhat, der begründet, warum allen Menschen mit gleicher Achtung zu begegnen ist, und das heißt auf der Ebene von Rechten, warum allen (vernünftigen Wesen) ein entsprechendes Recht zusteht.

In der naturrechtlichen Tradition der Menschenrechte sind analoge Gedanken schon vor Kant präsent: Die Menschenrechte sind dem Menschen durch seine Natur, von Gott oder kraft seines Vernunftvermögens unbedingt, und in diesem Sinne absolut, gegeben. Auf die komplizierte Vorgeschichte dieser Auffassung, die unter anderem auf die Stoa und die christliche Vorstellung der Gottesebenbildlichkeit des Menschen, die dem Menschen im Unterschied zu allen anderen Geschöpfen eine besondere Würde verleiht, zurückgeht, kann ich hier nicht eingehen. Sie resultiert im Gedanken der Menschenwürde, die jedem der Menschen (im Unterschied zu anderen Spezies) einen absoluten Wert verleiht, »simply because they are persons«, wie Gregory Vlastos[50] sagt. Damit soll zugleich, wie es heute etwa Robert Spaemann vertritt, eine absolute »Begründung für so etwas wie Menschenrechte überhaupt«[51] gegeben sein. Bei dieser kategorialen Auffassung der Menschenrechte haben die Menschen gewissermaßen keine Wahl; sie haben einfach schlicht mit ihrem Dasein, wenn sie unter die Kategorie »Mensch« fallen, Menschenrechte, und sogar der Umfang ihrer Rechte müßte sich idealiter aus der Idee der absoluten Menschenwürde ableiten lassen. Diese Auffassung ist daher im hohen Grade erstens speziezistisch, zweitens unhistorisch und drittens von der metaphysischen oder theologischen Annahme eines absoluten Wertes der Vernunft oder des Menschen abhängig, die zu akzeptieren heute von vielen nicht nachvollzogen werden kann.[52]

49 Ebd.

50 Gregory Vlastos, »Justice and Equality«, in: A. I. Melden (Hg.), *Human Rights*, Belmont, Cal.: Wadsworth 1970, S. 91.

51 Robert Spaemann, »Über den Begriff der Menschenwürde«, in: Ernst-Wolfgang Böckenförde und Robert Spaemann (Hg.), *Menschenrechte und Menschenwürde*, Stuttgart: Klett-Cotta 1987, S. 297.

52 Ich kann an dieser Stelle nicht auf den sowohl anthropologischen wie

Sowohl Habermas wie auch Tugendhat distanzieren sich von dieser absoluten Zuschreibung der Menschenrechte aufgrund eines absoluten Werts der Menschenwürde, wenn auch in unterschiedlicher Weise. Beide versuchen dabei aber, dem universalen Anspruch der Menschenrechte gerecht zu werden, nach dem jedem Menschen Menschenrechte zustehen.

Da Habermas den Rechtsbegriff im juridischen Sinne versteht, kann er die Notwendigkeit, daß der Mensch Rechte hat, nur relativ zu einem Rechtssystem erklären. Es ist zunächst die interne *Funktionslogik* legitimen positiven Rechts, die erfordert, daß die einzelnen sich als Rechtssubjekte anerkennen, das heißt als juristische Personen, die Träger von Rechten sein können. Die so geschaffene, wechselseitig anerkannte Wahrnehmung von subjektiven Handlungsfreiheiten wird aber erst dann zu einem anerkannten subjektiven Recht, wenn sowohl die Zugehörigkeit zu einem bestimmten Rechtskollektiv wie auch entsprechende Rechtswegegarantien damit verbunden werden. Die liberalen Abwehrrechte haben daher für ihn keinen fundamentalen, sondern einen sekundären Stellenwert.[53] Deshalb muß Habermas konsequenterweise die Trägerschaft von Rechten an die Staatsangehörigkeit binden.[54] Und deshalb auch übernehmen die politischen Teilnahmerechte, die die »rechtlich institutionalisierten Verfahren diskursiver Meinungs- und Willensbildung«[55] regeln, die Begründungslast für die ganze Konstruktion.

Habermas kann aber nicht, wie zum Beispiel Hannah Arendt[56],

transzendentaltheoretischen Begründungsversuch von Otfried Höffe eingehen, der gerade diese starken Prämissen einer absoluten Begründung vermeiden will, indem er eine »tausch-« oder vertragstheoretische Lösung des Begründungsproblems vorschlägt, die aus dem rationalen Eigeninteresse wechselseitig eingeräumte, unverzichtbare Menschenrechte begründet. Siehe zum Beispiel Otfried Höffe, »Sieben Thesen zur Anthropologie der Menschenrechte«, in: ders. (Hg.), *Der Mensch – ein politisches Tier?*, Stuttgart: Reclam 1992, und seinen Beitrag in diesem Band.

53 Vgl. Habermas, »Nachwort«, a.a.O., S. 673.

54 Vgl. Habermas, *Faktizität und Geltung*, a.a.O., S. 158.

55 Ebd., S. 165.

56 Hannah Arendt, »Es gibt nur ein einziges Menschenrecht«, in: Dolf Sternberger (Hg.), *Die Wandlung* IV, Heidelberg 1949; wieder in: Otfried Höffe u.a. (Hg.), *Praktische Philosophie/Ethik. Reader zum Funk-Kolleg*, Bd. 2, Frankfurt am Main: Fischer 1981, S. 152 ff.

fordern, daß es ein unbedingtes Menschenrecht auf Staatsangehörigkeit gibt, das dann die Trägerschaft aller anderen Rechte ermöglicht. Ein solches unbedingtes Menschenrecht wäre ja ein vorstaatliches und moralisch aufzufassendes Recht, und genau diese Möglichkeit ist begrifflich ausgeschlossen. Gleich wohl will Habermas diesen Umstand korrigieren, muß dafür aber zwei Überlegungen anführen, die letztlich doch so etwas wie eine moralische Auffassung von Menschenrechten zur Geltung bringen. Einmal weist er darauf hin, daß die »Architektonik des Grundgesetzes [der Bundesrepublik Deutschland; G.L.] durch die Idee der Menschenrechte bestimmt ist« und daher unserem Grundgesetz nach zum Beispiel »Fremde [...] den gleichen Pflichten-, Leistungs- und Rechtsschutzstatus wie Inländer«[57] haben. Das bundesrepublikanische Grundgesetz operiert aber gerade mit einer moralisch-naturrechtlichen Auffassung der Grundrechte[58], die mit der Habermasschen Konzeption nicht verträglich ist. Die andere Überlegung nimmt die oben angesprochene geschichtsphilosophische These auf, indem Habermas – mit guten Gründen, wie ich finde – darlegt, daß die politische Ausgestaltung einer »demokratischen Staatsbürgerschaft, die sich nicht partikularistisch abschließt, [...] den Weg bereiten [kann] für einen Weltbürgerstatus«, so daß letztlich »Staatsbürgerschaft und Weltbürgerschaft [...] ein Kontinuum« bilden.[59] In diesem Kontinuum verfließen aber, siehe oben, die moralische und die juridische Auffassung von Rechten. Nur unter Zuhilfenahme einer moralischen Sicht der Menschenrechte kann Habermas daher beanspruchen, daß allen Menschen Grundrechte zustehen, und so den Partikularismus einer rein juridischen Betrachtung der Menschenrechte korrigieren.

In Tugendhats moralischer Betrachtungsweise ist es die moralische Gemeinschaft, die Rechte verleiht. Die Bedingung dafür, daß ein Wesen Rechte haben kann, ist, daß es Objekt wechselseitiger moralischer Verpflichtungen ist. Die Moral der »universellen und gleichen Achtung aller« verpflichtet uns, »jeden ande-

57 Habermas, *Faktizität und Geltung*, a.a.O., S. 653.

58 Siehe dazu Ernst-Wolfgang Böckenförde, »Grundrechtstheorie und Grundrechtsinterpretation«, in: ders., *Staat, Gesellschaft, Freiheit*, Frankfurt am Main: Suhrkamp 1976.

59 Habermas, *Faktizität und Geltung*, a.a.O., S. 659 f.

ren als Subjekt von gleichen Rechten anzuerkennen«.[60] Das ist nun sicherlich im Vergleich mit Habermas *zunächst* eine plausible Erweiterung und scheint auch sowohl mit der Tradition der Idee der Menschenrechte wie auch mit unseren gewöhnlichen moralischen Intuitionen besser in Übereinstimmung zu stehen.

Daß diese Auffassung, obwohl sie sich so vehement gegen die kantianische und christliche Tradition eines metaphysisch absoluten Werts des Menschen wendet, nun keineswegs ganz ohne kantianische Elemente auskommen kann, erschließt die Frage, was denn genauer das Kriterium dafür ist, daß ein Wesen Gegenstand unserer moralischen Achtung ist. Tugendhats Antwort im Rahmen seiner Ethikkonzeption *scheint zu sein*, daß es gut als Kooperationswesen[61] ist.

Den Begriff der »Kooperation« läßt Tugendhat aber unerläutert, und diese merkwürdige Unbestimmtheit in seiner Theorie läßt unklar werden, wie denn die »kooperationsfähigen Wesen« beschaffen sind, von denen er spricht. Kooperation kann ein hierarchisch strukturiertes Zusammenarbeiten ganz unterschiedlicher Wesen sein (ein Bauer pflügt in Kooperation mit seinem Pferd seinen Acker), sie kann ein rein zweckgerichtetes Zusammenwirken, ein »planmäßig neben- und miteinander arbeiten«[62] mehrerer sein, sie kann aber auch das freiwillige Zusammenwirken Gleichgestellter sein. Bei genauerem Hinsehen wird schnell klar, daß es sich bei Tugendhat erstens immer um die Spezies Menschen handelt und daß zweitens diese als selbstbestimmte und in diesem Sinne autonome Wesen, das heißt als Personen, agieren. »Kooperation« bedeutet bei Tugendhat das Zusammenwirken autonomer menschlicher Personen, wobei offengelassen ist, worin denn das Ziel ihrer Kooperation liegt und wie die Kooperation gestaltet ist. Die moralischen Normen ganz allgemein bestimmen nach Tugendhat die Standards dieser Kooperation. Tugendhat spricht in diesem Zusammenhang häufig von »*Gemeinschaft*«, und man kann das so verstehen, daß das Resultat der Kooperation die Bildung von Gemeinschaft ist. Der Gemeinschaftsbegriff wird aber ebensowenig[63] wie der Koopera-

60 Tugendhat, *Vorlesungen über Ethik*, a.a.O., S. 336.

61 Vgl. ebd., S. 56 ff.

62 So Marx' Begriff der Kooperation: Karl Marx, *Das Kapital*, Erster Band (*MEW*, Bd. 23), Berlin: Dietz 1968, S. 344 ff.

63 Zum Gemeinschaftsbegriff etwas ausführlicher ist: Ernst Tugendhat,

tionsbegriff erläutert; er wird wohl auch deshalb von Tugendhat benutzt, um die affektiven Seiten der moralischen Kooperation abzudecken.[64] Insbesondere wird er nicht vom Begriff der »Gesellschaft« abgegrenzt und auch nicht gefragt, ob nicht konstitutiv für Gemeinschaftsbildung immer die Abgrenzung von anderen Gemeinschaften ist[65], so daß die Rede von einer »Gemeinschaft aller Menschen« nur dann Sinn macht, wenn man sie etwa von der Spezies der Tiere als anderen »Gemeinschaften« abgrenzt.[66]

Daraus folgt nun, daß nach Tugendhat nur denjenigen moralische Rechte verliehen werden, die auch ihrerseits sich einer Moral verpflichtet wissen, und das würde bedeuten, daß das Kriterium dafür, daß Wesen moralische Rechte haben, darin liegt, daß sie innerhalb der moralischen Gemeinschaft kooperieren oder, anders ausgedrückt, daß sie an der Wechselseitigkeit von moralischen Verpflichtungen teilnehmen. Das aber scheint ein zu enges Kriterium zu sein[67], und Tugendhats Auffassung ist entsprechend zu korrigieren. Zur Menge aller Menschen gehören auch diejenigen, die sich kraft ihrer (unterstellten) Autonomie nicht zur Gemeinschaft der Moralischseinwollenden entschlossen haben.[68] Sie können das nach Tugendhat (und im Unterschied zu Habermas und Apel), ohne daß sie von den Anhängern der Moral als pathologische Fälle abgewertet werden dürfen. Obwohl sie sich also zu einer Lebensweise entschlossen haben, die durch einen

»Zum Begriff und zur Begründung von Moral«, in: ders., *Philosophische Aufsätze*, Frankfurt am Main: Suhrkamp 1992, S. 319 ff.

64 Hinweis von Stefan Gosepath.

65 Siehe hierzu Georg Lohmann, »Faktizität und ›liberale Gemeinschaften‹«, in: *studia philosophica* 53/1994, Bern 1995, S. 80 f.

66 Hier steckt insbesondere für die Begründung des Universalitätsanspruches der Moral ein für Tugendhats Ansatz spezifisches Problem, auf das ich an dieser Stelle aber nur hinweisen will.

67 Diese Schwierigkeiten sieht auch Tugendhat selbst; vgl. ders., »Die Hilflosigkeit der Philosophen angesichts der moralischen Schwierigkeiten von heute«, in: ders., *Philosophische Aufsätze*, a.a.O., S. 372 ff.

68 Tugendhat diskutiert den Fall von Menschen, deren »geistige Funktionen entweder ganz oder doch so weit ausfallen, daß man sagen muß: es sind zwar Menschen, aber nicht mehr Personen«. Aber er läßt die Frage offen, »wieweit Wesen, die keine moralischen Subjekte sind, doch ihrerseits Objekt moralischer Verpflichtung sind«; vgl. ebd., S. 373.

»lack of moral sense« gekennzeichnet ist, und sie sich damit – mit allen Risiken und, wie Tugendhat hofft zeigen zu können, auch persönlichen Nachteilen – außerhalb der moralischen Gemeinschaft stellen, hat diese doch keinen Grund, ihnen gegenüber keine moralischen Verpflichtungen zu haben. Aus diesen moralischen Verpflichtungen ergibt sich aber (siehe unten), daß sie auch als Träger von (moralischen) Rechten respektiert werden müssen. In Anlehnung an Tugendhat könnte man sagen: und zwar deshalb, weil man sich durchaus vorstellen kann, daß mit ihnen in einem nicht-moralischen Sinne kooperiert wird. Kriterium dafür, daß ein Wesen moralische Rechte beanspruchen kann, wäre daher nicht, daß es kooperationsfähig in einem moralischen Sinne ist, sondern daß es über die Fähigkeit verfügt, sein Leben selbst zu bestimmen, und in diesem Sinne autonom ist. Tugendhat unterscheidet sich so zwar von Kant, weil es nicht um die Wertschätzung der *moralischen* Autonomie geht, aber er bleibt doch insofern Kant verbunden, als die nicht-moralische Autonomie, die letztlich auf Willkürfreiheit zurückgeht, es ist, die in seiner Konzeption aller moralischen Wertschätzung vorausgehen muß.

Während die Habermassche Konzeption, wenn sie ihrem juridischen Ansatz konsequent folgt, in der Frage, wer Menschenrechte haben soll, offenbar eine zu enge Auffassung impliziert, gerät der rein moralische Ansatz von Tugendhat ebenfalls in die Gefahr, eine zu enge, diesmal moralische Bedingung dafür aufzustellen, warum jemand Menschenrechte verliehen bekommen soll. Wenn es dagegen aber so ist, daß alle Menschen kraft ihrer Fähigkeit, ihr Leben selbst zu bestimmen, zu Recht Menschenrechte beanspruchen können, was soll es dann noch heißen, daß die moralische Gemeinschaft diese Rechte verleiht? Könnte sie auch anders?

IV. Differenzierungen in der Bestimmung der Menschenrechte – eine vermittelnde Position

Weder die Mitgliedschaft in einem staatlichen Gemeinwesen (Habermas) noch die Mitgliedschaft in der Gemeinschaft der Moralischseinwollenden (Tugendhat) können die Kriterien abgeben, warum ein Mensch für sich Menschenrechte beanspruchen kann. Und wie oben gezeigt, kann weder eine rein juridische noch eine bloß moralische Auffassung des Rechtscharakters der Menschenrechte allein den normativen Gehalt der Menschenrechte angemessen begrifflich erfassen. Zudem haben beide Autoren die sich anschließenden Fragen einer genaueren Bestimmung der Menschenrechte im einzelnen offengelassen. Deshalb erscheint es mir sinnvoll, einen differenzierten Ansatz bei der Bestimmung der Menschenrechte zu verfolgen, der die Ebenen von Moral, Recht und Politik einbezieht. Eine Theorie der Menschenrechte muß meines Erachtens drei Fragen beantworten: (1) Warum haben Menschen Menschenrechte im Sinne moralischer »Rechte«, das heißt »Rechte« noch nicht im vollen Sinne? (2) Warum sollen moralische Menschenrechte in juridische gesatzte Grundrechte transformiert werden, und welche Folgen sind damit verbunden? (3) Mit welchen Begründungen werden Menschenrechte konkretisiert? Dies soll nun – zumindest skizzenhaft – geschehen.

1. Die Rekonstruktion moralischer Rechte aus wechselseitigen moralischen Pflichten

Moralische Rechte sind nicht einfachhin »natürliche« Eigenschaften von Menschen. Sie sind – als dem einzelnen zugeschriebene berechtigte Ansprüche – menschliche Konstruktionen, deren Zuschreibung rekonstruiert werden kann. Auf die Frage, warum allen Menschen bestimmte moralische Rechte zugeschrieben werden müssen, antwortet die Moral der universellen und gleichen Achtung aller Menschen, daß der Ausschluß bestimmter Menschen aufgrund irgendwelcher Kriterien unberechtigt, weil nicht begründbar ist. Bei dieser negativen Argumentation ist natürlich vorausgesetzt, daß diese Moralkonzeption ihrerseits begründbar ist. An dieser Stelle kann ich aber auf ihre Begründungsprobleme nicht im einzelnen eingehen; ich gehe aber davon aus, daß sie angemessen begründbar ist. Wenn diese Unterstellung einmal akzeptiert werden kann, dann ist der Ausgangspunkt der Rekonstruktion der Inhalt dieser Moral, der mir auch deshalb nicht so willkürlich erscheint, da ja die Moralauffassungen, die in der kantischen Tradition stehen, ungeachtet ihres Streites hinsichtlich einer angemessenen Begründung der Moral hinsichtlich seiner zu einer weitgehenden Einigung kommen.[69]

Ich gehe von einer Reihe von unterschiedlichen moralischen Verpflichtungen (wechselseitige und asymmetrische, bedingte und unbedingte Verpflichtungen) aus, die sich als unterschiedliche moralische Rücksichtnahmen auf das Wohl und Wehe anderer verstehen lassen.[70] Die Verpflichtungen zur universellen und gleichen Achtung aller Menschen stellen im Kernbereich unbedingte und wechselseitige Verpflichtungen dar. Die Moral läßt sich so zunächst als ein System von Verpflichtungen beschreiben, ohne daß schon von Rechten die Rede sein muß. Daß den Objekten moralischer Rücksichtnahmen, zu denen wir verpflichtet sind, auch Rechte zugeschrieben werden können, ist nicht einfach nur eine andere Beschreibung des gleichen Sachverhalts, sondern mit einer Reihe von Momenten verbunden, die eine Weiterentwicklung der Moral ausdrücken. Das will ich an einer Reihe von Punkten verdeutlichen.

Menschen sind nicht nur, wie viele Tiere, subjektiv auf ihr Wohl und Wehe bezogen, sie haben nicht nur ein Bewußtsein von dem, was für sie gut oder schlecht ist; sie sind insbesondere fähig, sich hinsichtlich dessen, was für sie gut ist, in überlegender Weise, das

69 Obwohl hier Anklänge an Rawls' Konzeption eines »übergreifenden Konsenses« zu sehen sind, auf den man sich angesichts des »Faktums des Pluralismus« und der »Bürden der Vernunft« noch einigen kann, will ich die Begründungsfrage nicht prinzipiell einklammern, sondern sie nur an dieser Stelle nicht explizit behandeln. Dies auch deshalb, weil es hier nicht um einen politischen Konsens, sondern um eine gemeinsam geteilte, inhaltliche Auffassung von Moral geht. Ich setze daher voraus, daß man die Moral der gleichen Rücksicht und Achtung aller begründen kann, auch wenn ich mich hier nur mit Hinweisen darauf beziehe. Siehe John Rawls, *Die Idee des politischen Liberalismus*, Frankfurt am Main: Suhrkamp 1992; zu der Begründungsfrage siehe die Diskussion zwischen Habermas und Rawls in: Philosophische Gesellschaft Bad Homburg und Wilfried Hinsch (Hg.), *Zur Idee des politischen Liberalismus*, Frankfurt am Main: Suhrkamp 1997.

70 Siehe dazu Georg Lohmann, »Von Pflichten und von Rechten«. Antrittsvorlesung an der Otto-von-Guericke-Universität Magdeburg, 1998. Zu den unterschiedlichen moralischen Rücksichten siehe Ursula Wolf, *Das Problem des moralischen Sollens*, Berlin/New York: de Gruyter 1984 S. 74 ff.

heißt mit Gründen, selbst zu bestimmen. Diese formale Fähigkeit zur Selbstbestimmung läßt ganz offen, worin inhaltlich das Wohl gesehen wird.[71] Die moralische Rücksichtnahme bezieht sich aber nicht einfach nur auf das Wohl und Wehe eines Menschen, sondern darauf, daß Menschen eine selbstbestimmte Konzeption ihres Gutseins haben können. Nur so läßt sich erklären, daß wir Menschen gegenüber nicht nur verpflichtet sind, sie nicht physisch zu verletzen (hinsichtlich der moralischen Rücksichtnahme der physischen Leidensvermeidung sind Tiere und Menschen gleich*artige* Objekte moralischer Verpflichtungen), sondern auch, sie nicht zu täuschen oder zu belügen. Das Gegenüber moralischer Rücksichtnahmen läßt sich daher, sofern es sich um Menschen handelt, nicht ohne die Annahme der Fähigkeit zur Selbstbestimmung beschreiben.[72]

Nicht alle moralischen Verpflichtungen sind wechselseitig. Nur diejenigen aber können überhaupt wechselseitig sein, bei denen nicht nur das Subjekt, sondern auch das Objekt der moralischen Rücksichtnahme durch die Fähigkeit zur Selbstbestimmung bestimmt ist. Eine Wechselseitigkeit von Verpflichtungen liegt vor, formal ausgedrückt, wenn A gegenüber B verpflichtet ist, X zu tun oder zu unterlassen, und wenn auch B gegenüber A verpflichtet ist, X zu tun oder zu unterlassen. Ist diese Wechselseitigkeit gegeben, so können wir, ohne das damit *zunächst* ein anderer Sinn impliziert ist, den Ausdruck »Recht« einführen und sagen, B habe ein »Recht« auf X gegenüber A, und entsprechend: A habe ein »Recht« auf X gegenüber B. »A hat ein ›Recht‹« heißt hier zunächst nur soviel wie: A hat einen moralisch begründeten Anspruch, daß B eine korrespondierende Verpflichtung erfüllt.

71 Hier ist eine große Spannweite möglich; es können stark individualistische oder kollektiv ausgerichtete, traditionale oder moderne Lebensformen gewählt werden. Außerdem können wir uns vorstellen, daß die Fähigkeit zur Selbstbestimmung nur in stark modifizierter Weise aktiviert wird, zum Beispiel als Nachvollzug oder Anpassung an eine vorgegebene Konzeption oder daß sie gewissermaßen ruht und, soweit sie zur Bewertung des Wohls beitragen könnte, keine Rolle spielt.

72 In Fällen, wo es strittig ist, ob diese Fähigkeit schon oder nicht mehr vorhanden ist, handelt es sich ebendeshalb um Grenzprobleme dieser Moralauffassung, keineswegs aber um Fälle ohne moralische Verpflichtungen und meines Erachtens auch um lösbare moralische Probleme.

Für die konkreten moralischen Verhaltensweisen kommt damit insoweit nichts Neues hinzu.

Man könnte aber sagen, *die Interpretationsrichtung ändert sich.* Ohne den Bezug auf Rechte glaubt A gegenüber B zu X verpflichtet zu sein, weil es eine bestimmte moralische Norm gibt (ein gut begründetes Gebot zum Beispiel); B ist daher nur Objekt moralischer Verpflichtungen. Glaubt A aber, daß B ein Recht auf X ihr gegenüber hat, so weiß sie sich verpflichtet, zunächst (a) weil B ein Recht dazu hat, und dann (b), weil dieses Recht mit Bezug auf eine bestimmte (gut begründete) Norm gerechtfertigt ist. Hier ist B daher *nicht nur Objekt* von moralischen Verpflichtungen, sondern spielt als Träger von Rechten *eine moralische Subjekt-Rolle.* Zum Beispiel könnte B sagen, daß er in einem besonderen Fall auf sein Recht verzichtet, und damit wäre (unter Umständen[73]) A in diesem Fall von seiner Verpflichtung entbunden.

Gleichwohl folgt aus der puren Wechselseitigkeit moralischer Verpflichtungen noch nicht automatisch, daß die beteiligten Personen sich als Träger von Rechten ansehen. Dazu bedarf es offenbar einer *willentlichen Entscheidung,* das Objekt moralischer Verpflichtungen auch als Träger von Rechten *anzuerkennen.* Rechte wachsen Personen ja nicht zu wie natürliche Eigenschaften, und sie werden auch nicht reflexartig geschaffen, weil A und B einander wechselseitig verpflichtet sind. Sie werden vielmehr von einer bestimmten Autorität *gestiftet*[74] *und sind deshalb selber mit einem bestimmten Machtanspruch verbunden.* Wenn nun die Beteiligten als moralischen Verpflichtungsgrund keine dritte »höhere Autorität« (wie Gott, die Natur oder die Vernunft) anerkennen, dann bleibt nur übrig, daß sie selbst sich als diese Autorität anerkennen. Das ist den einzelnen auch zuzumuten, weil die Verpflichtungen wechselseitig sind. Es liegt im rationalen Selbstinteresse von A und B, sich als Träger von Rechten anzuerkennen, *wenn* die entsprechenden Verpflichtungen wechselseitig sind. In die Stiftung von Rechten geht daher ein volitives Mo-

73 Ich nehme diese Einschränkung vor, weil es offenbar nicht für alle Fälle unverzichtbarer Rechte gilt.

74 Ich wähle diesen Ausdruck und rede nicht wie Tugendhat von »verliehen«, weil damit meines Erachtens unmißverständlicher der notwendige Setzungscharakter von Rechten bezeichnet werden kann.

ment ein, das einmal als eine willentliche Entscheidung von A und B zu verstehen ist, sich wechselseitig als Träger von Rechten anzuerkennen, und zweitens als willentliche Zustimmung (Anerkennung) gegenüber der Macht, die A und B durch ihre Rechte erhalten (siehe dazu unten).

Deshalb meine ich, daß der Übergang von wechselseitigen moralischen Verpflichtungen zu wechselseitig gestifteten und eingeräumten Rechten nur in der modernen Moral – ohne Rückgriff auf eine dritte, übergeordnete Autorität – plausibel ist. Das wird auch in der Bezeichnung dieser Moral als die der universellen und gleichen *Achtung* aller deutlich. »Jemanden zu achten heißt ihn als Subjekt moralischer Rechte anerkennen.«[75]

Stellen wir uns eine Gesellschaft vor, in der es zwar moralische Pflichten, aber keine moralischen Rechte gibt, und fragen uns, was passiert, wenn in dieser Gesellschaft das moralische Verhalten neu interpretiert wird: nicht mehr als Erfüllung von Pflichten, sondern als Erfüllung von Rechten. Solche Modellkonstruktionen haben Hugo Adam Bedau[76] und Joel Feinberg[77] vorgeschlagen. Bedau hat zur Verdeutlichung der hier anstehenden Fragen drei modellhafte Gesellschaften skizziert: In der ersten herrscht eine traditionelle Pflichtenmoral (die zehn Gebote), ohne daß die Menschen sich Rechte zuschreiben; in der zweiten gibt es generelle Rechte und entsprechende Pflichten, die aber an Bedingungen der Mitgliedschaft und an bestimmte Rollen in dieser Gesellschaft gebunden sind; in dem dritten Gesellschaftsmodell hat jede einzelne Person, unabhängig von weiteren Bedingungen, generelle Rechte, das heißt, die Menschenrechte sind anerkanntes Recht. Feinberg schlägt eine Gesellschaft »Nowhereville« vor, in der alle die moralischen Pflichten von sich aus befolgen, weil sie altruistisch motiviert sind. Niemand aber hat Rechte, deren Beachtung er von anderen verlangen kann. Was

75 Tugendhat, *Vorlesungen über Ethik*, a.a.O, S. 363. Insbesondere die Anerkennungslehren Fichtes und Hegels haben diesen Gedanken der Wechselseitigkeit ausformuliert und dabei den engeren Komplex der Moral mit sozialphilosophischen Fragestellungen verbunden.

76 Hugo Adam Bedau, »International Human Rights«, in: T. Regan und D. VanDeVeer (Hg.), *And Justice for All*, Totowa, N.J.: Rowman & Littlefield 1982, S. 287-308.

77 Vgl. Joel Feinberg, »The Nature and Value of Rights«, in: ders., *Rights, Justice, and the Bounds of Liberty*, a.a.O.

ändert sich, wenn, bei sonst gleichem moralischen Verhalten, die Bürger dieser Konstrukte sich Rechte zuschreiben? Ihre Antworten – und im Anschluß an sie Andreas Wildt[78] – haben gezeigt, daß in einer Gesellschaft von wechselseitig eingeräumten gleichen Rechten die moralischen Subjekte mit ihren berechtigten Ansprüchen gegen andere auch ihre *Selbstachtung* ausdrükken und entwickeln können. Die Transformierung wechselseitiger moralischer Verpflichtungen in wechselseitig anerkannte moralische Rechte ist damit zugleich eine Quelle von Selbstachtung und Selbstwertgefühlen, die der »rechtlich« eingeräumten individuellen Selbstbestimmung jeweils einen besonderen Wert verleihen. Damit wird betont, daß alle Menschen ein gleiches moralisches Recht auf die Ausbildung von Selbstachtung haben und daß damit der *Wert dieser Freiheit* für den einzelnen respektiert und geschätzt wird. Freiheitsbewußtsein und das Bewußtsein, Rechte zu haben, entstehen wechselseitig auseinander und verstärken einander.

Dabei wird unterstellt, daß alle Menschen ein selbstbestimmtes Leben führen *wollen* und insofern selbst über ihr Sein und Wohl entscheiden. Deshalb auch sind die unterschiedlichen Bedeutungen von Achtung (hier insbesondere Respekt und Wertschätzung[79]) zu berücksichtigen. Zunächst beinhaltet die universelle Achtungsmoral, daß es die Fähigkeit zur Selbstbestimmung oder Autonomie (in einem nichtmoralischen Sinne) ist, deren Ausübung wir bei allen in gleicher Weise zu *respektieren*[80] (negative Pflichten) und in Notfällen in gewissen Graden zu fördern (positive Pflichten) verpflichtet sind. Diese grundlegenden negativen und positiven Pflichten der Aufklärungsmoral, die den wechselseitigen Respekt vor der Autonomie einer jeden Person ausdrükken, setzen freilich wechselseitige *Wertschätzung* der Selbstbestimmungsfähigkeit jeder Person voraus. Damit macht die universale Aufklärungsmoral offensichtlich eine inhaltliche An-

78 Andras Wildt, »Recht und Selbstachtung«, in: M. Kahlo, E. A. Wolff und R. Zaczyk (Hg.), *Fichtes Lehre vom Rechtsverhältnis*, Frankfurt am Main: Klostermann 1992.

79 Siehe hierzu St. L. Darwall, »Two Kinds of Respect«, in: *Ethics* 88 (1979, S. 36 ff., und die Diskussion zwischen Ernst Tugendhat, »Retraktationen«, in: ders., *Probleme der Ethik*, a.a.O., und Ursula Wolf, *Das Problem des moralischen Sollens*, a.a.O., S. 100 ff.

80 So auch Feinberg, »The Nature and Value of Rights«, a.a.O.

nahme, die nicht ihrerseits universal ist, sondern erst vor dem Hintergrund der abendländisch-christlichen Kultur in der liberalen Tradition entwickelt worden ist.[81] Es ist die individuelle Selbstbestimmungsfähigkeit, die wir wechselseitig bei uns und anderen respektieren und schätzen, die in den Begründungen ausgedrückt wird, warum wir alle Personen in gleicher Weise achten. Aber diese Hochschätzung individueller Selbstbestimmung oder auch Autonomie ist ein typisches Produkt der liberalen Kultur, für das es in anderen Kulturen nicht immer ein entsprechendes Äquivalent gibt. Ist damit nicht aber der Universalismus der Aufklärungsmoral ohne wirkliche Begründung? Ist er damit an eine spezifische Kultur gebunden und damit auch nur eine kulturrelative Forderung dieser Kultur an andere, für die es keine kulturübergreifende Rechtfertigung und dann auch Praxis gibt? Ich glaube, daß diese Bedenken entkräftet werden können, lasse das Problem aber an dieser Stelle offen.[82]

2. Der Übergang von der Moral zum Recht: Begründung und Folgen der Positivierung der Menschenrechte

Die zweite Ebene in der Bestimmung der Menschenrechte erfordert einen begrifflichen Neuansatz und einen Perspektivenwechsel. Die Idee der Menschenrechte hat in der moralischen Verpflichtung, alle anderen als Subjekte von gleichen Rechten anzuerkennen, ihren *moralischen Ausgangspunkt*. Es ist die moralische Achtung vor der individuellen Selbstbestimmung jeder Person, die »Rechte« im Sinne moralisch legitimer Ansprüche begründet. Menschenrechte sind eine Teilklasse von moralischen Rechten. *Eine notwendige* Bedingung für ein Menschenrecht ist, daß es ein moralisches Recht ist. Der Begriff der Menschenrechte orientiert sich aber am positiven Rechtsbegriff, und damit werden eine neue Ebene der Begrifflichkeit und ein Perspektiven-

81 Diesen Punkt betont kritisch Ursula Wolf, *Das Tier in der Moral*, Frankfurt am Main: Klostermann 1990, S. 70 f.

82 Als eine erste Antwort darauf siehe Georg Lohmann, »Cultural Diversity and Universality of Human Rights: The Case of Japan«, erscheint in: Lukas K. Sosoe (Hg.), *Democracy, Pluralism, and Citizenship* (in Vorbereitung).

wechsel erforderlich, die nach zwei Seiten hin erläuterungsbedürftig sind:

(1) Wenn man von positiven Rechten *ausgeht*, verändert sich die Bestimmung des Gegenstandsbereichs. Was nun mit den Menschenrechten geschützt wird, das heißt der Gegenstand oder Inhalt der Rechte, wird nicht aus einer moralischen Perspektive bestimmt, sondern wird aus der Perspektive des positiven, gesatzten Rechts bestimmt. Im Anschluß an Kant kann man auf die Abstraktions- und Entlastungsleistungen des positiven Rechts gegenüber der Moral hinweisen, die den einzelnen in den Weisen rechtlich geregelter sozialer Beziehungen vom Sittlich-sein-Müssen freisetzen und ihm so erst eine authentische besondere Individuierung und eine eigenverantwortliche und gegebenenfalls moralisch-gewissenhafte Lebensführung ermöglichen.[83] Das juridische Recht erlaubt nicht nur im äußeren Verkehr rein willkürliche Interessenverfolgungen, sofern sie nur dem Recht gemäß sind, es schützt auch einen privaten Bereich subjektiver Selbstbestimmung, der in seinem Umfang und in seiner Ausgestaltung unbestimmt bleibt und als solcher kulturellen, historischen und sozialen Wandlungsprozessen ausgesetzt ist. Gleichwohl, einen Schutz durch positivierte Menschenrechte verdient diese erst durch das moderne Recht freigesetzte Privatsphäre nur, wenn diese sie für alle in der gleichen Weise sichert (siehe unten).

(2) Die Positivierung der moralischen Ansprüche in Rechte ist ein politischer Akt, über dessen besondere Eigenarten gleich weiteres zu sagen ist. An dieser Stelle ist aber zu fragen, ob wir, wie Tugendhat meint, moralisch verpflichtet sind, die schwachen moralischen Rechte in starke und positive Rechte umzuwandeln, ob es also eine moralische Verpflichtung zur Positivierung moralischer Rechte gibt.

Nun glaube ich nicht, daß wir unmoralisch handeln, wenn wir es nicht tun, daß es aber unklug wäre, es nicht zu tun. Ich vermute, daß es ausreicht, die Positivierung als im rationalen Eigeninteresse der Beteiligten liegend zu verstehen. Daß die moralischen Personen sich entschließen, ihre schwachen und labilen moralischen Rechte in das Medium des positiven Rechts zu transformieren, erklärt sich aus dem zu erwartenden verbesserten Schutz ihrer Rechte und aus bestimmten Organisationsleistungen und

83 Siehe dazu umfassend Rainer Forst, *Kontexte der Gerechtigkeit*, Frankfurt am Main: Suhrkamp 1994.

Vorteilen, die das positive Recht als eine staatliche Institution erbringen kann. Robert Alexy[84] hat drei Argumente unterschieden, die die Notwendigkeit der Transformation begründen sollen. Er verweist erstens auf die durch positives Recht verbesserten Durchsetzungschancen, wobei die staatliche Instanz zugleich dafür sorgen kann, daß unfaire Vorteile unmoralischen Verhaltens risikoreicher werden und die staatliche Regelung sich damit insgesamt als vorteilhafter erweist als keine staatliche Regelung. Zweitens ergibt sich aus der Abstraktheit der moralisch verstandenen Menschenrechte die Notwendigkeit, die entstehenden Interpretations- und Konkretisierungsprobleme durch rechtliche Verfahren einer geregelten und kontrollierbaren Entscheidungsfindung zu organisieren. Schließlich, drittens, erfordern die positiven Pflichten, die mit den Menschenrechten einhergehen, daß staatliche Organisationen zu ihrer Erfüllung gebildet werden, da die einzelnen schnell durch diese Pflichten überlastet wären.

Es ergibt sich so, daß für die Wahl des positiven Rechts zur Institutionalisierung der Menschenrechte zweckrationale Argumente ausreichen und wir an dieser Stelle nicht eine moralische Pflicht zur Positivierung annehmen müssen. Wohlgemerkt beziehen sich diese Argumente auf das Rechtsmedium allgemein, nicht auf die Frage, ob ein einzelnes, bestimmtes moralisches Recht positiviert werden soll.

Der moralische Gehalt der Menschenrechte macht sich erst geltend, wenn wir uns fragen, welche Positivierung denn angemessen wäre, das heißt, welche staatliche Rechtsordnung denn gewählt werden soll. Normativ angemessen erscheint ein demokratischer Rechtsstaat mit Verfassungsgerichtsbarkeit, doch bleibt festzuhalten, daß auch dieses Modell den moralischen Gehalt nicht vollständig in seinen Prozeduren und Strukturen verwirklichen kann, so daß immer eine Spannung bleibt zwischen den rechtsstaatlichen Strukturen und den moralischen Ansprüchen, die sich aus den schwachen moralischen Rechten ergeben.

Schließlich bedeutet die Positivierung der Menschenrechte in staatlich gesetztes Recht, daß damit eine Partikularisierung einhergeht, da positives Recht zunächst nur für die Mitglieder der jeweiligen Rechtsgenossenschaft gilt. Dadurch entsteht eine Spannung zwischen dem universalen Gehalt der Menschenrechte

84 Robert Alexy, »Die Institutionalisierung der Menschenrechte im demokratischen Verfassungsstaat«, in diesem Band, S. 244 f.

als moralische Rechte und dem partikularen Geltungsbereich staatlicher Grundrechte. Die Positivierung moralisch begründeter Menschenrechte hat daher zunächst eine Partikularisierung ihres Geltungsbereichs zur Folge, und es ergibt sich von daher in der Tat eine moralisch begründete Verpflichtung, diese Partikularisierung durch geeignete, das heißt überstaatliche, zwischenstaatliche oder globale Institutionalisierungen zu kompensieren. Insofern kann man sagen, daß der moralische Gehalt der Menschenrechte uns moralisch verpflichtet, eine angemessene Positivierung vorzunehmen, die den normativen Gehalt der moralisch verstandenen Menschenrechte durch eine angemessene innerstaatliche Rechtsordnung und durch geeignete internationale und globale Rechtsinstitutionen zum Ausdruck bringen kann.

3. Die politische Konkretisierung der Menschenrechte im einzelnen

Auf der dritten Ebene in der Bestimmung der Menschenrechte geht es nun um den rechtlichen Schutz individueller Selbstbestimmungen im einzelnen, das heißt, es geht um die Gestaltung und Bestimmung dieses Bereichs durch konkrete einzelne Menschenrechte. Formal steht hier die Frage an, welche konkreten Menschenrechte in den Kanon aufgenommen werden sollen. In Frage steht damit auch die Gewichtung zwischen den inhaltlich unterschiedenen Gruppen von Menschenrechten.

Die Wahrnehmung der individuellen Selbstbestimmung ist zunächst eine Betätigung von Freiheiten, das heißt der Verfolgung und Befriedigung von Bedürfnissen, Interessen und Wünschen. Es geht dabei immer auch um den subjektiven Wert, den die jeweiligen Interessen und Bedürfnisse für die jeweilige Person haben. Aber die Ausübungen der Interessen, die uns wertvoll und wichtig erscheinen, verdienen nur dann einen Schutz durch Menschenrechte, »wenn dies bei unparteilicher Beurteilung als wünschenswert erscheint«.[85] Diese inhaltliche Überprüfung impliziert daher die Forderung, daß die geschützten Interessen nicht Ungerechtigkeiten implizieren oder hervorrufen. Gerechtigkeit ist somit eine inhaltliche Einschränkung derjenigen Wei-

85 Tugendhat, *Vorlesungen über Ethik*, a.a.O., S. 349.

sen individueller Selbstbestimmung, die einen möglichen Schutz durch Menschenrechte verdienen.

Auch die Frage nach der Gewichtung der drei oben genannten inhaltlichen Gruppen von Menschenrechten zueinander kann mit Hilfe der Idee der Gerechtigkeit beantwortet werden. So führt es zu Ungerechtigkeiten, wenn die Menschenrechte ausschließlich als negative Freiheitsrechte aufgefaßt werden, so daß unter Gerechtigkeitsgesichtspunkten gefordert werden kann, daß auch die Sicherung der Existenz und die Teilhabe an gesellschaftlichen Gütern unparteilich und für alle gleich gelöst werden sollte. Ebenso folgt aus der moralischen Forderung nach Gerechtigkeit, daß alle in der gleichen Weise bei den Entscheidungen über gleiche Rechte für alle beteiligt sind. Damit wird zum Beispiel die Möglichkeit paternalistisch gewährter sozialer Leistungen, wie sie sich etwa aus dem sozialistischen Menschenrechtsverständnis ergab, ausgeschlossen. Während aber die Idee der Gerechtigkeit, auch wenn sie nicht alle Bereiche der Moral abdeckt, die radikalere und dynamischere Forderung ist, drückt sich in den Menschenrechten immer *auch* ein politischer Kompromiß aus. In diesem Sinne stellen die Menschenrechte, wie Tugendhat das bezeichnet hat, nur ein »Konzept der minimalen Gerechtigkeit«[86] dar.

Um zu erklären, daß sich im Laufe der Geschichte ein beschränkter und zudem höchst umstrittener Kanon der Menschenrechte herausgebildet hat, reicht eine rein moralische Betrachtung der Bestimmung der Menschenrechte nun nicht aus. Sie ist nur in der Lage, den Umfang und die Art *möglicher* Menschenrechte zu bestimmen. Das bezieht sich auch auf diejenigen Menschenrechte, die für die Legitimitätsunterstellung einer staatlichen Rechtsordnung notwendig, aber freilich nicht hinreichend sind. Erst die öffentliche Reflexion historischer Erfahrungen der Bedrohungen individueller Selbstbestimmungen hat zu der Einsicht führt, diese durch juridische Rechte schützen zu wollen. Diese Einsicht muß zu gemeinsamem politischen Handeln führen, wenn sie verwirklicht werden will. Es sind daher erst die in der politischen Öffentlichkeit diskutierten und in einer bestimmten Weise gewerteten *historischen Erfahrungen mit den Verletzungen individueller Selbstbestimmung*, die aus den *mora-*

86 Ebd., S. 390.

lisch möglichen und *rechtlich zu schützenden* dann *politisch gesatzte* Menschenrechte machen.

Winfried Brugger spricht davon, daß »Menschenrechtsforderungen [...] am besten als Antworten auf exemplarische Unrechtserfahrungen zu charakterisieren sind«. Damit seien »Situationen und Ereignisse gemeint, deren Durchleben durch die Betroffenen oder deren Kenntnisnahme durch Dritte zu einem elementaren und gleichsinnigen Urteil als ›ungerecht‹ führt, selbst wenn die Betroffenen und die Dritten unterschiedlichen Gruppen und Kulturen angehören«.[87] Nach meinem Dafürhalten ist der exemplarische Charakter nicht so sehr auf die moralische Beurteilung eines spezifischen »willkürlichen, ungerechten, zurechenbaren Eingriffs in das fundamentale Interesse des Menschen an eigenständiger, sinnhafter und verantwortlicher Lebensführung«[88] bezogen – wie Brugger dann erläutert –, sondern drückt eine historisch kontingente Wertung aus, daß eine besondere Bedrohung oder Verletzung individueller Selbstbestimmung allgemein als gravierend angesehen wird. Dafür sind nicht so sehr (wenngleich *auch*) moralische Gesichtspunkte oder Kriterien von Belang, sondern Bewertungen von Konzeptionen des »guten Lebens«, die historisch und kulturell variabel sind und über die daher, sollen sie allgemein verbindlich sein, eine politische Verständigung erreicht werden muß. Erst diese historischen Kontextualisierungen haben die unterschiedlichen politischen Deklarationen *motiviert* und die inhaltliche Ausgestaltung der Menschenrechte im einzelnen bestimmt.

Die öffentlich artikulierte Bewertung und Einschätzung schutzwürdiger Belange individueller Selbstbestimmung muß sich bis zu einem gewissen Grade geklärt haben, damit dann darüber eine politische Einigung erreicht werden kann, so daß ein jeweils bestimmtes Menschenrecht mit genau dieser Formulierung als ein Grundrecht formuliert oder durch völkerrechtliche Vereinbarungen in den allgemeinen Kanon der Menschenrechte aufgenommen werden kann. Dieser politische Entscheidungsprozeß unterliegt aber seinerseits den Anforderungen, den Menschenrechten zu genügen. Insbesondere sind hier die politischen Mitwirkungsrechte entscheidend. Insofern setzen sich

87 Winfried Brugger, »Stufen der Begründung von Menschenrechten«, in: *Der Staat* 31 (1992) 1-4, S. 21.

88 Ebd., S. 23.

in der Tat Menschenrechte und Volkssouveränität wechselseitig voraus, und auch dieser Prozeß einer wechselseitigen Bestimmung ist so verfaßt, daß ein Spannungsverhältnis zwischen dem moralischen Gehalt der Menschenrechte und den rechtlichen Regelungen der politischen Entscheidungsprozesse bleibt.

Es ergibt sich von daher, daß die Stiftung und rechtliche Institutionalisierung von Menschenrechten keineswegs *nur* ein moralischer Akt und daß sie auch nicht *nur* eine notwendige Bedingung eines demokratischen Rechtsstaates ist, sondern *ebenso* ein politisch-historischer Vorgang, der insbesondere seit den ersten Deklarationen der Menschenrechte eine spezifische Geschichte hat und wohl auch in Zukunft für weitere Bestimmungen und Neuinterpretationen offen ist. Gerade deshalb stellt sich das Problem des universellen Anspruchs – weniger von Menschenrechten überhaupt als vielmehr von den einzelnen Menschenrechten des gegenwärtigen Kanons – mit besonderer Dringlichkeit.[89]

89 Siehe hierzu P. Sieghart, *The Lawful Rights of Mankind*, Oxford: Oxford University Press 1985; ders., *Die geltenden Menschenrechte*, Kehl am Rhein: N. P. Engel 1988; ferner L. Kühnhardt, *Die Universalität der Menschenrechte*, Bonn: Bundeszentrale für politische Bildung, 2., erweiterte Auflage 1991.

Peter Koller
Der Geltungsbereich der Menschenrechte

1. Die Idee der Menschenrechte im Wandel

Menschenrechte sind nach üblichem Verständnis Rechte, die alle Menschen sozusagen von Natur aus besitzen, also unabhängig von kontingenten Umständen wie Abstammung, Rasse, Geschlecht, Nation und Religion. Paradigmatische Beispiele für solche Rechte sind etwa das Recht auf Leben und körperliche Integrität, das Recht auf gleichen rechtlichen Schutz oder das Recht auf Gesinnungs- und Meinungsfreiheit.[1] Sofern angenommen wird, daß diese Rechte jedem Menschen zukommen, gleichgültig, ob sie durch das positive Recht garantiert werden oder nicht, sind sie primär *moralische* Rechte, also solche, die auf moralischen Überzeugungen, nicht auf rechtlichen Normen beruhen. Insoweit sie jedoch auch durch das positive Recht gewährleistet sind, haben sie überdies den Status *legaler* Rechte.[2] Im Rahmen dieser Arbeit wird es in erster Linie um die moralische Dimension der Menschenrechte gehen.

Die Idee der Menschenrechte hat im Laufe ihrer geschichtlichen Entwicklung erhebliche Wandlungen erfahren, die im großen und ganzen eine *fortschreitende Expansion* jener Rechte mit sich brachten. Diese Expansion hat zwei Dimensionen, eine inhaltliche und eine räumliche.[3]

1 Siehe Wolfgang Heidelmeyer (Hg.), *Die Menschenrechte*, 3. Auflage, Paderborn 1982; Bruno Simma und Ulrich Fastenrath (Hg.), *Menschenrechte – Ihr internationaler Schutz*, 3. Auflage, München 1992.

2 Vgl. Eugene Kamenka, »The Anatomy of an Idea«, in: Eugene Kamenka und Alice Erh-Soon Tay (Hg.), *Human Rights*, London 1978, S. 1-12; James W. Nickel, *Making Sense of Human Rights*, Berkeley/Los Angeles/London 1987, S. 37 ff.

3 Siehe dazu Gerhard Oestreich, *Geschichte der Menschenrechte und Grundfreiheiten im Umriß*, 2. Auflage, Berlin 1978; Winfried Brugger, »Menschenrechte im modernen Staat«, in: *Archiv des öffentlichen Rechts* 114 (1989), S. 537-588, hier S. 539 ff.

Was die *inhaltliche* Dimension betrifft, so ist eine allmähliche *Ausweitung* der Menschenrechtsidee zu beobachten. Die Ausweitung hat sich nach und nach in drei Etappen vollzogen, denen jeweils verschiedene Typen von Menschenrechten entsprechen, und zwar im wesentlichen die folgenden: liberale Rechte, politische Rechte und soziale Rechte. Zielen die *liberalen Rechte* nur darauf ab, die Sicherheit und Freiheit jeder Person gegen fremde Eingriffe, vor allem gegen solche der staatlichen Macht, zu garantieren, verlangen die *politischen Rechte* schon etwas mehr: Sie fordern von jeder sozialen Ordnung nicht nur die gleiche Freiheit aller Bürger, sondern auch deren gleichberechtigte Beteiligung an der politischen Willensbildung über öffentliche Angelegenheiten zu gewährleisten. Noch weiter gehen die *sozialen Rechte*, die jeder Gesellschaft außerdem die Verpflichtung auferlegen, die sozialen und wirtschaftlichen Existenzbedingungen aller ihrer Mitglieder zumindest in einem minimalen Ausmaß sicherzustellen. Daß die fortschreitende Ausweitung der Menschenrechte von liberalen zu sozialen Rechten mit zunehmenden Anforderungen an die soziale Ordnung und an die staatliche Gewalt verbunden ist, liegt auf der Hand.

Dazu kommt eine Expansion der Idee der Menschenrechte in der *räumlichen* Dimension. Gemeint ist die zunehmende *Verbreitung* dieser Rechte über die ganze Welt, ihre *Universalisierung*, die in zwei Formen auftritt. Zum einen gibt es die Bemühungen, den Menschenrechten internationale Geltung zu verschaffen, indem man die einzelnen Staaten – vor allem vermittels völkerrechtlicher Abkommen – darauf zu verpflichten sucht, diese Rechte *innerhalb* ihres Gebietes zu respektieren und zu schützen. Zum anderen wird aber, insbesondere von seiten der armen Länder, immer deutlicher die Forderung erhoben, daß die Menschenrechte auch auf der Ebene der Beziehungen *zwischen* den Nationen Anerkennung finden müssen; so komme es vor allem darauf an, eine gerechtere Verteilung des irdischen Reichtums herbeizuführen, um allen Menschen auf der Welt ein menschenwürdiges Leben zu ermöglichen. Diese Bestrebungen, die ein wachsendes Bewußtsein der wechselseitigen Abhängigkeit und Verantwortung der Völker und Staaten reflektieren, sind mit einer erheblichen Ausdehnung des Geltungsumfangs dieser Rechte verbunden.

Es ist offensichtlich, daß die beiden Expansionstendenzen der

Menschenrechte, also ihre inhaltliche Ausweitung einerseits und ihre räumliche Verbreitung andererseits, zueinander in einem *Spannungsverhältnis* stehen und sich nicht leicht miteinander in Einklang bringen lassen. Denn je mehr die Menschenrechte fordern und je größere Anforderungen an die soziale Ordnung sie inkludieren, desto geringer scheinen die Aussichten, sie in globalem Umfang zu gewährleisten. Und je weiter der Geltungsumfang dieser Rechte reicht, um so geringere Anforderungen müssen sie stellen, wenn es möglich sein soll, sie tatsächlich zu erfüllen. So plausibel die Vorstellung erscheint, daß die Menschenrechte nicht nur allen Menschen einen umfassenden Anspruch auf die Bedingungen eines selbstbestimmten und anständigen Lebens verleihen, sondern daß sie auch weltweit garantiert sein sollten – beides zugleich ist nicht ohne weiteres zu haben.

Es gibt verschiedene Möglichkeiten, diesem Dilemma zu begegnen. Dazu gehören zwei extreme Positionen, die gleichsam die einander gegenüberliegenden Enden einer Skala bilden, eine konservative und eine progressive Position. Die *konservative* Position besteht in der Auffassung, daß als Menschenrechte nur die grundlegenden Rechte auf Sicherheit und Freiheit betrachtet werden sollten, die nicht viel mehr als das Unterlassen gewaltsamer Eingriffe verlangen und im Rahmen der einzelnen Gesellschaften durch die Staatsgewalt gesichert werden können. Sofern eine Gesellschaft ihren Mitgliedern anspruchsvollere Rechte einräumt, etwa solche auf soziale Sicherheit, so bleibe die Geltung dieser Rechte auf die Grenzen jener Gesellschaft beschränkt. Diese Auffassung läuft im wesentlichen auf eine Affirmation des Status quo der Menschenrechtspolitik hinaus.[4]

Ihr steht die *progressive* Position gegenüber, die eine grundlegende Änderung des bestehenden Zustands fordert. In Anbetracht der wachsenden Verflechtung der Nationen zu einem weltweiten System wechselseitiger Kooperation und Abhängigkeit hält sie es für erforderlich, die Menschenrechte, und zwar nicht nur die liberalen, sondern auch die politischen und die sozialen Rechte, im globalen Umfang zu gewährleisten. Da dies in einer Welt, die in eine Vielzahl souveräner Nationalstaaten

4 Diese Position wird zum Beispiel vertreten von Maurice Cranston, »Human Rights, Real and Supposed«, in: D. D. Raphael (Hg.), *Political Theory and the Rights of Man*, London/Melbourne/Toronto 1967, S. 43-53.

geteilt ist, kaum möglich erscheint, muß sie konsequenterweise eine tiefgreifende Reform der bestehenden internationalen Ordnung postulieren, eine Reform, die die bestehenden Staaten in eine globale politische Ordnung integriert, deren Organe hinreichende Gesetzgebungs- und Zwangsbefugnisse haben müssen, um allen Menschenrechten überall Geltung verschaffen zu können.[5]

Ich glaube, daß keine dieser Positionen überzeugen kann, und zwar aus den folgenden Gründen. Die konservative Position ist nach meiner Ansicht deswegen unannehmbar, weil sie erstens von einer zu schwachen Konzeption der Menschenrechte ausgeht und zweitens den vielen Interdependenzen zwischen den einzelnen Gesellschaften nicht Rechnung trägt. Demgegenüber scheint mir die progressive Position zwar die wachsende Verflechtung der Welt zutreffend einzuschätzen, aber sie ist dem Einwand ausgesetzt, daß sie erstens ein allzu starkes Konzept der Menschenrechte vertritt und darüber hinaus auch ziemlich unrealistisch ist.

Ich möchte daher im folgenden versuchen, eine Konzeption der Menschenrechte zu verteidigen, die in der Mitte zwischen diesen Extrempositionen liegt. Zu diesem Zweck werde ich zuerst einmal die Struktur solcher Rechte etwas näher betrachten.

II. Die Struktur der Menschenrechte

Jedes Menschenrecht kann, wie auch alle anderen Rechte, als ein Relationsbegriff mit drei Elementen dargestellt werden. Diese Elemente sind: (1) die Personen, die das Recht besitzen (seine Inhaber oder Träger), (2) die Personen, denen gegenüber das Recht besteht oder an die es adressiert ist (seine Adressaten), und (3) die Dinge, die es den Inhabern gegenüber den Adressaten einräumt (sein Inhalt oder Gegenstand).[6]

5 In diese Richtung argumentieren zum Beispiel Henry Shue, *Basic Rights*, Princeton, N.J. 1980; Kai Nielsen, »Global Justice, Capitalism and the Third World«, in: Robin Attfield und Barry Wilkins (Hg.), *International Justice and the Third World*, London 1992, S. 17-34.

6 Siehe dazu Peter Koller, »Die Struktur von Rechten«, in: Georg Meggle (Hg.), *Analyomen 2. Proceedings des 2. Kongresses für Analytische Philosophie*, Bd. 3, Berlin/New York 1997, S. 251-262.

Die *Inhaber* von Menschenrechten zu bestimmen bereitet keine großen Schwierigkeiten. Menschenrechte sind schon ihrem Begriff nach Rechte, die alle Menschen unabhängig von ihren besonderen Lebensumständen von Geburt an besitzen. Zwar gibt es Grenzfälle, wie etwa menschliche Föten, hinsichtlich welcher nicht klar ist, ob sie als vollberechtigte menschliche Personen anerkannt werden sollen. Und auch was die Ausübung der Menschenrechte betrifft, kann es gewisse Einschränkungen geben, wie zum Beispiel die Erreichung eines bestimmten Mindestalters für die Ausübung der politischen Beteiligungsrechte. Doch ich werde mich mit diesen Fällen hier nicht beschäftigen. Für meine Zwecke genügt es, ganz allgemein festzustellen, daß die Menschenrechte jeder menschlichen Person sozusagen von Natur aus zukommen. In dieser Hinsicht sind sie notwendigerweise *universell*.[7]

Was die *Adressaten* von Menschenrechten angeht, so ist die Sache schon komplizierter. Zunächst erhebt sich die Frage, ob diese Rechte nur gegenüber staatlichen Institutionen gelten, wie von manchen behauptet wird[8], oder auch gegenüber einzelnen Personen und Kollektiven. Ohne diese Frage im einzelnen zu diskutieren, nehme ich an, daß Menschenrechte grundsätzlich an *alle* Akteure adressiert sind, die zum Geltungsbereich jener Rechte gehören, also sowohl an die betreffenden *staatlichen Institutionen* als auch an die *Einzelpersonen*. Dafür spricht ein ganz einfaches Argument: Würden die Menschenrechte nicht auch die beteiligten Einzelpersonen binden, so wäre es nicht nur um die Wirksamkeit dieser Rechte schlecht bestellt, sondern dann hätten auch die Staaten gar keinen Grund, jene Rechte zu erzwingen. Die *Staaten* nehmen jedoch unter den Adressaten eine besondere Rolle ein, und zwar deswegen, weil sie eben nicht nur verpflichtet sind, die Menschenrechte zu respektieren, sondern überdies die

7 Vgl. D. D. Raphael, »Human Rights, Old and New«, in: ders., *Political Theory and the Rights of Man*, a.a.O. (Anm. 4), S. 54-67; Hugo Adam Bedau, »International Human Rights«, in: Tom Regan und Donald VanDeVeer (Hg.), *And Justice for All*, Totowa, N.J. 1982, S. 287-308; Nickel, *Making Sense of Human Rights*, a.a.O. (Anm. 2), S. 41 ff.

8 Zum Beispiel Carl Wellman, »A New Conception of Human Rights«, in: Kamenka und Erh-Soon Tay (Hg.), *Human Rights*, a.a.O. (Anm. 2), S. 48-58.

Aufgabe haben, diese Rechte – gleichsam in Vertretung aller einzelnen Personen – notfalls mit Zwangsmitteln zu gewährleisten.[9]

Ein weiteres Problem betrifft den Kreis der Adressaten, an die die Menschenrechte gerichtet sind, kurz: deren *Geltungsumfang*. Traditionellerweise werden zwei Arten von Menschenrechten unterschieden, die durch die übliche Rede von »Menschen- und Bürgerrechten« voneinander abgegrenzt und zugleich zu einer Einheit zusammengefaßt werden. Diese Arten unterscheiden sich durch den Bereich der Personen, an die sie gerichtet sind. Von manchen Menschenrechten wird normalerweise angenommen, daß sie gegenüber *jeder* Person und gegenüber *jedem* Staat, also sozusagen gegenüber der ganzen Welt, gelten. Ein Beispiel ist das Recht auf Leben und physische Integrität. Diese Rechte sind nicht nur universell bezüglich ihrer Inhaber, sondern auch *generell* hinsichtlich ihrer Adressaten. Da sie schlechthin zwischen allen Menschen ungeachtet ihrer besonderen Beziehungen bestehen, können sie als *Menschenrechte im strikten Sinne* bezeichnet werden. Ihnen stehen andere Rechte gegenüber, die nach üblicher Auffassung zwar ebenfalls jeder menschlichen Person zukommen, die aber dennoch nur an die Bürger bzw. die politischen Institutionen jener Gesellschaft adressiert sind, der man selber angehört, wie etwa das Recht auf freie Wahl des Wohnsitzes oder das Recht auf politische Beteiligung. Das sind die allgemeinen *Bürgerrechte* im klassischen Sinne dieses Ausdrucks. Obwohl es sich dabei, was ihre Inhaber angeht, um universelle Rechte handelt, sind sie hinsichtlich ihres Geltungsumfangs *spezifisch*, weil sie nur gegenüber einem begrenzten Kreis von Personen gelten.[10]

Nun spricht einiges dafür, daß die herkömmliche Abgrenzung von Menschen- und Bürgerrechten in der Form, in der sie bis heute weithin vorgenommen wird, aus mehreren Gründen anfechtbar und revisionsbedürftig ist. Diese Abgrenzung paßt nicht mehr ganz in eine Welt, in der sich die Grenzen zwischen

9 Ähnlich Bedau, »International Human Rights«, a.a.O. (Anm. 7); Nickel, *Making Sense of Human Rights*, a.a.O. (Anm. 2), S. 41 ff.

10 Vgl. Raphael, »Human Rights, Old and New«, a.a.O. (Anm. 7); Peter Koller, »Menschen- und Bürgerrechte aus ethischer Perspektive«, in: B. S. Byrd, J. Hruschka und J. C. Joerden (Hg.), *Rechtsstaat und Menschenrechte* (*Jahrbuch für Recht und Ethik* 3), Berlin 1995, S. 49 bis 68.

den Gesellschaften nicht nur wegen deren steigenden Interdependenzen, sondern auch infolge der anwachsenden Migrationsströme zwischen den Ländern zunehmend verflüssigen. Dessen ungeachtet ist die Unterscheidung zwischen Menschen- und Bürgerrechten von Nutzen. Erstens zeigt sie, daß Rechte universell sein und dennoch einen beschränkten Geltungsumfang haben können; und zweitens macht sie plausibel, daß es vernünftig sein kann, den Geltungsumfang mancher dieser Rechte nach dem Grad der jeweiligen Beziehungen zwischen den Menschen zu begrenzen. Wann und inwieweit eine solche Begrenzung legitim ist, läßt sich natürlich nur auf der Grundlage einer geeigneten Theorie der normativen Begründung solcher Rechte sagen, die ich hier nicht im einzelnen entwickeln kann. Ich werde aber später auf einige Argumente zu sprechen kommen, die nach meinem Dafürhalten für eine umfangsspezifische Abstufung von Menschenrechten sprechen. Vorerst genügt es festzuhalten, daß zu den Menschenrechten, in einem weiten Sinne verstanden, nicht notwendig nur solche Rechte gehören, die alle Menschen und alle Staaten verpflichten. Sie können auch Rechte umfassen, die einen begrenzten Geltungsumfang haben.

Noch komplexer ist das dritte Element, der *Inhalt* von Rechten, bei dem es um die normativen Relationen ihrer Inhaber gegenüber den Adressaten geht. Um diese Relationen zu klassifizieren, kann man auf die bekannte Distinktion von W. N. Hohfeld zurückgreifen, der vier elementare Typen von Rechten unterschieden hat, nämlich Ansprüche, Freiheiten, Kompetenzen und Immunitäten.[11] Mit Hilfe dieser Distinktion kann gezeigt werden, daß jedes Menschenrecht aus einem Bündel von solchen elementaren Rechten besteht, das wenigstens einen Anspruch seiner Inhaber inkludiert, dem eine entsprechende Pflicht der Adressaten korrespondiert.[12] Es ist jedoch für meine Zwecke nicht nötig, diese Materie hier weiter zu vertiefen. Ich behaupte nur so viel, daß jedes Menschenrecht seinen Inhabern, also allen Menschen, *wenigstens einen Anspruch* gewährt, aus

11 Vgl. Wesley Newcomb Hohfeld, *Fundamental Legal Conceptions*, hg. von Walter W. Cook, New Haven/London 1966 (Erstausgabe 1919), S. 35 ff.

12 Siehe dazu Robert Alexy, *Theorie der Grundrechte*, Baden-Baden 1985, S. 171 ff.; Carl Wellman, *A Theory of Rights*, Totowa, N.J. 1985, S. 7 ff.

dem eine entsprechende *Verhaltenspflicht* seitens der Adressaten resultiert.

Je nachdem, ob dieser Anspruch entweder auf ein Unterlassen oder Dulden oder aber auf ein aktives Handeln seitens der Adressaten gerichtet ist, kann man zwischen *negativen* und *positiven* Rechten unterscheiden. So wird das Recht auf Leben und auf körperliche Integrität gewöhnlich als ein negatives Recht betrachtet, das jedem Menschen einen Anspruch gegenüber allen anderen verleiht, sein Leben und seine Gesundheit nicht zu beeinträchtigen oder zu gefährden; das Recht auf ein Existenzminimum ist dagegen ein positives Recht, das jeder Person einen Anspruch darauf gewährt, im Falle der Not vom Staat oder von bestimmten Personen Hilfe und Unterstützung zu bekommen.

Doch die Distinktion zwischen negativen und positiven Rechten ist, wie vor allem Henry Shue überzeugend gezeigt hat, wenig hilfreich, um die Menschenrechte zu klassifizieren.[13] Denn da solche Rechte nicht viel bringen, wenn sie nicht auch durch die staatliche Gewalt wirksam gewährleistet werden, schließen sie stets einen Anspruch auf ein positives Handeln des Staates ein. Es ist zweckmäßiger, diese Rechte danach zu vergleichen und einzuteilen, welches *Ausmaß an Pflichten* sie den Adressaten auferlegen. Dementsprechend kann man sagen, daß das Recht auf einen angemessenen Lebensunterhalt, verglichen mit dem Recht auf körperliche Integrität, relativ anspruchsvoll ist, weil es den Adressaten die Pflicht auferlegt, entsprechende Maßnahmen zur Versorgung bedürftiger Personen zu ergreifen, während das Recht auf Integrität nur die Pflicht inkludiert, gewaltsame Angriffe zu unterlassen und jeder Person einen gewissen Schutz gegen fremde Gewalt zu bieten.

Entsprechend unseren weithin geteilten Intuitionen scheint nun zwischen dem Geltungsumfang und dem Inhalt von Menschenrechten ein Zusammenhang, nämlich ein *umgekehrt reziprokes Verhältnis*, zu bestehen. Demgemäß pflegen wir anzunehmen, daß diese Rechte nur dann einen sehr weiten Geltungsumfang haben können, wenn sie anderen Personen nur wenig abverlangen; und daß ihr Umfang um so enger begrenzt sein muß, je anspruchsvoller sie sind, das heißt, je mehr Pflichten sie

13 Siehe Shue, *Basic Rights*, a.a.O. (Anm. 5), S. 35 ff.

der sozialen Umwelt auferlegen.[14] Ich möchte nun behaupten, daß diese Intuition bis zu einem gewissen Grade durchaus begründet ist, aber auch der Präzisierung bedarf. Um das Verhältnis zwischen dem Inhalt und dem Geltungsumfang der Menschenrechte im einzelnen bestimmen zu können, wäre freilich eine überzeugende normative Theorie dieser Rechte vonnöten, die ich hier schon deshalb nicht anbieten kann, weil ich eine solche Theorie nicht kenne. Ich werde mich vielmehr darauf beschränken, einige Gesichtspunkte zu diskutieren, die jenes Verhältnis bis zu einem gewissen Grade zu erklären und zu präzisieren helfen. Diese Gesichtspunkte haben mit zwei bedeutsamen, wenn auch kaum beachteten Problemen der Moraltheorie zu tun, nämlich mit den Problemen der moralischen Arbeitsteilung und der moralischen Unvollkommenheit.

III. Moralische Arbeitsteilung

Nehmen wir einmal an, alle Menschen dieser Welt hätten ohne Rücksicht auf ihre jeweiligen sozialen Beziehungen gegeneinander genau die *gleichen* moralischen Rechte und Pflichten, gleiche Menschenrechte eingeschlossen. Ein solches System der Moral würde den Erfordernissen des menschlichen Zusammenlebens kaum genügen. Denn entweder müßten jene Rechte und Pflichten nur sehr schwache Ansprüche stellen, damit sie allgemein erfüllt werden können; sie würden dann aber schwerlich ausreichen, um jene Formen der sozialen Kooperation zu ermöglichen, welcher die Menschen zur Bewältigung ihrer grundlegenden Daseinsprobleme bedürfen. Oder jene Rechte und Pflichten müßten hinreichend stark sein, um den Bedürfnissen der Menschen zu entsprechen; dann aber würden sie kaum erfüllbar sein und darum weitgehend unwirksam bleiben. Die Annahme einer unbeschränkt universellen Moral führt damit in ein unausweichliches Dilemma: Die Gebote einer solchen Moral wären entweder zu schwach oder aber nicht erfüllbar.

Aus diesem Dilemma gibt es einen bekannten Ausweg: die *Abstufung der gegenseitigen Rechte und Pflichten* zwischen einzel-

14 Siehe dazu Winfried Brugger, »Stufen der Begründung von Menschenrechten«, in: *Der Staat* 31 (1992), S. 19-28, hier S. 31 ff.

nen Personen nach bestimmten relevanten Merkmalen, wie etwa nach dem Charakter der sozialen Beziehungen zwischen den Menschen. Das ist *moralische Arbeitsteilung*. Moralische Arbeitsteilung kann viele verschiedene Gestalten annehmen. Was aber ihre leitenden Prinzipien angeht, so kommen im wesentlichen zwei konkurrierende Modelle in Frage: das Modell der zweckmäßigen Pflichtenzuweisung auf der einen Seite und das Modell der beziehungsabhängigen Verantwortlichkeiten auf der anderen.

Das *Modell der zweckmäßigen Pflichtenzuweisung* geht von der Annahme aus, daß alle Menschen ungeachtet ihrer persönlichen Beziehungen grundsätzlich die gleichen Rechte und Pflichten gegeneinander haben, daß aber manche jener Rechte, und zwar vor allem die Rechte auf positive Leistungen, keine hinreichende Beachtung finden würden, wenn ihre Realisierung einfach dem unkoordinierten Verhalten der einzelnen überlassen bliebe. Um diesen Rechten Wirksamkeit zu verschaffen, bedürfe es daher einer entsprechenden Pflichtenverteilung, durch die bestimmten Personen oder Institutionen die Aufgabe übertragen wird, die Rechte gewisser Menschen zu wahren. Auf welche Art und Weise diese Pflichtenverteilung vorgenommen werden soll, sei dabei einzig und allein eine Frage der Zweckmäßigkeit, das heißt, es komme nur darauf an, die Pflichten so zu verteilen, daß die Rechte aller Personen soweit wie möglich erfüllt werden.[15]

Ich möchte nicht bestreiten, daß das Modell der zweckmäßigen Pflichtenzuweisung eine gewisse Erklärungskraft besitzt. So gibt es offenbar verschiedene Möglichkeiten, um den Anspruch jedes Menschen auf Krankenversorgung zu garantieren: etwa ein System der verwandtschaftlichen Reziprozität, eine Sozialversicherung oder einen staatlichen Gesundheitsdienst. Welches dieser Systeme besteht, scheint nicht so wichtig zu sein; Hauptsache ist, daß das bestehende System funktioniert, daß also jedem Kranken die erforderliche Hilfe zuteil wird. Dennoch halte ich das Modell für unzureichend. Denn es setzt die Menge der moralischen Rechte und Pflichten zwischen den Menschen einfach als

15 Dieses Modell wird unter dem Namen »assigned responsibility model« verteidigt von Robert E. Goodin, »What Is So Special about Our Fellow Countrymen?«, in: *Ethics* 98 (1988), S. 663-686, hier S. 678 ff.; ähnlich Henry Shue, »Mediating Duties«, in: *Ethics* 98 (1988), S. 687-704.

gegeben voraus und kümmert sich dann nur mehr darum, wie diese Pflichten auf die einzelnen in zweckmäßiger Weise verteilt werden sollen. Es läßt dabei völlig außer acht, daß viele moralische Ansprüche und Verbindlichkeiten zwischen Menschen nicht unabhängig von deren speziellen sozialen Beziehungen bestehen, sondern überhaupt erst aus solchen Beziehungen entspringen. Ob und inwieweit Personen einander moralisch verpflichtet sind, hängt nicht zuletzt davon ab, ob und inwieweit sie in einem Zusammenhang wechselseitiger Abhängigkeit oder Kooperation stehen. Zwar mag es auch nach dem Modell der zweckmäßigen Pflichtenzuweisung tunlich scheinen, die gegenseitigen Pflichten der Menschen von der Art ihrer sozialen Beziehungen abhängig zu machen; aber wenn das so ist, dann nicht deswegen, weil diese Pflichten mit jenen Beziehungen innerlich zusammenhingen, sondern nur, weil eine solche Pflichtenzuweisung die bestmöglichen Ergebnisse verspricht.

Das *Modell der beziehungsabhängigen Verantwortlichkeiten* stellt demgegenüber gerade auf die speziellen Beziehungen von Personen ab, um deren gegenseitige Rechte und Pflichten im einzelnen zu bestimmen. Danach haben Menschen gegeneinander um so stärkere Ansprüche und Verpflichtungen, je enger sie durch ein Verhältnis der Kooperation oder der Abhängigkeit miteinander verbunden sind.[16] Ein solches Verhältnis liegt vor, wenn zumindest eine der folgenden beiden Bedingungen erfüllt ist, die im idealen Falle zusammenwirken: erstens das Bewußtsein der Beteiligten, an einem gemeinsamen Unternehmen der wechselseitigen Zusammenarbeit oder der gegenseitigen Unterstützung beteiligt zu sein, und zweitens die Tatsache, daß das Handeln von Personen faktische Auswirkungen auf andere zeitigt, die deren Lebenschancen beeinflussen. Je enger der Interaktionszusammenhang ist, in dem Menschen stehen, um so stärker sind auch die moralischen Verbindlichkeiten, die zwischen ihnen gelten.

Auch dieses Modell der moralischen Arbeitsteilung hat offenbar einiges für sich. So scheint es viel besser als das erste Modell die weithin geteilte Intuition zu erklären, daß die Mitglieder einer Familie füreinander stärker verantwortlich sind als die Bür-

16 Diese Auffassung wird unter anderem vertreten von Michael Walzer, *Sphären der Gerechtigkeit*, Frankfurt am Main/New York 1992; ders., *Thick and Thin*, Notre Dame/London 1994.

ger eines Staates und daß zwischen diesen wiederum stärkere Pflichten bestehen als zwischen den Angehörigen verschiedener Gesellschaften. Für sich allein genommen kann das Modell der beziehungsabhängigen Verantwortlichkeiten aber ebenfalls nicht überzeugen. Denn es setzt die bestehenden Formen des sozialen Zusammenlebens als gegeben voraus, ohne deren Angemessenheit zu hinterfragen. Diese Formen sind jedoch kontingent, und es kann sein, daß andere Formen den Bedürfnissen der Beteiligten besser entsprächen. Hingen die moralischen Pflichten zwischen den Menschen allein von deren tatsächlichen Beziehungen ab, so gäbe es niemals Grund, diese Beziehungen selber vom Standpunkt der Moral zu überdenken und nötigenfalls zu reformieren.

Obwohl keines der beiden Modelle für sich allein befriedigen kann, scheint mir doch jedes einen richtigen Kern zu enthalten. Ich denke daher, daß sie kombiniert werden müssen, um zu einer angemessenen Vorstellung moralischer Arbeitsteilung zu gelangen. Geht man davon aus, daß moralische Gebote nur dann allgemeine Geltung besitzen, wenn sie dem *Grundsatz der Universalisierung* entsprechen, so liegt es auf der Hand, daß für die Bestimmung der moralischen Pflichten der Menschen beide Gesichtspunkte gleichermaßen von Bedeutung sind: die Zweckdienlichkeit dieser Pflichten für die Daseinsbewältigung der Menschen und ihre Abhängigkeit von deren sozialen Beziehungen. Einerseits müssen moralische Pflichten, um allgemeiner Zustimmung fähig zu sein, sicherlich darauf abzielen, das Überleben und das Wohlergehen aller Menschen möglichst gut zu sichern. Auf der anderen Seite aber muß die Annahme solcher Pflichten, von einem unparteiischen Standpunkt aus betrachtet, auch im allseitigen Interesse der jeweils betroffenen Personen liegen; und das setzt voraus, daß zwischen diesen Personen eine entsprechende soziale Beziehung besteht, zu deren allgemein vorteilhafter Gestaltung jene Pflichten dienen.

Davon ausgehend kann ein erster, freilich nur sehr allgemeiner Maßstab für den Geltungsumfang von Menschenrechten formuliert werden. Er besagt, daß Menschenrechte nur in dem Umfang gelten, in dem die Anerkennung der mit ihnen verbundenen Pflichten in Anbetracht der jeweiligen sozialen Beziehungen zwischen den beteiligten Personen aus unparteiischer Sicht dem Interesse aller entspricht. Zu welchen Ergebnissen dieser Maßstab führt, hängt von weiteren Annahmen teils normativen, teils empirischen Charakters ab, über die es verschiedene Meinungen geben kann. Eine Annahme, die für die Bestimmung des Geltungsumfangs von Menschenrechten von besonderer Bedeutung ist, betrifft den *moralischen Status staatlicher Gesellschaften* sowohl bezüglich ihrer inneren Verfassung als auch in Hinsicht auf ihr Verhältnis zueinander.

Was die *innere Verfassung* staatlicher Gesellschaften betrifft, so muß angenommen werden, daß jede derartige Gesellschaft eine spezifische Art von *Gemeinschaft* darstellt, sofern in ihr alle Sorten von Menschenrechten Geltung besitzen sollen. Während die liberalen Rechte noch allein auf der Grundlage des Prinzips der Universalisierung begründet werden können, ohne daß man ein besonderes Verhältnis der beteiligten Individuen annehmen müßte, setzen die politischen Rechte wenigstens eine schwache Vorstellung von Gemeinschaft voraus: einer Gemeinschaft, deren Mitglieder unter dem Regime einer gemeinsamen sozialen Ordnung zusammenleben und einen Bestand von allgemeinen Angelegenheiten teilen, die einer kollektiv verbindlichen Willensbildung bedürfen. Sollen auch die sozialen Menschenrechte innerhalb einer staatlichen Gesellschaft gewährleistet sein, so muß diese überdies als eine übergreifende Solidargemeinschaft aufgefaßt werden, die bis zu einem gewissen Grade für das Wohlergehen aller ihrer Mitglieder verantwortlich ist. Da ich diese Thematik an anderer Stelle eingehend erörtert habe, will ich sie hier nicht weiter vertiefen.[17] Im Einklang mit der heute vorherrschenden Auffassung gehe ich einfach davon aus, daß die entwickelten Gesellschaften der Gegenwart in Anbetracht ihrer fortgeschrittenen sozialen Arbeitsteilung den Charakter von übergreifenden Solidaritätsgemeinschaften angenommen haben und daß daher innerhalb dieser Gesellschaften zumindest unter

17 Siehe dazu Peter Koller, »Gemeinschaft und Gerechtigkeit im Disput zwischen Liberalismus und Kommunitarismus«, in: A. Balog und J. A. Schülein (Hg.), *Soziologie und Gesellschaftskritik* (*Österreichische Zeitschrift für Soziologie*, Sonderband 2), Wien 1993, S. 75-109; »Soziale Güter und soziale Gerechtigkeit«, in: H.-J. Koch, M. Köhler und K. Seelmann (Hg.), *Theorien der Gerechtigkeit* (*ARSP*, Beiheft 56), Stuttgart 1994, S. 79-104; »Soziale Gleichheit und Gerechtigkeit«, in: Hans-Peter Müller und Bernd Wegener (Hg.), *Soziale Ungleichheit und soziale Gerechtigkeit*, Opladen 1995, S. 53-79.

normalen wirtschaftlichen Bedingungen alle drei Kategorien von Menschenrechten uneingeschränkt gewährleistet sein müssen.

Damit läßt sich die Frage nach dem Geltungsumfang dieser Rechte dahingehend einengen, ob und inwieweit sie *über die einzelnen Staaten hinaus* und *zwischen den Nationen* Verbindlichkeit besitzen. Zur Beantwortung dieser Frage ist es erforderlich, die Verhältnisse zwischen den vielen einzelnen Gesellschaften zu betrachten. Doch bevor ich dazu komme, möchte ich auf einen zweiten Gesichtspunkt hinweisen, der meiner Ansicht nach für den Geltungsbereich der Menschenrechte von Belang ist.

IV. Moralische Unvollkommenheit

So gut wie alle Theorien einer rationalen Moral gehen bei dem Versuch, moralische Standards zu begründen, von verschiedenen idealisierenden Voraussetzungen aus, die ihr Geschäft erheblich erleichtern. Zu diesen Voraussetzungen gehören die folgenden: (1) daß wenigstens über die grundlegenden moralischen Standards Übereinstimmung erreichbar ist, (2) daß die für die Anwendung dieser Standards relevanten empirischen Tatsachen bekannt sind und daß darüber im wesentlichen Einigkeit besteht, und (3) daß jene Standards im allgemeinen befolgt werden, das heißt, daß Verstöße nur selten vorkommen. Sind alle drei Voraussetzungen erfüllt, kann man von *moralischer Vollkommenheit* sprechen. Und insoweit eine Theorie der Moral einen solchen Zustand annimmt, sei sie als eine *ideale Theorie* bezeichnet. Trifft aber auch nur eine der Voraussetzungen nicht zu, was ja häufig der Fall ist, so besteht *moralische Unvollkommenheit.* Situationen moralischer Unvollkommenheit werfen besondere Probleme auf, die im Rahmen einer idealen Theorie nicht angemessen behandelt werden können und deshalb einer speziellen Erörterung oder, anders gesagt, einer *nichtidealen Theorie* der Moral bedürfen.[18]

18 Diese Problematik habe ich eingehender erörtert in meinem Aufsatz »Moral Conduct Under Conditions of Moral Imperfection«, in: Herlinde Pauer-Studer (Hg.), *Norms, Values, and Society* (*Vienna Circle Institute Yearbook* 2), Dordrecht/Boston/London 1994, S. 93-112. Die Unterscheidung zwischen idealer und nichtidealer Theorie

Entsprechend den genannten Annahmen kann man analytisch drei Grundprobleme der moralischen Unvollkommenheit unterscheiden, die den Gegenstand einer nichtidealen Theorie bilden: erstens das Problem der *moralischen Nichtübereinstimmung*, das sich ergibt, wenn schon über die verbindlichen moralischen Standards keine Einigkeit möglich ist; zweitens das Problem *unzureichenden Wissens*, das dann vorliegt, wenn die für die Anwendung solcher Standards relevanten empirischen Kenntnisse fehlen oder umstritten sind; und drittens das Problem des *Handelns unter ungerechten Verhältnissen*, das sich stellt, wenn man in einer sozialen Umwelt agiert, in der moralische Gebote häufig mißachtet werden oder erhebliche Ungerechtigkeiten bestehen. Jedes dieser Probleme wirft eine Reihe spezieller Fragen auf, die jeweils für sich beantwortet werden müssen. Aber natürlich kommt es auch vor, daß mehrere dieser Probleme gleichzeitig auftreten, und dann wird die Sache wirklich kompliziert.

Um unnötige Komplikationen zu vermeiden, werde ich mich auf das Problem des *richtigen Handelns unter ungerechten Verhältnissen* beschränken. Daß dieses Problem in unserem Zusammenhang von besonderem Interesse ist, liegt auf der Hand. Woche für Woche erreichen uns Meldungen, die von gravierenden Verstößen gegen die Menschenrechte berichten. In Anbetracht dessen erhebt sich die Frage, ob und inwieweit die gewöhnlichen, unter günstigen Verhältnissen gültigen moralischen Gebote (wozu auch die früher genannten Menschenrechte gehören) auch dann verpflichten, wenn sie von vielen der beteiligten Akteure ständig verletzt werden. Ich gehe dabei davon aus, daß über diese Gebote im großen und ganzen Einigkeit herrscht und daß die für ihre Anwendung relevanten Tatsachen im wesentlichen bekannt sind.

Für das Problem des Handelns unter ungerechten Verhältnissen kommen im wesentlichen drei mögliche Lösungsansätze in Betracht. Der erste lautet, daß die Gebote der Moral *ohne Einschränkungen* gelten und darum *stets befolgt* werden müssen, unabhängig davon, ob sie auch von anderen eingehalten werden. Der zweite Ansatz behauptet das genaue Gegenteil. Seine These

stammt von John Rawls, *Eine Theorie der Gerechtigkeit*, Frankfurt am Main 1975, S. 277 ff.; ders., »Das Völkerrecht«, in: Stephen Shute und Susan Hurley (Hg.), *Die Idee der Menschenrechte*, Frankfurt am Main: Fischer 1996.

ist, daß moralische Gebote ihre *Verpflichtungskraft überhaupt verlieren*, wenn sie nicht hinreichend beachtet werden, und daß sie vor allem nicht gegenüber jenen Personen gelten, die sie selber nicht befolgen. Der dritte Ansatz vertritt dagegen eine vermittelnde Position zwischen diesen Extremen. Er geht dahin, daß die üblichen, auf geordnete soziale Bedingungen zugeschnittenen Normen der Moral unter ungerechten Verhältnissen zwar nur mit *Einschränkungen* Geltung besitzen, ohne deswegen aber vollständig außer Kraft zu treten.

Der erste Ansatz, der unter anderem von Kant vertreten wurde, kann nicht überzeugen, weil er Unzumutbares verlangt und darüber hinaus den Sinn jeder Moral zunichte macht. Denn ihm zufolge hätte man die Pflicht, die eigenen Interessen jenen zu opfern, die sich selber nicht an die moralischen Gebote halten. Ebenso unannehmbar ist der zweite Ansatz, den man Hobbes zuschreiben kann. Würden unter ungerechten Bedingungen überhaupt keine moralischen Gebote mehr gelten, so wäre es nicht nur unmöglich, sich auch unter solchen Bedingungen noch einigermaßen anständig zu verhalten, sondern es würde auch jede Moral rasch kollabieren, sofern ihre Gebote nur von einigen der Beteiligten mißachtet werden. Ich vertrete daher die Meinung, daß nur der dritte Ansatz in Betracht kommen kann. Ihm zufolge sind wir unter ungerechten Verhältnissen zwar nicht verpflichtet, die gewöhnlichen Gebote der Moral ohne Ausnahme zu befolgen, aber es gibt auch unter solchen Verhältnissen gewisse moralische Gebote, die wir selbst gegenüber jenen einzuhalten haben, die sie selber mißachten. Um aus unparteiischer Sicht allgemein annehmbar zu sein, können uns diese Gebote nicht mehr als solche Pflichten auferlegen, deren Erfüllung unter den in Betracht stehenden Umständen jeder Person *zumutbar* ist.[19]

Diese Überlegungen führen, bezogen auf den Geltungsbereich der Menschenrechte, zu der folgenden These: In einer Welt, die aus einer Vielzahl selbständiger Staaten besteht, von denen einige die Menschenrechte immer wieder verletzen, können diese Rechte über die Einzelstaaten hinaus gegenüber anderen Nationen nur in dem Maße Geltung beanspruchen, in dem die daraus resultierenden Pflichten den betroffenen Nationen, das heißt den

19 Vgl. Jürgen Habermas, *Faktizität und Geltung*, Frankfurt am Main 1992, S. 148.

Staaten und ihren Bürgern, zugemutet werden können. Damit sind die theoretischen Grundlagen bereitet, von denen aus ich mich nun wieder der Frage nach dem Geltungsumfang der Menschenrechte zuwenden möchte.

v. Der Geltungsumfang der Menschenrechte

Die nachfolgenden Überlegungen gehen, wie bereits erwähnt, von den folgenden Annahmen aus, die allerdings weithin Zustimmung finden dürften: (1) Alle Menschenrechte, was auch immer sie im einzelnen fordern mögen, gelten für die soziale Ordnung einer *jeden Gesellschaft*, und ihre Verpflichtungskraft erstreckt sich zumindest auf den *gesamten Ausdehnungsbereich* jedes einzelnen Staates. (2) Jede Person besitzt innerhalb und gegenüber ihrer eigenen Gesellschaft *alle drei Arten* von Menschenrechten, also die liberalen, politischen und sozialen Rechte. Ich nehme also an, daß jede Person wenigstens gegenüber der Gesellschaft, der sie selber angehört, nicht nur ein Recht auf die bürgerlichen Grundfreiheiten und auf politische Mitsprache hat, sondern auch auf die grundlegenden Bedingungen ihrer Existenz, so vor allem einen Anspruch auf Bildung, auf Gesundheitsversorgung und auf ein Existenzminimum. (3) Die *Unterlassungspflichten*, die aus den Menschenrechten resultieren, besitzen *generelle Verbindlichkeit*, das heißt, sie müssen von jeder Person und jeder staatlichen Gewalt gegenüber jedem Menschen unabhängig von dessen Zugehörigkeit befolgt werden, zum Beispiel die Pflicht, das Leben und die physische Integrität von Menschen nicht zu beeinträchtigen.

Unter diesen Annahmen läßt sich die Frage nach dem Inhalt und Geltungsbereich von Menschenrechten folgendermaßen präzisieren: Inwieweit ist es begründet, anzunehmen, daß die Menschenrechte über den Bereich jedes Staates hinaus auch für die Beziehungen *zwischen verschiedenen Gesellschaften* oder gar im *Weltmaßstab* Geltung besitzen? Ich werde mich einer Antwort auf diese Frage in zwei Schritten nähern. Im ersten Schritt werde ich den Geltungsumfang der Menschenrechte unter der Perspektive der moralischen Arbeitsteilung diskutieren, wobei ich annehme, daß die Durchsetzung dieser Rechte keine Schwierigkeiten macht. Damit klammere ich das Problem der moralischen Unvollkommenheit vorläufig aus. Dieses Problem soll den Gegenstand des zweiten Schritts bilden.

Aus der Sicht der früher skizzierten Vorstellung der moralischen Arbeitsteilung sind für die wechselseitigen Rechte und Pflichten von Nationen und Staaten zwei Gesichtspunkte relevant: zum einen die Beziehungen zwischen den einzelnen Gesellschaften, von denen ich ja angenommen habe, daß jede für sich den jeweils kleinsten Anwendungsbereich der Menschenrechte darstellt; und zum anderen die zweckmäßige Verteilung der aus diesen Rechten resultierenden Pflichten, wobei beide Gesichtspunkte intern zusammenhängen. Es ist hier natürlich nicht möglich, die Beziehungen zwischen den diversen Gesellschaften und Staaten, aus denen die Welt besteht, im Detail zu untersuchen. Um die Problematik soweit wie möglich zu vereinfachen, werde ich vielmehr drei *idealtypische Modelle der Welt* verwenden, die verschiedene mögliche Konstellationen internationaler Ordnung holzschnittartig abbilden. Diese Modelle sind die folgenden: (a) das Modell separierter Gesellschaften, (b) das Modell einer umfassenden Weltgesellschaft und (c) das Modell interdependenter Nationalgesellschaften.

Das *Modell separierter Gesellschaften* geht von der Vorstellung aus, daß die Welt aus einer Mehrzahl weitgehend unabhängiger und selbstgenügsamer Gesellschaften besteht, die alle über einen akzeptablen Anteil an Land und natürlichen Ressourcen verfügen und zwischen denen keine engen Beziehungen der Kooperation oder Abhängigkeit bestehen. Unter der Voraussetzung dieses Modells gibt es wenig Grund, den Geltungsumfang der Menschenrechte über die Grenzen der einzelnen Gesellschaften auszudehnen. Wichtig ist nur, daß diese Rechte *innerhalb einer jeden Gesellschaft* gewährleistet sind. Und auch wenn sie da und dort nicht respektiert werden sollten, besteht in einer solchen Welt kaum ein Grund, anderen Staaten das Recht einzuräumen, sich in die Angelegenheiten jener einzumischen, die die Menschenrechte mißachten. Jedoch ist es plausibel, anzunehmen, daß Menschen, die unter politischer Verfolgung leiden, gegenüber fremden Staaten ein Recht darauf haben, dort Asyl und Schutz vor Verfolgung zu finden. Aber es spricht nichts dafür, daß sich unter der Annahme separierter Gesellschaften sehr viel weiter gehende Rechte jedes Menschen gegenüber fremden Nationen begründen ließen: jedenfalls sicher kein Recht auf freie Bewegung und Einwanderung und auch sicher kein Recht der armen Völker, von den reichen ökonomische Unterstützung zu erhalten. Doch wie auch immer, es ist mehr als offensichtlich, daß das Modell separierter Gesellschaften der Realität unserer Welt nicht entspricht und daher keine taugliche Grundlage liefert, um die überstaatliche Verbindlichkeit von Menschenrechten zu bestimmen.[20]

Das *Modell einer umfassenden Weltgesellschaft* bildet sozusagen das entgegengesetzte Extrem. Es nimmt an, daß unsere Welt immer mehr zu einem umfassenden System zusammenwächst, in dem alle Nationen in politischer, ökonomischer und ökologischer Hinsicht zu einem globalen Netzwerk der Kooperation und wechselseitiger Interdependenz verflochten sind und in dem die einzelnen Staaten faktisch nur mehr die Funktion administrativer Einheiten haben. Geht man von diesem Modell aus, so liegt es nahe, anzunehmen, daß alle Menschenrechte *globale Verbindlichkeit* besitzen, das heißt, daß sie nicht nur in begrenztem Umfang, sondern ohne Einschränkung gegenüber allen Menschen und allen Nationen bestehen. Um diese Rechte umzusetzen, ist freilich eine tiefgreifende Veränderung der bestehenden internationalen Ordnung erforderlich. Verlangt ist eine globale Ordnung, welche die liberalen Freiheitsrechte, die politischen Teilhaberechte und die sozialen Rechte jeder Person weltweit gewährleistet und alle Nationen verpflichtet, diese Rechte jeder Person einzuräumen. Das setzt jedoch voraus, daß die Staaten als relativ selbständige politische Gemeinwesen überhaupt zu bestehen aufhören und sich einer supranationalen Autorität mit hinreichenden Gesetzgebungs- und Zwangsbefugnissen unterwerfen.[21]

20 Das Modell separierter Gesellschaften liegt den meisten klassischen Theorien des Völkerrechts und der internationalen Beziehungen, einschließlich der Kantischen, zugrunde. Es wird aber auch heute noch vertreten, so zum Beispiel, wenn auch mit kleinen Einschränkungen, von Walzer, *Sphären der Gerechtigkeit*, a.a.O. (Anm. 16), S. 65 ff., wie auch von Rawls, *Eine Theorie der Gerechtigkeit*, a.a.O. (Anm. 18), S. 415 ff.; ders., »Das Recht der Völker«, a.a.O. (Anm. 18). Zur Kritik dieser Theorien siehe Charles Beitz, *Political Theory and International Relations*, Princeton, N.J. 1979.

21 Dieses Modell wird von einigen zeitgenössischen Autoren vertreten, darunter zum Beispiel Peter Singer, »Famine, Affluence, and Morality«, in: *Philosophy and Public Affairs* 1 (1972); Charles R. Beitz,

Auch dieses Modell liefert weder ein zutreffendes Bild der Realität, noch ist es in seinen Konsequenzen wünschenswert. Das Konzept einer umfassenden Weltgesellschaft ist erstens allzu simpel, um die vielfältigen, teils engen, teils aber eher losen Wechselbeziehungen zwischen den verschiedenen Gesellschaften angemessen zu erfassen. Und zweitens verlangt es nach einer weltweiten staatlichen Ordnung, die mir unter den gegebenen Bedingungen nicht nur unrealistisch, sondern auch gar nicht erstrebenswert scheint, weil sie die Vielfalt gemeinschaftlicher Lebensformen nivellieren und damit eine der zentralen Quellen sozialer Solidarität zum Versiegen bringen würde. Ich glaube daher, daß wir ein anderes, angemesseneres Modell verwenden sollten, das zwischen den genannten Extremen liegt.

Das *Modell interdependenter Nationalgesellschaften*, das ich vorschlagen möchte, stimmt mit dem Konzept einer umfassenden Weltgesellschaft zwar darin überein, daß die einzelnen Nationen der Welt infolge ihrer wachsenden politischen, ökonomischen und ökologischen Wechselbeziehungen immer mehr zu einer globalen Gemeinschaft zusammenwachsen, in der jede Nation mehr oder minder mit den anderen verbunden und von ihnen abhängig ist. Doch im Unterschied zu jenem Konzept geht das vorliegende Modell davon aus, daß sich die diversen Nationen ein gewisses Maß an Eigenständigkeit und Unabhängigkeit nicht nur faktisch bewahrt haben, sondern um ihres sozialen Zusammenhalts und ihrer kulturellen Integrität willen auch bewahren sollten. Und dies ist nur bei einer Diversität relativ selbständiger politischer Gemeinwesen möglich.[22] Legt man das Modell interdependenter Nationalgesellschaften zugrunde,

»Justice and International Relations«, in: *Philosophy and Public Affairs* 4 (1975); beide abgedruckt in: ders. u.a. (Hg.), *International Ethics*, Princeton, N.J. 1985; Shue, *Basic Rights*, a.a.O. (Anm. 5); Kai Nielsen, »World Government, Security, and Global Justice«, in: Steven Luper-Foy (Hg.), *Problems of International Justice*, Boulder und London 1988, S. 263-282.

22 Siehe dazu Thomas W. Pogge, »Moral Progress«, in: Luper-Foy (Hg.), *Problems of International Justice*, a.a.O. (Anm. 21), S. 283-304; ders., *Realizing Rawls*, Ithaca/London 1989, S. 211 ff.; Yael Tamir, *Liberal Nationalism*, Princeton, N.J. 1993; Rainer Bauböck, *Transnational Citizenship*, Aldershot 1994, S. 3 ff.; David Miller, *On Nationality*, Oxford 1995.

so scheint die Frage nach dem Geltungsumfang der Menschenrechte eine differenzierte Antwort zu erfordern.

Was die *Unterlassungspflichten* betrifft, die sich aus diesen Rechten ergeben, so sind sie *generell* verbindlich, das heißt, sie gelten grundsätzlich für alle Menschen und alle Staaten der Welt. Jede Person hat demnach einen Anspruch gegenüber allen anderen, in der Ausübung der ihr durch diese Rechte verbürgten Aktivitäten nicht beeinträchtigt zu werden. Hinsichtlich der *Ansprüche auf positives Handeln* ist die Sache komplizierter. Die unmittelbaren Adressaten dieser Ansprüche sind, ebenso wie unter der Voraussetzung separierter Gesellschaften, die Bürger und staatlichen Institutionen der eigenen Gesellschaft. Es ist also in erster Linie die Aufgabe jeder einzelnen Gesellschaft, die menschenrechtlichen Ansprüche ihrer Mitglieder auf bürgerliche Freiheit, politische Mitsprache und die Existenzbedingungen zu erfüllen. Doch anders als im Falle separierter Gesellschaften macht die hochgradige Interdependenz der Nationen zugleich eine *Internationalisierung der Menschenrechte* erforderlich, die unter der Voraussetzung der Koexistenz relativ unabhängiger Staaten vor allem in drei Richtungen gehen muß.

Erstens gilt es die *Gewährleistung der Menschenrechte in allen Staaten der Welt* sicherzustellen; dazu bedarf es geeigneter Formen der internationalen Kooperation in Gestalt zwischenstaatlicher Übereinkommen und transnationaler Institutionen, die die Staaten zur Achtung dieser Rechte verpflichten und im Falle gravierender Menschenrechtsverletzungen entsprechende Sanktionen seitens der Staatengemeinschaft androhen. Zweitens ist ein *Weltbürgerrecht* vonnöten, das allen Menschen einen *bedingten Anspruch auf freie Bewegung zwischen den Staaten* gewährt; dieser Anspruch sollte jede Person berechtigen, in jedes Land ihrer Wahl einzureisen und dort zu verbleiben, was ihr ein Staat nur dann versagen darf, wenn es zur Wahrung seiner inneren Ordnung erforderlich ist. Und drittens ist eine *gerechte Verteilung* der Vorteile und Nachteile der internationalen Kooperation und der Nutzung der Umweltressourcen der Welt geboten, das heißt eine Verteilung, die allen Nationen, insbesondere aber den ärmeren, zum Vorteil – keinesfalls aber zum Schaden – gereicht und sie in die Lage versetzt, die grundlegenden Lebensbedingungen ihrer Mitglieder sicherzustellen.

Soviel zu den Konsequenzen, die sich aus den Erfordernissen

moralischer Arbeitsteilung für die Geltung der Menschenrechte ergeben. Im wesentlichen bestätigen sie die Intuition, daß der Geltungsbereich dieser Rechte in einem umgekehrten Verhältnis zum Ausmaß der Pflichten steht, die aus ihnen entspringen. Die angestellten Überlegungen sprechen jedenfalls dafür, daß jene Menschenrechte, die weitgehende Leistungsansprüche verleihen, nicht unmittelbar gegenüber der ganzen Welt, sondern in erster Linie gegenüber den Mitgliedern und Institutionen der eigenen Gesellschaft bestehen. Auf der anderen Seite machen sie aber zugleich plausibel, daß in einer hochgradig interdependenten Welt auch weitreichende moralische Verpflichtungen unter den Nationen und Staaten bestehen, insbesondere der reichen und mächtigen gegenüber den armen. Davon ausgehend möchte ich nun zum Abschluß einige Bemerkungen darüber machen, inwieweit die moralischen Unvollkommenheiten der bestehenden Weltordnung den Geltungsumfang der Menschenrechte berühren.

VI. Die Menschenrechte in einer unvollkommenen Welt

Es ist offensichtlich, daß die heutige Welt, so wie sie wirklich ist, den genannten Anforderungen an eine gerechte internationale Ordnung bei weitem nicht entspricht. Und diese Tatsache wirkt sich, so habe ich früher argumentiert, auf die Menschenrechte dahingehend aus, daß diese Rechte über die Einzelstaaten hinaus nur dann und insoweit verpflichten, wenn die damit verbundenen Pflichten den anderen Nationen unter den in Betracht stehenden ungerechten Verhältnissen zugemutet werden können. Um den Umfang der zumutbaren Pflichten näher zu bestimmen, wäre es freilich erforderlich, diese Verhältnisse genau zu untersuchen. Da ich das hier nicht tun kann, werde ich mich statt dessen mit einer groben Klassifikation der moralischen Defekte der bestehenden internationalen Ordnung behelfen. Ich möchte drei Arten von Defekten unterscheiden: (a) das Fehlen einer überstaatlichen Autorität, die imstande wäre, die Menschenrechte weltweit zu garantieren, (b) die staatliche Mißachtung der Menschenrechte, worunter ich alle jene Fälle verstehe, in denen die Regierung eines Staates die Menschenrechte der eigenen Bürger oder von Fremden verletzt, und (c) die globalen Ungerechtigkeiten, die sich in den krassen Wohlstandsunterschieden zwischen den Völkern offenbaren. Ich möchte versuchen, die Konsequenzen, die sich aus diesen Umständen für die Geltung der Menschenrechte zwischen den Nationen ergeben, in aller Kürze anzudeuten.

Das Fehlen einer überstaatlichen Autorität: Anders als in den einzelnen Staaten gibt es auf internationaler Ebene bis heute noch keine effektive Autorität, die die Macht und die Befugnis besäße, die Achtung der Menschenrechte weltweit durchzusetzen, sei es innerhalb der einzelnen Staaten oder sei es im Verkehr zwischen den Nationen. Die Erzwingung überstaatlich bindender Normen bleibt darum, sieht man von einigen unzureichenden oder regional begrenzten Ansätzen internationaler Friedenssicherung ab, immer noch weitgehend dem Belieben der einzelnen Staaten überlassen. Und das hat zur Folge, daß mit einer allgemeinen Einhaltung der Normen einer gerechten globalen Ordnung nicht gerechnet werden kann. Aus diesem Grunde ist es den einzelnen Nationen auch kaum zumutbar, diese Normen einseitig zu ihrem eigenen Nachteil zu befolgen, während andere sie mißachten. Dieser Umstand gibt zwar sicher keinem Land ein Recht, die mit den Menschenrechten korrespondierenden Unterlassungspflichten gegenüber den Mitgliedern anderer Nationen zu verletzen, aber er mindert doch seine moralische Pflicht, positive Leistungen zur Sicherung der Menschenrechte Fremder zu erbringen, deren eigene Regierungen dazu nicht fähig oder willens sind.

Nehmen wir zum Beispiel das Recht jedes Menschen auf die grundlegenden Mittel einer menschenwürdigen Existenz. Viele Länder sind, aus welchen Gründen immer, nicht imstande, dieses Recht aus eigener Kraft zu sichern. Und daran wird sich aller Voraussicht nach auch nichts ändern, solange nicht ein grundlegender Umbau des gegenwärtig bestehenden Weltsystems vollzogen wird, der die ökonomische Leistungskraft der armen Länder erheblich steigert. Ein solcher Umbau würde aber tiefgreifende Maßnahmen erfordern, die – und das ist das Problem – der Kooperation aller Staaten bedürften: nämlich beträchtliche Vermögenstransfers der reichen an die armen Länder und bei den letzteren eine signifikante Verringerung der Geburtenrate, eine erhebliche Verbesserung des Bildungsniveaus, die Umstellung ihrer Produktionsstruktur von Rohstoffen zu Finalprodukten und anderes mehr.[23] Während in einer perfekten Weltordnung eine überstaatliche Autorität die Aufgabe hätte, die kooperative Umsetzung solcher Maßnahmen in die Wege zu leiten, um dem Recht aller Menschen auf Existenz überall auf der Welt Geltung zu verschaffen, gibt es unter den bestehenden Bedingungen wenig Aussicht, ein Zusammenwirken aller Staaten zur Bewältigung des Weltarmutsproblems herbeizuführen. Doch ohne ein solches Zusammenwirken scheint es keinem der vermögenden Länder zumutbar zu sein, die dafür erforderlichen Leistungen allein zu erbringen, weil ihm daraus erhebliche Nachteile in der rauhen Welt des internationalen Wettbewerbs entstehen würden.

Dieses Resultat mag als paradox erscheinen: Indem wir annehmen, daß die Regeln einer gerechten, das heißt aus unparteiischer Sicht allgemein erstrebenswerten globalen Ordnung keine unbedingte Verbindlichkeit besitzen, weil auf internationaler Ebene keine hinreichenden Mittel zur Verfügung stehen, um die Wirksamkeit dieser Regeln zu garantieren, rechtfertigen wir ein Verhalten der Staaten, das die bestehenden Ungerechtigkeiten zum Schaden der schwächeren Nationen zu perpetuieren droht. Das ist in der Tat eine befremdliche Konstellation. Sie ist allerdings keine Paradoxie, sondern ein praktisches Dilemma, das sich gar nicht umgehen läßt, wenn man weder in einen fruchtlosen moralischen Rigorismus noch in einen hoffnungslosen moralischen Defätismus verfallen will. Denn dieses Dilemma ist nichts anderes als das Problem sozialer Ordnung, aus dem nur ein Ausweg führt: das ist die Etablierung zwangsbewehrter und institutionell gesicherter Verhaltensregeln, die moralisches Handeln für alle Beteiligten lohnend und damit auch zumutbar machen.

Die staatliche Mißachtung der Menschenrechte: Solange es keine über den Staaten stehende Macht gibt, die den Menschenrechten weltweite Geltung verschafft, wird es nicht zu verhindern sein, daß die Regierungen einzelner Staaten diese Rechte gröblich verletzen. Was sollen andere Nationen dagegen unternehmen? Im wesentlichen stehen zwei Mittel zur Verfügung: nämlich erstens die Bereitschaft, den betroffenen Menschen Hilfe und Schutz zu bieten, so etwa durch diplomatische Intervention oder durch die Gewährung von Zuflucht und Asyl, und zweitens die Anwendung von Sanktionen, um die betreffenden Regierun-

23 Vgl. Gunnar Myrdal, *Politisches Manifest über die Armut in der Welt*, Frankfurt am Main 1970.

gen zur Respektierung der Menschenrechte zu veranlassen. Diese Mittel unterscheiden sich sowohl hinsichtlich ihrer Zielsetzungen als auch ihrer Kosten (wozu nicht nur die finanziellen, sondern auch alle politischen und sozialen Folgekosten gehören).

Was die *Gewährung von Hilfe und Schutz* angeht, so ist ihr Zweck vollkommen klar: Es geht darum, bestimmten einzelnen Menschen, denen von seiten der Regierung ihres eigenen oder eines fremden Landes gravierendes Unrecht droht, unmittelbar und unverzüglich Erleichterung oder Rettung zu verschaffen. Obwohl die Tätigkeit privater Organisationen mitunter genügen mag, um dieses Ziel zu erreichen, sind Staaten im allgemeinen doch eher dazu imstande, und in vielen Fällen können verfolgte Menschen überhaupt nur dann auf Rettung hoffen, wenn ihnen fremde Staaten Zuflucht und Asyl bieten. Gemessen am Ausmaß des Guten, das solche Akte der Hilfeleistung hervorbringen, sind die Kosten, die den helfenden Ländern entstehen, gewöhnlich nicht sehr hoch, vorausgesetzt, daß diese Länder nicht selber unter Armut leiden und die Zahl der Menschen, die ihrer Hilfe bedürfen, gewisse Grenzen nicht überschreitet. Wägt man diese Umstände aus unparteiischer Sicht gegeneinander ab, so scheint es jedem Land zumutbar, im Rahmen seiner Leistungsfähigkeit fremden Menschen, die von Verfolgung oder Unterdrückung bedroht sind, Hilfe und Schutz zu gewähren. Demgemäß besteht also eine weitreichende Pflicht von Staaten, den Verbrechen anderer wenigstens dadurch entgegenzuwirken, daß sie den betroffenen Personen so gut wie möglich Hilfe leisten. Und es versteht sich von selbst, daß der Umfang dieser Pflicht um so größer ist, je mehr Ressourcen ein Land besitzt.

Mehr Schwierigkeiten bereitet der Gebrauch des zweiten Mittels, der *Einsatz von Sanktionen* gegen Staaten, die die Menschenrechte ihrer eigenen Bürger oder Fremder verletzen. Solche Sanktionen, die von Akten der politischen Ausgrenzung über wirtschaftliche Boykottmaßnahmen bis zu militärischen Interventionen reichen können, zielen meist nicht nur darauf ab, einzelne Menschen vor drohendem Unrecht zu bewahren, sondern jene Staaten überhaupt zur Respektierung der Menschenrechte zu veranlassen. Auch wenn man annehmen kann, daß Sanktionen im allgemeinen ein mögliches Mittel sind, um dieses Ziel zu erreichen, ist es in konkreten Fällen oft sehr schwierig, ihre Wirkungen abzuschätzen. Es mag als naheliegend erscheinen, zu vermuten, daß Sanktionsmaßnahmen um so besser wirken, je nachteiliger sie für die Staaten sind, gegen die sie ergriffen werden. Aber diese Rechnung geht nicht auf. Denn zum einen zeigt die Erfahrung, daß zwischenstaatliche Sanktionsmaßnahmen ihren Zweck nicht nur oft verfehlen, sondern gerade dann, wenn sie drastisch sind, mitunter das Unrecht noch verschlimmern, weil sie den Regierungen der betroffenen Staaten einen Vorwand bieten, die Repression zur Abwehr äußerer Feinde zu verschärfen. Ferner ist zu sehen, daß solche Maßnahmen auch für jene Staaten, die sie anwenden, erhebliche Kosten mit sich bringen, die mit dem Ausmaß der Sanktionen steigen. Schließlich darf nicht vergessen werden, daß zwischenstaatliche Sanktionen stets ein gewisses Risiko in sich bergen, zu einem Wechselspiel gegenseitiger Drohungen zu eskalieren und schließlich in einen gewaltsamen Konflikt zu münden. Nimmt man all dies zusammen, so ist es ziemlich schwer zu sagen, ob und wann Staaten nicht nur berechtigt, sondern sogar verpflichtet sind, Sanktionsmaßnahmen gegen andere zu setzen, die gegen die Menschenrechte verstoßen. Das soll nicht bedeuten, daß ihnen solche Maßnahmen niemals zugemutet werden können. Aber in jedem Falle ist hier Vorsicht geboten.

Globale Ungerechtigkeiten: Auf welche Ursachen die krassen wirtschaftlichen Ungleichheiten zwischen den Völkern der Erde zurückzuführen sind, ist umstritten. Ebenso umstritten ist, ob und inwieweit diese Ungleichheiten als ungerecht anzusehen sind. Ich kann und will diese schwierige Thematik hier nicht im Detail diskutieren. Ich möchte nur zwei Tatsachen hervorheben, die im wesentlichen unbestreitbar sein dürften: 1. daß die ökonomischen Austauschbeziehungen zwischen wohlhabenden und armen Ländern im allgemeinen zum überwiegenden Vorteil der ersteren und zu Lasten der letzteren ausschlagen[24]; und 2. daß die reichen Nationen einen weit überproportionalen Teil der natürlichen Umweltressourcen der Erde verbrauchen, wodurch sie den armen den gleichen Zugang zu diesen Ressourcen verbauen

24 Siehe dazu zum Beispiel Gunnar Myrdal, *Ökonomische Theorie und unterentwickelte Regionen*, Frankfurt am Main 1974; Asit Datta, *Welthandel und Welthunger*, München 1984; Peter J. Opitz (Hg.), *Grundprobleme der Entwicklungsländer*, München 1991; Dieter Nohlen und Franz Nuscheler (Hg.), *Handbuch der Dritten Welt*, Bd. 1, 3. Auflage, Bonn 1993; Noam Chomsky, *Wirtschaft und Gewalt*, München 1995.

und ihnen darüber hinaus infolge der zerstörerischen ökologischen Auswirkungen ihrer Lebensweise irreversible Schäden zufügen.[25] Es ist offensichtlich, daß diese Tatsachen mit grundlegenden und weithin anerkannten Grundsätzen der Gerechtigkeit in Konflikt stehen, nämlich mit der Forderung der wechselseitigen Vorteilhaftigkeit kooperativer Beziehungen einerseits und dem gleichberechtigten Anspruch aller Menschen auf die Nutzung der Natur andererseits. Und das genügt, um die bestehenden Wohlfahrtsunterschiede auf unserer Welt als in hohem Maße ungerecht zu qualifizieren, gleichgültig, wie man diese Unterschiede in anderen Hinsichten beurteilen mag. Aber was ist gegen diese Ungerechtigkeit zu tun?

Manche Ungerechtigkeiten lassen sich, wenigstens der Theorie nach, relativ einfach korrigieren: nämlich dadurch, daß jene, die ein Unrecht begangen oder aus ihm Nutzen gezogen haben, an die Geschädigten *Wiedergutmachung* leisten. Es gibt aber auch Ungerechtigkeiten komplexerer Art, deren Berichtigung nicht so einfach ist. Ich denke dabei an soziale Machtverhältnisse, die ihrer Struktur nach zweifellos ungerecht sind, die aber nicht, oder zumindest nicht allein, durch ein offensichtliches Unrecht einzelner Personen entstanden sind. Stellen wir uns zum Beispiel einen Zustand vor, in dem einige wenige Leute eine so große Dominanz über die anderen errungen haben, daß sie nicht nur die Regeln des sozialen Gemeinschaftslebens, sondern auch die Bedingungen ihrer privaten Geschäftsbeziehungen diktieren können, und nehmen wir an, dieser Zustand habe sich im Laufe der Zeit nach und nach fast unmerklich aus den vielfältigen individuellen Aktivitäten ergeben, von denen die meisten, wenn auch vielleicht nicht alle, mehr oder minder unbedenklich, jedenfalls aber nicht offenkundig unrecht waren.

In Fällen dieser Art reicht die Wiedergutmachung vereinzelten Unrechts nicht aus, um die strukturelle Ungerechtigkeit der bestehenden Verhältnisse zu beseitigen. Was hier gefordert ist, das ist vielmehr eine erhebliche *Verringerung der vorhandenen Ungleichheiten* durch eine Umverteilung von Machtressourcen und Gütern, die jedoch ihrerseits ein kooperatives Zusammenwirken

25 Siehe dazu Robert L. Simon, »Troubled Waters: Global Justice and Ocean Resources«, in: Tom Regan (Hg.), *Earthbound*, Philadelphia 1984, S. 179-213; Ernst Ulrich von Weizsäcker, *Erdpolitik*, Darmstadt 1989, S. 67 ff.

aller Beteiligten, vor allem auch der Privilegierten, verlangt. Kommt eine solche Kooperation nicht zustande, womit angesichts des Fehlens einer unparteilichen Zwangsgewalt gerechnet werden muß, so stellt sich von neuem die Frage, ob und inwieweit die einzelnen Parteien an ein moralisches Gebot gebunden sind, das weitgehend unwirksam ist und dessen einseitige Befolgung ihnen erhebliche Nachteile bringen würde. Doch damit nicht genug. Die Korrektur solcher Ungerechtigkeiten wird noch viel schwieriger, wenn sich mit ihnen gleichzeitig eine relativ stabile soziale Rollenverteilung entwickelt hat, die nicht ohne weiteres von heute auf morgen verändert werden kann, ohne die bestehenden Formen arbeitsteiliger Zusammenarbeit zum Nachteil aller zu zerstören.

Alle diese Komplikationen kommen in den Ungerechtigkeiten der bestehenden Weltverhältnisse zusammen. Aus diesem Grunde wird es kaum möglich sein, die konkreten Pflichten, die sich daraus für einzelne Nationen gegenüber anderen ergeben, auf einen einfachen Nenner zu bringen. Dessenungeachtet kann man aber sicher soviel sagen, daß die wohlhabenden und mächtigen Völker gegenüber den armen eine besondere moralische Verantwortung haben und in jedem Falle verpflichtet sind, entsprechende Maßnahmen in die Wege zu leiten, um eine ausgewogenere Verteilung der Vorteile und Lasten der internationalen Arbeitsteilung und der Nutzung der globalen Umweltressourcen zu erreichen. Und es spricht alles dafür, daß dies eine nicht unerhebliche Umverteilung des Reichtums in der Welt erforderlich macht.[26]

26 Siehe dazu Onora O'Neill, *Faces of Hunger*, London 1986; dies., »Hunger, Needs, and Rights«, in: Luper-Foy (Hg.), *Problems of International Justice*, a.a.O. (Anm. 21), S. 67-83; Thomas W. Pogge, »Eine globale Rohstoffdividende«, in: *Analyse & Kritik* 17 (1995), S. 183-208.

Andreas Wildt
Menschenrechte und moralische Rechte

Menschenrechte sind so etwas wie der »*harte Kern*« der modernen Idee des Rechts und der Gerechtigkeit. Diese Idee der Menschenrechte verlöre ihre Pointe, wenn man sie mit der des gerechten Rechts oder auch nur mit deren prinzipiellen Grundlagen identifizieren würde (anders Gosepath 1998, S. 146, 168; Koller 1992, S. 83). Die Menschenrechte sind vielmehr Prinzipien einer *Partial*- und vielleicht nur einer *Minimal*gerechtigkeit (so Tugendhat 1993a, S. 363, 389 ff.; Shue 1980). Aber dieser Teil der Gerechtigkeit ist *fundamental* in dem zweifachen Sinne, daß er sich erstens auf fundamentale Interessen bezieht und zweitens in formaler Hinsicht universale, also auch transnationale Gültigkeit beansprucht. Menschenrechte sind deshalb Maßstäbe, die prinzipiell und pragmatisch, utopisch und antiutopisch zugleich sind. Sie sind deshalb auch Leitlinien eines globalen politischen Kompromisses (vgl. Lohmann 1998, S. 93).

Die Hauptfrage einer Explikation des Begriffs der »Menschenrechte« ist deshalb meines Erachtens, *welchen Teil* der Gerechtigkeit die Menschenrechte umfassen oder *wie partiell* diese Partialgerechtigkeit ist. Dabei besteht die folgende Schwierigkeit. Einerseits läßt sich leicht zeigen, daß keine Konzeption der Menschenrechte plausibel gemacht werden kann, die diese auf die klassischen Freiheitsrechte oder auf Abwehrrechte beschränkt und insbesondere soziale Anspruchsrechte von vornherein ausschließt, wie dies gerade in der deutschen Literatur bis vor kurzem fast allgemein üblich war. Andererseits ist die Idee der Menschenrechte zunächst zu verschwommen, um über ein gewisses Minimum hinaus eindeutig festzulegen, welcher Teil der Gerechtigkeit menschenrechtlich garantiert sein sollte. Diese Unbestimmtheit liegt meines Erachtens *nicht* daran, daß unsere moderne, universalistisch-egalitäre Konzeption der Moral und der moralischen Rechte zu unbestimmt ist, sondern daran, daß es konkurrierende Kriterien zur Abgrenzung speziell der »Menschenrechte« gibt.

Ich werde deshalb im folgenden versuchen, den Begriff der »Menschenrechte« aufzuklären, um diese Kriterien unterscheiden und prüfen zu können. Dazu erörtere ich in einem ersten Teil zunächst die Frage, in welchem Sinne Menschenrechte *moralische Rechte* sind. Ich setze mich hier vor allem mit Auffassungen von Habermas, Tugendhat, Somek und Pogge auseinander. Im zweiten Teil untersuche ich zunächst die Idee der Universalität der Menschenrechte. Dabei komme ich unter anderem zu dem Ergebnis, daß erworbene Rechte keine Menschenrechte sein können, daß also mindestens in dieser Hinsicht die Menschenrechte keine umfassende Gerechtigkeitskonzeption darstellen. Ich prüfe sodann weitergehende Vorschläge, die Menschenrechte im Sinne einer Partialkonzeption von Gerechtigkeit zu verstehen, insbesondere Vorschläge von Kant, Shue, Tugendhat und Alexy. Ich komme dabei zu dem Ergebnis, daß ein ziemlich weiter Begriff der »Menschenrechte« der angemessenste ist, welcher jedoch nicht so weit ist wie der, der in den UNO-Deklarationen verwandt wird.

1. In welchem Sinne sind Menschenrechte moralische Rechte?

Während man in der angelsächsischen Literatur allgemein davon ausgeht, daß Menschenrechte eine besondere Art von moralischen Rechten sind[1], wird in der deutschsprachigen Literatur zum Teil nachdrücklich bestritten, daß Menschenrechte moralische Rechte seien (vgl. die Diskussion bei Lohmann in diesem Band) oder daß sie moralisch begründet werden können. Obwohl diese Ansichten meines Erachtens weitgehend auf Mißver-

1 Siehe Feinberg 1973, S. 85; Shue 1980, S. 13; Wellman 1978, S. 55; ders. 1982, S. 181; Bedau 1982, S. 297; Cranston 1987, S. 227; Nickel 1987, S. 38 ff.; Pogge 1998, S. 378 ff.). Hier ist allerdings ein Unterschied zwischen dem englischen und dem deutschen Sprachgebrauch zu beachten. Im Englischen scheint ein Begriff von »moral rights« verbreitet, der alle Arten von Rechten umfaßt, die *nicht* schon juridische Rechte sind. Feinberg zählt zu diesen insbesondere »conventional«, »ideal« und »conscientious« rights (1973, S. 84 f.). Im Deutschen kann man jedoch etwa Rechte, die durch Spielregeln verliehen werden, kaum als »moralische Rechte« bezeichnen. Wenn ich im folgenden von »moralischen Rechten« spreche, so sind jedenfalls *nicht* bloße Konventionen, sondern so etwas wie »conscientious rights« gemeint.

ständnissen beruhen, ist ihre Diskussion doch ein naheliegender Weg, um die Idee »moralischer Rechte« zu klären und zu differenzieren.

Jürgen Habermas geht in seiner Rechtsphilosophie so weit, die Rede von »moralischen Rechten« überhaupt abzulehnen:

»Von ›Rechten‹ sprechen wir sowohl im moralischen wie im juristischen Sinne. Ich möchte statt dessen Recht und Moral von vornherein unterscheiden. [...] Unter ›Recht‹ verstehe ich das moderne gesatzte Recht [...]« (Habermas 1992, S. 106).

Nun gibt es selbstverständlich gute Gründe dafür, Recht und Moral voneinander zu unterscheiden – und damit auch gegebenenfalls moralische und juridische Rechte. Habermas unterstellt jedoch viel weitergehend, daß die übliche Idee »moralischer Rechte« überhaupt unhaltbar ist. Deshalb lehnt er insbesondere die Idee »subjektiver Rechte« in der Moral ab (1995, S. 310), also die Idee gültiger moralischer Rechtsansprüche von Subjekten. Tatsächlich hält nun Habermas diese Abweichung von der Umgangssprache, in der wir ja ohne weiteres von »Recht« und insbesondere von »Unrecht« in einem rein moralischen Sinne sprechen, keineswegs durch (siehe 1992, S. 138; 1994a, S. 670; 1995, S. 311). Aber er benutzt eine systematische Prämisse, aus deren Wahrheit in der Tat folgen würde, daß die übliche Idee moralischer Rechte irreführend ist:

»Recht stellt nicht nur wie die postkonventionelle Moral eine Form des kulturellen Wissens dar, sondern bildet zugleich eine wichtige Komponente des gesellschaftlichen Institutionensystems. Das Recht ist beides zugleich: Wissenssystem und Handlungssystem« (1992, S. 106, vgl. S. 137, 193).

Wenn die postkonventionelle Moral lediglich eine Form des Wissens wäre, so wäre die rein moralische Rede von »Rechten« mindestens in dieser Moral inkonsistent. Denn Rechte gibt es nur in bezug auf legitime Sanktionen, moralische Rechte also nur in bezug auf moralische Sanktionen wie Tadel oder andere Ausdrucksweisen von Empörung oder Verachtung (siehe Tugendhat 1992, S. 317; 1993a, S. 45 ff.; vgl. Wildt 1997a). Das rationalistische Moralverständnis, das spätestens seit Kant insbesondere in der deutschen Philosophie vorherrscht, versteht allerdings Moral ausschließlich als Inbegriff von *Gründen*, vor allem für Handlungen. Aber schon Adam Smith hatte gezeigt, daß es in der Moral keineswegs nur um Gründe für die primären Handlungen oder Motive geht – nämlich dessen, der sich selbst zu prüfen hat –, sondern auch um Gründe für (insbesondere affektive) *Reaktionen* – seiner selbst und anderer – auf diese Handlungen oder Motive (siehe Smith 1985, II. Teil). Diese grundlegende Einsicht findet sich auch durchaus in der zeitgenössischen Literatur zu den Menschenrechten.[2] Auch die Aufklärungsmoral ist keine bloße Form des Wissens, sondern ebenso des Fühlens und Handelns. Habermas' Ablehnung der üblichen Rede von »moralischen Rechten« beruht also auf einer falschen Prämisse. Moralische Rechte lassen sich keineswegs darauf reduzieren, Gründe für die Rechtfertigung von positiven Rechten, insbesondere von Verfassungsrechten, zu sein (vgl. Brandt 1992, S. 179).

Trotzdem könnte die übliche Idee rein moralischer Rechte inadäquat sein. Denn offensichtlich gibt es mindestens in der modernen Moral keine verbindliche Kodifikation, keine autorisierten Gerichtshöfe, kein definiertes Prozeßverfahren und keine hochdifferenzierten Sanktionen. Aber warum sollten diese Charakteristika eines entwickelten juridischen Rechts definitorisch sein für den Begriff des »Rechts« im allgemeinen? Dafür scheinen doch die informellen Analoga in der Moral ausreichend: Regeln und Prinzipien, der Diskurs, das *forum internum* des Gewissens, Forderungen, Vorwürfe und andere informelle Sanktionen. Moralische Rechte sind nicht nur ihrem Inhalt nach Rechte, sondern

2 Wellman 1985, S. 123 ff.; Brandt 1992, S. 181 ff. Die Tatsache, daß moralische Gründe nicht nur Gründe für (primäre) *Aktionen*, sondern auch für (affektive) *Reaktionen* sind, zeigt allerdings noch nicht ohne weiteres, daß die universalistische Moral nicht (allein) vernunfttheoretisch begriffen werden kann. Dafür ist jedoch entscheidend, daß sich Gründe für affektive Reaktionen nicht unabhängig von tatsächlichen affektiven Reaktionen verstehen lassen. Daß jemand Grund hat, in bestimmter Weise zu reagieren, heißt letztlich, daß er so reagieren würde, falls er nur hinreichend rational überlegen würde. Daß er so reagieren würde, impliziert, daß er Dispositionen hat, so zu reagieren. Und daß er solche Dispositionen hat, kann sich letztlich nur daran zeigen, daß er in bestimmten Situationen so reagiert. Gründe für affektive moralische Reaktionen zu haben impliziert also, solche Affekte in gewissen Situationen tatsächlich zu haben (siehe Wildt 1997a und 1997c).

auch ihrer Form nach, auch wenn sie dadurch natürlich noch keine juridischen oder legalen Rechte sind.[3]

Habermas' Ablehnung der Rede von Menschenrechten als moralischen Rechten ist nun zweifellos nicht nur pragmatisch-terminologisch, sondern systematisch motiviert. Vor allem geht Habermas davon aus, daß das moderne Recht der modernen Moral nicht »untergeordnet«, sondern »komplementär« sei (1992, S. 111; 1994a, S. 663; 1994b, S. 86) und daß seine Funktion wesentlich darin bestehe, von Moral zu entbinden und eine Sphäre der Willkürfreiheit freizusetzen (1995, S. 311). Diese Thesen scheinen mir jedoch entweder unstrittig oder überzogen.[4] Und Habermas sieht natürlich selbst, daß es rechtliche Regelungen geben kann, die moralisch unakzeptabel sind, auch wenn sie vollkommen demokratisch zustande gekommen sind, und zwar gerade dann, wenn sie gegen die (moralischen) Menschenrechte verstoßen (1994a, S. 670). Was soll es dann aber heißen, daß das Recht der Moral nicht untergeordnet ist? Es könnte heißen, daß moralische Argumente zu seiner Begründung zwar notwendig,

3 Damit bliebe die Möglichkeit, daß es sich speziell bei den *Menschenrechten* nicht um moralische Rechte handelt. Diese These klingt allerdings paradox und provoziert die Gegenthese: Wenn es überhaupt moralische Rechte gibt, so gehören gewiß die Menschenrechte dazu; denn gerade sie zeichnen sich doch durch Universalität aus, die für die moderne Moral geradezu definitorisch ist. An diesem Punkt drängt sich der Verdacht auf, daß es sich bei unserer Kontroverse um ein verbales Scheingefecht handelt. Wenn man Menschenrechte nämlich als »Grundrechte«, das heißt als positivierte und verfassungsmäßig immunisierte Rechte, versteht, so wäre die These, daß sie moralische Rechte sind, dann per definitionem falsch, wenn man sie so verstehen würde, daß sie *rein* oder *ausschließlich* moralische Rechte sind (vgl. Habermas 1994a, S. 666; 1992, S. 134; 1995, S. 311). Aber erstens sind Menschenrechte eben (leider) nicht per se Grundrechte, es gibt oft lediglich starke moralische Gründe für die Forderung, daß sie Grundrechte sein sollen. Und zweitens sind sie natürlich auch dann noch gültige moralische Rechte, wenn sie angemessen positiviert sind.

4 Sicher setzt das liberale Recht nicht nur generell von moralischen Motiven frei, sondern auch von moralischen Handlungsnormen. Das gilt aber natürlich nur von *den* Handlungsnormen, deren Positivierung nicht moralisch gefordert ist. Es ist rechtlich erlaubt, sich rücksichtslos und sogar boshaft zu verhalten, aber keineswegs so, daß man andere dadurch beleidigt oder physisch verletzt.

aber nicht hinreichend sind. Aber das wäre für die Thematik der *Menschenrechte* irrelevant, da Habermas von den Grundrechten ausdrücklich sagt, sie regelten »Materien von solcher Allgemeinheit, daß moralische Argumente *zu ihrer Begründung hinreichen*« (1995, S. 311). Aber wie ist damit seine These zu vereinbaren, »Grundrechte dürfe man nicht als bloße Abbildungen moralischer Rechte verstehen« (1992, S. 138)?

An dieser Stelle möchte ich die Auseinandersetzung mit Habermas abbrechen. Denn es geht mir in diesem Teil noch nicht um eine umfassende Philosophie der Menschenrechte, sondern zunächst nur um die Frage, ob und in welchem Sinne die Menschenrechte moralische Rechte sind. Diese Frage will ich nun in der Diskussion von Vorschlägen von Ernst Tugendhat weiterverfolgen, insbesondere seiner Unterscheidung von »schwachen« und »starken« moralischen Rechten. Tugendhat erklärt den Begriff des moralischen Rechts zunächst so:

> »Als schwach können wir jetzt denjenigen Begriff eines allgemeinen subjektiven Rechts bezeichnen, dem zufolge dieses nicht einklagbar ist. [...] Was ist, wenn wir hier von einem Recht sprechen, mehr gesagt, als daß alle die entsprechende Pflicht haben? [...] Ich kann mein Recht zwar nicht einklagen, aber einfordern als etwas mir Zustehendes und vom Wohlwollen der anderen nicht Abhängiges. Die Metapher vom Zügel ist auch hier anwendbar. Wenn wir den anderen als Rechtssubjekt anerkennen, denken wir ihn uns so, daß er unbestimmt viele unsichtbare Zügel in der Hand hält, an die wir, als Mitglieder der moralischen Gemeinschaft, gebunden sind und an die er uns gegebenenfalls erinnern kann« (Tugendhat 1993a, S. 348).

Diese Umschreibung der praktischen Form moralischer Rechte bleibt bei Tugendhat wohl deshalb etwas blaß und metaphorisch, weil er nicht fragt, ob es sich dabei um die allgemeine praktische Form der Moral handelt oder ob es einen Teil der Moral gibt, der *keine* moralischen Rechte impliziert. Tugendhat scheint vielmehr einfach anzunehmen, daß *alle* moralischen Verpflichtungen Korrelate moralischer Rechte sind (siehe ebd., S. 336 ff.).[5] Tugendhat

5 Diese Annahme liegt auch schon in seiner Voraussetzung, daß Moral immer etwas ist, was wir wechselseitig voneinander »fordern« (1993a, S. 41, 59) und daß moralische Verpflichtungen konstitutiv durch Affekte von Empörung sanktioniert sind (1993a, S. 20 f., 58 f.; 1992, S. 317 ff.). Es gibt jedoch meines Erachtens eine Vielzahl von moralischen Verpflichtungen, die *keine* Korrelate von (einforderbaren)

unterscheidet seine »schwachen« moralischen Rechte nach einigen Zwischenüberlegungen folgendermaßen von »starken« moralischen Rechten:

»Man kann nun sagen: aus meinem Recht, zum Beispiel auf körperliche Unversehrtheit, ergibt sich außer der Forderung, die ich gegenüber *allen einzelnen* habe (sich zu enthalten), eine Forderung an *alle gemeinsam*, nämlich mich zu schützen und zusammen eine Instanz zu bilden, bei der ich mein Recht einklagen kann und das ihm Nachdruck verleiht. Es bestünde also eine *moralische* Verpflichtung zur Schaffung einer *legalen* Instanz, als einheitliche Vertretung aller, und das heißt, es ergäbe sich eine moralische Forderung zur Schaffung eines (in seinen Aufgaben von daher zu definierenden) Staates. Das moralische Recht läßt sich also durchaus im starken Sinn verstehen, aber nur so, daß sich daraus eine kollektive moralische Pflicht ergibt, eine entsprechende legale Rechtsinstanz zu institutionalisieren« (ebd., S. 349 f.).

Da Tugendhat nun grundsätzlich nur solche moralischen Verpflichtungen berücksichtigt, die Korrelate moralischer Rechte sind, und seine Verpflichtung zur Positivierung moralischer Rechte wohl auch eine solche Verpflichtung ist, kann man seine »starken moralischen Rechte« auch als diejenigen moralischen Rechte charakterisieren, die ein moralisches *Recht* auf ihre legale Institutionalisierung implizieren. In diesem Sinne sind die starken moralischen Rechte *zweistufige* Rechte.

Tugendhat hat wiederum die Frage nicht gestellt, ob diese Unterscheidung zwischen schwachen und starken moralischen Rechten einen bloß analytischen Sinn haben soll oder ob es moralische Rechte, die nicht zugleich starke moralische Rechte sind, wirklich gibt, moralische Rechte also, die *nicht* mit der moralischen *Verpflichtung* – oder sogar mit dem entsprechenden moralischen *Recht* – verbunden sind, daß juridische Strukturen etabliert oder erhalten werden, die sie effektiv sichern. Vielmehr spricht Tugendhat hier immer global von »dem moralischen Recht«. Es ist aber offensichtlich, daß es solche nicht-starken moralischen Rechte gibt, zum Beispiel das Recht, nicht belogen

Rechten sind, obwohl sie durchaus Verpflichtungen im Verhältnis zu anderen Subjekten sind (siehe Wildt 1982, S. 134 ff.; vgl. Tugendhat 1993a, S. 357 Anm. 10). Eine Explikation der für diese konstitutiven Sanktionen würde viel dazu beitragen, auch der praktischen Form moralischer *Rechte* ein schärferes Profil zu geben (siehe Wildt 1993, S. 209 ff.).

oder gekränkt zu werden in Fällen, die nicht die Tatbestände etwa des Betrugs, der Beleidigung oder der üblen Nachrede erfüllen. Erst in Fällen letzterer Art ist eine juridische Sanktionierung sinnvoll und legitim.[6]

Tugendhats Unterscheidung ist nicht genau getroffen, wenn man hier davon spricht, »die schwachen moralischen Rechte in starke und positive Rechte umzuwandeln« (Lohmann 1998, S. 90, vgl. S. 70). Die Positivierung wird zwar auch von Tugendhat als »legale Verstärkung« bezeichnet (1993a, S. 350), aber die moralischen Rechte sind nicht erst durch die tatsächliche Positivierung »starke« Rechte im Sinne von Tugendhat, sondern schon durch die *Verpflichtung* zu dieser Positivierung.[7]

6 Es ist deshalb ein Fehler, wenn Alexy so folgert: »Wenn es ein moralisches, also gegenüber jedem begründbares Recht zum Beispiel auf Leben gibt, dann muß es auch ein gegenüber jedem begründbares Recht darauf geben, daß eine gemeinsame Instanz geschaffen wird, die jenes Recht durchsetzt. Andernfalls wäre die Anerkennung moralischer Rechte keine ernsthafte Anerkennung, was ihrem fundamentalen und vorrangigen Charakter widerspräche« (Alexy 1998, S. 255). Es gibt meines Erachtens keinen Grund für die Annahme, daß die Anerkennung eines moralischen Rechts, nicht belogen oder gekränkt zu werden, dann nicht »ernsthaft« ist, wenn sie *nicht* mit der Anerkennung des moralischen Rechts darauf verbunden ist, daß dieses Recht ein legales Recht wird.
Ebenso wie hier Alexy setzt Shue im dritten Bestandteil seiner Definition eines »moral right« – dies sei nämlich »socially guaranteed against standard threats« (Shue 1980, S. 13) – offenbar den starken Begriff eines »moralischen Rechts« voraus. Denn auch schwache moralische Rechte genießen zwar durch die zugehörigen moralischen Sanktionen einen gewissen Schutz, aber sicher kann man hier nicht von einer »sozialen *Garantie*« sprechen.
Meine Insistenz darauf, daß es auch ausschließlich schwache moralische Rechte gibt, hat wohlgemerkt nichts mit der Kantischen Unterscheidung von »Moralität« und »Legalität« zu tun. Bei der Unterscheidung verschiedener Rechtstypen geht es überhaupt nicht um die Beurteilung von Motiven und Gesinnungen, also um die Kantische »Moralität«, sondern um Normen für *Handlungen*, also bei moralischen Rechten um die Kantische (moralische) »Legalität« (siehe Alexy 1998, S. 5 f.), und weiterhin um Normen für Institutionen.

7 Lohmann hat nun behauptet, daß es die von Tugendhat behauptete Verpflichtung zur Positivierung moralischer Rechte nicht gibt (Lohmann 1998, S. 90). Die These scheint mir auch keine Implikation der

Nach diesen Differenzierungen möchte ich kurz auf die Kritik an Tugendhat eingehen, die Alexander Somek unter dem Titel »Die Moralisierung der Menschenrechte« publiziert hat. Diese Kritik scheint mir auch deshalb aufschlußreich, weil sie in gewisser Weise das Unverständnis dokumentiert, das im deutschsprachigen Raum besonders von juristischer Seite gegenüber moralphilosophischen Fragestellungen in der Rechtsphilosophie vorherrscht. Wie wir im zweiten Teil sehen werden, verfolgt Somek bei seiner Polemik allerdings auch ein für die Theorie der Menschenrechte wichtiges Motiv. Somek begründet seine Fragestellung so:

»Denn die Philosophie der Gegenwart scheint der Einsicht, daß subjektive Rechte in ihrer ganzen Unentbehrlichkeit auch unfreundliche Züge haben, mittlerweile den Rücken zugekehrt zu haben. Sie hat den Akzent zunehmend darauf verlagert, über die Existenz ›moralischer Rechte‹

Position von Habermas zu sein. Sie würde übrigens nach Tugendhat implizieren, daß es moralische Rechte in einem starken Sinne überhaupt nicht gibt, denn dieser Sinn läßt sich (nach Tugendhat) »nur so« verstehen, daß er die besagte Pflicht impliziert (Tugendhat 1993a, S. 350).
Tugendhat übersieht hier jedoch meines Erachtens diejenigen moralischen Rechte, deren Positivierung moralisch erlaubt oder sogar wünschenswert, aber dennoch nicht moralisch gefordert oder geboten ist. Sie sind stärker als die schwachen, aber schwächer als Tugendhats »starke« moralische Rechte. Moralische Rechte, deren Institutionalisierung – durch Positivierung oder anders – moralisch wünschenswert ist, nennt Feinberg kurz »ideale Rechte« (Feinberg 1973, S. 84), genauer müßte es heißen: »moralisch idealerweise zu positivierende moralische Rechte«; moralische Rechte, deren Institutionalisierung moralisch erlaubt ist, könnte man entsprechend »moralisch legitimerweise zu positivierende moralische Rechte« nennen oder entsprechend kurz (und mißverständlich): »legitime Rechte«. Ob der einzelne Bürger eine moralische Verpflichtung hat, für eine Positivierung solcher legitimen oder idealen Rechte zu sorgen, ist eine Frage, die meines Erachtens differenziert beantwortet werden müßte. Aber jedenfalls gilt eine solche Verpflichtung zum Beispiel für das Recht auf Leben und meines Erachtens auch für alle anderen Menschenrechte.
Schließlich möchte ich anmerken, daß die moralischen Rechte, die moralisch legitim positivierbar sind, auch im idealen Fall keineswegs mit den positiven Rechten zusammenfallen, die juridische und moralische Legitimität besitzen. Bei letzterer geht es nämlich auch wesentlich um die Einhaltung von gewissen Verfahren der Rechtssetzung.

tiefsinnig zu werden. Bei diesen soll es sich nun freilich um Rechte handeln, die nicht zwingen, um Ansprüche also, deren Einforderung sich im schrillen Appell erschöpft, im despektierlich zur Schau getragenen Groll oder in der gekonnt plazierten verächtlichen Geste.
Wer freilich unter ›Recht‹ wirkliches Recht versteht, muß hier nachdenklich werden. Die Rede von ›moralischen Rechten‹ kann doch nur insofern plausibel sein, als sie den fundamentalen Charakter eines Interesses unterstreicht. Nähme man solche Interessen ernst, wären sie mit rechtlichem Zwang zu bewehren. Denn nach wie vor behauptet sich im Rechtsdenken, was Ihering in einem einprägsamen Bild festhielt: Ein subjektives Recht, das nicht zwingt, kommt dem Licht gleich, das nicht leuchtet« (Somek 1995, S. 48 f.).

Nun ist natürlich unbestreitbar, daß ein Recht, das zwingt, wirksamer ist als ein Recht, das nur durch zwangsfreie, moralspezifische Sanktionen geschützt ist. Aber warum sollte dieses deshalb kein *Recht* sein? Das Interesse, nicht belogen oder gekränkt zu werden, ist in einem naheliegenden Sinne durchaus »fundamental«, aber es würde gerade dadurch nicht ernst genommen, daß der – im übrigen natürlich vergebliche – Versuch gemacht würde, es zwangsrechtlich zu schützen. Bei der Voraussetzung, daß die Begriffe »Recht« und »Zwang« analytisch miteinander verbunden sind, handelt es sich nicht um eine Einsicht, sondern eher um eine Art von juristischem Denkzwang (vgl. Fn. 6). Somek mißversteht Tugendhats »starke« moralische Rechte deshalb auch als »Rechte in einem unverkürzten Sinn« (1995, S. 51), und das heißt für ihn als Zwangsrechte (ebenso wie Lohmann 1998). Und dieses Mißverständnis verunklärt leider seine substantielle These zur Theorie der Menschenrechte. Für diese ist nämlich nach Somek keineswegs der normale Zwang des Rechtssystems spezifisch, sondern der besondere Zwang, der durch ihre (systematische) Verletzung legitimiert wird, der Zwang des Widerstands der Bürger gegen die Staatsgewalt: »Ohne Widerstand keine Menschenrechte« (ebd., S. 56). Ob sich aus dieser These ein überzeugendes Kriterium für Menschenrechte gewinnen läßt, werde ich im nächsten Teil prüfen.

Sind nun Menschenrechte starke – oder jedenfalls stärkere – moralische Rechte, also Rechte, deren Legalisierung moralisch erlaubt, wünschenswert oder geboten ist? Eine positive Antwort scheint nach dem Gesagten selbstverständlich, aber sie wird nicht nur im klassischen Anarchismus, sondern auch heute zum Teil in

Frage gestellt. So meint Thomas Pogge, daß die Rede von Menschenrechten

> »nur Bedrohungen ausschließt, die einen offiziellen Charakter haben. Das letztere Merkmal läßt sich wie folgt verstehen: Wer ein Recht auf X als ein Menschenrecht behauptet, fordert, daß jede Gesellschaft (und jedes vergleichbare Sozialsystem) so organisiert sein sollte, daß alle Mitglieder sicheren Zugang zu X haben« (Pogge 1998, S. 380).

Die Forderung nach verfassungsmäßiger Positivierung der Grundrechte hält Pogge dementsprechend für

> »zu stark, sofern eine Gesellschaft so situiert und strukturiert sein mag, daß ihre Mitglieder auch ohne positives Recht sicheren Zugang zu X genießen. Zwar kann es nicht schaden, auch die entsprechenden Verfassungsrechte zu haben, aber diese sind doch an sich nicht so wichtig, daß man diese zusätzliche Forderung in den Begriff eines Menschenrechts einbauen müßte« (ebd., S. 382).

Pogges Prämisse ist aber nicht überzeugend. Dafür, daß das Recht von jemand auf X verwirklicht ist, genügt es nicht, daß er sicheren Zugang zu X hat. Es gehört dazu auch, daß dieser Zugang durch rechtliche Mittel gesichert ist; und das impliziert, daß der Rechtsinhaber die Macht besitzt, Akte zu vollziehen, die andere Personen normativ binden, insbesondere die normative Macht, Ansprüche bzw. Anklage oder Vorwürfe zu erheben (siehe Feinberg 1970, S. 151; Wellman 1985, S. 203 ff.; Nickel 1987, Kapitel 2; Wildt 1992b, S. 148 ff.). Soweit braucht es sich allerdings nicht um legale Rechte zu handeln. Für *moderne* Gesellschaften jedenfalls ist die juridische Positivierung aber wohl funktional erforderlich. Die Realisierung von Menschenrechten – mindestens in der modernen Welt – erfordert deshalb deren legale Form. Pogges Bedenken scheinen mir deshalb zwar theoretisch berechtigt, aber praktisch irrelevant. Deshalb ist die These mindestens pragmatisch gerechtfertigt, daß Menschenrechte starke moralische Rechte im explizierten Sinn sind.

Damit ist allerdings noch keine volle Explikation des Begriffs der Menschenrechte erreicht. Denn alle gültigen Forderungen politisch-sozialer Gerechtigkeit sind solche starker moralischer Rechte. Es gehört aber, wie schon zu Beginn betont, wesentlich zur Idee der Menschenrechte, daß es sich dabei nur um die grundlegenden, fundamentalen Rechte handelt.[8] Deshalb be-

8 Siehe etwa die *Virginia Bill of Rights* von 1776 (Heidelmeyer 1982, S. 56).

zeichnet man Menschenrechte ja auch gerne als »Grundrechte« (allerdings insbesondere dann, wenn sie bereits positiviert sind).

2. Begriffe und Kriterien der Menschenrechte

Die Idee fundamentaler Rechte oder »Grundrechte« ist nun doppeldeutig. Erstens kann sie so gemeint sein, daß diese Rechte die *allgemeinsten* Rechte sind, mit deren Hilfe die speziellen Rechte begründet oder legitimiert werden können. Dieser Aspekt steht vor allem dann im Vordergrund, wenn die *Universalität* von Menschenrechten betont wird. Zweitens sind mit den »fundamentalen« Rechten aber auch die *inhaltlich wichtigsten* Rechte gemeint, also wenigstens ein harter Kern von *Minimalrechten*. Dieser Aspekt steht dann im Vordergrund, wenn die *Unverletzlichkeit* und *Unveräußerlichkeit* von Menschenrechten herausgestellt wird.

Die historischen Menschenrechtsdeklarationen sind in dieser grundsätzlichen Hinsicht meist zweideutig.[9] Die UNO-Deklarationen und das Grundgesetz der BRD scheinen mit der Idee der »Menschenwürde« zunächst ein Prinzip einer Minimalgerechtigkeit allen weiteren Bestimmungen voraussetzen zu wollen. Aber das »Recht auf die freie Entfaltung der Persönlichkeit« des Art. 2 GG geht doch wohl weit darüber hinaus. Und die Konventionen der UNO und der EG enthalten so weitreichende soziale Rechte, insbesondere Rechte auf Arbeit, auf angemessene Entlohnung und Lebensstandard, auf bezahlten Urlaub und sogar auf Wohlbefinden, daß sie nur als umfassende Gerechtigkeitskonzeptionen verstanden werden können. Dazu paßt auch,

9 Locke wollte mit seiner Formel von »Leben, Freiheit und Eigentum« zweifellos ein Minimalrecht umschreiben. Der Art. 1 der *Virginia Bill of Rights* fügt dem bereits das Recht hinzu, »Glück und Sicherheit zu erstreben und zu erlangen« (Heidelmeyer 1982, S. 56). Die französische Deklaration der Menschen- und Bürgerrechte von 1789 nennt in ihrer Präambel als ihren Zweck unter anderem, daß »die Handlungen der gesetzgebenden und die der ausübenden Macht, wenn sie in jedem Augenblick mit dem Endzweck aller politischen Satzungen verglichen werden können, mehr geachtet werden« (ebd., S. 59). Das impliziert offenbar den Anspruch der Deklaration, eine umfassende Konzeption politisch-sozialer Gerechtigkeit zu formulieren.

daß hier von einem »zu erreichenden gemeinsamen Ideal« (Heidelmeyer 1982, S. 271) die Rede ist. Das hat andererseits fast notwendig zur Folge, daß jedenfalls die meisten sozialen Menschenrechte nicht mehr als subjektive, einklagbare Rechte, sondern nur noch als objektives Recht – und das heißt als Staatspflichten oder -ziele – verstanden werden.

Ich möchte im folgenden dazu beitragen, die genannten Unklarheiten abzubauen. Dafür untersuche ich erstens die Idee der Universalität der Menschenrechte. Zweitens will ich kurz einige Kriterien zur Abgrenzung der Menschenrechte als Prinzipien von Minimalgerechtigkeit erörtern. Die Idee der Menschenrechte wird meist etwa folgendermaßen erläutert:

> »Menschenrechte sind Rechte, die jedem Menschen, sofern er ein Mensch ist, und deshalb allen Menschen in gleicher Weise zukommen. Sie entstammen daher dem, was jeden Menschen als Menschen auszeichnet, dem Menschsein selbst oder dem Wesen des Menschen« (Volkmann-Schluck 1981, S. 178; vgl. etwa König 1994, S. 26).

Diese scheinbar unkontroverse, rein analytische Explikation ist in dreifacher Hinsicht problematisch:

(1) Wenn etwa das rechtliche Verbot der Folter nur in dem begründet wäre, was jeden Menschen als Menschen auszeichnet, so könnte es nicht für Tiere gelten. Tierquälerei ist jedoch moralisch und jedenfalls für uns auch juristisch verboten. Das Folterverbot kann also nicht (allein) im Menschsein des Folteropfers begründet sein. Dasselbe würde nach einer wahrhaft universalistischen Moral vielleicht für einen Großteil der sogenannten »Menschenrechte« gelten. Dieser Einwand ist jedoch nur deshalb möglich, weil die zitierte Explikation die Frage der Definition mit der der Begründung der Menschenrechte unnötig verquickt. Für Menschenrechte ist zunächst nur definitorisch, daß sie strikt allen Menschen zukommen. Ob es Gründe gibt, gleichartige Rechte auch Tieren zuzusprechen, ist eine andere Frage.

(2) Die Explikation scheint vorauszusetzen, daß die Spezifika des Menschseins eines Subjekts dafür nicht nur notwendig, sondern auch hinreichend sind, daß dieses die Menschenrechte besitzt. In einer speziellen biologischen Form kommt diese Voraussetzung in der traditionellen Rede zum Ausdruck, die Menschenrechte seien »angeboren«. Allgemeiner lautet diese Annahme, es seien »natürliche« Rechte. Die Rede von »natürlichen«

Rechten wird allerdings oft mit kontingenten Konnotationen aus der Ideengeschichte belastet und dann meist zurückgewiesen. Eine prinzipielle Kritik der Annahme, moralische Menschenrechte seien Naturrechte, liegt erst dann vor, wenn man einsieht, daß sie den Menschen nicht *als solchen*, also absolut gesehen, sondern nur *relativ* auf bestimmte andere Personen zukommen. In diesem Sinne hat Tugendhat behauptet, auch die moralischen Rechte seien, wie alle anderen Rechte, »verliehene« Rechte (Tugendhat 1993a, S. 343 ff.; 1998, S. 101).

Die These einer »Verleihung« *genereller* moralischer Rechte scheint mir jedoch dann unhaltbar, wenn sie den wörtlichen Sinn hat, daß die Geltung dieser Rechte auf *Akten* des Verleihens beruht. Das ist aber wohl die Ansicht von Tugendhat, denn er geht ganz grundsätzlich davon aus, daß jemand nur dann moralische Verpflichtungen haben kann, wenn er Mitglied einer moralischen Gemeinschaft ist und dies auch sein *will*. Gegenüber dieser voluntaristischen Konzeption, die meines Erachtens den spezifischen Sinn des moralischen Sollens aufhebt (siehe Wildt 1997a), gehe ich davon aus, daß jemand genau dann eine moralische Verpflichtung hat, wenn er (mit anderen) die affektiven und kognitiven Fähigkeiten dazu teilt, an die moralische Gültigkeit dieser Verpflichtung rationalerweise zu glauben und sie zu empfinden (Wildt 1992a, 1997a und 1997c). Diese rational-emotive Konzeption hat aber ebenso wie die eher voluntaristische von Tugendhat die radikale und zunächst wohl schockierende Konsequenz, daß ein aufgeklärter Glaube daran, daß ein Subjekt ein moralisches Recht hat, prinzipiell nicht mehr meint, als daß es *andere Personen gibt*, die jener Person gegenüber normativ gebunden sind. Diese *personenrelative Geltung* ist die fundamentale Gemeinsamkeit moralischer und konventioneller, insbesondere juridischer Rechte, nicht aber ein vorausgesetzter Akt der Verleihung.

Für die Philosophie der Menschenrechte hat dies die Konsequenz, daß die Universalität der Menschenrechte meistens falsch verstanden wird. Mindestens die Mitglieder unserer Gesellschaftsform, die in einem hier nicht zu klärenden Sinne normal sind, können, wenn sie nur hinreichend kritisch sind, nicht umhin, allen Menschen gewisse fundamentale und auch starke moralische Rechte zuzuschreiben. Genau in diesem Sinne *haben* alle Menschen Menschenrechte. Sie haben sie aber nicht – oder jedenfalls nicht notwendig – *vor, angesichts oder gegenüber* allen (zurechnungsfähigen) Personen, *sofern* nämlich nicht alle diese Personen die genannte Bedingung erfüllen; diese Personen *werden* dann die Menschenrechte nicht nur nicht anerkennen, sondern sie haben auch keinen *Grund*, dies zu tun. Auch die übliche Rede von der Gültigkeit der Menschenrechte »für alle« ist in dieser Hinsicht zweideutig und führt deshalb oft in die Irre (siehe Wildt 1992a und 1997a). Die übliche Auffassung ist aber, daß es mindestens einige Menschenrechte gibt, die in dem Sinne universell gültig sind, daß nicht nur alle Menschen sie haben, sondern daß diese sie auch *gegenüber* allen Menschen haben. Sogar Tugendhat sagt einmal inkonsistenterweise Entsprechendes.[10]

(3) Wenn die Menschenrechte immer Rechte von Menschen *als solchen* wären, so könnte es keine Menschenrechte geben, die Personen deshalb haben, weil sie jung, alt, krank, arbeitslos oder ähnliches sind. Das ist aber nach den bekannten Deklarationen durchaus der Fall. Diese Schwierigkeit läßt sich allerdings so umgehen, daß als Menschenrechte nur solche Rechte gelten können, die aus Rechten *ableitbar* sind, die strikt alle Menschen haben. Das spezielle Recht der Kinder auf Schulbildung folgt so aus dem generellen Recht aller Menschen auf Bildung. Weiterhin lassen sich die angesprochenen speziellen Menschenrechte gemeinsam durch das generelle Recht auf Bedingungen für eine freie Entfaltung der Persönlichkeit begründen. Eine entsprechende Argumentation scheint jedoch nicht möglich für diejenigen speziellen Rechte, die jemand durch eigene oder fremde Handlungen »erworben« hat, etwa durch Schenkung, Erbschaft, Vertrag oder Lohnarbeit.[11] Menschenrechte sind wesentlich nicht-erworbene Rechte (siehe Alexy 1998, S. 248) und in diesem schwachen Sinne »natürliche« Rechte oder Rechte des Menschen

10 »Der Verpflichtete ist allen gegenüber verpflichtet. Der Berechtigte hat seine Rechte allen gegenüber« (Tugendhat 1993a, S. 349).

11 Man kann nicht sagen, daß jemand ein Menschenrecht auf das hat, was er rechtmäßig erworben hat. Zum Begriff der Menschenrechte hat immer gehört, daß sie unverletzlich und unveräußerlich sind, daß sie also weder durch Handlungen ihres Inhabers noch durch Handlungen anderer (definitiv) aufgehoben werden können. Das kann aber nicht für die Rechte gelten, die durch solche Handlungen entstanden sind. Natürlich gehört zu den Menschenrechten die Freiheit, solche Handlungen zu vollziehen, etwa Verträge zu schließen, und der entsprechende rechtliche Schutz. Aber es gibt kein Menschenrecht auf ein bestimmtes Resultat dieser Handlungen.

»als solchen«. Das impliziert meines Erachtens, daß das Recht auf »angemessene« oder »faire« Bezahlung von Arbeit, das in den Konventionen der UNO und der EG eine wichtige Rolle spielt, *kein* Menschenrecht ist. Zweifellos aber gehört es zentral zur sozialen Gerechtigkeit. Daraus folgt, daß mindestens in *einer* Hinsicht die Menschenrechte keine umfassende Gerechtigkeitskonzeption darstellen. Ist das aber wenigstens so weit der Fall, daß alle nicht-erworbenen und starken moralischen Rechte Menschenrechte sind?

In der deutschsprachigen Literatur ist es bis heute fast selbstverständlich, die Menschenrechte auf Freiheitsrechte zu beschränken.[12] Das ist jedoch grundsätzlich unhaltbar, wie insbesondere Shue und Tugendhat gezeigt haben. Schon die dabei beliebte Berufung auf Kant ist irreführend, weil Kant *in seiner Rechtslehre* den Begriff der Freiheit als Menschenrecht in einem ganz engen, rein negativen Sinne als Nicht-Gezwungensein im Handeln definiert und damit einen Liberalismus vertritt, der noch weit minimalistischer ist als die liberale Tradition (siehe Wildt 1997b). Die angeführten Autoren verstehen den rechtstheoretischen Freiheitsbegriff jedoch stets in einem weiteren Sinne. Ich möchte bezüglich der Freiheitsrechte hier drei Gesichtspunkte unterscheiden:

Erstens ist es bereits in der liberalistischen Tradition üblich, Abwehrrechte wie das Recht auf körperliche Unversehrtheit insofern zu den Freiheitsrechten zu zählen, als das Nicht-Bedrohtwerden mit dem Tod oder Verletztsein notwendige Bedingung für Nicht-Gezwungensein im Handeln ist. Auf diese sachlich einleuchtende, aber begrifflich unkorrekte Weise lassen sich jedoch die Rechte der Kinder, der Schwerstbehinderten usw. prinzipiell nicht erfassen (siehe Tugendhat 1993a, S. 358 ff.). *Zweitens* versucht man, über die liberale Tradition hinausgehend, soziale, wirtschaftliche und kulturelle Menschenrechte dadurch aus den klassischen Freiheitsrechten zu gewinnen, daß man die faktischen Bedingungen und Chancen zu einer gleichen Verwirklichung dieser Freiheiten berücksichtigt. Das geschieht am einfachsten durch einen »positiven« Begriff von Freiheit oder Autonomie (siehe insbesondere Alexy 1986, S. 458 ff.; Tugendhat

12 Vgl. etwa Schild 1978, S. 38; Ryffel 1978, S. 60; Schwardtländer 1978, S. 80; Volkmann-Schluck 1981, S. 181; Höffe 1981, S. 253; Kriele 1990, S. 143 f., 163; Habermas 1992, S. 483.

1992, S. 352 ff.), der wohlgemerkt noch nichts mit den Besonderheiten des Autonomiebegriffs der Kantischen *Moral*philosophie zu tun hat. Dieser Ansatz läßt sich *drittens* noch dadurch erweitern, daß die kollektive Autonomie der demokratischen Partizipation von vornherein in den Freiheitsbegriff aufgenommen wird (so besonders bei Habermas). Mit diesem Ansatz ist dann zweifellos eine anspruchsvolle Theorie des gerechten oder jedenfalls des legitimen Rechts möglich, von der hier offen bleiben muß, ob sie für die von ihr selbst gesetzten Zwecke ausreichend ist. Ausreichend ist sie jedenfalls nicht für eine Theorie der Menschenrechte, weil sie über kein überzeugendes Kriterium dafür verfügt, wieweit der Fundamentalbereich der Gerechtigkeit reicht, der grundrechtlich garantiert sein sollte. Gibt es solch ein Kriterium?

Der radikalste Vorschlag wäre hier – wenn man von einem dogmatischen Liberalismus und rechtsphilosophischen Kantianismus absieht – der, den Begriff der »Menschenrechte« im Sinne der »basic rights« von Shue zu verwenden, nämlich als Inbegriff derjenigen Rechte, deren Garantie notwendige Bedingung dafür ist, irgendwelche Rechte (als solche) genießen zu können (siehe Shue 1980, S. 19 ff.). Shue hat gezeigt, daß dazu neben gewissen Freiheitsrechten und dem Recht auf politische Partizipation auch das soziale Recht auf ein Existenzminimum gehört. Trotzdem scheint mir dieses Kriterium auch dann allzu restriktiv, wenn man das von Shue behauptete Verhältnis der notwendigen Bedingtheit zwischen den Rechten zu dem einer starken Unterstützung abschwächt (so Nickel 1987, S. 102 ff., 136). Tatsächlich hat Shue seinen Begriff der »basic rights« nebenbei auch so bestimmt, daß stärkere Konsequenzen nahegelegt werden:

»Basic rights, then, are everyone's minimum reasonable demands upon the rest of humanity. They are the rational basis for justified demands the denial of which no self-respecting person can reasonably be expected to accept« (Shue 1980, S. 19).

Es scheint mir nun offensichtlich, daß zu den notwendigen Bedingungen von Selbstachtung in sozialer Hinsicht nicht nur ein Recht auf Existenzminimum gehört, sondern auch Rechte auf faire Chancen oder humane Arbeitsbedingungen. In diesem Sinne übernimmt Tugendhat Shues Begriff »grundlegender Rechte«, um die Idee einer menschenwürdigen Existenz als Leitfaden für

Menschenrechte zu bestimmen (Tugendhat 1993a, S. 360 ff.). Trotzdem vertritt er dann

> »ein starkes Konzept der Menschenrechte [...], das insbesondere die ökonomischen Rechte einschließt und das Recht auf gleiche Ausgangsbedingungen, wie gleiche Bildungschancen und die Abschaffung des Erbrechts« (1993a, S. 389; siehe auch 1998, S. 57 f.).

Zu den ökonomischen Rechten zählt Tugendhat nun auch ein Recht auf Arbeit (ebd.), von dem jedoch fraglich ist, ob seine Realisierung eine notwendige Bedingung für eine menschenwürdige Existenz ist. Ganz sicher gilt das *nicht* für Tugendhats »Recht auf gleiche Ausgangsbedingungen«, von dem durchaus fraglich ist, ob es überhaupt eine Norm der sozialen Gerechtigkeit ist; von Rawls wird es jedenfalls ausdrücklich *nicht* vertreten (Rawls 1979, S. 86 ff.; vgl. Wildt 1996). Es scheint mir auch unklar, ob Tugendhat hier den Begriff »Menschenrecht« überhaupt noch im üblichen Sinne verwendet, da er die moralische Notwendigkeit bestreitet, sämtliche Menschenrechte als Grundrechte gegenüber der Legislative verfassungsrechtlich (mindestens teilweise) zu immunisieren (Tugendhat 1993a, S. 362). Das aber ist für die »basic rights« im Sinne von Shue, an denen Tugendhat sich sonst orientiert, offensichtlich geboten.

Für eine engere Abgrenzung der Menschenrechte hat Alexy folgendes Kriterium vorgeschlagen:

> »Bei den Menschenrechten geht es um den Schutz und die Befriedigung von fundamentalen Interessen und Bedürfnissen. Ein Interesse oder Bedürfnis ist fundamental, wenn seine Verletzung oder Nichtbefriedigung entweder den Tod oder schweres Leiden oder den Kernbereich der Autonomie betrifft« (Alexy 1998, S. 251).

Das ist allerdings wiederum so eng formuliert, daß es nur sehr wenig, insbesondere an sozialen Rechten, plausibel umfassen würde. Gibt es einen systematischen Grund für diese restriktive Auffassung? Er könnte darin liegen, daß Menschenrechte nur die Interessen schützen, die so fundamental sind, daß ihre (systematische) Verletzung die Legitimität der Staatsgewalt zerstört und damit gewaltsamen Widerstand legitimiert. Eine solche Konzeption ist offenbar in der oben diskutierten Kritik von Somek an Tugendhat vorausgesetzt (Somek 1995, S. 51 ff.). Tugendhat hat nun in seinem Aufsatz zu den Menschenrechten selbst dem Begriff der politischen Legitimität eine zentrale Stellung gegeben. So beginnt bereits sein *abstract*:

»It is assumed a) that the statement that a human right exists *means* that a state which does not grant it is not legitimate, and b) that the legitimacy of power can, in modern times, be justified only by showing that it is in the equal interest of everybody« (Tugendhat 1993b, S. 101).

Schon hier deutet sich jedoch an, daß sich dieser Begriff der Legitimität gar nicht spezifisch auf die Staatsgewalt bezieht, sondern auch auf jede Rechtsnorm und Institution und daß ihr Kriterium das allgemein-moralische der gleichmäßigen Berücksichtigung der Interessen aller ist (siehe Tugendhat 1998, S. 48, 51 f.). Die »Legitimität« von Normen und Institutionen meint dann nicht mehr als deren moralische Richtigkeit und insbesondere deren Gerechtigkeit. Dieser allzu weite Legitimitätsbegriff ist leider auch sonst in der Literatur verbreitet.[13] Die Ungerechtigkeit irgendwelcher juridischer Normen oder Institutionen legitimiert aber natürlich nicht schon gewaltsamen Widerstand. Das gilt jedoch für die Illegitimität der Staatsgewalt (siehe Kriele 1990, S. 409).

Nun scheint es mir offensichtlich, daß zwar besonders schwere und systematische Verletzungen der Menschenrechte gewaltsamen Widerstand legitimieren, daß dies jedoch keineswegs auch für alle die Menschenrechtsverletzungen gilt, die auf legalem Wege nicht hinreichend korrigierbar sind oder waren, in der BRD insbesondere die Berufsverbote und die Massenarbeitslosigkeit. Die Legitimität von Gegengewalt von innen kann ebensowenig ein allgemeines Kriterium für Menschenrechtsverletzungen sein wie die Legitimität militärischer Gewalt oder massiver ökonomischer Sanktionen von außen, die von den UNO-Konventionen ja auch nur unter extremen Bedingungen erlaubt werden. *Menschenrechte im strengen Sinn subjektiver Rechte sind vielmehr genau die generellen und nicht-erworbenen Rechte, von denen moralisch berechtigt gefordert werden kann, daß sie schon allein mit juridischen Mitteln durchgesetzt werden können, so daß ihre Berücksichtigung nicht den Kontingenzen des politischen Mehrheitswillens überlassen bleibt.*

Diese Definition reicht freilich nicht so weit, daß sich aus ihr ohne weiteres ableiten ließe, daß es etwa ein (subjektives) Menschenrecht auf Arbeit gibt. Sie ist aber auch keineswegs leer,

13 Zum Beispiel Höffe 1981, S. 241, 245, 262; Habermas 1992, S. 141; 1994a, S. 674; 1995, S. 311; Alexy 1998, S. 251, 258 f.

wenn man über eine plausible Explikation des universalistisch-moralischen Standpunkts verfügt. Die juridische Geltung einer Norm kann im Rahmen der universalistischen Moral meines Erachtens genau dann moralisch legitim gefordert werden, wenn es in einem Zustand von basaler Gleichheit aller für alle zweckmäßig wäre, wenn diese Norm – als Teil einer Ordnung – juridisch institutionalisiert würde (vgl. Wildt 1982; 1996 und 1997c). Somek hat also recht damit, daß die Frage, welche Interessen Menschenrechte implizieren, nicht nur von der Qualität dieser Interessen abhängt, sondern auch von der Frage der Möglichkeiten und den Nebenfolgen einer juridischen Durchsetzung dieser Interessen (Somek 1995, S. 54). Es ist deshalb eine komplexe empirische Frage, welche der (nicht-erworbenen und starken) moralischen Rechte auch Menschenrechte sind (vgl. Nickel 1987, S. 120 ff.).

Literatur

Alexy, R. (1986), *Theorie der Grundrechte*, Frankfurt am Main.

– (1998), »Die Institutionalisierung der Menschenrechte im demokratischen Verfassungsstaat«, in diesem Band, S. 244-264.

Bedau, H. (1982), »International Human Rights«, in: T. Regan und D. VanDeVeer (Hg.), *And Justice for All*, Totowa, N.J., S. 287-307.

Brandt, R. B. (1992), »The concept of a moral right and its function«, in: ders., *Morality, Utilitarianism, and Rights,* Cambridge, S. 179-195.

Cranston, M. (1987), »Kann es soziale und wirtschaftliche Menschenrechte geben?«, in: E.-W. Böckenförde und R. Spaemann (Hg.), *Menschenrechte und Menschenwürde*, Stuttgart: Klett-Cotta, S. 224-237.

Feinberg, J. (1973), *Social Philosophy*, Englewood Cliffs, N.J.

– (1980), ›The Nature and Value of Rights‹, in: ders., *Rights, Justice, and the Bounds of Liberty*, Princeton, N.J., S. 143-155.

Gosepath, S. (1998), »Zu Begründungen sozialer Menschenrechte«, in diesem Band, S. 146-187.

Habermas, J. (1992), *Faktizität und Geltung*, Frankfurt am Main.

– (1994a), »Nachwort« zur 4. Auflage, in: ders., *Faktizität und Geltung*, Frankfurt am Main.

– (1994b), »Über den internen Zusammenhang von Rechtsstaat und Demokratie«, in: U. K. Preuß (Hg.), *Zum Begriff der Verfassung*, Frankfurt am Main, S. 83-94.

– (1995), »Kants Idee des ewigen Friedens«, in: *Kritische Justiz* 28, 3, S. 293-319.

Heidelmeyer, W. (Hg.) (1982), *Die Menschenrechte. Erklärungen, Verfassungsartikel, internationale Abkommen*, Paderborn.
Höffe, O. (1981), »Die Menschenrechte als Legitimation und kritischer Maßstab der Demokratie«, in: J. Schwartländer (Hg.), *Menschenrechte und Demokratie*, Kehl am Rhein/Straßburg, S. 241-274.
König, S. (1994), *Zur Begründung der Menschenrechte: Hobbes – Locke – Kant*, Freiburg.
Koller, P. (1992), ›Die Begründung von Rechten‹, in: ders. (Hg.), *Theoretische Grundlagen der Rechtspolitik. Archiv für Rechts- und Sozialphilosophie*, Beiheft 54, 74-84.
– (1998), »Der Geltungsbereich der Menschenrechte«, in diesem Band, S. 96-123.
Kriele, M. (1990), *Recht – Vernunft – Wirklichkeit*, Berlin, S. 143-189 und S. 409-428.
Lohmann, G. (1998), »Menschenrechte zwischen Moral und Recht«, in diesem Band, S. 62-95.
Nickel, J. W. (1987), *Making Sense of Human Rights*, Berkeley, Cal.
Pogge, T. W. (1998), »Menschenrechte als moralische Ansprüche an globale Institutionen«, in diesem Band, S. 378-400.
Rawls, J. (1975), *Eine Theorie der Gerechtigkeit*, Frankfurt am Main.
Ryffel, H. (1978), »Zur Begründung der Menschenrechte«, in: J. Schwardtländer (Hg.), *Menschenrechte und Demokratie*, Kehl am Rhein/Straßburg 1981, S. 55-75.
Schild, W. (1978), »Systematische Überlegungen zur Fundierung und Konkretisierung der Menschenrechte‹, in: J. Schwardtländer (Hg.), *Menschenrechte und Demokratie*, Kehl am Rhein/Straßburg 1981, S. 37-46.
Schwardtländer, J. (1978), »Staatsbürgerliche und sittlich-institutionelle Menschenrechte«, in: ders. (Hg.), *Menschenrechte und Demokratie*, Kehl am Rhein/Straßburg 1981, S. 77-95.
Shue, H. (1980), *Basic Rights*, Princeton, N.J.
Smith, A. (1985), *Theorie der ethischen Gefühle*, Hamburg.
Somek, A. (1995), »Die Moralisierung der Menschenrechte«, in: C. Demmerling und T. Rentsch (Hg.), *Die Gegenwart der Gerechtigkeit*, Bonn, S. 48-56.
Tugendhat, E. (1992), *Philosophische Aufsätze*, Frankfurt am Main, S. 315-333 und S. 352-370.
– (1993a), *Vorlesungen über Ethik*, Frankfurt am Main.
– (1993b), »Die Kontroverse um die Menschenrechte«, in: *Analyse & Kritik* 15, 1, S. 101-110; auch in diesem Band, S. 48-61.
Volkmann-Schluck, K.-H. (1981), »Freiheit, Menschenwürde, Menschenrecht«, in: J. Schwardtländer (Hg.), *Menschenrechte und Demokratie*, Kehl am Rhein/Straßburg, S. 177-187.
Wellman, C. (1978), »A New Conception of Human Rights«, in: Eugene

Kamenka und Alice Erh-Soon Tay (Hg.), *Human Rights*, New York/ London.
– (1982), *Welfare Rights*, Totowa, N.J.
– (1985), *A Theory of Rights*, Totowa, N.J.
Wildt, A. (1982), *Autonomie und Anerkennung*, Stuttgart.
– (1992a), »Moralisches Sollen und seelisches Sein«, in: E. Angehrn u. a. (Hg.), *Dialektischer Negativismus*, Frankfurt am Main, S. 57-81.
– (1992b), »Recht und Selbstachtung«, in: M. Kahlo u.a. (Hg.), *Fichtes Lehre vom Rechtsverhältnis*, Frankfurt am Main, S. 127-172.
– (1993), »Die Moralspezifität von Affekten und der Moralbegriff«, in: H. Fink-Eitel und G. Lohmann (Hg.), *Zur Philosophie der Gefühle*, Frankfurt am Main, S. 188-217.
– (1996), »Gleichheit, Gerechtigkeit und Optimierung für jeden«, in: K. Bayertz (Hg.), *Politik und Ethik*, Stuttgart, S. 249-276.
– (1997a), ›Gefühle in der Moralphilosophie von Ernst Tugendhat‹, in: *Deutsche Zeitschrift für Philosophie* 1, S. 119-136.
– (1997b), »Zum Verhältnis von Recht und Moral bei Kant«, in: *Archiv für Rechts- und Sozialphilosophie* 83, 2.2, S. 159-174.
– (1997c), »Psychologische und rationale Moralbegründung«, in: G. Meggle und P. Steinacker (Hg.), *Analyomen 2*, Berlin/New York, S. 387-395.

Stefan Gosepath
Zu Begründungen sozialer Menschenrechte*

Unter »sozialen (Grund- oder Menschen-)Rechten« versteht man etwa Rechte auf Fürsorge, Arbeit, Wohnung, Bildung, also Leistungsrechte im engeren Sinn. Dies sind Rechte des einzelnen gegenüber einer Gemeinschaft (bei Grundrechten dem Staat gegenüber) auf soziale, wirtschaftliche und kulturelle Leistungen oder Güter. Sie stellen einen Anspruch auf die angemessene Zuteilung der für ein Leben notwendigen Güter dar. Soziale Leistungsrechte, auch soziale Teilhaberechte genannt, gehören zusammen mit subjektiven Freiheitsrechten und politischen Teilnahmerechten zu jenen (Klassen von) Rechten, wie sie in einer modernen liberalen Demokratie vorkommen (sollten).[1]

Die heute gültigen Menschenrechtserklärungen und -konventionen, also die *Allgemeine Erklärung der Menschenrechte*, der *Internationale Pakt über wirtschaftliche, soziale und kulturelle Rechte* sowie hier in Europa die *Europäische Sozialcharta*, postulieren soziale Rechte als einen wesentlichen Bestandteil der Menschenrechte.[2] Andererseits sind soziale Rechte in kaum einer

* Für wertvolle Kommentare und Einwände danke ich besonders Rainer Forst, Charles Larmore, Georg Lohmann, Bernhard Thöle, Lutz Wingert sowie den Teilnehmern des Symposiums »Philosophie der Menschenrechte«.

1 Vgl. Georg Jellineks (1905) grundlegende Unterscheidung zwischen negativen Freiheitsrechten (»status negativus«), positiven Teilnahmerechten (»status activus«) und sozialen Teilhaberechten (»status positivus«). Eine historischen Abfolge dieser drei Klassen von Rechten behauptet Marshall (1992), S. 33-95.

2 Die *Allgemeine Erklärung der Menschenrechte* ist als Resolution der Generalversammlung der Vereinten Nationen vom 10. 12. 1948 nicht verbindlich und nicht einklagbar. Dagegen ist der *Internationale Pakt über wirtschaftliche, soziale und kulturelle Rechte* verbindlicher, insofern er die Selbstverpflichtung der Unterzeichnerstaaten enthält (wenn ein gewisses Quorum von Beitritten erreicht ist), »vor allem durch gesetzgeberische Maßnahmen, die volle Verwirklichung der in diesem Pakt anerkannten Rechte zu erreichen« (Art. 2 (1)). Internatio-

westlichen Staatsverfassung unmittelbar positives Grundrecht.[3] Normativ betrachtet sind soziale Rechte – sowohl philosophisch als auch politisch – umstritten. Strittig sind nach wie vor Begründung, Inhalt und Umfang sozialer Menschen- und Grundrechte. Eine allgemeine politisch-philosophische Aufgabe besteht daher darin, zu zeigen, daß es so etwas wie soziale Rechte gibt bzw. geben sollte und aus welchen Gründen. Im Rahmen dieser allgemeineren Problematik konzentriere ich mich hier auf die speziellere philosophische Frage, wie, das heißt auf der Basis welchen Prinzips oder welcher operativen Leitidee, menschenrechtliche Ansprüche auf soziale Leistungen gerechtfertigt werden können, wenn man grundsätzlich zu akzeptieren bereit ist, daß es überhaupt so etwas wie soziale Rechte geben sollte.

Ich vertrete in diesem Aufsatz die These, daß die Idee sozialer Menschenrechte am plausibelsten durch ein bestimmtes Prinzip sozialer Verteilungsgerechtigkeit begründet und konstituiert wird. Im ersten Schritt bedarf es als Grundlegung der Explikation der zugrundeliegenden Konzeption von Menschenrechten

nale Pakte wirken nach h. M. nur als Verpflichtung der Staaten, nicht aber unmittelbar innerstaatlich. Die *Europäische Sozialcharta* des Europarates vom 18. 10. 1961 ist für die Mitglieder des Europarates positives Recht. Einzelne Bürger können, wenn sie auf dem innerstaatlichen Rechtsweg eine Sicherstellung ihrer durch die Europäische *Konvention zum Schutze der Menschenrechte und Grundfreiheiten* und der *Europäischen Sozialcharta* garantierten Rechte nicht erlangt haben, sich an die Europäische Kommission für Menschenrechte, das Ministerkomitee des Europarates und den Europäischen Gerichtshof als die berufenen Organe wenden, die dann wirksam werden können. Zur Dokumentation der verschiedenen Erklärungen der Menschenrechte vgl. Heidelmeyer (Hg.) (1982), Simma und Fastenrath (Hg.) (1992) und speziell Hernekamp (Hg.) (1979).

3 Das Grundgesetz der Bundesrepublik Deutschland (GG) enthält zum Beispiel *expressis verbis* keine Artikel, die soziale Rechte formulieren. Indirekt jedoch kommen im GG soziale Rechte durch eine Interpretation des Sozialstaatsprinzips vor; vgl. GG Art. 29 Abs. 1 und Art. 28 Abs. 1. Unmittelbare subjektive öffentliche Leistungsrechte formuliert das Sozialgesetzbuch und das Bundessozialhilfegesetz. In einigen deutschen Landesverfassungen (zum Beispiel in Brandenburg) hingegen finden sich entsprechende Artikel, die soziale Grundrechte formulieren. Allerdings stellen sie nur Staatszielbestimmungen dar, die keinen subjektiven Rechtsanspruch begründen.

überhaupt. Hier gilt es insbesondere das Verhältnis von egalitärer Moral der gleicher Achtung, Menschenrechten und positivem Recht begrifflich zu bestimmen. Im Rahmen einer solchen Konzeption von Moral und Recht lassen sich im zweiten Schritt mindestens drei Begründungen für soziale Menschenrechte finden, und zwar auf der Basis entweder des Prinzips der größtmöglichen Freiheit oder des Prinzips der Befriedigung von Grundbedürfnissen oder des Prinzips der (*Prima-facie-*)Gleichverteilung von Ressourcen. Meine Erörterung dieser drei Theorien sozialer Rechte soll zeigen: Da für alle drei Auffassungen soziale Gerechtigkeit die basale Leitidee ist, läßt sich nicht plausibel machen, warum man nur jeweils die zu Recht geltend gemachten, aber einseitigen Bedeutungen entweder von Freiheitssicherung oder von Befriedigung von Grundbedürfnissen allein menschenrechtlich schützen sollte. Statt dessen sollte soziale Verteilungsgerechtigkeit im Sinne eines *Prima-facie*-Anspruches auf Gleichverteilung aller zur Verfügung stehenden Güter – sofern keine begründeten Ausnahmen geltend gemacht werden können – als allgemeines Rechtsprinzip für die Begründung einer allgemeinen Menschenrechtstheorie und damit insbesondere für die Begründung sozialer Menschenrechte aufgefaßt werden.

1. Eine moralische Konzeption von Menschenrechten

1. Zum Begriff der Menschenrechte: Rechte sind gerechtfertigte bzw. rechtfertigbare Ansprüche von Person(en) X, den Trägern des Rechts, gegenüber Person(en) Y, den Adressaten des Rechts, auf der Basis von Rechtsgründen. Rechtsgründe liefern die Begründung für den Rechtsanspruch; es kann sich dabei um eine eingegangene Verpflichtung (zum Beispiel Verträge), eine Eigenschaft (zum Beispiel autonomes Wesen zu sein), die Mitgliedschaft in einer Gemeinschaft (zum Beispiel Bürger/innen-Status) oder um ein moralisches Prinzip (zum Beispiel gleiche Achtung) handeln. Moralische Rechte sind moralisch begründete Ansprüche, das heißt, der Rechtsgrund ist ausschließlich ein moralischer. Legale Rechte im Unterschied dazu sind innerhalb eines Staates verliehene einklagbare Ansprüche, deren Verletzung mit staatlichen Zwangsmitteln sanktioniert werden. Legale Rechte ver-

langen die Befolgung von allen Rechtsgenossen als Mitgliedern einer bestimmten Rechtsgemeinschaft, während moralische Rechte universale Gültigkeit beanspruchen, das heißt für alle Menschen verbindlich sind. Moralische Rechte sind dabei nicht einfach das korrespondierende, passive Element von moralischen Verpflichtungen und können nicht auf diese reduziert werden, auch wenn dem Recht des Trägers X notwendig eine (relationale) Verpflichtung von Y entspricht.[4] Denn »ein Recht zu haben« ist eng mit Selbstachtung verbunden. Mit einem Recht hat eine Person erst eine Grundlage, um Achtung ihres eigenen Willens zu beanspruchen.[5] Rechte sind berechtigte Ansprüche von Personen gegen andere, die ihre Interessen mißachten, etwas, mit dem die Person ihre berechtigten Ansprüche durchsetzen kann, eine »Trumpfkarte« des einzelnen gegen kollektivistische Überlegungen.[6]

Menschenrechte sind eine Untermenge moralischer Rechte. Menschenrechte sind sogenannte generelle Rechte, die Menschen qua Menschsein haben, das heißt, ohne notwendig schon in einer *bestimmten* Beziehung zu anderen Menschen stehen zu müssen, aus denen sich sogenannte spezielle Rechte ergeben.[7] Der Status der Menschenrechte hängt nicht von vorhergegangenen Handlungen (zum Beispiel Versprechen) oder Einwilligungen (Verträgen) oder anderen sozialen Beziehungen (Mitgliedschaft in irgendeiner partikularen Gemeinschaft) ab. Menschenrechte gelten qua Mitgliedschaft in der Menschengemeinschaft, eine Mitgliedschaft, die keinem Menschen mit guten Gründen verweigert werden kann. Insofern kann man sagen: Ein erstes allgemeines Prinzip oder eine allgemeine Grundlage für die Herleitung und Begründung von spezifischen Menschenrechten ist das Recht, als Mensch wie alle anderen gleichermaßen respektiert zu werden oder, mit anderen Worten, gleichberechtigtes autonomes Mit-

4 Vgl. dazu Benthams klassische Kritik an der Rede von moralischen Rechten als »nonsense on stilts«, in: Waldron (Hg.) (1987).

5 Bedau 1982, S. 287-289, vergleicht drei Gesellschaftsmodelle: 1. eine Gesellschaft nur mit moralischen Pflichten, 2. auch mit speziellen Rechten und 3. mit Menschenrechten, um zu verdeutlichen, was es heißt, von Menschenrechten zu sprechen.

6 Vgl. Dworkin 1990, S. 303-336.

7 Vgl. Hart 1955, S. 84-88, zur Unterscheidung zwischen »special« und »general rights«.

glied der weltweiten Menschengemeinschaft zu sein.[8] Ein zweites, damit zusammenhängendes grundlegendes Prinzip ist das Recht auf Rechtfertigung, ein moralisches Recht einer jeden Person, gegen bestimmte Normen, Handlungen oder verantwortbare Zustände Einspruch zu erheben, wenn ihr nicht angemessene Gründe dafür gegeben werden können.[9] Menschenrechte sind wie alle anderen Rechte auch verliehene Rechte und nicht von der Natur oder Gott oder der Moral gegeben. Die Instanz, die sie verleiht, sind wir selbst, insofern wir uns unter die Moral der gleichen und universellen Achtung stellen.[10] Der uns so ergreifende moralische »Zwang« zur Begründung bildet die Grundlage für die Herleitung von spezifischen Menschenrechten. Menschenrechte sind bestimmte moralisch gerechtfertigte Ansprüche auf etwas, was niemandem als Mensch vorenthalten werden kann, ohne dessen Recht auf Rechtfertigung zu verletzen.[11]

8 Für Hannah Arendt (1949) gilt dagegen ein anderes, einziges Menschenrecht, das Recht, Rechte zu haben, die politisch garantiert sind. Arendts Forderung hat mit dieser hier insofern Ähnlichkeit, als sie die Mitgliedschaft in einer Rechtsgemeinschaft fordert, die ich hier weltweit verstehe. Ihrem berechtigten Anspruch auf staatlichen Schutz der Rechte ist damit allerdings noch nicht entsprochen. Dazu siehe weiter unten.

9 Nach Forst ist dies der allgemeinste und basalste Anspruch eines jeden Menschen. Vgl. Forst 1994, S. 133, und 1999.

10 Vgl. Tugendhat 1993, 17. Vorlesung, hier S. 345 f.

11 Diese Definition von Menschenrechten vermeidet anthropologische Fundierungen und nimmt statt dessen das moralische Prinzip der Rechtfertigung als Ausgangspunkt ernst. Menschenrechte werden häufig statt dessen durch ihren Inhalt definiert, der einen großen moralischen Wert und deshalb ein für alle Menschen gleichermaßen sicherzustellendes Gut, etwas sehr Wichtiges für das menschliche Leben darstellen soll. Ein solcher Definitionsvorschlag favorisiert jedoch einen anthropologischen oder klassisch naturrechtlichen Ansatz, wonach Menschenrechte im Rekurs auf die menschliche Natur begründbar sein. Diese Form der Begründung hat sich jedoch als problematisch erwiesen. (Versteht man Naturrecht jedoch lediglich in dem Sinn, daß moralische Normen unabhängig von deren politisch-rechtlicher Institutionalisierung oder deren faktischer Anerkennung Gültigkeit besitzen, dann sind Menschenrechte Naturrecht.)

2. Den Menschenrechten liegt die universalistische und egalitäre Moral der gleicher Achtung zugrunde. Danach ist jede Person von einem unparteiischen Standpunkt aus als gleiche und autonome Person anzuerkennen. Menschen haben ein moralisches Recht darauf, mit gleicher Achtung und Respekt behandelt zu werden. Objekt des gleichen wechselseitigen Respekts ist die Autonomie einer jeden Person.[12]

Diese fundamentale Vorstellung von der gleichen Achtung von Personen oder der gleichen Würde aller Menschen wird von allen Hauptströmungen der modernen westlichen politisch-moralischen Kultur als Minimalstandard akzeptiert. Jede politische Theorie, die Anspruch auf Plausibilität erhebt, muß mit dieser Gleichheitsvorstellung beginnen und kann nicht hinter sie zurück. Im postmetaphysischen Zeitalter, nachdem metaphysische, religiöse und traditionelle Auffassungen ihre allgemeine Plausibilität verloren haben, scheint es unmöglich, friedlich eine allgemeine Einigung über gemeinsame politische Anliegen zu erzielen, ohne die Forderung anzuerkennen, daß Personen als Gleiche zu behandeln sind.

Das fundamentale egalitäre Prinzip enthält die Idee der Unparteilichkeit, die besagt, daß jede Person bzw. ihre essentiellen Interessen gleiches Gewicht und gleiche Berücksichtigung finden müssen. Daraus ergibt sich zudem ein kantianisches Argument der gegenseitigen Rechtfertigung. Da es unmoralisch ist, jemanden zu etwas zu zwingen, von dem er oder sie nicht überzeugt ist, verleihen nur Gründe, die der oder die andere akzeptieren kann, das moralische Recht, die Person diesen Gründen gemäß zu behandeln. Dabei bedarf es für die unparteiische Rechtfertigung von Normen der Reziprozität und Allgemeinheit der Gründe. Allgemeine, durch innere oder äußere Sanktionen bewehrte Normen und Rechte sind nur dann moralisch begründet, wenn sie zum einen reziprok zu rechtfertigen sind, das heißt, wenn die eine Person nicht mehr von der anderen verlangt, als sie selbst zuzugestehen bereit ist (Gegenseitigkeit), und zum anderen, wenn sie mit dem Hinweis auf die Interessen aller Betroffenen

12 Unter Autonomie verstehe ich nicht einen engeren (moralischen) Begriff, wie er im Anschluß an Kant immer noch (zum Beispiel von Habermas) gebraucht wird, sondern einen weiteren Begriff personaler Autonomie im Sinne einer generellen personalen Selbstbestimmung darüber, wie man selbst sein Leben leben will.

gerechtfertigt werden, und das heißt von allen mit guten Gründen akzeptiert bzw. von keinem Betroffenen mit gutem Grund zurückgewiesen werden können (Allgemeinheit).[13] Letztlich können nur die Betroffenen selbst ihre (wahren) Interessen formulieren und vertreten. Die gleiche Achtung, die wir uns wechselseitig schulden, verlangt deshalb Respekt vor der jeweiligen autonomen Entscheidung der Individuen als unvertretbarer einzelner.[14] Dieser prozedurale Ansatz moralischer Legitimität sieht in der Autonomie der Individuen jene Instanz, der gegenüber allgemeine Regeln, Normen, Rechte usw. rechtfertigungsbedürftig sind. Nur solche Regelungen können als legitim gelten, denen alle Betroffenen mittels allgemeiner, diskursiv einlösbarer, gemeinsam geteilter Gründe frei zustimmen können. So kommt den Personen und ihren Interessen gleiche Berücksichtigung zu.

3. Wer sind die Adressaten von Menschenrechten, und welche Pflichten entsprechen den Menschenrechten? Den Menschenrechten entsprechen drei Ebenen der Verpflichtungen[15]:

(a) Als *moralische* Rechte gelten Menschenrechte auch unabhängig von ihrer faktischen Anerkennung und Befolgung. Es handelt sich um Rechte, die wir uns wechselseitig zuzugestehen (das heißt zu verleihen) moralisch verpflichtet sind, und wenn wir sie als moralische Verpflichtung anerkennen, dann gelten sie vor aller positiven Rechtssetzung.[16] Die Adressaten der Menschenrechte sind zunächst einmal wir alle als Mitglieder der umfassenden Gemeinschaft aller Menschen – und zwar jeweils einzeln und alle zusammen, in der ganzen Welt –, die primär aufgefordert sind, das Recht zu achten und sich entsprechend zu verhalten.

(b) Den Menschenrechten ist aber auch als eine Komponente die an die moralischen Subjekte gerichtete Forderung ›eingebaut‹, das jeweilige moralische Recht als positives oder legales

13 Vgl. Forst 1994, S. 68.
14 Vgl. Wingert 1993, zum Beispiel S. 90-96.
15 Vgl. Shue 1980, S. 52, der die These vertritt, daß fast allen moralischen Rechten, auf jeden Fall allen basalen Rechten, drei Typen von Pflichten korrelieren: »I. Duties to avoid depriving. II. Duties to protect from deprivation. III. Duties to aid the deprived.« Vgl. auch Tugendhat 1993, S. 351, der Shue darin folgt.
16 Vgl. Tugendhat 1993, besonders S. 342-346.

Recht in einem Rechtsstaat zu institutionalisieren, so daß Verletzungen dieses Menschenrechts mit staatlichen Zwangsmitteln sanktioniert werden. Menschenrechte können nur in rechtlich verfaßten politischen Ordnungen verwirklicht und geschützt werden. Bei dieser zweiten Ebene der Verpflichtung kommen zwei Überlegungen zusammen.

Erstens: Menschenrechte haben es im Unterschied zur Moral nicht ausschließlich mit der moralischen Bewertung von und Anleitung zu freiwilligen individuellen Handlungen zu tun, für die sich ein(e) jede(r) gesondert zu entscheiden und zu verantworten hat. Vielmehr gehören Menschenrechte in den Kontext einer spezifisch politischen Gerechtigkeitslehre, die die Grundordnung von Gesellschaften, das heißt deren wesentliche Institutionen, vor allem deren grundrechtliche Verfassung, und die wichtigsten wirtschaftlichen und sozialen Verhältnisse thematisiert.[17] In bezug auf eine solche Grundordnung verbleiben jedem als Individuum nur in geringerem Umfang persönliche Steuerungsmöglichkeiten. Entsprechend gering ist die persönliche moralische Verantwortung. Dennoch haben alle zusammen eine kollektive moralische Verantwortung. Um dieser Verantwortung gerecht werden zu können, bedarf es der gerechten Einrichtung einer politischen staatlichen Grundordnung. Dies ist ein wesentliches moralisches oder gerechtigkeitstheoretisches Argument für die Etablierung staatlich verfaßter Institutionen bzw. staatlicher Grundstrukturen für politische Gemeinschaften.

Zweitens: Damit hängt eine gerechtigkeitstheoretische Einführung des Rechts zusammen. Die (gerecht einzurichtenden) Institutionen werden in modernen ausdifferenzierten Staaten politisch durch das Medium des positiven Rechts gesteuert. Indem moralische Rechte in legale staatliche Rechte umgesetzt werden, ergibt sich begrifflich eine wichtige zusätzliche Komponente: Ein legales Recht zu haben bedeutet immer auch, einen effektiv durchsetzbaren Anspruch auf Schutz dieses Rechts zu haben.[18] Erst auf dieser staatlichen Ebene sind Menschenrechte einklagbar. Erst hier werden sie zu Grundrechten und als solche garantiert.[19] Das soll nicht bedeuten, daß sie faktisch nie verletzt wer-

17 Vgl. Rawls 1975, § 2.

18 Vgl. Shue 1980, S.13.

19 Erst wenn Menschenrechte ihren konkreten Niederschlag in Verfassungs- oder Völkerrecht gefunden haben, spricht man gemeinhin von

den könnten, aber es sind Mechanismen in Kraft, die in einem vernünftigen Maße effektiv dafür sorgen, daß Personen ihr Recht bekommen.[20] Rechtsstaatlich verfaßte politische Gemeinschaften[21] sind also die politischen Adressaten von Menschenrechten.[22] Menschenrechte richten sich nicht aus bloß historisch kontingenten Gründen an Rechtsstaaten, sondern weil moralischen Personen geboten ist, zentrale Garanten zu schaffen und zu bewahren, die Menschenrechte von abstrakten moralischen Forderungen zu konkreten, garantierten Rechtsansprüchen transformieren können. Dies vermögen Rechtsstaaten nach allgemeiner bisheriger Kenntnis am besten zu leisten.

Drittens: Das positive Recht muß freilich moralisch legitim sein, das heißt, die berechtigten Ansprüche der Personen auf gleiche Achtung dürfen nicht verletzt werden. Jeder Rechtszwang muß daher reziprok und allgemein rechtfertigbar sein und aus Einsicht befolgt werden können. Ein staatlich verfaßtes Gemeinwesen hat nur dann eine gerechte Grundordnung, wenn es ihm wesentlich um die Etablierung gerechter Verhältnisse geht. Insofern muß die Etablierung von Menschenrechten als moralischem Kern juridischer Rechte schon ein wesentliches ›Staatsziel‹ sein. Das bedeutet jedoch nicht, daß alle Rechtsgeltung zur rein moralischen Rechtsgeltung wird. Nur für die Rechtfertigung basaler Menschenrechte, das heißt für den abstrakten moralischen Kern, der rechtlich noch konkretisiert und institutionalisiert werden muß, bedarf es moralischer Argumente.[23] Diese basalen Menschenrechte gehen in modernen Verfassungen insbesondere als

»Grundrechten«. »Bürgerrechte« sind wiederum nur Grundrechte, auf die sich lediglich Staatsangehörige, nicht aber Ausländer berufen dürfen.

20 Was dieses vernünftige Maß an Sicherung jeweils ist, ist zum größten Teil eine empirische Frage. Wenn mit der Struktur eines Rechts begrifflich Garantien verbunden sind, dann nicht Garantien gegen alle möglichen Bedrohungen, sondern nur gegen normale Bedrohungen (*standard threats*). Vgl. Shue 1980, S. 29-34.

21 Bezüglich der Größe, der Art der internen Verfaßtheit und der historischen, ethnischen, religiösen, historischen, kommunitären Situierung von rechtsstaatlich verfaßten politischen Gemeinschaften bleibt dieses Argument neutral. Dies läßt als Grenzfall einen einzigen Weltstaat zu.

22 Vgl. Pogge 1995.

23 Vgl. Forst 1994, S. 79.

Grundrechte ein. Menschenrechte bilden den Rahmen, der den Spielraum für legitime demokratische Entscheidungsmöglichkeiten markiert. Innerhalb dieses normativen Rahmens kann es demokratischen Prozessen obliegen, zum einen die notwendige rechtliche Interpretation und Konkretisierung der Menschenrechte vorzunehmen und zum anderen nach Maßgabe pragmatischer, ethischer und (über die Menschenrechte hinausgehender) moralischer Gründe eine politische Ordnung zu institutionalisieren und zu regeln. Moralische Rechte sind ›ungesättigt‹, solange sie nicht kodifiziert und interpretiert sind.[24] Die Menschenrechte lassen mit Absicht eine signifikante Spannbreite bei der Wahl der Verfassung oder wirtschaftlicher oder gesellschaftlicher Regelungen.[25] Gesetze und Programme sind gerecht im Sinne der Menschenrechte, wenn sie in den zulässigen Rahmen fallen und gemäß einer gerechten Verfassung gesetzgeberisch in Kraft gesetzt worden sind. Die politische Herrschaft ist somit durch die in der Verfassung verankerten Grundrechte, und diese wiederum sind durch die moralischen Menschenrechte normativ beschränkt.

(c) Zum dritten ergibt sich aus ein und demselben Menschenrecht auch die Pflicht, denjenigen zur Hilfe zu kommen, bei denen es womöglich trotz des staatlichen Schutzes aufgrund einer Rechtsverletzung zu einem Übel gekommen ist. Diese Pflicht zur Hilfe für andere in Not richtet sich an alle als Mitglieder der moralischen Gemeinschaft der Menschen und fordert von ihnen in ihrer Rolle als ›Weltbürger‹, Institutionen zu schaffen, die effektiv garantieren, daß solche Rechtsverletzungen unterbunden werden.[26] Diese Institutionen können mehrerlei Gestalt annehmen. Es kann zum einen bedeuten, daß bestehende innerstaatliche Institutionen verändert werden müssen, um überhaupt gerecht oder gerechter zu werden, so daß sie die Menschenrechte

24 Zum Problem, wie die Trennlinie zwischen den Grundrechten, die moralisch festliegen und mehr oder weniger unveränderbar sind, und den Interpretationen, die wir demokratisch festlegen dürfen, zu bestimmen ist, vgl. Wellmer 1998.

25 Die beiden Stufen der moralischen und politischen Rechtfertigung überlappen sich also, aber nur partiell, sie decken sich nicht vollständig. Vgl. Forst 1998.

26 Zu der These, daß moralische Pflichten zur Hilfe in Not ›mediatisierte‹ positive Pflichten entsprechen vgl. Shue 1988 und 1980.

der Opfer nicht länger verletzen. Hier sind die internationale Staatengemeinschaft, internationale Organisationen wie die Vereinten Nationen und ihre Unterorganisatoren, internationale Gerichtshöfe und die globale Zivilgesellschaft primär Adressaten der Forderung, für die (Wieder-)Herstellung gerechter innerstaatlicher Strukturen zur politisch-rechtlichen Sicherung der Menschenrechte zu sorgen.[27] Kann dieser innerstaatlich gerechte Zustand nicht schnell genug für die Opfer von Menschenrechtsverletzungen wiederhergestellt werden, müssen sich andere Staaten diesen Opfern Hilfe und Schutz (zum Beispiel Asyl) gewähren. Hilfe ist auch geboten, wenn durch die Aggression eines Staates die Menschenrechte der Mitglieder anderer Staaten bedroht oder verletzt werden. Hier gilt es, den Frieden zwischen den Staaten zu sichern. Nur im Frieden kann ein Staat allein innerhalb des Bereichs seiner politischen Gewalt die Menschenrechte garantieren. Kann er sie nach außen nicht allein sichern, sind andere Staaten oder internationale Organisationen zur Hilfe verpflichtet.

2. Drei alternative Begründungsstrategien für (soziale) Menschenrechte

Wie lassen sich auf der Grundlage der Moral der gleichen Achtung Menschenrechte allgemein und insbesondere soziale Menschenrechte begründen? Je nachdem, wie das Prinzip der glei-

27 Dies berührt die heikle Frage der staatlichen Souveränität. Aus moralischer und menschenrechtlicher Perspektive ist jedoch zu fragen, aus welchen moralischen Gründen die staatliche Souveränität und Integrität einer politischen Gemeinschaft einen moralischen Vorrang vor der Sicherung der Menschenrechte für jeden gegebenenfalls staatsübergreifend haben soll. Das dafür üblicherweise in Anspruch genommene Argument der nationalen politischen Selbstbestimmung hat meines Erachtens nur einen den Menschenrechten und ihrer demokratischen Umsetzung in positives Recht nachgeordneten Rang. Nur wenn Bürger und Bürgerinnen unter Anerkennung allgemein und reziprok gerechtfertigter Rechte für Personen demokratisch beschließen, sich von anderen Gemeinwesen staatlich zu separieren, sollte dies völkerrechtlich respektiert werden. Zum Problem nationaler Selbstbestimmung vgl. Buchanan 1997.

chen Achtung aller verstanden wird, kann man meines Erachtens idealtypisch drei alternative Begründungsstrategien unterscheiden.[28] Eine erste Position, die in der klassisch-liberalen Tradition steht und die ich der Einfachheit halber *Freiheitsauffassung* betiteln möchte, respektiert den gleichen Anspruch eines jeden auf Freiheit. Das, was an Personen zu achten ist, sei deren Autonomie. Deshalb müßten ihnen primär Freiheitsrechte im politischen Bereich zugestanden werden. Soziale Rechte sind gemäß der Freiheitsauffassung notwendig, um persönliche und politische Autonomie und gleiche Nutzungschancen von Freiheitsrechten zu ermöglichen. Eine zweite Auffassung, von mir *Bedürfnisauffassung* genannt, sieht als Objekt des gleichen Respekts den gleichen Anspruch, den jeder als Bedürfniswesen erheben darf, zumindest seine basalen Bedürfnisse erfüllt zu sehen. Deshalb gehe es in der politischen Gerechtigkeit primär darum, die basalen Bedürfnisse aller Menschen hinreichend zu befriedigen. So ergeben sich soziale Rechte als Ansprüche auf eine mehr oder weniger minimale Standardbefriedigung anthropologischer Grundbedürfnisse. Gemäß einer dritten sogenannten *Gleichverteilungsauffassung* muß das Prinzip gleicher Achtung als eine Forderung der politischen Gerechtigkeit nach Berücksichtigung des gleichen Anspruchs eines jeden auf einen gerechten Anteil bei der Verteilung aller Güter aufgefaßt werden.

Diese drei Auffassungen ergeben sich aus jeweils unterschiedlichen Interpretationen des fundamentalen moralischen Prinzips gleicher Achtung. Alle drei akzeptieren als gemeinsamen Nenner die skizzierten Konzeptionen von Moral und Recht. In dem Sinne sind alle drei Auffassungen von politischer Gerechtigkeit, die sie allerdings unterschiedlich verstehen.[29] Aus dem jeweils unter-

28 Hier wird kein Anspruch auf Vollständigkeit erhoben. Natürlich lassen sich noch weitere Begründungsstrategien für soziale Rechte denken, zum Beispiel über allgemeine Wohlfahrt.

29 Unberücksichtigt bleiben also alle Theorien, die Rechte aus anderen als gerechtigkeitstheoretischen Überlegungen einführen. Hier soll es also nicht darum gehen, (vor allem gegen sogenannte Libertarier) zu zeigen, daß es soziale Rechte *überhaupt* gibt bzw. geben sollte. Ich unterstelle mit diesen drei Ansätzen, daß die gleiche Achtung von Personen auch immer bedeutet, jenen, die sich unverschuldet in Not nicht selber helfen können, materiale Hilfe leisten zu müssen. Alle drei Positionen treten zumindest in ihrer ausgereiften Form für so

schiedlichen Verständnis, was es heißt, Personen als Gleiche zu achten, ergeben sich unterschiedliche Rechtsgründe für die Ableitung bzw. Rechtfertigung (unterschiedlicher) sozialer Rechte. Die unterschiedlichen Auffassungen der politischen Moral der gleichen Achtung bedingen verschiedene Generierungsprinzipien sozialer Rechte. Je nachdem, mit welchen Gründen diese Auffassungen Menschenrechte rechtfertigen, ändert sich auch die Vorstellung und der Gehalt sozialer Rechte. So sind für die Sicherung politischer Freiheit andere Güter nötig als für die Sicherung von Grundbedürfnissen; der Umfang sozialer Rechte wird demgegenüber erheblich erweitert, wenn es um die gerechte Verteilung aller Ressourcen geht. Die drei Auffassungen sind also insofern distinkt, als sie (a) die politische Moral anders interpretieren, deshalb (b) soziale Rechte anders begründen und deshalb (c) andere Inhalte und Umfänge für soziale Rechte fordern. Die drei Auffassungen sind allerdings keine echten Alternativen auf derselben Ebene. Die dritte Konzeption der Verteilungsgerechtigkeit liegt auf einer anderen Ebene als die beiden anderen Ansätze, weil sie sich zum einen auf nichts im Menschen bezieht wie Autonomie oder Bedürfnisse. Sie ergibt sich statt dessen aus einer Interpretation des moralisches Prinzips, das feststellt, wie Menschen zu behandeln sind. Zum anderen umfaßt die dritte Konzeption die beiden anderen Ansätze, weil deren Gesichtspunkte des Freiheitsschutzes und der Befriedigung basaler Bedürfnisse im Verteilungsansatz mitberücksichtigt werden.[30]

Im weiteren soll es mir darauf ankommen, zu klären, welches der leitende operative Grundbegriff bzw. das Grundprinzip bei

etwas wie soziale Rechte ein. Nur bei der Freiheitstheorie gibt es Vertreter, die soziale Rechte prinzipiell ablehnen, und Vertreter, die ihre Theorie nicht unter distributive Gerechtigkeit subsumieren wollen. Bei der Diskussion der Freiheitsposition werde ich darauf kurz einzugehen versuchen. Ich werde mich bei der Diskussion sozialer Rechte also nicht so sehr mit Einwänden gegen soziale Rechte auseinandersetzen. Vielmehr möchte ich der Frage nachgehen, aus welchen Gründen eine sozialliberale Auffassung politischer Gerechtigkeit für soziale Rechte eintreten soll. Natürlich wird somit indirekt zugunsten sozialer Rechte überhaupt argumentiert.

30 Wie weiter unten noch ausgeführt wird, bilden Freiheitsspielräume eine Kategorie der zu verteilenden Güter. Besondere Bedürfnisse können eine mögliche Ausnahme von der Gleichverteilung rechtfertigen.

der Einführung von (sozialen) Menschenrechten sein sollte: Freiheit, Bedürfnisse oder Gleichverteilung. Dazu werde ich die drei genannten Auffassungen im nächsten Schritt der Reihe nach näher erläutern und kritisch diskutieren mit dem Ziel, die Verteilungsauffassung als die plausibelste zu erweisen.

2.1 Freiheit

Die moderne liberale Freiheitsauffassung weist bei der Frage, welche Menschenrechte es gibt, Menschenrechten auf subjektive Freiheitsspielräume, was mit den gleichen Freiheiten für alle gleichermaßen vereinbar ist, eine Priorität zu.[31] Zur Verwirklichung der Freiheitsrechte wird in modernen sozialliberalen Auffassungen die Gleichverteilung von (Primär-)Gütern gefordert, um allen Bürgern und Bürgerinnen einer politischen Gemeinschaft die gleichen politischen Freiheiten zu ermöglichen. Ich werde nun gegen die Freiheitsauffassung einige Einwände vorbringen, ohne jedoch auf die verschiedenen Vertreter und damit verschiedenen Versionen dieser Freiheitsauffassung im einzelnen hier eingehen zu können.

Da man alle metaphysischen und damit auch im engeren Sinn naturrechtlichen Einführungen von Freiheitsrechten als unbegründet zurückweisen kann, müßte sich das von der Freiheitsauffassung beanspruchte Primat der Freiheitsrechte als im unparteiischen Interesse eines jeden liegend erweisen lassen. Die plausibelste gerechtigkeitstheoretische Argumentation für ein Primat von Freiheitsrechten scheint mir, wie im folgenden dargestellt, über den Begriff der Autonomie zu verlaufen. An Freiheit wird geschätzt:

31 Vgl. Kant 1797, S. 237: »Das angeborene Recht ist nur ein einziges. Freiheit (Unabhängigkeit von eines Anderen nöthingender Willkür), sofern sie mit jedes Anderen Freiheit nach einem allgemeinen Gesetz zusammen bestehn kann, ist dieses einzige, ursprüngliche, jedem Menschen kraft seiner Menschheit zustehende Recht.« Man beachte, daß der zitierte Kant-Text jeglichen Maximierungsausdruck vermeidet. Es werden nicht »größtmögliche Freiheiten« – wie sonst häufig zu finden – gefordert. Das würde in das Problem führen, wie die »größtmögliche Freiheit« von Individuuen absolut bestimmt und realisiert werden kann. Vgl O'Neill 1979/80 und Hart 1998.

1. soweit wie möglich die Kontrolle über sein eigenes Leben zu haben, das heißt, sein Leben sozusagen von innen zu leben – nach seinen eigenen Meinungen, Wünschen, und Zielen;
2. in der Lage zu sein, seine Meinungen, Wünsche und Ziele zu überprüfen und gegebenenfalls zu revidieren;
3. in der Lage zu sein, eine hinreichend große Anzahl von alternativen Wegen, Optionen, substantiellen oder genuinen Wahlmöglichkeiten verfolgen zu können, so daß man nicht gezwungen ist, ein bestimmtes Leben zu leben.

Freiheit ist demnach die Bezeichnung für die Bedingungen der Autonomie.[32] Sie umfassen zumindest die Abwesenheit von Zwang und Manipulation, die Verfügbarkeit adäquater Information, alternativer Ideen und Konzeptionen des Guten und das Fehlen von Einschränkungen einer signifikanten Bandbreite möglicher Handlungen.[33] Diese Charakterisierung soll anzeigen, warum Freiheit und Autonomie in unser aller zentralstem Interesse ist. Es liege daher im unparteiisch beurteilten Interesse einer jeden Person und sei deshalb moralisch gerechtfertigt, einen möglichst großen Spielraum an Freiheiten gesichert zu bekommen. Aus der Moral des gleichen Respekts folge also die gleiche Berücksichtigung und der gleiche Schutz der Bedingungen der individuellen Autonomie.

So wichtig und richtig auch die Betonung von Autonomie ist, so ist doch zu fragen, warum aus der grundlegenden Rolle des Autonomieprinzips ein Vorrang politischer Freiheitsrechte folgen soll. Diese Skizze einer Begründung von Freiheitsrechten zum Schutz von Autonomie vermag schon einige kritische Punkte deutlich zu machen:

1. Es kann nicht darum gehen, Freiheiten als solche zu sichern. Es kann kein allgemeines Recht auf Freiheit geben, wie Dworkin gezeigt hat[34]: Wenn man Recht auf Freiheit nicht in dem schwachen Sinn versteht, daß Personen ein solches Recht haben, weil sie alle Freiheit wünschen, sondern in dem starken Sinn, daß ein Recht zu haben bedeutet, daß die Regierung dieses Recht nicht einschränken darf, auch wenn es im allgemeinen öffentlichen In-

32 Weiter unten werde ich die einschränkende These vertreten, daß es nicht zwingend ist, daß zur Sicherung persönlicher Autonomie in erster Linie politische Freiheitsrechte gesichert werden müssen.

33 Vgl. Lukes 1991, S. 66 f.

34 Vgl. Dworkin 1984, S. 433 ff.

teresse läge, dann kann es kein allgemeines Recht auf Freiheit als solche geben. Denn ein solches Recht würde bedeuten, daß jede öffentliche Regelung eine Verletzung dieses Rechts auf Freiheit wäre. Gleiche Freiheitsrechte beziehen sich politisch nur auf sogenannte Grundfreiheiten bzw. -rechte.[35] Nicht durch Grundfreiheiten bzw. -rechte Geregeltes darf legitimerweise in unserem System utilitaristisch geregelt werden. Zur Sicherung der Grundfreiheiten müssen die Bürger und Bürgerinnen aus pragmatischen Gründen sogar ihre sonstigen Freiheiten einschränken. Außerdem gibt es legitime Einschränkungen von Freiheiten um eines anderen Wertes wie des Wohls aller willen unter Sicherung der Grundrechte auf Freiheit.

2. Wir wollen bestimmte Freiheiten gesichert wissen, weil die dadurch gesicherten Aktivitäten und Ziele für Menschen von sehr wesentlicher Bedeutung sind, während andere weniger wichtig sind. Man will in der Regel bestimmte Freiheiten, weil man das will, was man damit gegebenenfalls realisieren will. Daneben haben Freiheitsspielräume, die man vermutlich nie nutzen wird, jedoch durchaus auch einen eigenen Wert. Jene Personen sind an Freiheiten interessiert, die ihr Leben inhaltlich selbstbestimmt führen wollen. Autonomie ist danach das wichtigste moralisch gerechtfertigte Interesse, weil sie die Basis unserer Selbstbestimmung ist[36]: Der moralisch geschuldete wechselseitige Respekt hat also der Autonomie der einzelnen zu gelten. Unterbleibt diese Achtung, wird letztlich so etwas wie das Selbstwertgefühl (die Selbstachtung oder der Selbstrespekt) der Betroffenen verletzt.[37] Deshalb muß Autonomie die Richtschnur für die inhaltliche Festlegung von Grundrechten sein. Es ist falsch, Freiheit als diese Leitidee anzusehen; vielmehr leitet sich das Recht

35 Dworkin, ebd., S. 435 ff., diskutiert die These, daß das Recht auf Freiheit sich auf Grundfreiheiten beschränkt. Dagegen sprechen die nach Dworkin unüberwindlichen Schwierigkeiten, entweder qualitativ oder quantitativ wichtige von nicht so wichtigen Freiheiten zu unterscheiden.

36 Vgl. O'Neill 1979/80 und Forst 1996 zu Freiheitsauffassungen, die sich aus konkreten Autonomieerfordernissen ergeben.

37 Würden die Bedingungen für unsere Autonomie von anderen nicht anerkannt, wäre unser Selbstwertgefühl verletzt. Denn Freiheit und Autonomie sind die (kausale) Basis unseres Selbstwertgefühls. Vgl. Rawls' (1975, S. 591) Verteidigung der Priorität der basalen Freiheiten mit Bezug auf Selbstrespekt. Vgl. dazu Shue 1975.

auf gleiche subjektive Handlungsfreiheiten selbst aus der angestrebten Sicherung gleicher individueller Autonomie als Kern der geschuldeten Achtung der anderen her. Autonomie darf (und braucht) dabei nicht in einem essentiellen Bedürfnis fundiert (zu) werden. Statt dessen ist Autonomie der letzte moralisch anzuerkennende Wert, weil die individuelle Autonomie die letzte Instanz jeder möglichen Rechtfertigung ist. Aus der Moral der Unparteilichkeit ergibt sich ein Rechtfertigungsprinzip und mit ihm die Anerkennung von autonomen Entscheidungen. Aber zur Sicherung der so verstandenen Autonomie bedarf es nur einiger ganz bestimmter politischer Freiheiten, wie zum Beispiel der Meinungs- und Pressefreiheit, informationeller Selbstbestimmung usw. sowie bestimmter ökonomischer Freiheiten. Ein Anspruch auf ein »größtmögliches Maß« von Freiheitsspielräumen folgt daraus meines Erachtens nicht, zumindest nicht direkt.[38]

3. Auch nach liberaler Freiheitsauffassung ist Freiheit nicht allein der höchste Wert, sondern nur in Zusammenhang mit Gerechtigkeit. Mit dem Gesichtspunkt der Gerechtigkeit in der Forderung nach gleichen Rechten auf gleiche Freiheiten kommt allerdings ein konkurrierender und übergeordneter Wert mit ins Spiel. Freiheit wird im Namen der Gleichheit bzw. Gerechtigkeit eingeschränkt, und aufgeklärte politische Bürger/innen können solche Einschränkungen nur dann freiwillig akzeptieren und solche Regelungen somit legitimieren, wenn sie in ihrer Wertordnung Gerechtigkeit bzw. Gleichheit (in bestimmten Maßen) als den höheren *politischen* Wert als Freiheit ansehen und institutionalisieren.[39] Außerdem zeigt dies: Distributive Gleichheit ist

38 Der Freiheitstheoretiker könnte jedoch von einer generellen Präsumption zugunsten der Freiheit als Erlaubtheit ausgehen, wonach diejenigen, die etwas verbieten möchten, begründen müssen, warum dies zum Schutz oder für das Wohlergehen anderer Menschen erforderlich ist, nicht jedoch die vom Verbot Betroffenen begründen müssen, warum sie in Ruhe gelassen werden möchten. Diese Beweislastverschiebung durch die Forderung, Verbote und den zur Durchsetzung nötigen Zwang hinreichend zu begründen, muß dabei selbst als unmittelbarer Teil der Moral der gleichen Achtung begründet werden.

39 Das heißt: aus der Perspektive des Individuums sind es Konkurrenzwerte; an ihnen macht sich die Entscheidung Egoismus vs. Unparteilichkeitsmoral fest. Liberalismus kann sinnvollerweise nur bedeuten, daß aus der moralischen Perspektive der gleichen Rechte für alle

schon gleich zu Beginn die zentrale Idee, die zu der gleichen Verteilung von Rechten überhaupt führt. Ein Recht auf größtmögliche subjektive Freiheitsspielräume kann nicht ohne *distributive* Gleichheit eingeführt werden, weil Freiheit bzw. Freiheitsrechte ein Anwendungsfall distributiver Gleichheit sind. Die Zuweisung von Freiheitsspielräumen ist einer der möglichen Anwendungsfälle oder -gebiete von Gleichverteilung.[40]

Wie entscheidend die Idee distributiver Gerechtigkeit bzw. Gleichverteilung für die Freiheitsauffassung ist, zeigt sich auch in der Begründung sozialer Rechte im Rahmen der Freiheitsauffassung. Wenn – wie auch die Freiheitstheoretiker verlangen – Freiheiten gleich verteilt werden sollen, weil Personen als Gleiche zu berücksichtigen sind, und wenn alle ein berechtigtes essentielles Interesse an Freiheit zur Sicherung der Bedingungen der Autonomie haben, dann muß man – so das Argument – nicht nur gleiche Freiheiten für alle gleichermaßen sichern, sondern auch den gleichen *Wert* der Freiheit gewährleisten.[41] Freiheit ist be-

Freiheit das fundamentale Grundrecht eines jeden sein sollte. Die Konkurrenz ist damit in modernen liberalen demokratischen Verfassungen schon immer und zu Recht zugunsten der Gerechtigkeit bzw. Gleichheit entschieden. Insofern ist meines Erachtens der Begriff Liberalismus zumindest in dieser Weise erläuterungsbedürftig oder schlimmstenfalls irreführend. Als gegenteilige Sicht vgl. Seebaß 1996.

40 Dies gilt auch, obwohl Grundfreiheiten keine gemeinsam gesellschaftlich erzeugten Güter sind, sondern als Rechte erst im Akt der Zuerkennung konstituiert werden. Aus diesen u.ä. Gründen, bestreitet Habermas 1992, S. 505 f., daß Rechte verteilt werden. Dabei darf die Zuweisung von Freiheitsspielräumen nicht bloß als ein Nullsummenspiel betrachtet werden, denn es können sich auch alle Bürger/innen gleichermaßen neue Freiheitsspielräume zugestehen, ohne daß irgendwer deshalb seinen Freiheitsspielraum einschränken müßte. Das heißt, es gibt Erweiterungsmöglichkeiten ohne Redistribution. Das gilt allerdings auch für einige andere sozialen Güter, die neu »entdeckt« oder kreiert werden können.

41 Vgl. Rawls (1975, S. 232; 1992, S. 197 ff.) zu der Unterscheidung (!) zwischen Freiheit und dem »fairen Wert der Freiheit« sowie zu der These, daß politische Freiheiten nach ihrem fairen Wert verteilt werden müssen. Der faire Wert der Freiheit wird von Rawls nur für die politischen Grundrechte gefordert. Diese Forderung ergibt sich aus Gerechtigkeitsgründen, nicht aus begrifflichen. Gleich begabte und motivierte Bürger sollen ungefähr die gleiche Chance haben, politische Ämter zu erlangen und an politischen Entscheidungen mitzu-

grifflich die Freiheit (1) eines Freiheitsträgers (zum Beispiel eines Handelnden) (2) von etwas (dem Freiheitshindernis) (3) zu etwas (dem Freiheitsgegenstand).[42] Um wirklich gleiche Freiheiten zu haben, genügt es nicht, nur gleichen Schutz vor Freiheitshindernissen zu gewähren, sondern es müssen auch die gleichen Möglichkeiten zum Erreichen des Freiheitsgegenstands geboten werden. Wenn einige zwar die gleiche formale Freiheit haben, sie aber aus Unwissenheit, Armut oder durch das Fehlen materieller Mittel davon abgehalten werden, ihre Rechte wahrzunehmen und Nutzen aus ihnen zu ziehen, dann hat die ihnen zugestandene Freiheit nicht den gleichen Wert wie für andere. Der Wert der Freiheit sollte statt dessen aus Gerechtigkeitsgründen für alle Bürger und Bürgerinnen ungeachtet ihrer sozialen und ökonomischen Position ungefähr oder zumindest in dem Sinne gleich sein, daß jeder die gleichen Chancen zur Realisierung seiner moralisch gerechtfertigten essentiellen Interessen hat. Rechtliche Freiheit, also die rechtliche Erlaubnis, etwas zu tun oder zu lassen, wäre ohne tatsächliche (reale) Freiheit, also die tatsächliche Möglichkeit, zwischen dem Erlaubten zu wählen, wertlos. Diese tatsächliche Freiheit kann nur mittels materieller Substrate gesichert werden. Diese stehen aber nicht allen Bürger/innen in gleichem Maße zur Verfügung, sondern müssen durch staatliche Aktivität zur Verfügung gestellt werden. Die Freiheitsauffassung kann mithin soziale Rechte derivativ als Mittel zur Sicherung eines fairen Werts der Freiheit begründen.[43]

4. Kennzeichnend für diese bloß derivative Begründung ist die scheinbare Priorität der Freiheitsrechte. Liberale gehen allgemein davon aus, daß die Erfüllung der Freiheitsrechte wichtiger ist als die Erfüllung von Wohlfahrtsrechten. Der Grund scheint in der Behauptung zu liegen, daß für die autonome Selbstbestimmung

wirken. Für die anderen Grundfreiheiten seines ersten Gerechtigkeitsprinzips gilt die Forderung des fairen Werts dieser Freiheiten nicht.

42 Vgl. MacCallum 1967; Gray (1990), Kapitel 1: »The Meaning of Freedom«.

43 Um das Argument noch zu vervollständigen, muß gezeigt werden, weshalb die faktische Freiheit bzw. ihre materiellen Substrate menschenrechtlich gesichert sein sollen und nicht den politischen, demokratischen Entscheidungsprozessen überlassen werden dürfen. Vgl. Alexy 1985, S. 458 ff.

die Wahrung der Freiheitsrechte zentraler ist als die Wahrung sozialer Rechte. Wohlfahrtsrechte werden nur als Mittel zur Realisierung der Freiheitsrechte verstanden, die deswegen im Zentrum stehen sollen. Aber diese Behauptung der Zentralität von Freiheit ist fragwürdig und kann auch von Freiheitstheoretikern nicht aufrechterhalten werden. Ihre Argumentation für den gleichen Wert der Freiheit betont gerade, daß individuelle Autonomie nicht nur durch Unfreiheit, das heißt äußeren Zwang, bedroht wird, sondern auch durch den Mangel an entsprechend günstigen Bedingungen.[44] Um es platt zu sagen: Die Autonomie eines Individuums wird im Gefängnis, das heißt durch Freiheitsentzug, weniger eingeschränkt als durch schwere Krankheit oder großen Hunger. Zur Sicherung privater Autonomie bedarf es primär des Schutzes von Leib und Leben, von dem (zumindest einige) Freiheitstheoretiker selten explizit zu sprechen scheinen. Für jemanden, der sich in einer Mangelsituation befindet, sind die Freiheitsrechte zwar keinesfalls wertlos, aber der Person wird die Beseitigung des Mangels wichtiger sein als die rechtlichen Freiheiten, mit denen sie aufgrund ihrer Mangelsituation nichts anfangen kann. Auch wenn hier formal mittels der Bedingungen zur Ausübung von rechtlicher Freiheit argumentiert wird, so macht dieses Argument doch deutlich, daß die Freiheitstheoretiker selber etwas anderes als Freiheit für den fundamentaleren zu schützenden Wert erachten (müssen), nämlich Schutz von Leib und Leben. Zur Sicherung von gleicher Autonomie dürfen also nicht primär negative Freiheitsrechte garantiert werden. Die Rechte auf Sicherheit und auf Subsistenz sind deshalb nicht bloß von Freiheit abgeleitet. Diese Rechte sind nämlich basaler als jedes Recht auf Freiheit. Basaler, weil ihre Erfüllung die notwendige Bedingung für die Nutzung von Freiheitsrechten überhaupt ist.[45] Kaum jemand wird bestreiten, daß Menschen ein Recht darauf haben, nicht Opfer von Mord, Folter, Vergewaltigung und anderen körperlichen Angriffen zu werden. Dieses Recht auf körperliche Unversehrtheit ist ein basales Recht, weil seine (weitgehende) Erfüllung notwendig ist, um jedes andere Recht überhaupt wahrnehmen zu können. Ebenso verhält es sich mit dem Recht auf Lebensunterhalt, das heißt mit dem Recht einer Person, von anderen mit dem Lebensnotwendigsten versorgt zu

44 Vgl. Tugendhat 1992, S. 366.
45 Vgl. zu dieser Argumentation Shue 1980, Kapitel 1.

werden, zumindest wenn die Person nicht selber dafür zu sorgen in der Lage ist. Ein Mangel an Subsistenzmitteln kann genauso tödlich, schmerzhaft oder verkrüppelnd sein wie Angriffe auf körperliche Unversehrtheit. Das Recht auf Subsistenz ist also aus den gleichen Gründen wie das Recht auf körperliche Unversehrtheit ein »basic right« in dem Sinne, daß kein weiteres Recht wahrgenommen werden kann, wenn diese Grundrechte nicht erfüllt sind.

Wichtige klassische Grundrechte sind nicht als Freiheitsrechte zu deuten. Die einseitige Orientierung an Freiheit ist also sogar für die liberale Tradition falsch, weil das wohl wichtigste Recht, das auf Leben und körperliche Unversehrtheit, eben kein Freiheitsrecht ist.[46] Andernfalls nutzt man den Ausdruck »Freiheit« in einem sehr weiten bzw. zu weiten Sinn. Über Begriffe läßt sich bekanntlich schlecht streiten, besonders über *highly contested concepts* wie Freiheit.[47] Dennoch eine begriffliche Bemerkung: Natürlich kann man sinnvoll von Freiheit von allem möglichen Schlechten sprechen: man kann frei sein von Zahnschmerzen, Furcht, Not, Bedrohung oder auch frei von Mücken, Autos etc. Aber ist jede Abwesenheit von etwas auch gleich eine Freiheit? Freiheit von Mordanschlägen ist bzw. heißt eigentlich Sicherheit.[48]

Wenn die vorgetragenen Einwände plausibel sind – zum einen, daß Freiheit auch innerhalb einer angemessenen Rekonstruktion der Freiheitsauffassung nicht der oberste Wert ist, sondern distributive Gerechtigkeit und Autonomie (als Basis des Selbstwertgefühls); zum anderen, daß einige klassische liberale Menschen-

46 Vgl. ebd., S. 182, Anm. 14; Tugendhat 1993, S. 358.

47 Vgl. die klare Übersicht zum Freiheitsbegriff bei Gray 1990.

48 Um den begrifflichen Punkt noch etwas weiter zu treiben: Angenommen, das Recht auf Nahrung (für jene, die sich nicht selbst versorgen können) soll als Recht auf Freiheit, hier der Freiheit von Hunger, verteidigt werden, so mißachtet diese Strategie gerade einen von allen geschätzten und wohl deshalb zu schützenden Freiheitsgesichtspunkt: die Freiheit zu haben, bei allen Typen von Bedürfnisbefriedigung seinen eigenen Rhythmus wählen zu können. Es geht bei Bedürfnissen offenbar mehr um den Prozeß der Bedürfnisbefriedigung als um den Zustand des Befriedigtseins. Das ist bei sexueller Lust und kreativen Prozessen offensichtlich; aber auch Essen ist ein solches Bedürfnis, nicht bloß »Hungerfreiheit«, die man zum Beispiel durch intravenöse Nahrungszufuhr im Schlaf garantieren könnte.

rechte nicht plausibel als Sicherung von Autonomie und Freiheit beschrieben werden können –, dann läßt sich die Freiheitsauffassung als *alleinige* Basis für die Begründung von Menschenrechten zumindest in dieser Form nicht halten.

2.2 *Basale Bedürfnisse*

Soziale Rechte werden sehr häufig so verstanden, daß sie auf der besonders wichtigen Bedeutung bestimmter Güter beruhen. Diese Idee greift die Bedürfnisauffassung auf. Als moralische Basis sozialer Anspruchsrechte gilt ihr die Vermeidung von moralisch relevantem Leid. Soziale Menschenrechte lassen sich dieser Auffassung gemäß rekonstruieren als Schutz vor Verletzungen, deren Bedeutung durch basale Bedürfnisse oder essentielle Interessen (kriteriell) bestimmt wird. Soziale Rechte sind nach diesem Ansatz Ansprüche auf etwas, das alle Menschen für das menschliche Leben überhaupt brauchen. Der Mensch als verletzliches Wesen fungiert in diesem Ansatz als universale, anthropologische Grundlage der Menschenrechte überhaupt. – Folgende fünf Einwände sollen zeigen, daß der Bedürfnisansatz zur Bestimmung des Umfangs der sozialen Menschenrechte *allein* nicht ausreicht.

1. In dem anthropologischen Ansatz liegt auch seine Schwäche. Alles hängt natürlich für diese Auffassung davon ab, was man unter ›wesentlichen‹ oder ›essentiellen‹ Interessen versteht. Hier gibt es ein breites Band von möglichen Interpretationen, die in der politischen Philosophie vertreten werden.[49] Anthropologische Ansätze dieser Art sind, unter Bedingungen nachmetaphysischen Denkens zumal, bei der Klärung der Frage, welches nun die moralisch gerechtfertigten höchstrangigen und deshalb primär zu schützenden Interessen sind, in einem Dilemma gefangen: Die Bestimmungen einer essentialistischen anthropologischen Bedürfnisnatur des Menschen sind (a) entweder strittig oder (b) latent trivial.[50]

49 Vgl. Nagel 1996.

50 Diesen Vorwurf müßte man eigentlich an den konkreten Vorschlägen zeigen. Am Beispiel von Martha Nussbaums essentialistischem Ansatz (Nussbaum 1993), an dem das wohl am leichtesten zu demonstrieren ist, tut das Scherer 1993.

(a) Der Bedürfnisansatz müßte substantielle Behauptungen über die allgemeine Bedürfnisnatur des Menschen machen, um einen Katalog von qualitativ und quantitativ bestimmten, durch soziale Menschenrechte zu schützende Bedürfnisse angeben zu können. Diese qualitative Bestimmung dessen, was die schützenswerten Grundbedürfnisse ausmacht, kann heute kaum noch allgemein verbindlich und allgemein überzeugend gelingen. Die substantiellen Prämissen bleiben notwendig dem Kontext bestimmter historischer, kultureller, ideologischer, religiöser usw. Deutungen der menschlichen Natur verhaftet. Das Faktum des weltweiten Relativismus und Pluralismus des Menschenbildes wird, wenn man versucht, substantielle Aussagen zu machen, nicht hinreichend berücksichtigt. Es wird bei diesem Ansatz zudem von sozialhistorischen Entwicklungen abstrahiert, durch die sich zugleich mit dem ökonomischen Reichtum einer Gesellschaft auch die Vorstellungen der Gesellschaftsmitglieder über die menschlichen Grundbedürfnisse ändern. Wenn grundlegende Bedürfnisse erfüllt sind, hören sie auf, äußerst dringlich zu sein.[51] Diese wichtige Feststellung mag erklären, warum bestimmte Grund-»Bedürfnisse« als solche eventuell, je nach sozialer Situation, nicht verspürt werden. Auf welche Voraussetzungen der Vollzug eines Lebens typischerweise angewiesen ist, variiert offenbar stets mit den kulturellen Standards. Die Vermutung, daß alle rationalen und rational geklärten Verständnisse menschlicher Existenz trotz historischer und kultureller Differenzen so weit konvergieren, daß ein genügend großer und substantieller Konsens entsteht, scheint, soweit ich sehen kann, zur Zeit unbegründet.

(b) Um dem Verdacht der Relativität zu entgehen, bleibt als Alternative eine möglichst formale, ›dünne‹ Theorie menschlicher Grundbedürfnisse, die empirisch bestätigt und von niemanden rationalerweise abgelehnt werden kann.[52] Sobald jedoch der Bedürfnisansatz nur auf einer hinreichend formalen Bestimmung der *condition humaine* beruht, wird die Liste der Grundbedürfnisse – wie zum Beispiel Essen, Trinken, Schlaf, Gesundheit etc. –

51 Vgl. Schneider 1967, S. 92. Moller Okin (1981, S. 244) unterbreitet den Vorschlag, die Priorität von Bedürfnissen bzw. der diese schützenden Rechte durch einen paarweisen Vergleich aus der Perspektive einer Person, die beider Rechte beraubt ist, zu klären.

52 Vgl. zum Beispiel Nussbaum 1993 oder Finnis 1980.

zumindest scheinbar trivial. Mit der Formalisierung und Trivialisierung geht auch die Möglichkeit der Konkretisierung der Bedürfnisse verloren, die nötig ist, um deren Schutz rechtlich fixieren zu können. Die beispielhaft aufgezählten Grundbedürfnisse mögen unumstritten sein, ihre Interpretation ist es aber keinesfalls. Bei der inhaltlichen und rechtlichen Konkretisierung droht der Ansatz wieder in das Relativitätsproblem zurückzufallen.

2. Der Bedürfnisansatz glaubt, die hinreichende Befriedigung essentieller Grundbedürfnisse unbedingt menschenrechtlich sicherstellen zu müssen. In den bekannten Menschenrechtserklärungen wird jedoch nicht jedes Grundbedürfnis als rechtlich schützenswürdig erklärt, wie zum Beispiel ein Recht auf Notdurft oder auf Schlaf.[53] In die Menschenrechtskonventionen haben vor allem solche Rechte Einlaß gefunden, die historischen Erfahrung ihrer Bedrohung und Ermangelung entsprangen.[54] Die Befriedigung anderer Grundbedürfnisse, etwa der Sexualität, wird man nicht durch Rechte sicherstellen können, sondern nur die Freiheit oder gar den gleichen Wert der Freiheit[55] zur sexuellen Befriedigung gewähren wollen.

3. Nimmt man empirische Bedürfnisse als Ausgangspunkt, so bekommt man viel weniger oder etwas ganz anderes als das, was wir für den zentralen Kern der Menschenrechte erachten; zum Beispiel keine Freiheitsrechte. Ein reiner Bedürfnisansatz vernachlässigt den Aspekt der autonomen Selbstbestimmung und Freiheit bzw. kann innerhalb seines Rahmens der allgemein geteilten liberalen Intuition, daß Autonomie und Freiheit zentrale zu schützende Werte sind, nicht philosophisch gerecht werden.

53 Waldron (1993) zeigt jedoch, daß es gute Gründe geben kann, Maßnahmen zu ergreifen, um Menschen, zum Beispiel Obdachlosen, die Befriedigung solcher Bedürfnisse zu ermöglichen. Ihnen wird zum Beispiel in den USA oft der Zugang zu Gebäuden verwehrt, in denen sie schlafen und die Toilette benutzen könnten. Schlafen sie deshalb in Parks oder auf der Straße und verrichten dort ihre Notdurft, machen sie sich oft starfbar und werden belangt. So wird ihnen die Erfüllung der essentiellsten, natürlichsten Bedürfnisse unmöglich gemacht. Vgl. auch Galtung 1994, S. 161.

54 So betrachtet, sind Menschenrechtskataloge ein offenes unabgeschlossenes historisches Projekt.

55 Der gleiche Wert ließe sich nur annähernd sichern, wenn Sex qua Prostitution ein käufliches Gut ist.

Freiheit wird zum Beispiel als Gut empirisch oft nicht sehr hoch geschätzt. Menschen sind gegen attraktive materielle Angebote oft bereit, ihre Freiheitsrechte zu verkaufen. Dies ist aber nach allgemeiner liberaler Menschenrechtsauffassung unmöglich. Freiheitsrechte kann man nicht verkaufen; entsprechende Abmachungen gelten als moralisch unzulässig, Menschenrechte in diesem Sinn als unveräußerlich. Diese Bedeutung von Freiheitsrechten kann man nur schwer mittels basaler Bedürfnisse begründen.[56]

56 Hier sind allerdings Auswege denkbar: Eine Alternative könnte darin bestehen, Autonomie und Freiheitsrechte als Bedingungen der Möglichkeit für die Bestimmung basaler Bedürfnisse und die Nutzung von sozialen Rechten zu erweisen. Vgl. Shue (1980, S. 31), der folgende Alternative vertritt: Welche grundlegenden Rechte müssen bereits erfüllt werden, damit alle anderen Rechte überhaupt sinnvoll wahrgenommen werden können? Antwort von Shue: security, subsistence und zum Teil einige Freiheitsrechte. Basale Rechte ergeben sich als (analytisch) notwendige Voraussetzungen, um überhaupt ein Recht wahrnehmen zu können, das heißt aus dem Begriff eines Rechtes überhaupt. Ob ein Recht in diesem Sinne basal ist, ist unabhängig davon, ob sein Gebrauch (*enjoyment*) auch für sich wertvoll ist. – Autonomie wäre danach die zentrale architektonische Rolle im Bedürfnisansatz zuzuweisen, weil die Individuen autonom entscheiden können sollen, welche Bedürfnisse für sie zentral sind. Diese Alternative scheint nicht unattraktiv, hat aber mit dem hier diskutierten Bedürfnisansatz nicht mehr viel gemein, weil Autonomie eben nicht als anthropologisches Grundbedürfnis ins Spiel kommt und eine Bestimmung der anderen Grundbedürfnisse notwendig weitgehend offenbleiben muß. Eine andere Alternative wäre die oben in der Diskussion der Freiheitsauffassung angedeutete Argumentation, nach der Autonomie als Basis unseres Selbstwertgefühls fungiert. Danach wäre das Selbstwertgefühl bzw. das Bedürfnis nach Selbstachtung das oberste Kriterium für die Bestimmung von Rechten. Hier wird zwar mittels eines Grundbedürfnisses argumentiert, von dem ich in der Tat glaube, daß es für alle Menschen zentral ist (auch wenn das bestritten werden kann), dessen Interpretation aber noch offen ist. Gesucht wird doch gerade eine Antwort auf die Frage, was es denn heißt, jemanden zu achten bzw. sein Selbstwertgefühl zu respektieren. Eine dritte Möglichkeit ist bei der Diskussion der Freiheitsauffassung auch schon angedeutet worden: Vielleicht hat abstrakte Freiheit selbst für einige Menschen gar keinen hohen Wert, sondern das, wofür sie die Freiheit brauchen wollen. Freiheit wäre dann nur derivativ begründbar.

4. Selbst wenn sich eine akzeptable Liste der durch Leistungsrechte zu befriedigenden Grundbedürfnisse ermitteln ließe, bleibt dem Ansatz noch ein weiteres Bestimmungsproblem: Wie sollen die knappen Ressourcen zur Befriedigung zwischen verschiedenen Personen und verschiedenen Bedürfnissen verteilt werden? Eine mögliche, naheliegende Antwort wäre, die Verteilung nach der Stärke des Bedürfnisses vorzunehmen. Wie aber soll allergrößte Wichtigkeit oder Dringlichkeit gemessen werden? Empirisch variieren die Angaben, je nachdem, was den Betreffenden gerade fehlt. Es herrscht hier wieder eine kulturelle und ideologische Relativität bei den empirisch ermittelbaren Angaben über Bedürfnisstärken. Außerdem entsteht spätestens hier das Problem, inwieweit man zumindest für die Kultivierung angeblich natürlicher Bedürfnisse verantwortlich ist. Daß antrainierte »teure« Bedürfnisse überhaupt und gar noch nach ihrer Stärke befriedigt werden müssen, scheint intuitiv ungerecht.

Der Inhalt der über Grundbedürfnisse eingeführten sozialen Rechte muß zudem notwendig ziemlich unbestimmt bleiben, weil der Umfang, in dem der Staat die garantierten Ansprüche erfüllen kann, von der Leistungskraft der jeweiligen Volkswirtschaft abhängt und deshalb nicht konkret festgeschrieben werden kann.[57] Offensichtlich hängt das Maß der gerechterweise möglichen Bedürfnisbefriedigung nicht nur davon ab, wie groß oder dringend oder fundamental das Bedürfnis der betroffenen Person ist, sondern auch davon ab, wie groß die zur Verfügung stehende Masse an Ressourcen ist und wie viele andere Personen berechtigte Ansprüche auf diese Ressourcen geltend machen können.

Es ist daher – so meine These – ein Rückgriff auf ein Prinzip distributiver Gerechtigkeit nötig. In gewisser minimaler Weise findet ein distributives Gerechtigkeitsprinzip schon Anwendung, weil der Bedürfnisansatz plausiblerweise gleiche Grundbedürfnisse gleich befriedigen will und muß. Von daher scheint

57 Vgl. Alexy 1985, S. 461 und die dort in Fußnote 245 angeführte juristische Literatur. Deshalb lehnen viele Juristen und Verfassungstheoretiker soziale Rechte als nicht oder nur in sehr geringem Maße justiziabel ab. Statt dessen sei die Entscheidung über den Inhalt und Umfang sozialer Rechte Sache der Politik, das heißt der Mehrheitsentscheidung des demokratischen Souveräns, also gerade kein Menschen- oder Grundrecht.

es kein so großer Schritt für die Bedürfnisauffassung, zu sagen, daß zwar primär die essentiellen Interessen befriedigt werden sollen, aber mittels einer gerechten Verteilung knapper Ressourcen. Der Bedürfnisansatz kann dann plausiblerweise als eine spezifische, aber noch unvollständige Interpretation der Verteilungsgerechtigkeit verstanden werden. Denn das Prinzip der Befriedigung basaler Bedürfnisse reicht allein als Kriterium gerechter Güterverteilung nicht aus, weil noch nicht bestimmt ist, in welchem Maße welche Bedürfnisse befriedigt werden sollen.

5. Die höherrangigen essentiellen Interessen, aus denen dann der Anspruch auf gleiche Rechte zum Schutz dieser essentiellen Interessen ableitbar ist, müssen moralisch gerechtfertigte Interessen sein. Es kann sinnvollerweise nicht um den Rechtsschutz irgendwelcher als wichtig empfundener Interessen gehen, sondern um moralisch, vom unparteiischen Gesichtspunkt aus legitimierte Interessen. Das bedeutet aber, daß die Bedürfnisauffassung nicht nur auf der Moral gleicher Achtung beruht, sondern auch auf dem Rechtfertigungsprinzip. Damit wird die Frage aufgeworfen, warum wir uns *nur* die Befriedigung von Grundbedürfnissen wechselseitig schulden sollten. Warum haben wir *nur* Rechte auf Befriedigung fundamentaler Interessen und Bedürfnisse? Wenn man schon die Moral der gleichen Achtung, das Rechtfertigungsprinzip und Verteilungsgerechtigkeit akzeptiert, dann muß man mit guten, das heißt mit von allen akzeptierbaren Gründen zeigen können, daß weitergehende Verteilungen von Gütern entgegen unser aller Interessen sind.

Wenn schon Rücksicht auf unsere basalen Bedürfnisse genommen wird, so sei zumindest die Frage erlaubt, ob es nicht auch ein basales Bedürfnis nach Gerechtigkeit gibt, das sich in unserer gelegentlichen Empörung über ungerechte Verteilung ausdrückt, obwohl wir nicht am Hungertuch nagen und es den anderen auch im Prinzip nicht mißgönnen (was auf Mißgunst oder Neid hinausliefe). Wird unser Selbstwertgefühl nicht durch grobe Ungerechtigkeit verletzt? Haben wir nicht – zugegebenermaßen wohl auch kulturrelativ – einen Gerechtigkeitssinn bzw. ein Unrechtsempfinden?

Die Auffassung der Verteilungsgerechtigkeit, die ich hier vertreten möchte, schlägt vor, alle Menschenrechte aus einem Gerechtigkeitsgrundsatz abzuleiten, genauer: aus einem Prinzip der Gleichverteilung, es sei denn, es lägen gute Gründe für Ausnahmen vor. Diese Auffassung ist umfassender als die beiden anderen Ansätze. Sie bezieht sich nicht auf ein bestimmtes Kriterium, wie Autonomie oder Bedürfnisse, sondern direkt auf das moralische Prinzip. Zuerst erläutere ich, wie sich ein Gleichverteilungsprinzip als Gerechtigkeitsgrundsatz aus der Moral der gleichen Achtung ergibt, dann komme ich zu dem Verhältnis von Verteilungsgerechtigkeit zu sozialen Menschenrechten.

1. Da wir eine Moral der gleichen Achtung anerkennen, sind wir moralisch verpflichtet, alle Menschen als autonome und gleiche Personen zu behandeln, das heißt auf dieselbe Weise mit gleicher Achtung und Rücksicht (*equal concern and respect*).[58] Aus dieser gleichen Achtung zusammen mit dem Prinzip der allgemeinen und reziproken Rechtfertigung läßt sich eine bestimmte Art der Gleichbehandlung ableiten: Alle Betroffenen sind ungeachtet ihrer Unterschiede gleich zu behandeln, es sei denn, bestimmte (Typen von) Unterschiede(n) wären in der anstehenden Hinsicht relevant und rechtfertigen durch allgemein annehmbare Gründe eine ungleiche Behandlung oder ungleiche Verteilung. Bezogen auf den Bereich der politischen Gerechtigkeit begründet sich daraus ein *Prima-facie*-Gleichverteilungsprinzip für alle politisch zur Verteilung anstehenden Güter. Es wird kein Prinzip strikter Gleichverteilung gefordert, aber es besteht die moralische Notwendigkeit, Ungleichverteilungen unparteiisch rechtfertigen zu müssen. Das *onus probandi*, die Begründungslast, liegt auf seiten der Ungleichverteiler. Diese Präsumption für Gleichheit ist ein Prinzip, mit dessen Hilfe man allein zu konkreten substantiellen Ergebnissen kommen kann.[59]

58 Zur »Behandlung als Gleiche« vgl. Dworkin 1984, S. 370. Eine andere, aber noch vagere Formulierung ist die häufig auch in Verfassungsdokumenten gebrauchte Formulierung von der gleichen Würde aller Menschen; vgl. Vlastos 1984.

59 Dieses Gleichheitsprinzip vertreten mit unterschiedlichen Titeln und mit unterschiedlicher Begründung zum Beispiel am ausführlichsten als Symmetriesatz Tugendhat 1993, S. 374; 1997, 111; als *relevant*

Sie ergibt sich aus der Rechtfertigungsforderung der Moral der gleichen Achtung. Diese Moralauffassung ist egalitär, denn sie enthält den Anspruch auf gleiche Berücksichtigung eines jeden bei jeder Begründung und Verteilung. Jede (Art von) öffentliche(r), politische(r) Verteilung ist danach zunächst einmal allen Betroffenen gegenüber zu begründen, so daß diese im Prinzip zustimmen könnten. Wenn alle ein Interesse an den zu verteilenden Gütern haben, so zählt die Befriedigung der Präferenzen aller *prima facie* (in Abwesenheit besonderer Rechtfertigungsgründe) gleich viel, weil die Personen gleich viel zählen. Wer mehr will, schuldet den anderen eine angemessene allgemeine und reziproke Rechtfertigung. Wenn sich diese nicht geben läßt, das heißt, wenn es keinen Grund für eine Ungleichverteilung, die alle anerkennen können, gibt, dann ist Gleichverteilung die einzige legitime Verteilung. Was sonst? Jede Ungleichverteilung hieße, einer bekommt weniger, der andere mehr. Der weniger bekommt, kann zu Recht einen Grund für sein Schlechterwegkommen verlangen. *Ex hypothesi* gibt es aber keinen. Also ist jede Ungleichverteilung in diesem Fall illegitim. Wenn keine überzeugenden Gründe für eine Ungleichverteilung angeführt werden können, bleibt nur Gleichverteilung übrig. Gleichverteilung ist damit nicht eine unter vielen Alternativen, sondern die unvermeidliche Ausgangsposition, sofern man die Rechtfertigungsansprüche aller gleichberechtigt ernst nimmt.

2. Diese Präsumption der Gleichheit gibt ein elegantes Verfahren für die Konstruktion einer Theorie der Verteilungsgerechtigkeit ab. Folgende Fragen müßten eigentlich beantwortet werden, um zu einem inhaltlich gefüllten Gerechtigkeitsprinzip zu kommen: Welche Güter und Lasten stehen zur Verteilung (bzw. sollten zur Verteilung stehen)? Was sind die sozialen Güter, die den Gegenstand gerechter Gleichverteilung abgeben? An wen soll verteilt werden? Wer hat *prima facie* einen Anspruch auf einen fairen Anteil? Was sind jene oft angeführten, dennoch eigentlich ungerechtfertigten Ausnahmen von der Gleichverteilung? Was sind die gerechtfertigten Ungleichheiten? Welcher Ansatz, welche Konzeption oder Theorie der egalitären distributiven Gerechtigkeit ist deshalb die beste? Diese Fragen kann ich hier nicht

reasons approach Williams 1978; als Präsumption Bedau 1967, S. 19; als *default option* Hinsch 1997, Kapitel 5. Vgl. dazu kritisch Westen 1990, Kapitel 10.

ausführlich behandeln, aber ich möchte zumindest noch einige kurze Hinweise geben, welche Gesichtspunkte für die Beantwortung dieser Fragen relevant sind.

Welche Güter und Lasten sollten zur Verteilung stehen?[60] Häufig werden die zu verteilenden Güter durch einen Art Kontraktualismus bestimmt, der an Reziprozität und gegenseitigen Nutzen appelliert.[61] Nach dieser Sicht bezieht sich Verteilungsgerechtigkeit nur auf solche Güter, die gemeinsam, das heißt durch gesellschaftliche und wirtschaftliche faire Kooperation, hergestellt worden sind. Verteilt werden sollen die gemeinsamen Früchte der Kooperation, auf die jeder *prima facie* gleichen Anspruch hat, weil sie alle an der Herstellung der Güter beteiligt waren. Über andere Güter, wie zum Beispiel natürliche Ressourcen, die nicht das Ergebnis gemeinsamer Kooperation sind, wird nichts gesagt. Diese Beschränkung auf gemeinsame Kooperation vermag nicht sonderlich zu überzeugen.[62] Plausibler scheint, *prima facie* alle erwünschten Güter und unerwünschten Lasten sowie alle Vor- und Nachteile des menschlichen Zusammenlebens, über die wir zusammen die Kontrolle haben und die wir verteilen können, als zu verteilende Güter anzusehen. Sollen bestimmte Güter ausgeschlossen werden, ist dies allgemein von denjenigen, die dies verlangen, zu begründen. Es geht um Fragen einer ursprünglichen (gerechten) Verteilung von irgendwie gemeinschaftlichen Gütern, die noch nicht verteilt worden sind, also noch keinem gehören, so daß alle einen grundsätzlich gleichberechtigten Anspruch darauf haben (Entsprechendes gilt für Lasten). (Damit sind vorhergehende Besitzansprüche ausgeklammert sowie Fragen des gerechten Tausches und Handels.)

Kann die Gruppe der Anpruchsberechtigten vor der Überprüfung konkreter Ansprüche schon eingeschränkt werden? Viele Theorien scheinen das zu implizieren, wenn sie Verteilungsgerechtigkeit bzw. die zu verteilenden Güter an gesellschaftliche Kooperation oder Produktion knüpfen. Dann dürften solche

60 Vgl. Sen 1980 und ders. 1992, Kapitel I.

61 Dies ist gegenwärtig am prominentesten bei Rawls (1975), und sehr viele seiner Anhänger und Kritiker folgen ihm darin; vgl. zum Beispiel Koller (1994).

62 Zu der Frage, ob Rechte auf angemessene Berücksichtigung bei der Verteilung nicht doch spezielle Rechte sind, die sich aus einer sozialen Kooperation ergeben, vgl. Nelson 1974, besonders S. 425 ff.

Personen, die nichts zur Kooperation betragen können, wie Behinderte, Kinder oder zukünftige Generationen, keinen Anspruch auf einen gerechten Anteil haben. Der Personenkreis, an den verteilt werden soll, wird somit von vornherein eingeschränkt. Andere Theorien sind weniger restriktiv, indem sie die Verteilung nicht an die tatsächliche Koproduktion koppeln, jedoch beschränken, indem sie sie beispielsweise an den Mitbürgerstatus binden. Danach bleibt die Verteilungsgerechtigkeit auf die Personen innerhalb einer Gesellschaft begrenzt. Personen außerhalb der Gemeinschaft haben keinen Anspruch. Ungleichverteilung zwischen Staaten und die soziale Lage von Personen außerhalb der betreffenden Gesellschaft wären demnach kein Problem der sozialen Verteilungsgerechtigkeit. Auch hier jedoch verlangen die universale Moral der gleichen Achtung und das Gleichverteilungsprinzip, jede Person als mit *prima facie* gleichem Anspruch auf die Güter anzusehen, es sei denn, es könnten Gründe für eine Ungleichverteilung angeführt werden. In dem Rechtfertigungsprozeß mag es nun Gründe geben, Personen, die an der Herstellung eines Gutes besonders beteiligt waren, bei der Verteilung zu bevorzugen. Aber *prima facie* gibt es keinen Grund, Menschen, zum Beispiel anderer Länder, von vornherein vom Verteilungs- und Begründungsprozeß auszuschließen. Dies mag im Falle natürlicher Ressourcen wie Bodenschätzen, die man zufällig auf oder unter seinem Grundstück findet, intuitiv am einsichtigsten sein. Warum sollten sie dem gehören, der sie findet oder auf dessen Grund und Boden sie sich befinden?

Die zu verteilenden Güter müssen im nächsten Schritt in unterschiedliche Kategorien unterteilt werden. Eine solche Einteilung ist wesentlich, weil Gründe, die für eine Ungleichbehandlung in einem Bereich sprechen mögen, keine Ungleichbehandlung in einem anderen Bereich begründen. Um unser Verständnis heutiger liberaler wohlfahrtsstaatlicher Demokratien zu rekonstruieren, scheinen vier Kategorien wesentlich: 1. bürgerliche Freiheiten, 2. politische Partizipationsmöglichkeiten, 3. soziale Positionen und Chancen, 4. wirtschaftlicher Profit. Für alle vier Kategorien ist distributive Gerechtigkeit der leitende Gesichtspunkt, dessen Ergebnisse sich dann in Rechten fassen lassen.

Nachdem die Güter in Kategorien eingeteilt sind, so ist des weiteren zu fragen, welche Gründe in den jeweiligen Kategorien eine Ungleichbehandlung oder -verteilung rechtfertigen können.

Dies ergibt sich aus dem Gleichverteilungsprinzip. Ausgangspunkt der philosophischen Überlegung ist also die Frage nach einer kontrafaktischen, ursprünglichen Verteilung von gemeinschaftlichen Gütern, die noch nicht verteilt worden sind, also noch keinem gehören, so daß alle einen grundsätzlich gleichberechtigten Anspruch darauf haben (Entsprechendes gilt für Lasten). Folgende Arten möglicher Gründe müssen für eine gerechtfertigte ungleiche Behandlung in bestimmten Kategorien ernst genommen und deshalb diskutiert werden: (a) unterschiedliche natürliche Benachteiligungen (zum Beispiel bei Behinderten), (b) bestehende Rechte oder Ansprüche (zum Beispiel Privateigentum), (c) unterschiedlicher Verdienst im engeren Sinn von speziellen Leistungen (zum Beispiel Anstrengung oder Opfer für die Gemeinschaft), (d) Leistungsanreize (wie zum Beispiel in Rawls' Differenzprinzip) und (e) Kompensationen für indirekte oder strukturelle Diskriminierung (zum Beispiel Quotierung).

Hier kann es nicht darum gehen, diese Theorie distributiver Verteilungsgerechtigkeit auf der Basis des Prinzips der *Prima-facie*-Gleichbehandlung vollständig darzulegen, indem die Berechtigung dieser Arten von Ansprüchen einzeln geprüft wird (das muß einer anderen Gelegenheit vorbehalten bleiben). Es kann für unsere Zwecke genügen, diesen Ansatz wie die anderen Auffassungen auch nur grob zu skizzieren.[63] Der Kerngedanke eines Arguments für soziale Gerechtigkeit sei nur kurz erwähnt: Ungleiche Anteile an Gütern sind dann fair, wenn sie erarbeitet sind und verdientermaßen zufließen, das heißt, wenn sie sich aus den Entscheidungen und absichtlichen Handlungen der Betreffenden ergeben. Unfair ist die Bevorzugung oder Benachteiligung aufgrund willkürlicher und unverdienter Unterschiede in den sozialen Umständen und natürlichen Gaben. Rawls' Hauptintuition beruht auf der Unterscheidung zwischen Entscheidung (*choice*) und (Lebens-)Umständen (*circumstances*).[64] Dworkin formuliert dieses Verteilungskriterium so: Eine gerechte Verteilung muß ausstattungsinsensitiv und gleichzeitig absichtssensitiv

63 Auf der Grundlage des Prinzips der Gleichverteilung kann meines Erachtens gezeigt werden – wenn auch nicht hier –, daß diese Arten von Gründen de facto weniger Ungleichheit rechtfertigen als gemeinhin angenommen wird.

64 Vgl Rawls 1975, § 12.

sein.[65] Die natürliche und soziale Ausstattung darf nicht zählen, die persönlichen Absichten und freiwilligen Entscheidungen der Menschen jedoch schon. Die Individuen müssen für die Kosten ihrer Entscheidungen deshalb aufkommen. Diese Konzeption will dabei auch berücksichtigen, daß nicht nur verteilt werden kann, sondern die Produktion der Güter zum einen gefördert und zum anderen gerecht geregelt werden muß. Es geht nicht nur um das *Prima-facie*-Recht auf den gleichen Anteil an Gütern, sondern auch um das Recht und gegebenenfalls die Pflicht, die elementaren, geschätzten Güter verfügbar zu machen.

3. Für die Problematik sozialer Menschenrechte ist nun in der gebotenen Kürze auf die relevante Frage einzugehen, ob und, wenn ja, wie Prinzipien sozialer Gerechtigkeit als (Menschen-) Rechte aufgefaßt werden sollen. Die Argumentation verläuft in vier Schritten: (a) Aus Ansprüchen der Verteilungsgerechtigkeit folgen moralische Rechte; (b) diese moralischen Ansprüche und Rechte gelten weltweit; (c) deshalb sollte der weltweite moralische Anspruch auf einen gerechten Anteil das Prinzip zur Generierung von Menschenrechten bilden; (d) zu diesen so generierten Menschenrechten gehören soziale Rechte gleichberechtigt dazu.

(a) Welche politisch-moralischen Rechte wir haben, müssen wir mittels des Rechtfertigungs- und des *Prima-facie*-Gleichverteilungsprinzips ermitteln. Ausgangspunkt für die Bestimmung des Inhalts der politischen Moral ist die Idee der (Verteilungs-)Gerechtigkeit, und zwar in ihrer ganzen Breite. Aus den Forderungen der Gerechtigkeit ergeben sich *moralische* Rechtsansprüche, denn die Menschen schulden sich wechselseitig, gerechte Verhältnisse herzustellen und Güter und Laster gerecht zu verteilen. Gegen alternative Strategien, wie die Auffassungen, daß nur Freiheit oder die Erfüllung von basalen Bedürfnissen (menschen-) rechtlich zu schützen seien, habe ich zu zeigen versucht, daß diese einerseits immer schon von der Idee der Verteilungsgerechtigkeit Gebrauch machen (müssen) und anderseits die Einschränkung des rechtlich zu schützenden Umfangs der Gerechtigkeit nicht gut begründen können.

(b) Den Anwendungsbereich von Verteilungsgerechtigkeit bilden soziale Verhältnisse, in denen mehrere Personen – aus welchen Gründen auch immer – einen gemeinsamen Anspruch auf

65 Vgl. Dworkin 1981, S. 311.

irgendwelche Güter besitzen oder gemeinsam gewisse Lasten zu erbringen haben. Sofern es sich um die sozialen Verhältnisse aller Menschen qua »Mitgliedschaft« in der Menschengemeinschaft handelt, sind diese Lasten und Güter weltweit gerecht zu verteilen. Es handelt sich demnach um Forderungen der Gerechtigkeit, die *prima facie* alle Menschen qua Menschen betreffen. Diese moralischen Pflichten und Ansprüche, die sich aus der Verteilungsgerechtigkeit ergeben, gelten somit *prima facie* weltweit. Denn nach dem Prinzip der Rechtfertigung müssen alle Regelungen, Handlungen und zu verantwortenden Verhältnisse bzw. Zustände *allen* Betroffenen gegenüber gerechtfertigt werden. So, wie die Weltgemeinschaft zur Zeit existiert und über welche Möglichkeiten sie zur Zeit verfügt, das heißt, welche Kontrolle und damit Verantwortung sie über soziale Verhältnisse hat, müssen alle Güter- und Lastenverteilungen den Betroffenen gegenüber gerechtfertigt werden können. Die Idee distributiver Gerechtigkeit ist nicht an einen institutionellen Rahmen einer wechselseitig förderlichen Kooperation gebunden.[66] Deshalb geht damit auch nicht implizit eine Forderung nach einem Weltstaat einher; vielmehr können Gerechtigkeitsforderungen und moralische Rechte in unterschiedlichen Staaten realisiert sein. Moralische Ansprüche und Rechte machen nicht an Grenzen halt, sie gelten weltweit für alle Menschen.

(c) Dieser weltweite moralische Anspruch auf den gerechten Anteil an Gütern und Lasten – so möchte ich hier behaupten – sollte das Prinzip zur Generierung moralisch anzuerkennender subjektiver Menschenrechte bilden. In diesem Sinne möchte ich es deshalb als ein Menschenrechtsprinzip bezeichnen. Das Prinzip der *Prima-facie*-Gleichverteilung ist als Regel zur gerechten Verteilung von allen Güter und Lasten deshalb ein *Rechte generierendes Prinzip*.[67] Dieses Rechtsprinzip stellt die substantielle Leitidee und die zentrale Rechtfertigung für politisch-moralische

66 Nach konkurrierender Auffassung können materielle Ansprüche allein als Ansprüche auf die Ergebnisse einer wechselseitig förderlichen Kooperation begründet werden. Es ist allerdings umstritten, ob die jetztigen Weltverhältnisse eine solche wechselseitig förderliche Kooperation darstellen. Zu solchen Ansätzen vgl. Nelson 1974, besonders S. 425 ff.; vgl. dagegen Pogge 1988, und Beitz 1979.

67 So wie die moderne Freiheitsauffassung auch Kants einziges Menschenrecht als ein Menschenrechtsprinzip versteht.

(Menschen-)Rechte überhaupt dar. Menschenrechte sind moralische Ansprüche bzw. Forderungen der Gerechtigkeit auf etwas, was niemandem als Mensch vorenthalten werden darf. Dies ergibt sich aus dem moralischen Verständnis von Menschenrechten, wie es oben dargelegt wurde.[68] Aus diesem alle Rechte generierenden Prinzip müssen sich dann in weiteren Schritten je nach Kategorie von Gütern spezifischere und präzisere Rechte herleiten lassen. Moralische Rechtsansprüche enthalten zudem die moralische Forderung, diese moralischen Rechtsansprüche zu institutionalisieren und so zu schützen. Die qua Gerechtigkeitsprinzip generierten Menschenrechte müssen also in einem weiteren Schritt grundrechtlich positiviert werden.

(d) *Soziale* Menschenrechte lassen sich – so die hier vertretene Schlußfolgerung – aus dem Prinzip der *Prima-facie*-Gleichverteilung aller Güter als Menschenrechtsprinzip genauso wie andere Rechte ableiten. Sie stehen mit den anderen klassischen Rechten gleichberechtigt auf einer Stufe. Für soziale Leistungsrechte kann man auf den Gerechtigkeitsgrundsatz pochen. Soziale Menschenrechte schreiben den besonders fundamentalen Anspruch auf die gerechte Zuteilung bestimmter sozialer Grundgüter fest, die keinesfalls für die Sicherung anderer niedrigerer Rechte und Interessen geopfert werden dürfen. Ein über das Gleichverteilungsprinzip gewonnener Status sozialer Menschenrechte wird dabei sicherlich – auch wenn es begründete Ausnahmen von der Gleichverteilung für Leistungsanreize etc. gibt – im Niveau weit über dem liegen, was soziale Rechte bisher sichern, da diese immer nur einen (Minimal-)Standard eines Gutes mit dem Ziel der Ermöglichung einer menschenwürdigen Existenz für alle festschreiben. Der Zielzustand sollte nach dieser Auffassung eine weltweite Gleichverteilung auf dem höchsten legitimen Niveau, das heißt unter Berücksichtigung legitimer Ungleichverteilungen, sein.

Wenn man Menschenrechte sinnvollerweise moralisch und nicht nur juridisch versteht und wenn Verteilungsgerechtigkeit der leitende Gesichtspunkt bei der inhaltlichen Bestimmung der moralischen Rechte ist, dann sind *prima facie* alle moralischen Ansprüche und Rechte weltweit Gegenstand von Menschenrech-

68 Siehe die entsprechenden Ausführungen oben auf S. 149 ff. Wer hingegen Menschenrechte von vornherein begrifflich enger versteht, wird spätestens diesen Schritt nicht mitmachen.

ten. Die Freiheits- und die Bedürfnisauffassung stellen im Ansatz Versuche dar, den Umfang der Menschenrechte zu limitieren und Menschenrechte enger zu fassen. Aus der Gerechtigkeitsperspektive kann man den Kanon jedoch nicht ohne weiteres begrenzen.

Nun gibt es gegen die Auffassung, Menschenrechte mit sozialer Gerechtigkeit gleichzusetzen, starke Einwände. Dieses Prinzip setzt sich insbesondere dem Vorwurf aus, nicht für unsere Intuition oder unser Verständnis von Menschenrechten aufkommen zu können, wonach wir unter Menschenrechten nur besonders grundlegende, besonders wichtige Rechte verstehen, aber nicht das Ganze der Gerechtigkeit. Was sind die vorgebrachten Gründe für eine von vielen vertretene restriktivere Auffassung von Menschenrechten, der gemäß Menschenrechte allenfalls ein Konzept minimaler Gerechtigkeit enthalten?

Ein Grund ist sicherlich politisch-pragmatisch. Eine Ausweitung der Menschenrechte steht im umgekehrten Verhältnis zu der dann noch verbleibenden Chance, sie realisieren zu können. Je mehr man in die Menschenrechte packt, desto weniger wird man erreichen. Man kann für das Ganze der Gerechtigkeit zur Zeit nicht den gleichen emotionalen Rückhalt bei allen gewinnen wie bei einer restriktiveren Konzeption von Menschenrechten. Das ist sicherlich richtig. Allerdings ergibt sich aus dem rein pragmatischen Argument nur, daß man nicht alles auf einmal verlangen sollte, sondern stufenweise vorgehen muß. Vielleicht müssen Menschenrechte wirklich ein politischer Kompromiß sein, um ihnen die erstrebenswerte weltweite Akzeptanz zu verschaffen. Aber dafür braucht man dennoch die Orientierung an einem Ideal. Und dieses gibt einem das Prinzip der Verteilungsgerechtigkeit, das als solches durch politisch-pragmatische Kompromisse nicht entwertet wird.

Menschenrechtsforderungen werden zudem oft als Erfahrungen aus exemplarischen Unrechtserfahrungen charakterisiert. Diese historische Erfahrung mit den Verletzungen bestimmter Ansprüche zeigen den Individuen die besondere Bedeutung dieser Rechte, auch dann noch, wenn es längst im Zuge von Konflikten gelungen ist, sie allgemein zu sichern. Gegen eine eher historisch-politische Auffassung des Gehalts von Menschenrechten ist jedoch zu betonen, daß Menschenrechte weder relativ zu politischen Gemeinschaften noch zu historischen Situationen sind, auch wenn sie aus sozialen Konflikten und Kämpfen hervorgegangen sind und jeweils das schützen, was in bestimmten historischen Situationen besonders bedroht war bzw. noch immer ist. Man muß zwischen Genesis und Geltung unterscheiden. Die historische Herausbildung von bestimmten Menschenrechten geht sicherlich von Ansprüchen aus, die Individuen und Gruppen in konkreten sozialen Konflikten erhoben haben und die im Zuge von Protesten und Kämpfen akzeptiert wurden. Diese Entwicklung beschreiben die Beteiligten selbst jedoch retrospektiv als kollektive moralische Erfahrung und Lernprozesse. In solchen Konflikten um spezifische Menschenrechte, die immer historisch und kulturell situiert sind, kommt, wenn bisher nicht akzeptierte Rechte anerkannt werden, eine Einsicht in die allgemeine, ort- und zeitunabhängige moralische Geltung von solchen Rechten zustande.

Gegen soziale Rechte wird oft eingewandt, daß Leistungsrechte einen anderen rechtlichen Status haben als Abwehrrechte, weil Abwehrrechte leicht zu garantieren seien, Leistungsrechte aber nicht. Die darin implizierte Forderung, daß jedes Menschenrecht immer und in jedem Fall in der Praxis auch erfüllbar sein müsse und es deshalb keine sozialen Menschenrechte geben könne, ist allerdings selbst für die beiden anderen Typen von Rechten (Freiheits- und Partizipationsrechte) überzogen. Kein Menschenrecht gilt unbedingt und ausnahmslos. Außerdem bedürfen viele Rechte, auch Freiheitsrechte, der Ressourcen, die in bestimmten Situationen fehlen können oder für etwas Wichtigeres eingesetzt werden müssen (zum Beispiel, um ein anderes Freiheitsrecht zu schützen). Es gibt einen unlösbaren Zusammenhang von sozialen Rechten und Freiheitsrechten.

Diese und ähnliche Einwände können meines Erachtens die Auffassung, moralische Rechte von der Idee sozialer Gerechtigkeit her zu verstehen, nicht unterminieren.[69] Es gibt dennoch Anlaß, das Konzept der Menschenrechte zu beschränken. Sowohl aus pragmatischen wie demokratietheoretischen Gründen ist es sinnvoll, nur bestimmte besonders fundamentale Menschenrechte in Verfassungen grundrechtlich festzulegen. Damit werden jene Rechte als besonders schützenswürdig ausgezeich-

69 Obwohl dies sicherlich genauer geprüft und diskutiert werden müßte, als es hier möglich ist.

net, die man nicht ohne weiteres der weiteren demokratischen und einzelstaatlichen Beschlußfassung überlassen möchte. Dies sind zum einen diejenigen Rechte, ohne deren Gewährung die Nutzung anderer Rechte ausgeschlossen ist. Zum anderen sind es vor allem jene Rechte, die zur Sicherung des Kernbestands der Moral der gleichen Achtung zentral, das heißt für den Status der gleichberechtigten Person fundamental sind. So können aus diesem Prinzip negative Freiheitsrechte, politische Partizipationsrechte und soziale Leistungsrechte als Rechtsanspruch auf eine bestimmte Verteilung bestimmter Güter hergeleitet werden, indem man zeigt, daß gerade diese Güter besonders zentral für die Nutzung anderer Rechte sind. Die aus dem allgemeinen Rechtsprinzip abgeleiteten Menschenrechte sind ihrem Wesen nach jedoch noch abstrakt. Die notwendige Positivierung und in Einzelheiten reichende Konkretisierung als Grundrechte in Staatsverfassungen muß den wiederum menschenrechtlich abgesicherten demokratischen Prozeduren in spezifischen historischen und gesellschaftlichen Situationen vorbehalten bleiben. Die in Verfassungen als Grundrechte eingehenden Menschenrechte lassen absichtlich eine signifikante Spannweite bei der Festlegung spezifischer Rechte. Die Betroffenen selbst können so als moralisch autonome Individuen bestimmen, wie die moralischen Rechtsansprüche in konkreten historisch-sozialen Situationen zu verstehen sind.

Worauf es mir hier ankommt, ist, zu betonen, daß aus der universalistischen moralischen Perspektive dieses Ansatzes nicht zu ersehen ist, warum der berechtigte moralische Anspruch auf den gerechten Anteil an weltweiten Gütern und Lastern nicht menschenrechtlich gefaßt werden sollte. Warum sollte – so ist doch zu fragen – der Bereich der Menschenrechte nicht mit dem der Gerechtigkeit im Prinzip und in aller nötigen Abstraktheit übereinstimmen? Das Recht auf gleiche Achtung ist in allen relevanten Dimensionen gleichermaßen zu schützen. So auch in der Dimension sozialer Gerechtigkeit.

Meine Absicht war es, zu zeigen, daß die Freiheitsauffassung zwar den Wert der Freiheit zu Recht betont, die Bedeutung von Freiheit und Freiheitsrechten aber unbegründet überbetont und die Menschenrechte mit dem Freiheitsaspekt allein nicht erklären kann. Die Bedürfnisauffassung betont dagegen zu Recht die notwendige Befriedigung anderer Grundbedürfnisse als die des Bedürfnisses nach Freiheit, kann aber die Bedürfnisse qualitativ nicht genau bestimmen und das System der Menschenrechte auch nicht vollständig rekonstruieren. Letztlich bleibt bei beiden Positionen unklar – wenn sie sich denn als Gerechtigkeitstheorien verstehen, und ich wollte unter anderem zeigen, daß sie sich auch so verstehen müssen –, warum sie bei der Sicherung von Freiheiten und der Befriedigung von Grundbedürfnissen stehenbleiben und nicht statt dessen eine allgemeine Verteilungstheorie von Gütern und Lasten zugrunde legen. Die Idee sozialer Gerechtigkeit – so die hier vertretene These – begründet und konstituiert die Idee sozialer Rechte, geht aber weit über das traditionell mit sozialen Rechten Eingeforderte hinaus. Kann man diesen weitergehenden Ansatz – so möchte ich fragen – plausibel zurückweisen, wenn man bereit ist, eine universalistische egalitäre Moral zu akzeptieren?

Literatur

Alexy, R. (1985), *Theorie der Grundrechte*, Frankfurt am Main: Suhrkamp.

Arendt, H. (1949), »Es gibt nur ein einziges Menschenrecht«, in: D. Sternberger (Hg.), *Die Wandlung*, Jg. IV, Heidelberg, S. 754-770; wiederabgedruckt in: O. Höffe u.a. (Hg.), *Praktische Philosophie/Ethik. Reader zum Funk-Kolleg*, Bd. 2, Frankfurt am Main: Fischer 1981, S. 152-167.

Bedau, H. (1982), »International Human Rights«, in: T. Regan und D. VanDeVeer (Hg.), *And Justice for All*, Totowa, N.J., S. 287-308.

– (1967), »Egalitarianism and the Idea of Equality«, in: J. Roland Pennock und John Chapman (Hg.), *Equality (Nomos IX)*, New York 1967.

Beitz, R. (1979), *Political Theory and International Relations*, Princeton, N.J.: Princeton University Press.

Berlin, I. (1955/56), »Equality«, in: *Proceedings of the Aristotelian Society* 56.

Buchanan, A. (1997), »Theories of Secession«, in: *Philosophy and Public Affairs* 26.

Dworkin, R. (1977), *Bürgerrechte ernstgenommen*, Frankfurt am Main: Suhrkamp 1990.

– (1981), »What is Equality?« Teil 2: »Equality of Resources«, in: *Philosophy and Public Affairs* 10, S. 283-345.

Feinberg, J. (1973), *Social Philosophy*, Englewood Cliffs, N.J.: Prentice-Hall.
Finnis, J. (1980), *Natural Law and Natural Rights*, Oxford: Oxford University Press.
Forst, R. (1994), *Kontexte der Gerechtigkeit*, Frankfurt am Main: Suhrkamp.
– (1996), »Politische Freiheit«, in: *Deutsche Zeitschrift für Philosophie* 44, S. 211-227.
– (1998), »Die Rechtfertigung der Gerechtigkeit. Rawls' Politischer Liberalismus und Habermas' Diskurstheorie in der Diskussion«, in: P. Niesen und H. Brunkhorst (Hg.), *Das Recht der Republik*, Frankfurt am Main: Suhrkamp.
– (1999), »Das grundlegende Recht auf Rechtfertigung. Zu einer konstruktivistischen Konzeption von Menschenrechten«, in: H. Brunkhorst, W. Köhler und M. Lutz-Bachmann (Hg.), *Recht auf Menschenrechte*, Frankfurt am Main: Suhrkamp.
Galtung, J. (1994), *Menschenrechte – anders gesehen*, Frankfurt am Main: Suhrkamp.
Gosepath, S. (1995), »The Place of Equality in Habermas' and Dworkin's Theories of Justice«, in: *European Journal of Philosophy* 3, S. 21 bis 35.
Gray, T. (1990), *Freedom*, London: MacMillan.
Habermas, J. (1992), *Faktizität und Geltung*, Frankfurt am Main: Suhrkamp.
Hart, H. L. A. (1955), »Are There Any Natural Rights?«, in: *Philosophical Review* 64; auch in: J. Waldron (Hg.), *Theories of Rights*, Oxford: Oxford University Press 1984, S. 77-90.
– (1973), »Rawls über Freiheit und ihren Vorrang«, in: O. Höffe (Hg.), *John Rawls, Eine Theorie der Gerechtigkeit*, Berlin: Akademie Verlag 1998, S. 117-147.
Heidelmeyer, W. (Hg.) (1982), *Die Menschenrechte*, Paderborn, 3., erweiterte Auflage.
Hernekamp, K. (Hg.) (1979), *Soziale Grundrechte*, Berlin/New York: de Gruyter.
Hinsch, W. (1997), »Gerechtfertigte Ungleichheiten«, Habilitationsschrift, Münster.
Jellinek, G. (1905), *System der subjektiven öffentlichen Rechte*, Tübingen, 2. Auflage.
Kant, I. (1797), *Die Metaphysik der Sitten. Kant's gesammelte Werke*, Akademie-Ausgabe, Berlin 1902 ff., Bd. 6.
Koller, P. (1994), »Soziale Güter und Gerechtigkeit«, in: H.-J. Koch, M. Köhler und K. Seelmann (Hg.), *Theorien der Gerechtigkeit. Archiv für Rechts- und Sozialphilosophie*, Beiheft 56, Stuttgart: Steiner, S. 79-104.

Lukes, S. (1991), »Equality and Liberty: Must They Conflict?«, in: D. Held (Hg.), *Political Theory Today*, Oxford: Blackwell 1991, S. 50 bis 70; wieder abgedruckt in: S. Lukes, *Moral Conflict and Politics*, Oxford: Blackwell 1993.

MacCallum, G. C. (1967), »Negative and Positive Freedom«, in: *Philosophical Review* 76, S. 312-334.

Marshall, T. H. (1992), *Bürgerrechte und soziale Klassen*, Frankfurt am Main/New York: Campus, S. 33-95.

Moller Okin, S. (1981), »Liberty and Welfare«, in: J. R. Pennock und J. W. Chapman (Hg.), *Human Rights (Nomos XXIII)*, New York, S. 230-256.

Nagel, T. (1979), »Gleichheit«, in: ders., *Letzte Fragen*. Erweiterte deutsche Neuausgabe, Bodenheim: Philo, S. 149-179.

– (1991), *Equality and Partiality*, Oxford: Oxford University Press.

Nelson, W. (1974), »Special Rights, General Rights, and Social Justice«, in: *Philosophy and Public Affairs* 3, S. 410-430.

Nussbaum, M. (1992), »Menschliches Tun und soziale Gerechtigkeit. Zur Verteidigung des aristotelischen Essentialismus, in: M. Brumlik und H. Brunkhorst (Hg.), *Gemeinschaft und Gerechtigkeit*, Frankfurt am Main: Fischer 1993, S. 323-361.

O'Neill, O. (1979/80), »The Most Extensive Liberty«, in: *Proceedings of the Aristotelian Society* 80, S. 45-59.

Pogge, T. (1988), »Rawls and Global Justice«, in: *Canadian Journal of Philosophy* 18, S. 227-256.

– (1995), »How Should Human Rights be Conceived?«, in: J. Hruschka (Hg.), *Jahrbuch für Recht und Ethik* 3, Berlin: Dunker & Humblot, S. 103-120.

Rawls, J. (1971), *Eine Theorie der Gerechtigkeit*, Frankfurt am Main: Suhrkamp 1975.

– (1983), »Der Vorrang der Grundfreiheiten«, in: ders., *Die Idee des politischen Liberalismus*, Frankfurt am Main: Suhrkamp 1992, S. 159 bis 254.

Scherer, C. (1993), »Das menschliche und das gute Leben«, in: *Deutsche Zeitschrift für Philosophie* 41, S. 905-920.

Schneider, P. (1967), »Social Rights and the Concept of Human Rights«, in: D. D. Raphael (Hg.), *Political Theory and the Rights of Man*, London: MacMillan.

Seebaß, G. (1996), »Der Wert der Freiheit«, in: *Deutsche Zeitschrift für Philosophie* 44, S. 759-775.

Sen, A. (1980), »Equality of What?« in: S. M. McMurrin (Hg.), *Tanner Lectures on Human Values*, Bd. I, Cambridge University Press.

– (1992), *Inequality Reexamined*, Oxford: Clarendon Press.

Shue, H. (1980), *Basic Rights. Subsistence, Affluence, and U.S. Foreign Policy*, Princeton, N.J.: Princeton University Press.

– (1975), »Liberty and Self-Respect«, in: *Ethics* 85, S. 195-203.
– (1988), »Mediating Duties, in: *Ethics* 98, S. 687-704.
Simma, B., und U. Fastenrath (Hg.) (1992), *Menschenrechte – Ihr internationaler Schutz*, München, 3. Auflage.
Tugendhat, E. (1992), »Liberalism, Liberty and the Issue of Economic Human Rights«, in: ders., *Philosophische Aufsätze*, Frankfurt am Main: Suhrkamp, S. 352-370.
– (1993), *Vorlesungen über Ethik*, Frankfurt am Main: Suhrkamp.
– (1997), *Dialog in Letitia*, Frankfurt am Main: Suhrkamp.
Vlastos, G. (1984), »Justice and Equality«, in: J. Waldron (Hg.), *Theories of Rights*, Oxford: Oxford University Press, S. 41-76.
Waldron, J. (1993), »Homelessness and the Issue of Freedom«, in: ders., *Liberal Rights*, Cambridge: Cambridge University Press, S. 309-338.
– (Hg.) (1987), *»Nonsense upon Stilts«. Bentham, Burke, and Marx on the Rights of Man*, London: Methuen.
Wellmer, A. (1998), »Demokratie und Menschenrechte«, in diesem Band, S. 265-291.
Westen, P. (1990), *Speaking of Equality*, Princeton, N.J.: Princeton University Press.
Williams, B. (1973), »Der Gleichheitsgedanke«, in: ders., *Probleme des Selbst*, Stuttgart: Reclam 1978, S. 366-397.
Wingert, L. (1993), *Gemeinsinn und Moral*, Frankfurt am Main: Suhrkamp.

Onora O'Neill
Transnationale Gerechtigkeit*

Gerechtigkeit über Grenzen hinweg

Die Diskussion um distributive Gerechtigkeit zwischen den Nationen ist etwas Neues und zugleich ziemlich konfus. Neu ist sie, weil es sich bei der weltweiten Verteilung um eine erst seit kurzem existierende Möglichkeit handelt. Konfus ist sie, weil die Prinzipien distributiver Gerechtigkeit strittig sind und weil unklar ist, an wen sich die Argumente zur distributiven Gerechtigkeit zwischen den Nationen denn richten sollen. Weder die Träger einer Veränderung noch ihre Nutznießer (oder ihre Opfer) lassen sich ohne weiteres ausmachen.

Diese neuartige Diskussion um globale Verteilung und Umverteilung hat sowohl technische als auch historische Aspekte. Offensichtlich waren Wohlstand und legitime Ansprüche[1], Armut und Hunger schon immer ungleich verteilt; aber traditionelle Gesellschaften konnten daran kaum etwas ändern. Ohne die modernen Technologien und Institutionen ist es nur schwer oder gar völlig unmöglich, den in einer Region erwirtschafteten Überschuß dazu zu nutzen, das Defizit in einer anderen zu beheben. In den großen Reichen der Vergangenheit wurde manchmal die Verteilung des Getreides vom Zentrum aus genau kontrolliert; aber die Grenzen des jeweiligen Reiches waren zugleich auch die Grenzen der Umverteilung. Der Transport von Getreide oder anderen Gütern warf schon innerhalb dieser Grenzen genügend Probleme auf; ein weltweiter Transport war schlicht unmöglich.

* Original: »Transnational Justice«, in: D. Held (Hg.), *Political Theory Today*, Oxford: Blackwell 1991, S. 276-304.

1 Zum Begriff des legitimen Anspruchs [*entitlement*] vgl. A. K. Sen, *Poverty and Famines: An Essay on Entitlement and Deprivation*, Oxford: Clarendon 1981, sowie »Gender and Cooperative Conflicts«, Arbeitspapier, *World Institute for Development Economics Research*, Helsinki: United Nations University 1987, wie auch Barbara Harriss, »Intrafamily distribution of hunger in South Asia«, in: J. Drèze und A. K. Sen (Hg.), *Hunger and Public Action*, Oxford: Clarendon 1989.

Distributive Gerechtigkeit im Weltmaßstab konnte man sich kaum vorstellen.

Aus diesem Grund sagten auch die traditionellen Gesetzbücher über ökonomische Gerechtigkeit für jene, die jenseits der Grenzen lebten – mochte es sich um Stammes-, Gemeinschafts- oder Reichsgrenzen handeln –, herzlich wenig aus. In begrenztem Umfang gab es Ratschläge zur richtigen Behandlung von »Fremden«, aber unter Fremden stellte man sich lediglich Außenseiter vor (Reisende, Flüchtlinge), die nur für eine begrenzte Zeit und in begrenzter Anzahl da sein würden und denen man einigen Anspruch darauf zugestand, daß man mit ihnen die Ressourcen teilte. Die Pflichten der Gastfreundschaft und die Ansprüche von Fremden können jedoch kein adäquates Modell für die Verteilung von Ressourcen in einer Welt abgeben, in der man Waren hin- und herverschieben, den Handel regulieren, Entwicklung über riesige Entfernungen hinweg planen und so auf eine riesige Zahl von Menschen einwirken kann.

Daß die politische Philosophie des Westens bessere Modelle für die distributive Gerechtigkeit zwischen den Nationen bereithielte, liegt keineswegs auf der Hand. Im europäischen Denken und in der europäischen Politik der frühen Neuzeit wurde »Außenseitern« häufig jeglicher moralische Status abgesprochen. Die Ländereien, die sie bewohnten, betrachtete man nicht als ihr Eigentum; ihre Sitten und Gebräuche wurden verdammt und nicht selten zerstört. Die koloniale Ausdehnung Europas, welche die Grundrisse der heutigen Weltwirtschaftsordnung geprägt hat, fußte zum Teil auf Invasion, zum Teil auf Genozid, auf Enteignung, Deportation, Sklaverei und Zwangsbekehrungen, auf Maßnahmen also, die die Europäer im Umgang mit Personen, deren moralischen Status sie anerkannten, als ungerecht verurteilt hätten.

Heute stellen sich die Fragen nach distributiver Gerechtigkeit im Weltmaßstab – unabhängig davon, ob wir nun die theoretischen Mittel zu ihrer Lösung finden oder nicht. Die modernen technischen und institutionellen Möglichkeiten machen sehr viel weitgehendere Interventionen nicht nur möglich, sondern auch unvermeidlich. Wir können heutzutage der Frage kaum mehr aus dem Weg gehen, auf welche Weise Individuen, Institutionen und Gesellschaften ferne Armut und fernes Elend zu verändern (zu verschlimmern oder abzumildern) in der Lage sind. Die gängigen

Antworten reichen von der Position des *Laissez-faire*, die das Nichts-Tun für zulässig oder gar für notwendig erachtet, bis hin zu den Forderungen, denen zufolge eine weltweite Umverteilung unumgänglich sei und die es sogar für zwingend geboten halten, jeglichen Überschuß zur Milderung des Elends zu verwenden, wo immer es sich zeigen mag.

Diese Antworten sind nicht nur strittig, sondern vielfach auch recht unscharf. Um sie zu präzisieren, müssen wir klären, *wer* (oder wer nicht) in Hinblick auf *wen* zu *welchen* Handlungen verpflichtet ist. Und hier beginnt das Durcheinander. Die Akteure und die Handlungsinstanzen, durch deren Tun und Wirken die Verteilung von Ressourcen ermöglicht und durchgeführt wird, sind nicht nur zahlreich, sondern vor allem auch heterogen. Sie setzen sich nicht nur aus individuellen Akteuren zusammen, sondern auch aus Staaten (und den verschiedenen Regierungsvertretungen), aus internationalen Organisationen (beispielsweise der Weltbank, den Vereinten Nationen und regionalen Organisationen) sowie aus Konzernen und anderen Nicht-Regierungs-Organisationen (NROs), von denen manche auf die nationalen Grenzen beschränkt sind, andere wiederum transnational arbeiten (zum Beispiel BP oder OXFAM). Selbst solche Konzerne und NROs, die nur innerhalb staatlicher Grenzen arbeiten, sind oft eng mit anderen verbunden oder gar in einem gewissen Grade von jenen abhängig, die ihrerseits transnational arbeiten; und diejenigen, die transnational arbeiten, tun dies ebenfalls innerhalb eines Rahmens, der sowohl durch staatliche Gesetzgebung als auch durch internationale Vereinbarungen definiert und geschaffen ist. Nicht anders unterscheiden sich diejenigen, die von der gegenwärtigen Weltwirtschaftsordnung möglicherweise benachteiligt werden, ebenfalls aufgrund vielfältiger regionaler Eigenheiten und diverser Rechtsprechungen voneinander; auch bei ihnen lassen sich vielfältige Formen der Einbindung in die Weltwirtschaftsordnung oder der Abhängigkeit von ihr konstatieren. Ebendie Veränderungen, die eine Weltwirtschaftsordnung Wirklichkeit und eine distributive Gerechtigkeit zwischen den Nationen zur Möglichkeit haben werden lassen, haben auch das Netz immer weiter aufgespannt, das aus Handlungen, Praktiken und Institutionen gewoben ist, die bei Urteilen im Namen der distributiven Gerechtigkeit zwischen den Nationen möglicherweise zu belangen wären.

Dies legt den Gedanken nahe, daß jegliche Diskussion um distributive Gerechtigkeit zwischen den Nationen den unterschiedlichen Handlungsfähigkeiten und unterschiedlich weit reichenden Handlungsfeldern dieser diversen Akteure und Handlungsinstanzen sowie den Möglichkeiten und Grenzen ihrer Transformierbarkeit Rechnung zu tragen hat. In Wirklichkeit sind die Debatten um die Prinzipien der distributiven Gerechtigkeit zumeist auf der Grundlage recht unzulänglicher Analysen der Handlungsinstanzen geführt worden. Manche Autoren nehmen an, daß die einzig relevanten Akteure Individuen sind; andere gestehen sowohl Staaten als auch Individuen den Akteurstatus zu; die Aussagen über den Akteurstatus oder die moralische Verantwortlichkeit von Konzernen, Regierungen, internationalen Institutionen und Wohlfahrtsverbänden bleiben bei den meisten verschwommen. Während Wirtschaftswissenschaftler und Entwicklungsfachleute mit Vokabeln wie Handeln, Pflicht und Verantwortung rasch bei der Hand sind, wenn sie von der großen Vielfalt der Handlungsinstanzen und Institutionen reden, hinken die Diskussionen um ethische Probleme dem hinterher, weil es an einer allgemeinen und überzeugenden Darstellung mangelt, die die Verantwortlichkeit von Kollektiven erklärte.[2] Manchmal wird das Problem einfach ausgeklammert; statt dessen ergeht man sich in einer abstrakten Darstellung ethischer Erfordernisse, ohne daß besondere Pflichten spezifizierten Akteuren oder Handlungsinstanzen zugeordnet würden.

Solche Abstraktheit mag alles sein, was sich auf die Schnelle erreichen läßt: Aber sie macht es um so schwerer, nach der Gerechtigkeit gegenwärtiger institutioneller Strukturen zu fragen oder diese zu untersuchen. Sie verhindert die Bestimmung, wem die Gerechtigkeitspflichten auferlegt und wem die Vorteile oder die Rechte zugesichert werden sollten, die im Namen der Gerechtigkeit möglicherweise erstritten werden. Wenn keine Ak-

2 Zu den jüngst geführten Diskussionen um die Verantwortung von Unternehmen vgl. Peter French, *Collective and Corporate Responsibility*, New York: Columbia University Press 1984; Norman Bowie, »The moral obligations of multinational corporations«, in: Stephen Luper-Foy (Hg.), *Problems of International Justice*, Boulder und London: Westview 1988, S. 97-113; Larry May, *The Morality of Groups: Collective Responsibilities. Group-based Harm and Corporate Rights*, Notre Dame: University of Notre Dame Press 1987.

teure der Veränderung ausgemacht werden können, wird es allen Diskussionen um distributive Gerechtigkeit zwischen den Nationen an einem Dreh- und Angelpunkt mangeln, und so werden sich die Debatten dann möglicherweise eines Begriffssystems bedienen, das jenen belanglos vorkommt, deren Handeln zur Debatte steht. Wenn sich andererseits keine Empfänger von Veränderungen ausmachen lassen, wird sich niemand für den angestrebten Wandel einsetzen und den himmelschreiendsten Ungerechtigkeiten entgegentreten können. Insbesondere könnte es schwierig werden, die Fragen nach ökonomischer Gerechtigkeit direkt mit den aus Bedürftigkeit und Armut hervorgehenden Ansprüchen in Verbindung zu bringen.

Viele der modernen ethischen Theorien benutzen nicht die Kategorie der Bedürfnisse. Im utilitaristischen Denken können Bedürfnisse nur dann zum Gegenstand der Betrachtung werden, wenn sie sich in Wünschen oder Präferenzen widerspiegeln; und hierbei handelt es sich um eine unzulängliche Abbildung. Die Debatten um Menschenrechte stellen Bedürfnisse so gut wie gar nicht in Rechnung; und wo sie es dennoch versuchen, werden die Argumentationslinien von den Basisstrukturen der Rechtstheorie her gezogen, und die Bestimmung der Bedürfnisse bleibt skizzenhaft. Eine umfassende Darstellung der distributiven Gerechtigkeit zwischen den Nationen würde eine vollständig ausgearbeitete Theorie der menschlichen Bedürfnisse erforderlich machen; eine solche werde ich hier nicht liefern, teils aus Besonnenheit, teils aus Unkenntnis; aber vielleicht läßt sich meine Zurückhaltung in einer Diskussion, die Hunger und Armut ernst nehmen muß, dennoch rechtfertigen. Es ist nicht strittig, daß menschliche Wesen eine ihnen angemessene Nahrung, eine den klimatischen Bedingungen entsprechende Unterkunft und ebensolche Kleidung, sauberes Wasser und ein gewisses Maß an elterlicher Obhut und an Gesundheitsfürsorge benötigen. Wenn diese Grundbedürfnisse nicht erfüllt werden, werden sie krank und sterben oft vorzeitig. Strittig ist dagegen, ob menschliche Wesen der Gemeinschaft, der Erziehung, der Politik, der Kultur oder geistiger Nahrung bedürfen – denn immerhin haben zumindest manche Menschen ein langes und augenscheinlich nicht völlig verkümmertes Leben ohne diese Merkmale gelebt. Aber diese Probleme müssen nicht gelöst werden, um die Diskussion über Hunger und bitteres Elend voranzutreiben; die Diskussion über distributive Gerechtigkeit zwischen den Nationen kann mit Hilfe einer rudimentären Darstellung von Bedürfnissen zumindest beginnen.

Angesichts der Komplexität und der Schwierigkeit derjenigen Fragen, die sich auf Handlungsinstanzen und Bedürfnisse beziehen, haben die meisten Schriften verständlicherweise beide Themenbereiche ausgeklammert und sich darauf konzentriert, die Implikationen herauszuarbeiten, die verschiedene ethische Positionen für die internationale Distribution hätten, *wenn* es Akteure und Empfänger gäbe, auf die sich diese Implikationen auswirkten. Im folgenden werde ich eine Reihe dieser Positionen skizzieren und kritisieren, eine Alternative unterbreiten und dann darauf eingehen, inwieweit diese Alternative die Fragen nach den Handlungsinstanzen und Bedürfnissen beleuchten kann. Ich beginne mit der Betrachtung derjenigen Positionen, die am wenigsten über internationale Gerechtigkeit zu sagen haben; denn wenn diese Positionen überzeugen können, besteht kaum ein Anlaß zu weiteren Ausführungen.

Gemeinschaft und Kosmopolis

Die größte Meinungsverschiedenheit hinsichtlich der internationalen Gerechtigkeit besteht zwischen jenen, die der Ansicht sind, daß man sich zu Pflichten über nationale Grenzen hinaus zumindest äußern müsse, und jenen, denen zufolge ethische Anteilnahme Grenzen ohnehin nicht überschreiten könne.[3] Liberale und

3 Zur Diskussion über das Problem grenzüberschreitender Pflichten vgl. Charles Beitz, *Political Theory and International Relations*, Princeton: Princeton University Press 1979, und »Cosmopolitan ideals and national sentiments«, in: *Journal of Philosophy* (1983), S. 591-600; Robert Goodin, »What is so special about our fellow countrymen?«, in: *Ethics* 98 (1988), S. 663-686; Stanley Hoffmann, *Duties Beyond Borders: On the Limits and Possibilities of Ethical International Politics*, Syracuse: Syracuse University Press 1981; Luper-Foy (Hg.), *Problems of International Justice*; Alasdair MacIntyre, »Ist Patriotismus eine Tugend?«, in: Axel Honneth (Hg.), *Kommunitarismus. Eine Debatte über die moralischen Grundlagen moderner Gesellschaften*, Frankfurt am Main: Campus 1993, S. 84-102; David Miller, »The ethical significance of nationality«, in: *Ethics* 98 (1988),

sozialistische Theoretiker schreiben der Gerechtigkeit eine universalistische Perspektive und *a fortiori* kosmopolitische Implikationen zu. Zweifellos wurden diese sowohl in der liberalen als auch in der sozialistischen Praxis üblicherweise den nationalen und staatlichen Erfordernissen untergeordnet; doch betrachtete man dies als ein praktisches und temporäres, nicht als ein grundsätzliches Zugeständnis. Diverse Formen des Relativismus und des Historismus leugnen jedoch, daß die Kategorie der Gerechtigkeit jenseits nationalstaatlicher Grenzen sich auswirken oder überhaupt einen Sinn haben könnte. Bei Burkes Kritik an den *Rights of Man* und seinem Beharren darauf, daß die Revolutionäre in Frankreich besser daran getan hätten, sich auf die traditionellen Rechte der Franzosen zu berufen, handelt es sich um eine klassische Version dieses Gedankens. Zeitgenössische kommunitaristische Kritiker, die gegen die »abstrakte« liberale Gerechtigkeit zu Felde ziehen, bedienen sich vielfach der Einwände, die bereits frühe Rechtskritiker hervorgebracht haben.[4]

Eine Kritik, die häufig gegen liberale und insbesondere rechtstheoretische Ansätze vorgetragen wird, lautet, diese seien zu abstrakt.[5] Strenggenommen ist Abstraktion jedoch weder ein Ma-

S. 647-662; Onora O'Neill, *Faces of Hunger: An Essay on Poverty, Development and Justice*, London: Allen & Unwin 1986, und »Ethical reasoning and ideological pluralism«, in: *Ethics* (1988); Henry Shue, »Mediating Duties«, in: *Ethics* 98 (1988), S. 705-722; Michael Walzer, *Sphären der Gerechtigkeit: ein Plädoyer für Pluralität und Gleichheit*, Frankfurt am Main und New York: Campus 1992.

4 Zur kommunitaristischen Kritik am Liberalismus siehe Michael Sandel, *Liberalism and the Limits of Justice*, Cambridge: Cambridge University Press 1982; Alasdair MacIntyre, *Der Verlust der Tugend. Zur moralischen Krise der Gegenwart*. Aus dem Englischen von Wolfgang Rhiel, Frankfurt am Main und New York: Campus 1988; und Walzer, *Sphären der Gerechtigkeit*, a.a.O. Siehe auch den Überblick über die Debatte und den bibliographischen Essay in: Jeremy Waldron, *Nonsense Upon Stilts: Bentham, Burke and Marx on the Rights of Man*, London: Methuen 1987.

5 Zu einer ausführlicheren Darstellung der Unterschiede zwischen Abstraktion und Idealisierung und ihrer Bedeutung für internationale Probleme siehe Onora O'Neill, »Abstraction, idealization and ideology«, in: J. G. D. Evans (Hg.), *Ethical Theories and Contemporary Problems*, Cambridge: Cambridge University Press 1988; dies., »Ethical reasoning and ideological pluralism«, in: *Ethics* 98 (1988),

kel, noch ist sie vermeidbar. Sobald wir Behauptungen aufstellen, deren Wahrheit nicht davon abhängt, ob irgendein Prädikat zutrifft oder nicht, abstrahieren wir. Abstraktion in diesem Sinne gehört zum Wesen der Sprache und des Argumentierens; sie stellt die Grundlage dafür dar, daß eine Vielfalt von Fällen unter einem einzigen Prinzip zusammengefaßt werden kann. Selbst die Kritiker des »abstrakten Liberalismus« können daher Abstraktionen nicht vermeiden. Auch wenn wir der Ansicht sind, daß die Gerechtigkeit in Athen sich von der in Sparta unterscheidet, so wird sich die Gerechtigkeit in Athen doch in Grundsatzformulierungen niederschlagen, die auf die Athener gemünzt sind, jedoch davon abstrahieren, daß sich diese wiederum untereinander in vieler Hinsicht unterscheiden.

Wenn also Abstraktion als solche unvermeidlich ist, dann haben die Kritiker des »abstrakten Liberalismus« wahrscheinlich etwas anderes im Sinn. Einem von vielen vorgetragenen Einwand zufolge haben abstrakte Prinzipien keineswegs einen universalistischen Horizont, sondern unterwerfen ungleichartige Fälle unbedacht einer gleichförmigen Behandlungsweise. Dies würde zutreffen, handelte es sich bei abstrakten Prinzipien um Algorithmen, die jegliches Handeln vollständig determinierten; aber wenn sie – wie die meisten Liberalen behaupten – lediglich Leitlinien darstellen, die Handeln regulieren, es aber keineswegs vollständig determinieren, dann ist nicht einzusehen, weshalb sie ungleichartige Fälle einer gleichförmigen Behandlungsweise unterwerfen sollten. In Wirklichkeit schreiben abstrakte Grundsätze manchmal sogar eine differenzierte Behandlungsweise vor. Das Prinzip der progressiven Besteuerung, das die Steuerhöhe in Relation zur Zahlungsfähigkeit setzt, beruht auf einer abstrakten Darstellung der Steuerzahler und hat einen universalistischen Horizont; aber es schreibt eine gleichförmige Behandlungsweise nur dann vor, wenn jeder auch in gleicher Weise zahlungsfähig ist. Und selbst wenn abstrakte Grundsätze keine differenzierte Behandlungsweise verordnen, können sie gleichwohl differenzierte Anwendungsverfahren erforderlich machen. Die Handlungen, die jene ausführen müssen, die sich so abstrakten Zielen wie der Beseitigung der Armut oder dem Kampf gegen den Imperialismus oder auch der Maximierung des Profits verschrieben

S. 705-722, sowie dies., »Gender, justice and international boundaries« in: *British Journal of Political Science* 20 (1990), S. 439-459.

haben, variieren je nach Kontext außerordentlich stark. Universelle Prinzipien können eine hochdifferenzierte Praxis anleiten: Um abstrakte Prinzipien auf unterschiedliche Fälle anzuwenden, bedarf es weit mehr der sorgfältig getroffenen Entscheidung als der mechanischen Umsetzung.

Ein zweiter und ernster zu nehmenderer Einwand gegenüber »Abstraktion« klagt über ethische und politische Argumentationen, denen eine überzogene, »idealisierte« Interpretation von individueller Rationalität und Unabhängigkeit sowie von nationaler Souveränität zugrunde liege. Hier handelt es sich um einen schwerwiegenden Einwand; doch richtet er sich nicht eigentlich gegen Abstraktion. Idealisierendes Denken *übergeht* nicht nur Prädikate, die auf die Gegenstände und Akteure, mit denen es sich befaßt, zutreffen; es befaßt sich vielmehr nur mit hypothetischen Akteuren, auf die Prädikate zutreffen, die auf die realen Akteure oder Handlungsinstanzen nicht (vollständig) zutreffen. Genauer gesagt befaßt sich idealisierendes Denken allein mit jenen idealen Welten, die (beispielsweise) von rationalen Wirtschaftssubjekten bevölkert sind, welche über vollkommene Informationen, völlig transitive Präferenzen und unbegrenzte Rechenfähigkeiten verfügen. Im Gegensatz dazu befaßt sich das bloß abstrakte Denken mit Akteuren, egal, ob auf diese die Prädikate, von denen es abstrahiert, zutreffen oder nicht. Da viele liberale und sozialistische Theorien idealisierte Modelle von menschlichen Akteuren oder von anderen Handlungsinstanzen wie Klassen oder Staaten verwenden, treffen die Einwände gegenüber idealisiertem Denken einen wichtigen Punkt.

Kommunitaristen haben Positives wie auch Negatives über Gerechtigkeit zu sagen. Viele von ihnen vertreten die Auffassung, daß die Kategorien, der Sinn oder zumindest die Autorität eines jeden ethischen Diskurses in einer spezifischen Gemeinschaft oder Tradition verankert ist und daß die Versuche, derartige Gedankengänge universell anzuwenden, sie von den Lebens- und Denkformen loslösen, von denen sie abhängen. Deswegen ist internationale Gerechtigkeit illusorisch, denn sie geht davon aus, daß Kategorien und Prinzipien von allen geteilt werden, während – wie Michael Walzer es ausgedrückt hat – die politische Gemeinschaft die weiteste Sphäre der Gerechtigkeit darstellt. Walzer verzichtet nicht völlig auf internationale Gerechtigkeit, denn er räumt ein, daß die Aufnahme einzelner Ausländer in eine Gemeinschaft oder Konflikte zwischen Staaten Probleme der Gerechtigkeit aufwerfen. Andere kommunitaristische Kritiker des ›abstrakten Liberalismus‹ sehen in den Grenzen der Gemeinschaft zugleich diejenigen von Gerechtigkeit. So argumentiert beispielsweise MacIntyre, daß ethische Reflexionen in eine bestimmte Tradition eingebettet sein müssen, die sie zu befördern suchen; zwischen den Forderungen des Liberalismus und des Nationalismus sieht er eine unauflösliche Spannung. Rawls wiederum verankert in seiner dem kommunitaristischen Denken am nächsten stehenden Schrift[6] die Prinzipien der Gerechtigkeit in der Sichtweise, die den Bürgern eines modernen liberalen und demokratischen Gemeinwesens entspricht; und er gibt keine Gründe an, weshalb irgend jemand sonst diese Prinzipien anerkennen sollte.

Wenn die Kommunitaristen recht haben, stellt die distributive Gerechtigkeit zwischen den Nationen kein Problem dar: Landsleuten kommt legitimerweise Priorität zu.[7] Distributive Gerechtigkeit zwischen den Nationen wäre tatsächlich undenkbar, wenn die Grenzen zwischen den Staaten und zwischen den Diskursformen und Ideologien absolut und undurchdringlich wären. Doch darin gerade unterscheidet sich die moderne Welt von ihren Vorgängerinnen. Es handelt sich eben nicht um eine Welt, die aus abgeschlossenen Gemeinschaften besteht, mit füreinander unergründlichen Denkweisen, selbstgenügsamen Ökonomien und idealerweise souveränen Staaten. Hinzu kommt, daß Kommunitaristen dies in der Praxis genauso zugeben wie jedermann sonst. Ebenso wie wir hoffen auch sie, mit Fremden zu interagieren, und daher vertrauen auch sie auf Grenzen überschreitende Praktiken wie Übersetzung, Verhandlung und Handel. Wenn der komplexe, vernünftige Meinungsaustausch und die Vergesellschaftung Grenzen durchbrechen können, weshalb sollte dies nicht auch Gerechtigkeitsprinzipien möglich sein? Die internationalistische Rede von einer »Weltgemeinschaft« oder von ei-

6 Vgl. John Rawls, »Gerechtigkeit als Fairneß: politisch und nicht metaphysisch«, in: ders, *Die Idee des politischen Liberalismus*, herausgegeben von Wilfried Hinsch, Frankfurt am Main: Suhrkamp 1992, S. 255 bis 292.

7 Zur Frage nach der Priorität, die Landsleuten zukommt, vgl. Goodin, »What is so special about our fellow countrymen?«, a.a.O., sowie Miller »The ethical significance of nationality«, a.a.O.

nem »globalen Dorf« mag als rührseliges Phrasendreschen erscheinen; bei der Ansicht jedoch, die Grenzen der gegenwärtigen Gemeinschaften seien undurchdringlich, handelt es sich um pure Nostalgie; und nicht selten dient diese Nostalgie dem Eigennutz. Fragen der distributiven Gerechtigkeit zwischen den Nationen lassen sich heute nicht mehr für unzulässig erklären.

Konsequentialistisches Denken und globale Distribution

In Hinblick auf distributive Gerechtigkeit im Weltmaßstab hat das konsequentialistische Denken zwei bedeutende Vorteile, aber auch zwei enorme Mängel. Zunächst die Vorteile. Das augenfälligste Merkmal der gegenwärtigen weltweiten Ressourcenverteilung besteht darin, daß sie Leid produziert. Die Verteilung ist nicht nur ungleich, sondern sie setzt Hunderte von Millionen Menschen bitterer Armut und den damit einhergehenden Wechselfällen, dem Kranksein und der Hilflosigkeit aus. Konsequentialistisches und insbesondere utilitaristisches Denken ist darauf spezialisiert, Schaden und Nutzen aufzulisten. Der zweite Vorteil besteht darin, daß das konsequentialistische Denken (anscheinend) die schwierigen Fragen nach den Handlungsinstanzen nicht nur auszuklammern, sondern ganz zu vermeiden weiß, da es sich auf die Resultate und nicht auf die Handlungen konzentriert.

Diese Vorteile hat man sich allenthalben bereitwillig zu eigen gemacht, und so gibt es jede Menge konsequentialistischer Überlegungen zum Thema Verteilung im Weltmaßstab. Sie reichen von der schlichten Werbung mancher Wohltätigkeitsorganisationen, die in der dritten Welt arbeiten (»Retten Sie das Augenlicht eines Kindes mit 12 DM«), bis hin zu ausgeklügelten ökonomischen Modellen. Je ausgearbeiteter es ist, desto stärker neigt das konsequentialistische Denken, insbesondere im Bereich des Ethischen, dazu, sich eine utilitaristische Interpretation von Wert anzueignen und Politik wie Handeln danach zu beurteilen, inwiefern sie einen möglichen Beitrag zum Glück und zum Wohlergehen der Menschheit leisten. Als richtig gelten Handlungen (von Individuen, Institutionen oder Staaten) dann, wenn sie weltweit das erhoffte Wohlergehen maximieren.

Man bediente sich konsequentialistischer und insbesondere utilitaristischer Überlegungen zur distributiven Gerechtigkeit im Weltmaßstab, um damit eine erstaunliche Vielfalt einander widersprechender Handlungsweisen zu begründen. Da gibt es diejenigen, die der Ansicht sind, daß die Reichen so lange ihre Ressourcen an die Armen abtreten sollten, bis ein weiterer Transfer das Gesamtwohl reduzieren würde. Grenznutzenerwägungen legen nahe, daß jede Einheit einer Ressource von den Armen mehr geschätzt wird als von den Reichen und daß sich der Weg der Transferleistungen bis hin zur gleichmäßigen Ressourcenverteilung notwendigerweise sehr in die Länge zieht, bevor Gerechtigkeit hergestellt ist.[8] Andere wiederum, insbesondere diverse neomalthusianische Autoren, die konsequentialistische Denkmuster verwenden, plädieren dafür, daß die Reichen nichts an die Armen weitergeben sollten: Sie vertreten die Auffassung, daß der Transfer von Ressourcen die Armen lediglich dazu ermuntere, noch mehr Kinder in die Welt zu setzen, für deren Unterhalt sie nicht aufkommen könnten, daß dies also zu einem »unhaltbaren« Bevölkerungswachstum führe, wodurch möglicherweise das Gesamtelend nur noch gesteigert werde.[9] Wieder andere sind der Ansicht, daß utilitaristische Überlegungen eine selektive Umverteilung von den Reichen zu den Armen rechtfertigen: Zum Beispiel treten sie für eine Entwicklungshilfe ein, die darauf abzielt, Menschen selbständig zu machen, während sie jede Art der Hungerhilfe ablehnen, da diese bloß die »Kultur der Abhängigkeit« perpetuiere.[10]

In dieser Dehnbarkeit, der sich so radikale Meinungsunterschiede verdanken, liegt der erste Kardinalfehler des Konsequentialismus. Der Konsequentialismus weckt Hoffnungen, indem er in Aussicht stellt, Konflikte könnten durch Kalkulationen ersetzt werden; aber er macht diese Hoffnungen sogleich wieder zunich-

8 Vgl. Peter Singer, »Famine, affluence and morality«, in: *Philosophy and Public Affairs* 1 (1972), S. 229-243.

9 Vgl. Garret Hardin, »Lifeboat ethics: the case against helping the poor«, in: *Psychology Today* 8 (1974), S. 38-43. Zur weiteren Debatte über und zu weiteren Hinweisen auf neo-malthusianische Schriften, die sich mit dem Hunger auf der Welt beschäftigen, vgl. O'Neill, *Faces of Hunger*, a.a.O., Kapitel 2 und 4.

10 Vgl. Tony Jackson und Deborah Eade, *Against the Grain*, Oxford: Oxfam 1982.

te, indem er allzu biegsame Instrumente der Kalkulation bereitstellt. Konsequentialistische Prinzipien liefern uns nur dann einen Algorithmus des Handelns, wenn wir (a) über eine Methode verfügen, alle miteinander zu vergleichenden »Optionen« zu generieren, (b) über ein angemessenes Verständnis für die kausalen Zusammenhänge verfügen, mit dessen Hilfe sich für jede »Option« das zu erwartende Resultat voraussagen läßt, und (c) über eine adäquate Theorie der Werte (sei sie utilitaristisch oder sonstwie) verfügen, dank deren jedes Resultat mit hinreichender Präzision bewertet werden kann, um die »Optionen« hierarchisieren zu können. Diese Prozedur läßt sich annäherungsweise vielleicht bei eingegrenzten Problemen von lokaler Bedeutung befolgen. Aber sie ist ein *flop*, wenn es um internationale Gerechtigkeit geht. Hier können weder die »Probleme« noch die entsprechenden »Lösungsmöglichkeiten« aufgelistet werden, ohne daß es Streit darum gäbe; bei den meisten Optionen sind die Resultate ungewiß, und ihr Wert ist umstritten. Die vermeintlich präzisen Empfehlungen, die der Konsequentialismus prinzipiell bereithalten mag, entziehen sich uns; an ihrer Stelle stoßen wir auf Empfehlungen, deren falsche Präzision kontextgebundene (vielleicht auch ideologisch strittige) Ansichten zu vorhandenen »Optionen«, zu ihren maßgeblichen Ergebnissen und dem Wert dieser Ergebnisse widerspiegelt. Konsequentialistisches Nachdenken über aktuelle Probleme ist eher impressionistisch als wissenschaftlich.[11]

Hier handelt es sich um einen inneren Fehler des Konsequentialismus. Der zweite wesentliche Fehler ist äußerlich. Der Konsequentialismus kann nicht Dinge erfassen, in denen nicht-konsequentialistische Denker die Eigenheit und das Charakteristische von Gerechtigkeit sehen. Zwei Aspekte hiervon sind besonders signifikant. Indem er erstens die Produktion von Nutzen zum Kriterium für richtiges Handeln erhebt, duldet er, daß das Leben mancher Menschen dazu gebraucht und dafür aufgebraucht werden kann, Nutzen (Glück oder Wohlbefinden) für das Leben anderer Menschen zu erzeugen. Wenn die Konsequentialisten zweitens eine subjektive Auffassung des Guten als Maßstab des Nutzens verwenden, dann behandeln sie alle Präferenzen als gleichwertig: Möglicherweise wird dann die Befriedigung

11 Vgl. O'Neill, *Faces of Hunger*, a.a.O., Kapitel 4 und 5.

dringlicher Bedürfnisse auf den zweiten Platz verwiesen und der Erfüllung starker Präferenzen der Vorzug gegeben. Im Kontext der distributiven Gerechtigkeit im Weltmaßstab ist letzteres keineswegs trivial, denn extreme Entbehrungen können Präferenzen eher abstumpfen als präzisieren. Selbst wenn wir wüßten (wie?), daß bei gegenwärtigen Präferenzen nicht dringende Bedürfnisse übersehen wurden, so wirft allein schon die Verwendung einiger Personen zum Nutzen anderer unzählige Fragen in der Entwicklungsethik auf. In welchem Maße ist es statthaft, daß das, was einige produziert haben, zur Linderung der Armut von anderen verwandt wird? Oder daß man von einer Generation (oder von mehreren) zum Nutzen künftiger Generationen »Opfer« verlangt? Oder daß man auf nicht-erneuerbare Ressourcen zurückgreift oder die Bevölkerungszahlen anwachsen läßt, wenn dies spätere Generationen doch schädigt? Wieviel Frieden läßt sich gegen wieviel Gleichheit tauschen? Gerechtigkeit in der Bevölkerungsplanung[12], in Einwanderungs-, Investitions- und Ressourcenpolitik ist Gegenstand endloser Auseinandersetzungen innerhalb konsequentialistischer Darstellungen der Gerechtigkeit im Weltmaßstab.

Handlungszentriertes Denken: Rechte und Pflichten

Wenn ethische Überlegungen konsequentialistischer Prägung solche Probleme nicht ausgrenzen können, so mag die einleuchtendste Alternative darin bestehen, sich auf weniger ambitionierte ethische Positionen zurückzuziehen, insbesondere auf das handlungszentrierte ethische Denken. Solches Denken hält eher nach bedeutenden moralischen Einschränkungen für das Handeln Ausschau (beispielsweise nach einer Entscheidungsprozedur, die Rechtmäßigkeit oder Rechtsverbindlichkeit schafft) als nach einem Algorithmus, der optimale Resultate erzielt. Die meisten zeitgenössischen handlungszentrierten Reflexionen über

12 Diskussionen zur Bevölkerungsethik finden sich bei Michael D. Bayles, *Morality and Population Policy*, Alabama: University of Alabama 1980; Derek Parfit, *Reasons and Persons*, Oxford: Clarendon 1984; R. I. Sikora und B. Barry (Hg.), *Obligations to Future Generations*, Penn: Temple University Press 1978.

Gerechtigkeit suchen die Forderungen zu bestimmen, die Rechteinhaber gegenüber anderen geltend machen können. Ältere Ansätze begannen häufig mit einer Darstellung der Rechtspflichten.

Bei den Rechten und nicht bei den Pflichten einzusetzen hat zwei Vorteile. Zunächst einmal scheint ein solches Vorgehen geeignet, diejenigen, die sich Gerechtigkeit im Sinne von gefordertem Handeln vorstellen, vor Disputen über die Handlungsinstanzen zu bewahren, solange sie noch dabei sind zu klären, welche Forderungen gerecht sind. Zweitens kann die politische Resonanz auf die Einforderung von Rechten für Probleme der distributiven Gerechtigkeit zwischen den Nationen nutzbar gemacht werden. Gleichwohl hat es auch Nachteile, wenn man mit einer Darstellung der Rechte beginnt, und es ist sinnvoll, diese in Augenschein zu nehmen, bevor man auf spezifische, bei den Rechten einsetzende Darstellungen distributiver Gerechtigkeit im Weltmaßstab zu sprechen kommt.

Wenn wir über Rechte und Pflichten hinreichend abstrakt nachdenken, so scheint es zwischen den Pflichtprinzipien und den Rechtsprinzipien keinen Unterschied zu geben. Wann immer es einem identifizierbaren Akteur A oder einem nicht-spezifizierten Beteiligten als das Rechte erscheint, daß B eine Handlung x ausführe oder unterlasse, so wird es für B zur Pflicht, um As oder eines nicht-spezifizierten Beteiligten willen diese Handlung x entweder auszuführen oder zu unterlassen. Ein und dasselbe Prinzip definiert, was A (oder ein nicht-spezifizierter Beteiligter) zu Recht von B verlangen kann und welche um As (oder eines nicht-spezifizierten Beteiligten) willen auszuführende Tat für B Pflicht ist (woran er in der Tat *recht* tut). In vielen europäischen Sprachen gibt das gleiche Wort den abstrakten Begriff für Recht wie für Pflicht wieder: das französische ›*droit*‹ und das deutsche ›*Recht*‹ beispielsweise können beides bedeuten. Auf dieser Abstraktionsebene scheint der einzige Unterschied darin zu liegen, daß das auf Pflichten rekurrierende Vokabular ethische Beziehungen aus der Perspektive des Handelns betrachtet, während das auf das Rechte rekurrierende Vokabular sie aus der Perspektive des Empfangens betrachtet. Bei dieser Korrelation handelt es sich um das grundlegendste Charakteristikum des handlungszentrierten ethischen Denkens. Andernfalls würde sich daraus, daß jemand jemandem etwas schuldet, keine Nötigung zu einer

Handlung ergeben, und daraus, daß jemandem etwas zusteht, würde sich nicht ergeben, daß ihm (als spezifiziertem oder unspezifiziertem Beteiligten) ein Unrecht geschieht, wenn die Handlung unterlassen wird.

Auf einer niedrigeren Abstraktionsebene läßt sich die Korrelation nicht herstellen. Das ist dann der Fall, wenn beispielsweise die Diskussion vom *rechten Handeln* zu den *Rechten* übergeht. Solange wir davon reden, wann ein Akteur oder eine Handlungsinstanz recht handelt, brauchen wir nicht zwischen dem zu unterscheiden, was spezifischen anderen geschuldet wird, und dem, was ebenfalls geschuldet wird, aber eben nicht spezifischen anderen. Sobald wir von *Rechten* zu sprechen beginnen, unterstellen wir einen Rahmen, innerhalb dessen die Erfüllung von Pflichten *eingeklagt* werden kann. Die Einhaltung von Rechten muß spezifischen Pflichtenträgern zugeordnet werden; andernfalls läßt sich keine Klage führen. Im rechtszentrierten Denken können Rechte entweder bei *allen* Pflichtenträgern eingeklagt werden (hier ist die Pflicht *universell*) oder bei einem (oder mehreren) spezifizierten Pflichtenträger(n) (hier ist die Pflicht *speziell*). Pflichtgemäßes Handeln, das weder gegenüber allen ausgeübt werden kann noch auf einer besonderen Beziehung beruht, bleibt nicht-zugeordnet und kann daher nicht eingeklagt werden: Denn es wird nicht angegeben, gegen wen sich irgendeine besondere Klage richten sollte. Überlegungen, die bei den Rechten einsetzen, können nicht auf Pflichten eingehen, die weder universell noch speziell sind und bei denen keine Verbindung zwischen (universellen oder spezifischen) Pflichtenträgern und Berechtigten hergestellt wurde. Da der Rechtsdiskurs es erforderlich macht, daß Pflichten entweder gegenüber *allen* anderen oder gegenüber *spezifizierten anderen* zu erbringen sind, gerät *nicht-zugeordnetes* rechtes Handeln, das gegenüber *unspezifizierten* anderen erbracht werden muß, aus dem Blickfeld. Es mag richtig sein, den Bedürftigen zu helfen und anderen mit Höflichkeit zu begegnen – wenn es jedoch zu diesen traditionellen Verpflichtungen kein Gegenstück unter den Rechten gibt, werden sie von Theorien nicht berücksichtigt, die Rechte als grundlegend behandeln. Jenseits der abstraktesten Ebene von handlungszentriertem Denken klafft eine Lücke zwischen Rechten und Pflichten. Diese Lücke spielt in vielen Zusammenhängen eine wichtige Rolle – so auch beim handlungszentrierten Nachdenken über menschliche Bedürfnisse und distributive Gerechtigkeit zwischen den Nationen.

Der Ebenenwechsel von der Diskussion um das Rechte zur Diskussion um die Rechte nimmt nicht einfach die passive Perspektive dessen ein, der die Handlung eines anderen *empfängt*, sondern die engere Perspektive dessen, der die Handlung eines anderen *fordert*. Innerhalb der Empfänger-Perspektive ist die Haltung eines Fordernden tatsächlich *weniger* passiv als alle anderen möglichen Haltungen. Fordernde sind keine demütigen Bittsteller oder treuen Untertanen. Sie bitten nicht um milde Gaben oder Gefälligkeiten. Sie sprechen als Gleichgestellte, die betrogen wurden und die auf das Handeln anderer Anspruch erheben. Die Einführung der Rechtsperspektive in der frühen Moderne hatte Schlagkraft und politische Bedeutung. Sie konnte von den Unterdrückten verwandt werden, um die existierenden Mächte mit ihrer Begrifflichkeit abzulehnen und sie in ihre Schranken zu verweisen. Diese Rhetorik erschütterte die Welt der Herrscher und der Untertanen, und auch in den späteren Zeiten der Kolonialreiche und der Kolonien, der Supermächte und ihrer Vasallenstaaten zittert davon noch einiges nach. Gleichwohl sehen sich diejenigen, die Rechte einfordern, in einen allgemeinen Rahmen des Empfangens gestellt. Rechte sind Ansprüche gegenüber *anderen*. Sogar Rechte auf Freiheit und auf Machtbefugnis stellen insofern Ansprüche dar, als sie von *anderen* fordern, den Rechtsinhaber nicht zu stören oder zu behindern. Rechte auf Güter und Dienstleistungen stellen ganz offen den Anspruch, daß *andere* für etwas sorgen sollen, und sie erlauben den Rechtsinhabern, völlig passiv zu bleiben. Die Rechtsperspektive mag daher für die machtvolleren Akteure und Handlungsinstanzen, die auf die internationale Verteilung Einfluß haben, unangemessen sein. Für die Mächtigen mag es wichtiger sein, sich auf Pflichten zu konzentrieren, die direkte Ansprüche auf Handlungen oder Unterlassungen formulieren.

Dies legt den Gedanken nahe, daß die Rhetorik der Rechte nicht die grundlegende Sprache des handlungszentrierten Denkens darstellt, sondern lediglich eine abgeleitete (und möglicherweise verbitterte) Denkweise ist, die andere als primäre Akteure und Rechtsinhaber als sekundäre Akteure betrachtet, da das Handeln der letzteren von den Möglichkeiten abhängt, die andere geschaffen haben. Das mag immerhin die dem aktiven

Modus am nächsten kommende Form des ethischen und politischen Diskurses sein, der den Bedürftigen und Schutzlosen zur Verfügung steht. In bezug auf die Mächtigeren, die die Bedürftigkeit anderer verringern oder gar beseitigen könnten, dürfte die Konzentration auf Rechte und auf eine Haltung des Empfangens eher dazu führen, ihre Macht und die damit verbundenen Pflichten zu verleugnen und insofern eine Einengung des moralischen Blickfelds und der moralischen Betroffenheit darstellen.

Ein Teil dieser Einengung des Blickfeldes spiegelt sich im Verschwinden der nicht-zugeordneten Pflichten innerhalb eines rechtlichen Rahmens wider. Wenn Pflichten nicht-zugeordnet sind, dann gilt es zwar als recht, daß sie erfüllt werden sollten, aber niemand kann ein Recht darauf haben – ein einklagbares und durchsetzbares Recht –, daß sie erfüllt werden. In Rechtsdiskussionen wird häufig konstatiert, daß ein Handeln wie etwa Hilfsbereitschaft (Freigebigkeit, Fürsorglichkeit etc.) nicht spezifischen Pflichtenträgern zugeordnet ist und daß es entsprechend kein Recht darauf geben kann, Hilfe (großzügige, fürsorgliche etc. Behandlung) zu erhalten. *Vollkommene* Pflichten können innerhalb eines rechtlichen Ansatzes abgehandelt werden, nicht-zugeordnete Pflichten nicht. Diese *unvollkommenen* Pflichten bestehen nicht gegenüber spezifizierten anderen und können insofern nicht eingeklagt werden; sie lassen sich lediglich als Merkmale von Akteuren denken – als Charakterzüge oder Tugenden – und setzen Empfänger und Akteure nicht in Bezug zueinander.

Zwei Reaktionen sind möglich. Manche Autoren, die sich mit globalen Problemen befassen, versuchen die sozialen Tugenden wiederaufzurüsten, indem sie sie zu moralischen hochstilisieren und dann zeigen, daß es sich hier wirklich um perfekte Pflichten handelt, denen jeweils Rechte korrespondieren (siehe weiter unten). Wenn allerdings diejenigen, die derartige ›Rechte‹ auf Unterstützung (auf Wohltätigkeit, Fürsorge etc.) in Anspruch nehmen wollen, nicht wissen, wo sie ihre Klagen anbringen sollen, dann handelt es sich um inhaltslose, bloß plakative Rechte. Wenn beispielsweise ein ›Recht auf Nahrung‹ verkündet wird, ohne daß die Pflicht, bestimmte Rechtsinhaber mit Nahrung zu versorgen, spezifizierten Akteuren oder Handlungsinstanzen zugeordnet wird, so dürfte dieses sogenannte Recht nur magere Krümel abwerfen. Und dies nicht nur deshalb, weil die in der Pflicht Stehenden ihrer Pflichten spotten könnten, sondern aus den noch tieferliegenden Gründen, daß keine spezifischen Pflichtenträger bestimmt wurden. Die Aussichten der Hungernden nähmen sich ganz anders aus, wären spezifizierte andere dazu verpflichtet, sie jeweils mit angemessener Nahrung zu versorgen; aber solange die Pflicht, die Hungernden zu speisen, lediglich eine Sache der zugeordneten Gerechtigkeit und nicht der nichtzugeordneten Wohltätigkeit ist, so lange wird es sich bei dem sogenannten ›Recht‹ auf Nahrung und bei vielen anderen ›Rechten‹, die für die Bedürftigen bedeutsam wären, lediglich um plakative Rechte handeln.[13]

Eine alternative Antwort auf den Ebenenwechsel vom Diskurs über rechtes Handeln zum Rechtsdiskurs sieht folgendermaßen aus: Hier werden die Pflichten, unspezifizierten anderen zu helfen, nicht dahingehend ›hochstilisiert‹, daß sie hernach den Status vollkommener Pflichten erhalten, sondern hier werden sie weitgehend verworfen. Wenn man so vorgeht, wird solche Hilfe nicht länger als verpflichtend, geschweige denn als rechtlich verpflichtend angesehen, sondern dann eher als eine freiwillige oder als eine supererogatorische Leistung betrachtet, bestenfalls als Tugend eines individuellen Charakters, nicht aber als die einer öffentlichen Institution. Dieser gedankliche Schachzug rückt weltliche Handlungen der Freundlichkeit, der Freigebigkeit oder Hilfsbereitschaft in die Nähe des Handelns von Heroen oder Heiligen, das tatsächlich alle Pflicht übersteigt. Das handfesteste und auch am weitesten reichende Resultat der Verlagerung der Diskussion von der Frage nach dem rechten Handeln zu der nach Rechten besteht also darin, daß es dann nichts mehr zwischen Gerechtigkeit und Pflichtüberschreitung [*supererogation*] gibt.[14]

13 Die Rede von den plakativen Rechten [›manifesto‹-rights] findet sich bei Joel Feinberg, »The nature and value of rights«, in: *Rights, Justice and the Bounds of Liberty; Essays in Social Philosophy*, Princeton: Princeton University Press 1980. Allgemeiner zu diesem Thema siehe Henry Shue, *Basic Rights; Subsistence Affluence and U.S. Foreign Policy*, Princeton: Princeton University Press 1980; Onora O'Neill, »Rights, obligations and needs«, in: *Logos* 6 (1986), S. 29-47, und Joseph Raz, »Right-based moralities«, in: Jeremy Waldron (Hg.), *Theories of Rights*, Oxford: Oxford University Press 1984, S. 182 bis 200.

14 Zur Diskussion um Philanthropie und Pflichtüberschreitung vgl. die Aufsätze in Ellen Frankel Paul u.a. (Hg.), *Beneficence, Philanthropy*

Schlägt man diesen Weg ein, so treibt die Entscheidung für den Rechtsdiskurs als Idiom ethischer Überlegungen einen Keil zwischen Fragen der Gerechtigkeit und solche der Hilfe und der Wohltätigkeit. Gerechtigkeit sieht man als eine Sache zuschreibbarer, folglich auch einklagbarer, potentiell institutionalisierbarer und vollstreckbarer Rechte an, auf die lediglich der Anspruchsberechtigte verzichten kann. Wohltätigkeit und Hilfe werden entsprechend als nicht zuschreibbar, folglich nicht einklagbar, nicht vollstreckbar und *a fortiori* nicht verzichtbar betrachtet. Diesen theoretischen Keil spiegeln viele zeitgenössische institutionelle Strukturen und Denkweisen wider. Rechtliche und ökonomische Strukturen stecken demnach die Grenzen der Gerechtigkeit ab; ›freiwillige‹ und ›private‹ Aktivitäten, karitative Tätigkeit und persönliche Beziehungen inbegriffen, gelten als die Domäne der Tugenden Wohltätigkeit und Fürsorge, auf welche die Armen keinen Anspruch erheben können. Die Bedürfnisse anderer, sogar ihr Hunger und ihre bittere Not, werden nur dann für eine Ungerechtigkeit gehalten, wenn wir entweder zeigen können, daß es ein universelles Recht auf Nahrung gibt oder daß spezifische hungrige Personen spezifische Rechte auf Nahrung haben. Die gegenwärtigen nationalen oder auch transnationalen ökonomischen Strukturen gestehen offenkundig vielen keinen spezifischen Anspruch auf Nahrung zu oder räumen einen solchen lediglich gegenüber Verwandten oder Nachbarn ein, was aller Wahrscheinlichkeit gerade dann unzulänglich bleibt, wenn die Not am größten ist. Aber auch bei dem Versuch, ein universelles Recht auf Nahrung nachzuweisen, handelt es sich, wie wir noch sehen werden, um ein mühseliges Unterfangen. Wenn es aber weder spezifische noch universelle Rechte auf Nahrung gibt, dann mag es von Bedeutung sein, wenn ethische Überlegungen innerhalb eines rechtlichen Rahmens Hilfe, Wohltätigkeit und Fürsorge als Handlungsweisen abtun, denen wir uns widmen mögen, wenn wir denn wollen, und zugleich leug-

and the Public Good, Oxford: Blackwell 1987, besonders Alan Gewirth, »Private philanthropy and positive rights«, ebd., S. 55-78. Vgl. auch J. B. Schneewind, »Ideas of charity: some historical reflections«, unveröffentlichtes Manuskript; Alan Buchanan, »Justice and charity«, in: *Ethics* 97 (1987), S. 558-575; Onora O'Neill, »The great maxims of justice and charity«, in: *Constructions of Reason*, Cambridge: Cambridge University Press 1989.

nen, daß es irgendeine Art von Verpflichtung gibt. In solchen Darstellungen wird der Bedürftigkeit kein eigenständiges Gewicht beigemessen; Hilfeleistungen dürfen demnach legitimerweise auf Verwandte oder Landsleute begrenzt werden, und tugendhaftes Handeln gilt als ›private‹ Angelegenheit. Entweder müssen Rechtstheorien Bedürftigkeit der Ägide der Gerechtigkeit unterstellen, indem sie die Universalität von Wohlfahrtsrechten aufzeigen, oder sie müssen weltweite Hungersnot und Armut der Ohnmacht und Unzulänglichkeit privater, freiwilliger Mildtätigkeit anheimgeben.

Diese allgemeinen Merkmale von Rechtstheorien schlagen sich nicht nur in den Diskussionen um distributive Gerechtigkeit im Weltmaßstab, sondern noch in vielen anderen Kontexten nieder. Spezifischere Probleme bei Fragen der internationalen Verteilung zeichnen sich sehr klar vor dem Hintergrund spezifischer rechtstheoretischer Ansätze ab. Ich werde drei dieser Ansätze skizzieren und einige der Schwierigkeiten kommentieren, die sie jeweils im Umgang mit der distributiven Gerechtigkeit im Weltmaßstab haben.

Liberalistische Gerechtigkeit

Die minimalistischsten Darstellungen der Menschenrechte und der damit einhergehenden Verpflichtungen liefern liberalistische [*libertarian*] Autoren, die darauf bestehen, daß es einzig negative Freiheitsrechte gibt. Jegliches weiter gefaßte Bündel von Rechten – beispielsweise Rechte auf Wohlfahrt oder auf Hilfe – würden Pflichten auferlegen, die die unterstellten Freiheitsrechte mancher Pflichtenträger verletzen würde. Liberalisten sehen die Besteuerung zum Vorteil anderer, etwa auch die »Entwicklungshilfe« reicherer Staaten an ärmere, als ungerechten Eingriff in das Eigentum der Besteuerten an. Die Hauptforderung der liberalistischen Gerechtigkeit, sei sie nun national oder international, lautet: Verteilt nicht um.

Die liberalistischen Behauptungen bedürfen überzeugender Argumente, die die besonders hervorgehobene Bedeutung der Eigentumsrechte rechtfertigen. Die gerade vorgetragenen Argumente erfuhren heftige Kritik. Manche Kritiker bestreiten, daß der Freiheit bedingungslos der Vorrang vor anderen Rechtsgütern erteilt werden dürfe.[15] Andere bestehen darauf, daß Freiheit weiter gefaßt werden müsse, und behaupten, daß die Rechte auf Freiheit der Person auch Rechte auf Unterstützung und Wohlfahrt zu umfassen hätten, da ohne diese menschliche Wesen keine Persönlichkeit entwickeln oder bewahren können: Sie ziehen daraus den Schluß, daß es eine Beschränkung der Eigentumsrechte selbst dann geben muß, wenn Freiheit vorrangig ist.[16] Andere wiederum sind der Ansicht, daß die zentrale liberalistische Vorstellung von der maximal gleichen Freiheit für alle schlicht vage ist.[17]

Das Beharren darauf, daß eine durch staatliche Macht oder durch andere Handlungsinstanzen vorgenommene Umverteilung ungerecht sei, prägt den liberalistischen Blick auf Unterstützung, Wohlfahrt und Armut. Liberalisten vertreten die Auffassung, daß freiwilliges Geben oder Mildtätigkeit die einzigen Antworten auf die Bedürftigkeit anderer seien, die der Gerechtigkeit keine Gewalt antun; und daß selbst diese verkehrt seien, sofern sie die Abhängigkeit fördern.[18] Freiwilliges Geben ist allerdings vollkommen inadäquat, wenn es um Massenphänomene wie die weltweite Armut geht.[19]

Darüber hinaus sind weder Liberalisten noch andere Liberale besonders dafür prädestiniert, zugunsten der Nächstenliebe zu sprechen, begreifen sie sich selbst doch als »Agnostiker, was das

15 Zur Diskussion um den Vorrang der Freiheit im liberalistischen Denkmodell siehe Jeffrey Paul, *Reading Nozick: Essays on Anarchy, State and Utopia*, Oxford: Blackwell 1981; und zum gleichen Problem in Rawlsschem Gewand vgl. die Aufsätze bei Norman Daniels (Hg.), *Reading Rawls: Critical Studies of »A Theory of Justice«*, Oxford: Blackwell 1975.

16 Vgl. Shue, *Basic Rights*, a.a.O.; vgl. auch weiter unten, S. 215-220.

17 Vgl. O'Neill, *Faces of Hunger*, Kapitel 6, a.a.O.; »The Most Extensive Liberty«, in: *Proceedings of the Aristotelian Society* 53 (1979/1980), S. 45-59, und »Children's rights and children's Lives«, in: *Ethics* 98 (1988), S. 445-463.

18 Vgl. die Aufsätze in J. Paul u. a. (Hg.), *Beneficence, Philanthropy and the Public Good*, insbesondere John O'Connor, »Philanthopy and selfishness«, S. 113-127.

19 Vgl. Thomas Nagel, »Poverty and food: why charity is not enough«, in: Peter Brown und Henry Shue (Hg.), *Food Policy: The Responsibility of the United States in Life and Death Choices*, New York: Free Press 1977.

Wohl des Menschen betrifft«, und lehnen deshalb jegliche objektive Darstellung des Guten oder von Tugenden ab. Da sie selbst die begrifflichen Hilfsmittel verleugnen, die solchen Pflichten, die sich nicht einfach aus Rechten ableiten lassen, einen Sinn geben könnten, wissen sie auch nichts über unvollkommene Pflichten zu sagen, und damit auch nichts über Tugenden. Manche mögen die Dinge in ein rosiges Licht tauchen, wenn sie suggerieren, daß Nächstenliebe, gerade wenn sie keine Pflichtübung ist, pflichtüberschreitend sei. Hier handelt es sich bloß um rhetorische Schnörkel: Ohne eine Darstellung dessen, was eine Handlung, die »über« die Pflicht hinausgeht, denn moralisch bewunderungswürdig macht, wäre es konsequenter, wenn die Liberalisten mildtätige Gaben als einen möglichen Ausdruck persönlicher Präferenzen beschrieben.

Wenn man von ihrem Umverteilungsverbot einmal absieht, könnten Liberalisten durchaus Positionen vertreten, die bedeutende und möglicherweise auch hilfreiche Implikationen für die Armen in der dritten Welt hätten. Da sie ihre Überlegungen auf die Achtung vor den Individuen und deren Rechten stützen und jeden nicht minimalistischen Staat als ungerecht beurteilen, werfen die Liberalisten allen heutigen Staaten, von denen kein einziger minimalistisch ist, ein Überschreiten ihrer legitimen Macht vor. Insbesondere könnten sowohl Liberalisten als auch andere Liberale die Ansicht vertreten, daß jeglicher Eingriff in die Bewegungsfreiheit, die Arbeit und den Handel von Individuen der Freiheit Gewalt antut. Einer einleuchtenden Lesart zufolge legt dies nahe, daß jene, die in der dritten Welt leben, überallhin auszuwandern das Recht haben sollten, daß diejenigen, die für weniger Lohn zu arbeiten bereit sind, nicht aufgrund des Wohnsitzes oder aufgrund gewerkschaftlicher Restriktionen daran gehindert werden dürfen und daß protektionistische Handelspolitik eine Freiheitverletzung darstellt. Liberalisten sind bekannt dafür, daß sie für den Freihandel eintreten, nicht jedoch dafür, daß sie auch die Aufhebung der Einwanderungsgesetze befürworteten. Dies mag deshalb so sein, weil ihre Betonung der privaten Eigentumsrechte eine Einschränkung des öffentlichen Raums nach sich zieht, die sich in das Recht auf Freizügigkeit und das Aufenthaltsrecht der Eigentumslosen hineinfrißt, sogar innerhalb der nationalen Rechtsprechung.[20]

20 Zur Ethik von Immigration und Emigration siehe Walzer, *Sphären*

Die globale Tragweite einer solchen radikal-kosmopolitischen liberalistischen Haltung einzuschätzen ist schwer. Vermutlich würde eine solche Politik die Position der relativ Armen innerhalb reicher Ökonomien enorm schwächen, da sie ihre Kaufkraft beschnitte. Angeblich sollen die »perfekten« globalen Märkte die Ressourcen tendenziell immer gleichmäßiger über die Weltbevölkerung verteilen; in der Praxis ist es jedoch zweifelhaft, ob dies mit der Abschaffung der Restriktionen von Freizügigkeit, Aufenthaltsrecht und Handel tatsächlich erreicht werden würde. Im Zeitalter der automatisierten Produktion haben die Armen möglicherweise *gar nichts* Verkäufliches mehr anzubieten: Selbst ihrer Arbeitskraft könnte es an Marktwert mangeln. Die Konzentration ökonomischer Macht konnte innerhalb relativ ›freier‹ Binnenmärkte stattfinden und überleben; internationale ökonomische Kräfte können vermutlich auch in einem weltweiten Wettbewerb bestehen.

Kompensatorische Gerechtigkeit und weltweite Armut

Es gibt noch einen anderen Weg, auf dem sich selbst ein liberalistisches Konzept minimaler Rechtsansprüche (von anspruchsvolleren Ansätzen ganz abgesehen) dem Thema internationale Gerechtigkeit nähern kann. Es ließe sich argumentieren, daß die Armen, auch wenn sie kein allgemeines Recht auf Hilfe von seiten ihrer Landsleute oder über nationale Grenzen hinweg haben, manchmal doch *spezifische* Rechte gegenüber bestimmten anderen geltend machen können, die ihnen eine Entschädigung für in der Vergangenheit oder in der Gegenwart erfolgtes Unrecht schulden.[21]

der Gerechtigkeit, a.a.O., insbesondere Kapitel 1; James L. Hudson, »The ethic of immigration restriction«, in: *Social Theory and Practice* 10 (1984); Herman van Gunsteren, »Admission to citizenship«, in: *Ethics* 98 (1988).

21 Vgl. George Sher, »Ancient wrongs and modern rights«, in: *Philosophy and Public Affairs* (1981); David Lyons, »The new Indian claims and original rights to land«, in: Paul (Hg.), *Reading Nozick*; und Onora O'Neill, »Rights to Compensation«, in: *Social Philosophy and Public Policy* 5 (1986), S. 72-87. Zu umfassenderen Überlegun-

Einem solchen Ansatz gemäß wurzeln diese besonderen Rechte in besonderen historischen Beziehungen. Die aktuelle Misere in der unterentwickelten Welt wurde teilweise durch in der Vergangenheit liegende Handlungen von Staaten, Handelsgesellschaften und Individuen aus der entwickelten Welt verursacht. (Ohne allen Zweifel wurde sie teilweise auch von ortsansässigen Akteuren und Kräften verursacht.) Der Kolonialismus setzte mit Invasionen und massiven Freiheitsverletzungen ein. Viele Dritte-Welt-Ökonomien wurden zum Vorteil der imperialistischen Mächte entwickelt. Profite, die im Süden gemacht wurden, wurden eher »repatriiert« als reinvestiert; die koloniale Industrie und der koloniale Handel waren restringiert; die Entwicklung des Nordens basierte zumindest zum Teil auf der Ausbeutung des Südens.

Wie auch immer, die gegenwärtigen Formen der kolonialistischen Verletzung ökonomischer Rechte sind jedenfalls komplex und dunkel: Mitten in der Finsternis ist nichts deutlich. Viele der früheren Kolonien waren zum Zeitpunkt der Kolonisierung ökonomisch rückständig; manche kolonialen Mächte taten einiges, um ihre Kolonien zu modernisieren und zu entwikkeln; in manchen Fällen sind die Dritte-Welt-Ökonomien heute *weniger* blühend als unter kolonialer Verwaltung. Und es ist keineswegs gewiß, wie die Gegenwart heute aussähe, hätte es keine koloniale Vergangenheit gegeben. Wenn man das gegenwärtige Elend der Armen in der dritten Welt auf die koloniale Vergangenheit oder auf imperialistisches Unrecht zurückführen könnte, das von überlebenden Akteuren oder Handlungsinstanzen begangen wurde, so ließe sich vielleicht aufzeigen, daß manche gegenüber diesen Akteuren oder Handlungsinstanzen ein Recht auf Entschädigungsleistungen haben. Aber die Individuen, deren Rechte in der kolonialen Vergangenheit verletzt wurden, wie auch jene, die sie verletzten, sind bereits lange tot, und die zuständigen Institutionen sind häufig umstrukturiert oder nicht mehr exi-

gen über Unterentwicklung und abhängige Entwicklung siehe Andre Gunder Frank, *Capitalism and Underdevelopment in Latin America*, New York: Monthly Review Press 1969; Samir Amin, *Accumulation on a World Scale: A Critique of the Theory of Underdevelopment*, New York: Monthly Review Press 1974; und Magnus Blomström und Björn Hettne, *Development Theory in Transition: The Dependency Debate and Beyond: Third World Responses*, London: Zed 1984.

stent. Solange wir über keinen adäquaten Ansatz für institutionelles Handeln verfügen, können wir weder eine Aussage darüber treffen, wem die unterstellten Verpflichtungen, für vergangenes Unrecht Entschädigung zu leisten, zugeordnet werden sollten, noch, wer (überhaupt) das Recht auf Entschädigung geerbt hat. Die einstige Ausbeutung bietet nur eine vage Rechtfertigungsgrundlage für die Forderung, daß heutige Individuen, Gruppen, Staaten oder Regionen ein Recht auf Entschädigung hätten. Die Träger dieser speziellen Verpflichtungen zu einer Entschädigung müssen jedoch als jene identifizierbar sein, die anderen Schaden zugefügt haben, und das Recht auf Entschädigung wird nur dann wirksam sein, wenn der Beweis der Identifizierung erbracht werden kann. Wenn wir weder sicher sein können, in welchem Maße die gegenwärtigen Mißstände von vergangenem Unrecht herrühren, noch, welche unserer Zeitgenossen von solchem Unrecht geschädigt wurden oder davon profitiert haben, noch, wer heute besonders in die Pflicht genommen werden müßte, um die Kosten für eine gerechte Entschädigung zu übernehmen, wird das Recht auf Entschädigung nur wenig praktische Folgen zeitigen.

Eine ähnliche Reihe von Überlegungen führt das Elend in der dritten Welt nicht auf vergangenes, sondern auf gegenwärtiges Unrecht zurück. Hier verleugnen liberalistische Denker jedoch gerne, daß jemandem Unrecht geschieht, da es sich bei den Beschuldigten nicht um individuelle Missetäter, sondern um die ökonomischen und politischen Kräfte handelt, die die heutige Weltwirtschaftsordnung kontrollieren. Liberalistische Denker sehen das Leid, das die Schwächeren in einer Welt ungleicher Konkurrenten zu ertragen haben, nicht als Unrecht an. Manche der nicht-liberalistischen Verfechter universeller Rechte vertreten dagegen die Auffassung, daß in einer Welt, in der die Reichen und Mächtigen die Spielregeln der internationalen Wirtschaftsordnung und insbesondere das System von Währungs- und Handelsvereinbarungen unter ihrer Kontrolle haben – daß in einer solchen Welt das *Laissez-faire* der blanke Hohn sei. Im Detail sind solche Anklagen enorm kompliziert, aber ihr Grundmuster ist sehr einfach. Die Rechte anderer werden nicht respektiert, sofern in ihre elementaren Lebensbedingungen massiv eingegriffen wird. Die Ausübung der politischen und wirtschaftlichen Macht von seiten der Nationen und Institutionen des reichen Nordens kontrolliert und begrenzt das Leben der Armen in der dritten Welt. Die Aktivitäten multinationaler Wirtschaftsunternehmen, die Funktionsweise von Handelsschranken, von Banken und Kreditanstalten und die Regulierung des internationalen Währungssystems durch den Weltwährungsfonds (IWF) zeigen, daß die entwickelte Welt immer noch die Spielregeln für das Wirtschaftsleben in der ärmeren Welt ausgibt und auf diese Weise die Aktivitäten und Möglichkeiten dort in vieler Hinsicht beschränkt. Unter diesen Umständen sei jegliche Behauptung, der zufolge Gerechtigkeit Nicht-Einmischung in die Freiheiten der Mächtigen erforderlich mache, pure Scheinheiligkeit.

Während die Konturen dieser Argumentation eindrucksvoll sind, verbleiben ihre einzelnen Implikationen gleichwohl ebenfalls im dunkeln. Welche über das liberalistische Rechtsverständnis hinausgehenden Annahmen sind erforderlich, damit die Funktionsweise wirtschaftlicher Macht als Verstoß gegen Rechte angesehen werden muß? Mündet die Argumentation in eine Ablehnung der Politik der »abhängigen Entwicklung« zugunsten von einheimischen, autonomen, möglicherweise langsameren Entwicklungspfaden? Zielt sie auf ein Programm massiver Entschädigungszahlungen der entwickelten Welt an die ehemalige Kolonien? Wenn dem so ist, reicht das gegenwärtige Paket von »Hilfs«-Maßnahmen« zur Entschädigung aus – wenn man von seiner irreführenden Etikettierung einmal absieht? Oder sind die gegenwärtigen politischen Maßnahmen, die ungleichmäßig verteilt sind, auf die politischen Interessen der »Gebenden« beschränkt und – da sie für einige der bedürftigsten Länder nichts tun – inadäquat? Kann eine Politik, die ein paar entwickelte Enklaven in der dritten Welt hervorgebracht hat, dafür aber große Flächen bäuerlichen Hinterlandes verarmt zurückläßt, als Kompensation für in der Gegenwart – oder in der Vergangenheit – zugefügten Schaden dienen? Sind diese Arrangements gerechtfertigt, weil alle diejenigen, die davon betroffen sind, dem zugestimmt haben, oder wurden sie vielleicht nur von ihren Regierungen abgesegnet? Und müssen nicht die Mächtigen in der dritten Welt eigentlich Entschädigungszahlungen an ihre Mitbürger leisten?

Armut in der dritten Welt kann nicht einfach durch kompensatorische Gerechtigkeit beseitigt werden. Um spezielle Rechte beanspruchen zu können, müssen wir spezielle Beziehungen nachweisen; aber die kausalen Verbindungslinien zwischen besonderen Individuen oder Institutionen, die Schaden angerichtet haben oder geschädigt wurden oder die heute anderen schaden und die heute geschädigt werden, sind nicht deutlich genug, um Rechte auf Entschädigung zuordnen zu können; und ohne eine Zuweisung bleiben Rechte lediglich rhetorische Bekundungen. Hinzu kommt, daß manche der ärmsten Völker in der Welt mit der Kolonialzeit kaum in Berührung gekommen sind; ihre Bedürfnisse würden deshalb bei einem Ansatz distributiver Gerechtigkeit zwischen den Nationen, der wesentlich besondere Rechte auf Entschädigung für das vom Kolonialismus verursachte Unrecht in Anschlag bringt, gänzlich unter den Tisch fallen.

Rechte auf Wohlfahrt und internationale Gerechtigkeit

Ein dritter, ambitionierterer Zugang zur distributiven Gerechtigkeit zwischen den Nationen, der ebenfalls rechtstheoretisch ausgerichtet ist, argumentiert folgendermaßen: Menschlichen Wesen kommen mehr als nur Freiheitsrechte und jene speziellen Rechte (wie das Recht auf Entschädigung) zu, die auftreten können, sobald erst einmal universelle Rechte anerkannt sind. Diverse Gerechtigkeitstheorien behaupten, daß es durchaus auch (zumindest bis zu einem gewissen Grade) Rechte auf ökonomische Wohlfahrt gebe, und manche vertreten die Auffassung, daß es Rechte auf Waren und Dienstleistungen welcher Art auch immer gebe, sofern damit Grundbedürfnisse gestillt werden können. Diese Position ist von der Allgemeinen Menschenrechtsdeklaration der UN von 1948 offiziell anerkannt und weitgehend bekräftigt. Eine Position, die Wohlfahrtsrechte anerkennt, sollte sicher einem Ansatz von distributiver Gerechtigkeit zwischen den Nationen freundlichere Aufnahme bereiten. Doch dies ist keineswegs immer der Fall.

Eine allgemein bekannte Darstellung von Gerechtigkeit, die Wohlfahrtsrechte mit einschließt (auch wenn sie diese nicht zu ihrem Ausgangspunkt macht), ist John Rawls' *A Theory of Justice*.[22] Dieser Ansatz suchte eine Theorie der Gerechtigkeit für

22 Vgl. John Rawls, *A Theory of Justice*, Cambridge, Mass.: Harvard University Press 1971; deutsch: *Eine Theorie der Gerechtigkeit*,

die Grundstruktur einer Gesellschaft zu entwerfen, die als eine mehr oder weniger autarke nationale Gemeinschaft gedacht war. Für solche Gesellschaften legt Rawls zwei Gerechtigkeitsprinzipien dar. Das erste stimmt mit der liberalistischen Sichtweise überein, der zufolge alle gleiche und maximale Freiheiten haben sollten; das zweite, das sogenannte Differenzprinzip, fordert, daß Ungleichheiten nur dann eingeführt werden dürfen, wenn sie für die am schlechtesten gestellten Personen von Vorteil sind. Da die gedankliche Konstruktion den Nationalstaat als Rahmen unterstellt, werden die am schlechtesten gestellten Personen nicht als die am meisten benachteiligten Personen in der Welt gedacht. Wenn Rawls schließlich die Annahme abschwächt, daß Gerechtigkeit sich auf Staaten bezieht, so plädiert er nur für ein paar ausgesuchte Prinzipien der internationalen Gerechtigkeit.[23] Er wiederholt das Gedankenexperiment des Urzustandes, in dem er von der Annahme ausgeht, daß die Beteiligten Repräsentanten der Nationalstaaten sind, die wiederum als weitgehend autarke Einheiten gedacht werden. Die Prinzipien der internationalen Gerechtigkeit, die sich daraus ergeben, entsprechen nur Rawls' *erstem* Prinzip der Gerechtigkeit: Interventionsverbot, Selbstbestimmung, *pacta sunt servanda*, das Prinzip der Selbstverteidigung und des gerechten Krieges. Es gibt kein dem zweiten Gerechtigkeitsprinzip analoges internationales Prinzip – und entsprechend auch keinen Ansatz für eine distributive Gerechtigkeit zwischen den Nationen.

Diese Lücke bei Rawls hat Charles Beitz ausführlich erörtert.[24]

Frankfurt am Main: Suhrkamp 1975. Rawls stellt Prinzipien für gerechte Institutionen auf. Er gibt nicht den Rechten den Vorzug gegenüber den Pflichten. Ich gehe auf seine Position in diesem Abschnitt statt im nächsten ein, weil sie gewöhnlich als eine beispielhafte Rechtfertigung von Wohlfahrtsrechten angesehen wird und weil sie uns (anders als die im nächsten Abschnitt diskutierte Position) keineswegs dazu nötigt, Pflichten als das Fundamentalere zu behandeln.

23 Vgl. ebd., S. 416.

24 Vgl. Beitz, *Political Theory and International Relations*, a.a.O.; wesentliche Abschnitte wurden wiederabgedruckt in Luper-Foy (Hg.), *Problems of International Justice*, a.a.O., S. 27-54. Eine Anwendung der Rawlsschen Idee der Chancengleichheit auf globaler Ebene findet sich bei Bernard Boxill, »Global equality of opportunity and national integrity«, in: *Social Philosophy and Policy* 5 (1987), S. 143-168.

Er arbeitet folgendes heraus: Selbst wenn man einmal die Autarkie der Staaten unterstellt, so sei es vernünftig, davon auszugehen, daß die Vertreter zukünftiger Staaten, die sich hinter einem Schleier der Unwissenheit treffen, sich auf Prinzipien der Ressourcenverteilung einigten, die sie gegen die Eventualität absicherten, daß alle ihre Gebiete ressourcenarm werden. Vor allem aber behauptet Beitz, daß die Prämisse, Staaten seien relativ autark, falsch sei; es gebe von daher genauso gute Gründe für die Annahme, daß sich die Repräsentanten der Staaten auf Prinzipien einer distributiven Gerechtigkeit zwischen den Nationen einigen werden, wie es Gründe für die Annahme gab, daß die Parteien im Urzustand sich auf ein nationales Prinzip distributiver Gerechtigkeit einigten.

Die gegenwärtigen Implikationen einer solchen Ausdehnung des Rawlsschen Denkens sind schwer einzuschätzen. Die Rawlssche Darstellung von Gerechtigkeit schränkt Institutionen ein: Sein zweites Prinzip macht eine Bewertung und den Vergleich aller institutionellen Strukturen erforderlich. Manche der Schwierigkeiten beim Bewerten und Vergleichen, mit denen sich die Konsequentialisten herumplagen, tauchen hier wieder auf: In diesem Kontext benötigt ein Maximin-Prinzip die Informationen, aufgrund deren man maximierende Urteile über sehr komplexe Phänomene fällen kann. Da die gegenseitige internationale Abhängigkeit höchst verschlungen ist, läßt sich schwer einschätzen, welche institutionellen Veränderungen das Los der Ärmsten in der Welt am *meisten* verbessern würden.

Andere Ansätze, die über eine liberalistische Rechtsauffassung hinausgehen, schlagen vor, daß wir Individuen ein Recht auf grundlegendes Wohlbefinden zuschreiben; dies mache aber erforderlich, daß ihre materiellen Bedürfnisse befriedigt werden. Solchen Darstellungen gemäß – beispielsweise denen von Gewirth und Shue[25] – werden die Verhältnisse dann ungerecht sein, wenn sie bei der Befriedigung grundlegender Bedürfnisse versagen. Ohne ein Mindestmaß an gesicherter Subsistenz scheitert im Grunde jede Art von Aktivität, und so schwindet selbst der Ansatzpunkt für Handlungsfreiheit und damit auch für die Rechtsfreiheit dahin. Es geht selbstverständlich nicht darum, die Bedeu-

25 Vgl. Alan Gewirth, »Starvation and human rights«, in: *Human Rights: Essays on Justification and Applications*, Chicago: University of Chicago Press 1982; Shue, *Basic Rights*, a.a.O.

tung institutioneller Arrangements geringzuschätzen: Die grundlegenden Bedürfnisse vieler Millionen Menschen können nur sichergestellt werden, wenn eine angemessene Wirtschaftsordnung errichtet wird. Es geht vielmehr darum, solche Arrangements ausfindig zu machen, die Wohlfahrtsrechte sicherstellen.

So betrachtet sind Wohlfahrtsrechte Forderungen an andere Akteure und Handlungsinstanzen. Um von dieser Abstraktionsebene zu einer Darstellung gerechter Institutionen zu gelangen, ist es erforderlich, die entsprechenden Pflichten, die das Gegenstück zu diesen Rechten darstellen, zu identifizieren und zuzuordnen; denn ein universelles Recht ohne die entsprechenden Pflichten steht nur auf dem Papier. Normalerweise gehen Rechtstheoretiker davon aus, daß die Gegenstücke zu universellen Rechten universelle Pflichten sind, wenn auch Details bei der Erfüllung und der Durchsetzung der entsprechenden institutionellen Rechte spezifischen Handlungsinstanzen übertragen werden können. In der Diskussion um Freiheitsrechte ist diese Annahme angebracht, da hier die entsprechenden Pflichten negative Pflichten sind. Ein Recht auf Freiheit findet so lange keine Anerkennung, wie nicht alle Akteure und Handlungsinstanzen davon ablassen, diese Freiheit zu verletzen.

Mit Wohlfahrtsrechten steht es anders. Es ist unmöglich, daß hier alle Menschen die gleichen Pflichten übernehmen, beispielsweise den gleichen Beitrag leisten, um der Armut oder dem Hunger ein Ende zu bereiten. Ein universelles Recht darauf, ernährt zu werden oder eine angemessene Unterkunft und grundlegende medizinische Versorgung zu erhalten, ist etwas anderes als das Recht darauf, nicht getötet zu werden oder Redefreiheit zu besitzen. Es leuchtet ein, daß das Recht auf Leben oder auf freie Meinungsäußerung der universellen Pflicht entspricht oder sie nach sich zieht, nicht zu töten und nicht die freie Meinungsäußerung zu unterbinden; aber das universelle Recht auf Nahrung kann nicht einfach mit einer universellen Pflicht korreliert werden, eine aliquote Menge an Nahrung bereitzustellen. Die Asymmetrie zwischen Freiheits- und »Wohlfahrts«-Rechten, auf die liberalistische Denker so gerne ihre ablehnende Haltung gegenüber einer Erweiterung ihrer Gerechtigkeitskonzeption stützen, ist meines Erachtens wohl begründet. (Dies dürfte für liberalistische Denker allerdings kaum ein Trost sein, sofern sie nicht beweisen können, daß Freiheit einen Vorrang vor anderen

Rechten genießt oder was ein Maximum an Freiheit denn umfaßt.)

Das Ziel von Theorien der Wohlfahrtsrechte besteht darin, ihren Gerechtigkeitsansatz derart zu erweitern, daß er das Recht, Grundbedürfnisse einzuklagen, mit einschließt. Die vorhandenen Theorien gehen dabei so vor: Sie bestimmen die Wohlfahrtsrechte auf einer derart abstrakten Ebene, daß sie keine Zuordnung zu Pflichtenträgern vornehmen müssen. Diese Theorien legen nicht fest, gegen wen Klage erhoben werden darf. Sie ermöglichen es uns, durchaus gewandt über das Recht auf Nahrung oder auf einen minimalen Lebensstandard oder auf eine grundlegende medizinische Versorgung zu *reden*, aber sie verdunkeln die Tatsache, daß eine reale Asymmetrie besteht zwischen den Rechten auf solche Güter und Dienstleistungen und den »negativen« Rechten, (beispielsweise) nicht getötet, verletzt oder zu etwas genötigt zu werden.

Manche Befürworter der Wohlfahrtsrechte stellen die Unterscheidung zwischen Freiheits- und Wohlfahrtsrechten, auf der diese Bemerkungen basieren, in Frage. Shue beispielsweise weist völlig zu Recht darauf hin, daß die Unterscheidung zwischen Freiheitsrechten, die nur eine Nicht-Einmischung verlangen, und »Wohlfahrts«-Rechten, die eines aktiven Handelns bedürfen, in dem Moment hinfällig wird, in dem wir uns mit der *Durchsetzung* der Rechte befassen. Er schreibt: »Selbst das scheinbar ›negativste‹ Recht auf Freiheit ... erfordert von der Gesellschaft ein positives Handeln, damit es geschützt und ... damit es wiederhergestellt werde, falls sowohl Vermeidung als auch der Schutz versagt haben.«[26] Freilich kann die Durchsetzung weder diskutiert noch realisiert werden, solange die Pflichten noch nicht bestimmt und zugeordnet wurden. Letztlich sind es die Pflichten und nicht die Rechte, die der Durchsetzung bedürfen. Argumentationen, die sich mit den Fragen der Durchsetzung beschäftigen, können die Fragen nicht lösen, welche Rechte konsequenterweise gelten sollten oder tatsächlich gelten oder auf wen die entsprechenden Pflichten zukommen. Auch wenn es richtig ist, daß die Durchsetzung des Rechts, nicht gefoltert zu werden, ebenso aktives Handeln erfordert wie die Durchsetzung des Rechts auf Nahrung, so bleibt der Unterschied zwischen den

26 Ebd., S. 53.

beiden Rechten gleichwohl bestehen. Nehmen wir einmal an, es gebe diese beiden Rechte – das, nicht gefoltert zu werden, und das Recht auf Nahrung. Wenn nun, da es an der Durchsetzung des entsprechenden Rechts mangelt, A die Person B foltert, dann sind wir uns recht klar darüber, wer hier Bs Recht verletzt hat; aber wenn A die Person B nicht mit Nahrung, nicht einmal mit einem aliquoten Teil Nahrung, versorgt, dann sind wir uns keineswegs sicher, ob A die Rechte Bs verletzt hat. Es gibt keinen Nachweis dafür, daß sich Bs Anspruch auf Nahrung *an* A richten und *von* A erfüllt werden muß.[27]

Universelle Pflichten und internationale Gerechtigkeit

Rechtstheorien kommen dem Problem, wie der gedankliche Rahmen aussehen könnte, innerhalb dessen distributive Gerechtigkeit zwischen den Nationen zu denken ist, recht nahe. Den bisher skizzierten Positionen mangelt es noch daran, wie in einem Ansatz die Zuordnung von Pflichten mit der Anerkennung von Forderungen verbunden werden kann, die die Bedürfnisse und die Armut stellen. Liberalistische Denker ordnen Pflichten zu, aber übergehen Bedürfnisse; andere Liberale erkennen Bedürfnisse an, aber scheitern bei der Zuordnung von Pflichten. Ich möchte versuchen, beide Erfordernisse miteinander zu verknüpfen, indem ich einen Ansatz von Pflichten unter endlichen, bedürftigen Wesen skizziere.

Diejenigen, die Rechte ihrer Darstellung von Gerechtigkeit zugrunde legen, beginnen mit der Überlegung, daß alle gleiche Rechte haben. Ein analoger Ansatz, der die Pflichten der Gerechtigkeit bestimmte, würde nach Handlungsprinzipien Ausschau halten, die universell angenommen werden können. Wie allgemein bekannt, ist dies das grundlegende Vorgehen des ethischen Unternehmen Kants.[28] Kant bestimmt Prinzipien der Pflicht als

27 Vgl. O'Neill, *Faces of Hunger*, a.a.O., Kapitel 6, und Shue, *Basic Rights*, a.a.O., sowie ders., »Mediating Duties«, in: *Ethics* 98 (1988), S. 687-704.

28 Die Kantischen Texte, auf die dies sich hauptsächlich gründet, sind die *Grundlegung zur Metaphysik der Sitten* und die *Kritik der praktischen Vernunft*; eine Lektüre, die diese Texte auf die Probleme der

solche, die man annehmen muß, wenn Prinzipien, die nicht universell Geltung haben können, abgelehnt werden. Ungerechtigkeit stellt in diesem Zusammenhang einen Sachverhalt dar, bei dem Grundprinzipien angenommen werden, die nicht für alle akzeptabel sind. Nicht-universalisierbare Prinzipien zur Grundlage von Institutionen oder von menschlichem Leben zu machen setzt einen Status oder Privilegien voraus, die nicht allen zugänglich sein können. Gerechtigkeit ist solchen Darstellungen zufolge eine Sache des Handelns allein gemäß solcher Prinzipien, nach denen alle *handeln könnten* (nicht handeln *wollten* oder *sollten*, wie viele quasi-kantianische Ansätze suggerieren).

Eine kantische Konstruktion der Prinzipien der Pflicht ist in einem entscheidenden Punkt weniger ehrgeizig als die oben diskutierten Menschenrechtskonstruktionen. Diese zielen darauf ab, die größtmögliche Freiheit oder die optimale Zusammenstellung von Freiheits- und Wohlfahrtsrechten zu bestimmen. Auf irgendeiner Stufe müssen diese Konstruktionen eine *optimale* oder *maximale* Anordnung ausweisen. So wie die Stangen eines Wigwams nicht isoliert stehen können, so sind diese Rechtskonstruktionen Alles-oder-nichts-Angelegenheiten: Wurde erst einmal ein Recht als Baustein der »größtmöglichen Freiheit« bestimmt, finden sich auch alle anderen; solange noch nicht das ganze Bündel geschnürt ist, hat man noch gar nichts in der Hand. Wenn hingegen Prinzipien der Pflicht nach kantischem Vorbild konstruiert werden, werden sie *seriatim*, eines nach dem anderen, bestimmt. Die Konstruktion bedient sich eines Verfahrens, das überprüft, ob irgendein vorgeschlagenes Prinzip grundlegend für alle Institutionen oder alle Menschen sein könnte. Eine kantische Konstruktion von Pflichten kann *ein paar* Pflichtprinzipien bestimmen, ohne sie gleich *alle* aufzustellen.

Um zu entdecken, welche Prinzipien man annehmen muß, wenn man nicht-universalisierbare Prinzipien ablehnt, muß man nicht herausfinden, welche besonderen Arten von Handlungen zu vollziehen wären. Handlungsbeschreibungen, die auf bestimmte Zeiten, Orte, Personen oder knappe Ressourcen Bezug nehmen, lassen sich nicht universalisieren – Handlungen jedoch, die zulässigen und verbindlichen Handlungen einbegriffen, müs-

distributiven Gerechtigkeit zwischen den Nationen hin auslegt, findet sich bei O'Neill, *Faces of Hunger*, a.a.O., Kapitel 7 und 8.

sen unter solche Beschreibungen fallen. Oberflächliche und detaillierte Handlungsbeschreibungen müssen nicht und können nicht universalisierbar sein. Wir können nicht allesamt das gleiche Korn essen, geschweige denn unterm gleichen Dach leben. Ein kantischer Ansatz sucht *fundamentale* Prinzipien zu bestimmen (die Kantischen Maximen), die sich dafür eignen, über Institutionen und Menschen zu regieren. Gerechtigkeit besteht dieser Darstellung entsprechend darin, das Handeln von Menschen oder Institutionen nicht auf Prinzipien zu gründen, die nicht von allen geteilt werden können; es geht nicht darum, daß alle das gleiche tun.[29]

Zwei Beispiele für Pflichten, die sich gemäß der kantischen Konstruktionsmethode bestimmen lassen, sind die Ablehnung der grundlegenden Prinzipien des Zwanges und der Täuschung. Die Hintergrundargumente hier zeigen, daß ein Prinzip des Zwanges nicht universell geteilt werden kann – denn denjenigen, die gezwungen werden, wird (zumindest zeitweise) die Handlungsfähigkeit abgesprochen, und insofern *können* sie (prinzipiell) *nicht* die Handlungsprinzipien der Zwang Ausübenden teilen; und denjenigen, die getäuscht werden, wird das Wissen um die Handlungsprinzipien der Täuschenden abgesprochen, so daß sie ebenfalls den Plan der Täuschung *nicht* teilen *können* (denn wüßten sie darum, würden sie sich nicht täuschen lassen, die Täuschung wäre also wirkungslos). Solche Argumente zeigen nicht, daß jeder Zwang und jede Täuschung ungerecht sind: Sie

29 Die Beschreibungsebene, die in diesem Zusammenhang wichtig ist – die der Kantischen Handlungsmaxime –, lautet: Welches Prinzip liegt einer gegebenen Handlung zugrunde? Bei der Maxime handelt es sich um das leitende und eine Handlung kontrollierende Prinzip, dasjenige, das den Sinn einer Handlung stiftet und das die untergeordneten Aspekte einer Handlung aufeinander abstimmt. Der Kantischen Darstellung zufolge verfügen weder die Akteure selbst noch andere über eine privilegierte Kenntnis von Maximen. Obgleich wir weder die Handlungen anderer noch unsere eigenen definitiv beurteilen können, so können wir doch mit Hilfe von Überlegungen das Handeln bestimmen, das nicht eine nicht-universalisierbare Handlung ausdrückt. Akteure können sich darum bemühen, ein Handeln nach nicht-universalisierbaren Prinzipien zu vermeiden, auch wenn sie nicht garantieren können, daß ihre Bemühungen immer von Erfolg gekrönt sein werden. Vgl. O'Neill, *Constructions of Reason*, a.a.O.

zeigen lediglich, daß Handlungen, Institutionen und Leben, denen Zwang oder Täuschung zugrunde liegen, ungerecht sind.[30]

Bis hierhin könnte es scheinen, als liefe eine Kantische Konstruktion lediglich auf die Bestimmung solcher Pflichtprinzipien hinaus, die den Rechten entsprechen, auf die sich liberalistische Denker festlegen. Wenn eine Konstruktion von Pflichten lediglich in dieser Weise voranschritte, könnte sie Bedürfnisse nicht in Rechnung stellen. Trotzdem, dieser weit weniger ehrgeizige Ansatz kann in zweierlei Hinsicht über Rechtstheorien hinausgehen. Beide Momente resultieren aus dem Kantischen Beharren darauf, daß Pflichten für *endliche* vernünftige Wesen relevant sind. (Nach Kant würden idealisierte Vernunftwesen Prinzipien der Pflicht allemal als redundant empfinden.)

Gerechtigkeit und Tugenden

Eine der Hinsichten, in denen ein kantischer, bei den Pflichten ansetzender Zugang mehr zu bieten hat als Rechtstheorien, ist folgende: Er kann sowohl eine Darstellung der Tugenden als auch eine der Gerechtigkeit liefern. Er ermöglicht sowohl die Konstruktion unvollkommener Pflichten, deren Erfüllung nicht bestimmten Rechtsinhabern zugeordnet ist, als auch diejenige vollkommener Pflichten, deren Erfüllung als Recht einklagbar ist. Vom kantischen Ansatz her spiegeln Prinzipien unvollkommener Pflichten die menschliche Endlichkeit wider. Endliche Wesen sind unvermeidlich bedürftig, und ihre Pflichten können nicht auf die Verleugnung dieser Eigenheit gegründet werden. Die Prinzipien unvollkommener Pflichten, für die Kant eintrat, sind solche, die man annehmen muß, wenn nicht-universalisierbare Prinzipien von Wesen mit begrenzten Vermögen abgelehnt werden. Hierfür lassen sich zwei (leicht bearbeitete) Beispiele anführen. Erstens müssen solche Wesen, die (wie die Menschen) dessen gewahr werden, daß ihre individuellen Fähigkeiten nicht

30 Es mag durchaus Zwang oder Täuschung geben, die zum Zwecke der Gerechtigkeit sogar notwendig ist. So können beispielsweise die Staatsgewalt oder weniger zentralisierte Formen des sozialen Zwangs wesentlich dafür sein, Rechtsgrundsätze aufzustellen oder den um sich greifenden Zwang unsicherer Verhältnisse zu verhindern, der jegliches Handeln bedroht.

zur Erlangung der eigenen Ziele ausreichen, sich (so sie rational sind) der Hilfe anderer (zumindest in einem gewissen Maße) anvertrauen; wenn sie daher nicht-universalisierbare Prinzipien von sich weisen, so müssen sie sich dem Prinzip verpflichten, anderen (zumindest einige) Hilfe anzubieten. Bei dieser Verpflichtung handelt es sich eher um eine Ablehnung prinzipieller Nicht-Wohltätigkeit als um die Verpflichtung zu einem bestimmten Grad von Wohltätigkeit. Zweitens sind sich Wesen, die ihre Fähigkeiten erst entwickeln müssen und sich nicht auf Instinkte oder einen natürlichen Reifungsprozeß verlassen können, dessen bewußt, daß sie Ziele haben, die diverse Fähigkeiten erfordern; und so werden sie sich, sofern sie rational sind, in einem gewissen Umfang bei sich und bei anderen der Entwicklung von Fähigkeiten verschreiben.

Diese Konstruktion unvollkommener Pflichtprinzipien ist nicht subjektiv: Sie bezieht sich nicht auf tatsächliche Ziele oder Wünsche. Sie stellt lediglich die Bedürfnisse endlicher Wesen in Rechnung. Der Gedankengang läßt sich etwa folgendermaßen paraphrasieren: Rationale Wesen, deren Wünsche – anders als bei instinktgeleiteten Geschöpfen – normalerweise (und zwar unabhängig von dem besonderen Inhalt ihrer Wünsche) sowohl ihre eigenen Ressourcen als auch die ihrer Gefährten übersteigen, entdecken, daß sie nicht generell nach Prinzipien handeln können, die diese Bedürfnisse negieren. Rationalerweise können sie nicht Teil einer Welt sein wollen, in der entweder das Prinzip, benötigte Hilfe zu verweigern, oder das Prinzip, die Entwicklung von Fähigkeiten und Ressourcen abzulehnen, allgemein akzeptiert wird. Folglich müssen ihre Grundprinzipien eine gewisse Verpflichtung beinhalten, anderen zu helfen und menschliche (oder andere) Potentiale zu entwickeln. Gleichwohl hat die Nicht-Universalisierbarkeit verweigerter Hilfe oder verweigerter Entwicklung von menschlichen Potentialen nicht zur Folge, daß man nun anderen bei allen ihren Vorhaben zu helfen oder alle möglichen Potentiale zu entwickeln verpflichtet sei; dies wären tatsächlich unmögliche Verpflichtungen. Und dieser Ansatz bei den sozialen Tugenden legt auch nicht die erforderlichen Standards für Hilfe oder für die Verpflichtung zur Entwicklung fest. Immerhin, diejenigen, die gar nichts tun, zeigen, daß ihre grundlegenden Prinzipien beide Tugenden vernachlässigen. Sie handeln falsch, auch wenn ihre Opfer nicht identifiziert werden können.

Indem die kantische Konstruktion zwischen den Anforderungen vollkommener und unvollkommener Pflichten unterscheidet, beachtet sie zugleich die Asymmetrie zwischen den Pflichten, etwas zu unterlassen, und solchen, zu intervenieren. Der Vorteil einer Darstellung unvollkommener Pflichten liegt in folgendem begründet: Weder besteht sie darauf, daß den traditionellerweise als unvollkommen eingestuften Pflichten bestimmte Rechte korrespondierten, noch behandelt sie diese, als wären sie in keiner Weise obligatorisch. Kurzum, dieser Zugang läßt, anders als rechtszentrierte Ansätze, Raum für eine nicht-trivialisierende Darstellung sozialer und institutioneller Tugenden. Anders als die meisten zeitgenössischen Darstellungen von Tugenden baut er nicht auf historizistischen oder kommunitaristischen Behauptungen auf, ermöglicht es uns aber gleichwohl, von Rechten zu sprechen, die als Gegenstück zu vollkommenen Pflichten zu betrachten sind. Wenn es entweder relevant oder klug ist, die Perspektive der Empfangenden einzunehmen, so kann man sich der Sprache des Rechts bedienen, um Gerechtigkeit zu diskutieren und zu fordern.

Gerechtigkeit, Fähigkeiten und Bedürfnisse

All dies zeigt jedoch noch nicht, wie eine Darstellung von einklagbaren vollkommenen Pflichten der Gerechtigkeit den Bedürfnissen Rechnung tragen kann. Wenn es sich bei vollkommenen Pflichten und insbesondere bei Fragen der Gerechtigkeit um Nicht-Einmischung handelt, wie kann dann eine Berücksichtigung von Bedürfnissen eine Frage der *Gerechtigkeit* sein? Und wenn die Zuordnung von Hilfe für jene, die ihrer bedürfen, durch grundlegende ethische Überlegungen unbestimmt bleibt, dürfen wir sie dann den Bedürftigen nicht ganz nach Belieben zuteilen? Wenn dem so ist, welche Vorteile bietet dann ein kantischer Ansatz bei Überlegungen zur distributiven Gerechtigkeit zwischen den Nationen, für die eine garantierte und verläßliche Zuteilung von Hilfe und von Unterstützung bei der Entwicklung menschlicher Ressourcen einen zentralen Punkt ausmacht? Zweifellos stellt die Fähigkeit, eine ernstzunehmende, nicht-relativistische Darstellung von sozialen und institutionellen Tugenden zu liefern, einen Vorteil dar, aber die kantische Gerechtigkeit nimmt sich immer noch wie das auf Pflichten gegründete Analogon zur liberalistischen Gerechtigkeit aus.

Eine kantische Konstruktion kann jedoch den Weg zu einem nicht-selektiven Zugang zu menschlichen Grundbedürfnissen innerhalb einer Theorie der Gerechtigkeit weisen; und hierin liegt ihr zweiter Vorteil gegenüber einer auf Rechte gegründeten Theorie. Kant betont mehrfach, daß *alle* Prinzipien der Pflicht Prinzipien für *endliche* rationale Wesen seien, und er hebt besonders hervor, daß der Mensch nicht nur in Hinblick auf die Vernunft, sondern noch in vielerlei anderen Hinsichten endlich sei. Überlegungen, wie die grundlegenden Prinzipien der Ablehnung von Zwang und Täuschung angewandt und institutionalisiert werden könnten, müssen die menschliche Endlichkeit, Bedürftigkeit und Verletzbarkeit in Rechnung stellen.

Wir können nicht erklären, was es bedeutet, das Prinzip des Zwanges abzulehnen, solange nicht dargelegt worden ist, was innerhalb menschlicher Verhältnisse eigentlich Zwang bedeutet. Man ist sich gemeinhin darüber einig, daß die Ausübung physischer Gewalt für menschliche Akteure einen Zwang darstellt; wenn A B stößt, gibt die Bewegung von B nicht Bs Handeln wieder, denn dieses war erzwungen. Es ist allerdings ebenfalls Gemeingut, daß Drohung und Nötigung Zwang darstellen; der Begriff einer Drohung läßt sich jedoch nicht ohne den Bezug auf einen Kontext explizieren. Was eine Drohung ausmacht, hängt davon ab, über welche Macht der Drohende verfügt, um bestimmte Opfer zu schädigen – und damit auch von dem Gegenstück zur Macht, d. h. der Verletzbarkeit der Bedrohten. Man kann unmöglich bestimmen, was eine Drohung ausmacht, solange man von den jeweiligen Fähigkeiten der Drohenden wie der Bedrohten abstrahiert. Die menschliche Endlichkeit kann vielerlei Gestalt annehmen: Jede stellt eine besondere Konfiguration von Bedürftigkeit und Verletzbarkeit dar, die andere ausbeuten oder respektieren können.

Hier kann es nicht um die Beurteilung besonderer Fälle gehen, sondern lediglich um Vorschläge, welche Überlegungen entscheidungsrelevant sein könnten für die Frage, wie sicherzustellen ist, daß Menschen und Institutionen auf grundlegende Prinzipien und Praktiken des Zwangs und der Täuschung verzichten. Der Marxsche Wahlspruch »Jeder nach seinen Fähigkeiten, jedem nach seinen Bedürfnissen!« ist ein anregender Auftakt zu diesem Thema. Diese Losung deutet auf eine Vision sozialer Beziehungen, in denen Antagonismen überwunden sind. Diese Vision bezog sich auf die ferne Zukunft. In bezug auf die Gegenwart räumte Marx ein, daß jeglicher Fortschritt von den Formen bürgerlichen Rechts und Gesetzes geprägt sein würde; insbesondere viele seiner Anhänger dachten, der Marxismus könne internationalistische Verpflichtungen einklammern und den Sozialismus in einem Land verwirklichen. Die sozialistische Praxis hat, nicht anders als die liberale, lange Zeit grundlegende kosmopolitische Verpflichtungen der Souveränität von Nationalstaaten untergeordnet. Erst in fernerer Zukunft, wenn die Staaten abgestorben sein würden, sei die Gerechtigkeit – oder die volle Emanzipation des Menschen, die der Gerechtigkeit folge – nicht mehr von staatlichen Grenzen eingeengt. Diese Erinnerungsstützen könnten den Gedanken nahelegen, daß sozialistisches Denken zu dem gegenwärtigen Problem der internationalen Gerechtigkeit nur wenig beizutragen vermag, es sei denn vielleicht hinsichtlich seines Einflusses auf Theorien der ökonomischen Entwicklung. Immerhin bringt der Marxsche Wahlspruch jedoch die beiden Probleme zusammen, die andere Theorien so häufig voneinander trennen. Ich werde eine Lesart skizzieren, die *Fähigkeiten* und *Bedürfnisse* in gleicher Weise betont und dies in die hier gerade vorgeschlagene Konstruktion von Gerechtigkeitsprinzipien integriert.

Prinzipien der Pflicht sind nur für (vielleicht einige individuelle und andere institutionelle) Akteure von Bedeutung. Akteure müssen zumindest in gewissem Maße über Fähigkeiten oder Möglichkeiten zu unabhängigem Handeln verfügen: Sie müssen gewisse kognitive und praktische Fähigkeiten besitzen. Ohne diese könnten sie nicht handeln; insofern wäre dann jegliche praktische Argumentation bedeutungslos für sie; kurzum, sie wären keine Akteure. Die Akteure und Handlungsinstanzen, die auf die internationale Güterverteilung einwirken, sind in hohem Maße voneinander verschieden. Gleichwohl stehen ihnen allen nur sehr begrenzte Fähigkeiten zur Verfügung. Dies gilt vor allem ganz offensichtlich für die menschlichen Akteure, deren Fähigkeiten in einem komplementären Verhältnis zu ihren Bedürfnissen stehen. Es gilt aber auch für viele Akteure und Handlungsinstanzen und sogar für die vermeintlich souveränen Nationalstaaten. Selbst Supermächte sind begrenzte Mächte; und nichts anderes gilt selbstverständlich auch für die neuen weltweit agierenden Institutionen, die multinationalen Konzerne. Die Schritte, die die endlichen Akteure dieser buntscheckigen Gruppe jeweils in Angriff nehmen müßten, wollten sie den grundlegenden Prinzipien des Zwanges und der Täuschung entgegentreten, sind offenkundig ungeheuer verschiedenartig. Allemal lassen sich jedoch zwei Aspekte ihres Handelns deutlich voneinander unterscheiden.

Wer Zwang grundsätzlich ablehnt, darf sich keiner Politik oder Praxis bedienen, die andere in einer Weise behandeln könnte, der diese *nicht* zustimmen *könnten*. (Hier handelt es sich um eine modale Forderung; sie führt keine tatsächlichen Präferenzen ins Feld.) Diese Forderung mag allzu schwach wirken; denn sicherlich übt man schon Zwang aus, wenn man die tatsächlich abweichende Meinung anderer übergeht, auch wenn diese hätten zustimmen können. Jedenfalls ist umsichtiges Handeln darauf zugeschnitten, die Meinungsverschiedenheit anderer *möglich* zu machen; tatsächlicher Dissens wird registriert, indem er entweder abgelehnt wird oder indem andere Vorschläge neu verhandelt werden. Zwang übt ein Handeln aus, das seine Ziele ohne Rücksicht auf abweichende Meinungen »durchdrückt« und Ablehnung unmöglich macht. Solche »Angebote« können nicht zurückgewiesen werden.

Die Beziehungen zwischen den Mächtigen und den Machtlosen werden häufig von Prinzipien des Zwangs regiert. Deutlich wird dies in den Beziehungen zwischen den entwickelten und den unterentwickelten Staaten, Institutionen und Unternehmen. Die Schwachen können nicht die »Angebote« der Starken ablehnen oder neu verhandeln, solange nicht die Starken ihre Angebote an den tatsächlichen Mangel an Fähigkeiten und die Schwäche derer anpassen, denen sie sie unterbreiten. Arme und machtlose Staaten und Institutionen mögen, wie arme und machtlose Individuen auch, unvorteilhafte Geschäfte machen, indem sie ihre einzigen Ressourcen gegen inadäquate Gegenleistungen eintauschen, indem sie nachteilige *terms of trade* »akzeptieren«, indem sie Darlehen aufnehmen, die sie niemals zurückzahlen können. Arme Staaten mögen in den Bau schmutziger Produktionsanlagen und in enorme Steuernachlässe für ausländische Investoren einwilligen. All dies spiegelt nur ihre Verletzbarkeit und Bedürftigkeit wider. Wenn man einmal von Fehleinschätzungen absieht, so würden weder Individuen noch Institutionen solchen Übereinkünften zustimmen, wären sie nicht verletzbar.

Um gerechte Transaktionen mit verletzbaren Anderen zu ermöglichen, reicht es nicht aus, den Standards Genüge zu tun, die gegenüber Gleichmächtigen oder Mächtigeren keinen Zwang und keine Täuschung bedeuten würden. Um gerecht zu handeln, müssen die Reichen und Mächtigen Verhaltensweisen annehmen, die nicht darauf abzielen, diejenigen, mit denen sie zu tun haben, zu täuschen oder in irgendeiner Weise zu zwingen. Es langt nicht, die äußeren Formen von Vertragsabschlüssen, Handel und Verhandlungen zu beachten (wie liberalistische Denker vielleicht glauben) oder andere vor äußerster Armut zu bewahren (worauf die Verfechter des Wohlfahrtsstaates insistieren mögen). Es ist vielmehr notwendig, alle grundlegenden Verhaltensformen, Prinzipien oder Praktiken von sich zu weisen, die der Gegenseite mit ihrer besonderen Verletzbarkeit und ihren spezifischen Bedürfnissen die Möglichkeit nehmen, etwas abzulehnen oder neu zu verhandeln. Gerechte Akteure und Handlungsinstanzen räumen anderen – und zwar auch den verwundbarsten unter ihnen – die Möglichkeit zur Ablehnung und zur Neuverhandlung von Angeboten ein.

Die Verpflichtung, aus der Schwäche anderer keinen Vorteil zu ziehen, ist in sich sehr zerbrechlich. Die Starken werden leicht verführt – zumal sie häufig ja gar nicht so stark sind; die meisten von ihnen leben unter vielen Konkurrenten und stärkeren Mächten. Solange die Forderung nicht mit »Zähnen« versehen wird, ist es kaum realistisch, von Institutionen und Akteuren zu verlangen, sie sollten nicht auf den Schwachen herumtrampeln, wenn sie doch sofort unter den Druck anderer geraten, sofern sie nicht ihren eigenen Vorteil verfolgen. Von daher kann eine genuine handlungsleitende Verpflichtung zur Durchsetzung von Gerechtigkeitsprinzipien in einer Welt verschiedenartiger Akteure, von denen viele gegenüber anderen Mächten verletzbar sind, nicht *allein* aus der Forderung nach gerechten Transaktionen bestehen. Sie muß – und dies ganz wesentlich – eine Verpflichtung dazu sein, die Strukturen von Institutionen und den Charakter und die Macht individueller Akteure, das heißt die Vorbedingungen der Transaktionen, zu verändern, um auf diese Weise die Machtlosigkeit und die Verletzbarkeit zu reduzieren.

Genauer gesagt: Die internationalen Märkte, Transaktionen

und Beziehungen bedürfen der gleichen Regulierung wie die nationalen Märkte und Transaktionen und wie die sozialen Beziehungen innerhalb eines Staates, wenn die Machtunterschiede nicht das Leben und die Projekte der Schwachen untergraben sollen. Hier wird das angebliche Funktionieren *idealer* Märkte oder die *Realpolitik an sich* souveräner Staaten oder die Entscheidungen *idealisierter* rational wählender Subjekte weder bestritten, noch wird all dies bekämpft. Es wird lediglich diese riesige Kluft zwischen *idealisierten* Akteuren und Handlungsinstanzen, wie sie in den Modellen der Sozialwissenschaftler vorkommen, und ihren tatsächlichen Prototypen berücksichtigt. Ohne jegliche Regulierung dürften die tatsächlichen Märkte die Folgen der Ungleichheit von Macht und Verletzbarkeit eher verstärken als verringern, die tatsächlichen Staaten können ihr eigenes Volk und andere Völker unterdrücken, und skrupellose Individuen können andere beherrschen. Machtlosigkeit und Verletzbarkeit sind die Gegenstücke zur Macht anderer: Eine Verpflichtung, die Momente des Zwangs, die sich aus der Ungleichheit der Macht ergeben, unter Kontrolle zu halten, ist eine Verpflichtung dazu, die Möglichkeiten der mächtigsten Akteure zu verringern oder zu zügeln und zugleich diejenigen der Verletzbarsten zu erweitern. Die Verpflichtung, sowohl die ökonomische als auch die politische Ungleichheit zu mindern, geht daher aus einer ernsten, handlungsleitenden Verpflichtung zur Gerechtigkeit unter Ungleichen hervor.

Welche Form der Regulierung diese Resultate am besten hervorbringen könnte, dies ist ein weites Feld und wird bislang nur selektiv diskutiert. Der grundlegende Widerspruch zwischen »staatlicher Regulierung« und »Nicht-Einmischung«, der viele Diskussionen prägt, könnte selbst obsolet sein, und es mag ebenso viele Gründe geben, die sozialen und diskursiven Praktiken zu betrachten, die bestimmte Arten von Akteuren und Institutionen ausbilden und fördern, wie es Gründe geben mag, die gesetzlichen und administrativen Rahmenbedingungen zu betrachten, die ihnen Beschränkungen auferlegen. Fragen der guten Praxis mögen ebenso wichtig sein wie Fragen nach den gesetzlichen Schranken.

Die gegenwärtige Weltwirtschaftsordnung ist das Produkt einer langen und in sich verketteten Reihe institutioneller Veränderungen und Transformationen. Viele derjenigen, die heute auf dieser Bühne agieren, existierten gegen Ende des Zweiten Weltkrieges noch nicht. Damals gab es noch keine der modernen multinationalen Konzerne; es gab nur wenige in die Unabhängigkeit entlassene Kolonien, deren Bevölkerung nicht europäischer Abstammung war. Die internationalen Körperschaften, Entwicklungshilfeinstitutionen und NROs, die international arbeiten, stellen neue Typen von Handlungsinstanzen dar. Einige von ihnen mögen die internationale Verteilungsungerechtigkeit verschlimmert, andere mögen sie verringert haben. Ein solcher Prozeß der Schaffung und Transformation von Institutionen, der auch die Ausbildung und Veränderung menschlicher Fähigkeiten einschließt, läßt sich unbegrenzt ausdehnen. Eine vollständige Verpflichtung zu distributiver Gerechtigkeit zwischen den Nationen würde bedeuten, daß man die gegenwärtige institutionelle Struktur in eine bessere umzuwandeln versucht, um auf diese Weise zu gewährleisten, daß die Macht und die Fähigkeiten, die sie hervorbringt und die sie fördert, eher dem Zweck dienen, gegenwärtige Bedürfnisse zu befriedigen und Verletzbarkeiten zu verringern, als sie auszubeuten.

An diesem Punkt kann die Ausgangsfrage nach dem Adressaten erneut gestellt werden. Für wen sind diese Diskussionen um Gerechtigkeit von Bedeutung? Folgt man dem Argumentationsgang, so ist die Verantwortung nicht nur an einem einzigen Ort zu lokalisieren. Aber es folgt daraus auch nicht, daß es Akteure und Handlungsinstanzen gäbe, die überhaupt keine Verantwortung trügen. Aus der Tatsache, daß kein einzelner – auch kein kollektiver Akteur – *alles* tun kann, folgt nicht, daß jemand gar nichts tun dürfe. Dies trifft nicht nur auf reiche, sondern ebenso auf arme Individuen zu, nicht nur auf Regierungen und Institutionen des Nordens, sondern ebenso auf diejenigen des Südens; und es gilt ebenso für die mannigfaltigen internationalen, multinationalen und transnationalen Gesellschaften, die in der Weltwirtschaft wuchern.

Eine Darstellung der Pflichtprinzipien unter endlichen und gegenseitig verletzbaren Wesen hat enorme und komplexe Implikationen für die Probleme der Entwicklung und der internationalen Gerechtigkeit. Es sind viele Schritte nötig, um die hier vertretenen Grundsätze wirkungsvoll zu institutionalisieren. Die augenfälligen Unterschiede zu anderen Gerechtigkeitskonzeptionen machen deutlich, welches die Stärken und Schwächen eines Ansatzes sind, der die Fragen der internationalen Gerechtigkeit so angeht, daß er sich auf eine konstruktivistische Darstellung von Pflichten stützt. Zunächst einige Schwächen: Der Ansatz liefert weder einen Algorithmus, um Prinzipien zu bestimmen, noch einen, um ihre Durchsetzung zu befördern. Dann einige Stärken: Das Programm bietet ein Procedere an, wie Prinzipien der Gerechtigkeit bestimmt werden können, und es liefert Argumente dafür, weshalb ihre Institutionalisierung und Durchsetzung die Beziehungen zwischen Macht und Verletzbarkeit berücksichtigen sollte. Diese Position teilt einerseits mit den Liberalisten die Auffassung, daß es eine Asymmetrie zwischen negativen und positiven Pflichtprinzipien gibt; sie teilt andererseits mit den Theoretikern der Wohlfahrtsrechte die Einsicht, daß es wichtig ist, auf die Bedürfnisse einzugehen, deren Befriedigung die Fähigkeit zum Handeln unterstützt. Sie erkennt außerdem an, daß es in vielen Kontexten sinnvoll ist, sich des Rechtsvokabulars zu bedienen, während sie zugleich leugnet, daß dieses Vokabular und die damit verbundene Empfänger-Perspektive die Grundlage liefern könnte für die Darstellung transnationaler Gerechtigkeit unter endlichen und bedürftigen rationalen Wesen.

Übersetzt von Petra Willim

Ernst-Wolfgang Böckenförde
Ist Demokratie eine notwendige Forderung der Menschenrechte?

Die Diskussion um die Menschenrechte, ihre Anerkennung und Verwirklichung, gewinnt zunehmend an Intensität. Sie tritt zum einen als philosophische und rechtsphilosophische Diskussion hervor. In ihr geht es um die Begründung und den Charakter der Menschenrechte: Lassen die Menschenrechte sich meta-positiv – aus der Vernunft, aus der Natur und Bestimmung des Menschen, aus einem Ur-wissen der Menschen – und damit allgemeingültig begründen, oder nur positiv, aus einem entstandenen und heute bestehenden breiten Konsens und ebensolcher politischer Übereinstimmung? Konsens und politische Übereinstimmung könnten freilich kulturkreisbeschränkt und -bedingt sein. Und erheben die Menschenrechte ihren Geltungsanspruch als ein ethisches (moralphilosophisches) Postulat, das allererst in positives Recht zu überführen ist, oder aus sich heraus als verbindliches und einforderbares Recht?

Zum anderen ist die Diskussion eine politische. Als solche betrifft sie die praktische Verwirklichung und Durchsetzung der Menschenrechte, die notwendigen Vorkehrungen auf nationaler und internationaler Ebene, die ihre – zumeist vorausgesetzte – Geltung sicherstellen, bis hin zur Frage der Intervention der Staatengemeinschaft oder einzelner ihrer Mitglieder zur Bekämpfung der Mißachtung der Menschenrechte. Auf beiden Ebenen der Diskussion stellt sich dabei immer wieder die Frage nach Zusammengehörigkeit und wechselseitiger Bedingtheit von Menschenrechten und Demokratie. Die Auffassung ist vorherrschend, die Staats- und Regierungsform der Demokratie sei eine notwendige Forderung der Menschenrechte wie auch eine notwendige Voraussetzung für ihre praktische Geltung. Diese Auffassung kommt dem Zeitgeist entgegen. Sie bedarf indes einer kritischen Prüfung.

I

Betrachten wir die Menschen- und Bürgerrechtserklärungen am Ende des 18. Jahrhunderts, so fragt sich in der Tat, ob sie nicht von einem engen oder gar notwendigen Zusammenhang zwischen Menschenrechten und Demokratie ausgehen und er ihnen zugrunde liegt.

1. Die französische Erklärung der Menschen- und Bürgerrechte von 1789 proklamiert nicht nur grundlegende Menschenrechte und erklärt es zum Hauptzweck der staatlichen Ordnung, diese unverbrüchlichen Rechte zu sichern (Art. 2). Sie proklamiert zugleich das Prinzip der Volkssouveränität (Art. 3) und fordert, daß die Gesetze – die allein die individuelle Freiheit rechtlich begrenzen können (Art. 4 und 5) – von den Bürgern selbst oder durch von ihnen gewählte Repräsentanten beschlossen werden (Art. 6). Ebenso verknüpft die *Virginia Bill of Rights* von 1776 die Anerkennung grundlegender Menschenrechte (sect. 1) mit der Herleitung aller öffentlichen Gewalt vom Volk, dem Prinzip demokratischer und verantwortlicher Regierung (sect. 2). Die Frage nach dem Verhältnis von Menschenrechten und Demokratie scheint so im Sinn einer positiven und notwendigen Zusammengehörigkeit beider beantwortet zu sein.

Gleichwohl ist ein Vorbehalt angebracht. Dieser Vorbehalt bezieht sich zunächst auf den Kontext dieser Erklärungen. Als sie formuliert wurden, befanden sich die Gesellschaften, für die sie formuliert wurden, in einer soziokulturellen und politischen Situation, die es sehr nahelegte, neben der Anerkennung unveräußerlicher Rechte des Menschen auch die Beteiligung der Menschen an der politischen Herrschaft und die notwendige Legitimation dieser Herrschaft von den Menschen zu fordern. Das erklärt die historisch-politische Zusammengehörigkeit, die in den Texten deutlich wird. Es besagt aber noch nichts über eine theoretisch-systematische Zusammengehörigkeit. Zum anderen hielten die Autoren der französischen Erklärung es mit deren Inhalt für vereinbar, das Wahlrecht und mithin das erste Recht politischer Beteiligung nicht allen (männlichen) Bürgern, sondern nur den »citoyens actifs« zuzuerkennen, die einen bestimmten Steuerzensus entrichteten, nicht dem Stand der häuslichen Lohnbedienten (*serviteur à gagès*) angehörten und in die Rolle der Nationalgarde eingeschrieben waren (Verfassung von 1791,

Tit. III, sect. II, art. 2). Vergleichbare Bindungen des Wahlrechts an Besitz, Bildung und Selbständigkeit (von den Sklaven, die bis zur Sklavenbefreiung gar nicht als Person galten, abgesehen) ergeben sich auch für die Gründungsstaaten der USA.

2. Ähnliches läßt sich bei Immanuel Kant feststellen. Er wird heute zunehmend nicht nur als Philosoph des Rechtsstaats und der unverlierbaren Subjektstellung des Menschen in Anspruch genommen, sondern auch für die Begründung der Demokratie aus dieser Subjektstellung. Kant anerkennt – in ein und demselben Werk, der *Metaphysik der Sitten* – einerseits das (einzig) angeborene Recht eines jeden Menschen, sein eigener Herr und frei, das heißt unabhängig von eines anderen nötigender Willkür zu sein (Einteilung der Rechtslehre, B), andererseits bindet er das Staatsbürgerrecht mit der Fähigkeit zur Stimmgebung an die Selbständigkeit. Diese erläutert er dahin, daß ihr jeder entbehre, »der nicht nach eigenem Betriebe, sondern nach der Verfügung anderer (außer der des Staats) genötigt ist, seine Existenz (Nahrung und Schutz) zu erhalten«. Dazu rechnet er u.a. Gesellen, Dienstboten, alle Lohnarbeiter (Rechtslehre, II. Teil, § 46). Läßt sich dies als bloße Zeitgebundenheit und Einbindung des Erkenntnishorizonts auch eines großen Denkers abtun? Kant reflektiert und begründet den damit gesetzten Unterschied (im Sinne einer nicht notwendigen Verknüpfung) von Menschenrecht und politischem Beteiligungsrecht ausdrücklich (Rechtslehre, a.a.O.) und stellt sich damit selbst dem Argument der Unteilbarkeit der Autonomie entgegen.[1] Auch ergibt sich daraus kein Widerspruch zu dem an derselben Stelle formulierten Postulat der gesetzlichen Freiheit. Diese besteht darin, keinem anderen Gesetz zu gehorchen, als zu welchem man selbst seine Beistimmung gegeben hat. Diese gesetzliche Freiheit ist aber – wiederum ausdrücklich – als ein »unabtrennbares Attribut« nicht des Menschen, sondern des Staatsbürgers erklärt.

1 Dies macht deutlich, daß die von Robert Alexy, »Die Institutionalisierung der Menschenrechte im demokratischen Verfassungsstaat«, in diesem Band, S. 259 f., verfochtene These einer Unteilbarkeit der Autonomie einer eingehenden Begründung bedürfte. Sie kann nicht, wie es Alexy unternimmt, als Teil der »Idee der Autonomie« einfach gesetzt werden, ohne die Frage nach Verwirklichungsbedingungen solch ungeteilter Autonomie überhaupt zu stellen. Damit wird die These ein abstraktes Postulat.

II

Die Diskussion um die Menschenrechte zeigt, daß sie als Rechte postuliert und gesehen werden, die dem Menschen als solchen, das heißt jedem Menschen kraft seines Menschseins zukommen. Das ist unabhängig davon, ob sie als moralisch-philosophische Rechte im Sinne eines moralphilosophischen Postulats begründet werden, die allererst in geltendes positives Recht umzusetzen sind, oder ihnen aus sich heraus schon der Charakter äußerer einforderbarer Rechte im sachlich-juristischen Sinn zuerkannt wird, wie es der ursprünglichen Intention der Menschenrechte zweifellos entspricht.[2] In beiden Varianten ist der universale Geltungsanspruch damit verbunden. Er macht das Pathos der Menschenrechte aus – wie auch ihre Umstrittenheit im interkulturellen Dialog. Dieser Geltungsanspruch der Menschenrechte ist unabhängig von soziokulturellen Bedingungen, von historischen und politischen Konstellationen, von Geschlecht, Rasse, Religion und Bildungsstand. Werden nun Menschenrechte und Demokratie derart miteinander verknüpft, daß Demokratie – um der Subjektstellung des Menschen auch im politischen Bereich willen – eine notwendige Forderung der Menschenrechte ist, bedeutet das, daß Demokratie ebenso universal, und das heißt unabhängig von soziokulturellen Bedingungen, historischen und politischen Konstellationen, verwirklicht sein muß wie die Menschenrechte. Nur dann hat der Mensch – als Mensch – sein Recht.

1. Demokratie als Staats- und Regierungsform bedeutet nicht die Aufhebung oder Überwindung staatlicher Herrschaft. Sie stellt eine bestimmte Organisationsform solcher Herrschaft dar. Deren sachlicher Gehalt liegt darin, daß die Staatsgewalt als politische Entscheidungsgewalt nicht nur auf das Volk als letzten Bezugspunkt und Legitimationsspender zurückgeführt werden kann, vielmehr auch ihre konkrete Ausübung vom Volk und damit von den Bürgern konstituiert, legitimiert und kontrolliert wird. Demokratie erscheint darin als Form der Selbstbestimmung und Selbstregierung des Volkes. Das ist mehr und etwas anderes als eine Ausübung politischer Entscheidungsgewalt im

2 So zutreffend Jürgen Habermas, »Kants Idee des ewigen Friedens – aus dem historischen Abstand von 200 Jahren«, in: ders., *Die Einbeziehung des Anderen*, Frankfurt am Main: Suhrkamp 1996, S. 220 ff.

Sinne des Volkes oder für das Volk. Wird Demokratie nur dahin verstanden, daß das Volk und die Bürger als zustimmend gedacht werden können, würde sie auf ein transzendentales Prinzip zurückgenommen, eine republikanische Regierungsweise, die unabhängig von der Staatsform ist.[3] Demokratie meint demgegenüber die konkret nachvollziehbare, institutionell und verfahrensmäßig abgesicherte Ausübung von Herrschaft und politischer Entscheidungsgewalt durch das Volk, und zwar das empirische, je konkret vorfindliche Volk, nicht ein Volk als transzendentales Subjekt.[4]

2. Als diese Organisationsform staatlich-politischer Herrschaft läßt sich Demokratie nicht universal, das heißt immer und überall da, wo Menschen zusammenleben und dieses Zusammenleben organisiert werden muß, verwirklichen. Ihre Lebens- und Funktionsfähigkeit, das heißt die Möglichkeit, mit Hilfe der ihr eigenen Legitimations-, Willensbildungs- und Entscheidungsverfahren die in einem politischen Gemeinwesen notwendigen Aufgaben (Friedenssicherung, Achtung und Gewährleistung der Menschenrechte, Gestaltung des sozialen Zusammenlebens im Sinne von Gerechtigkeit und Ausgleich) sinnvoll zu erfüllen, hängt von einer Mehrzahl von Voraussetzungen ab: soziokulturellen, politisch-strukturellen und auch ethischen (ethosbestimmten).[5]

Zu den soziokulturellen Voraussetzungen gehört zunächst ein gewisses Maß an Emanzipationsstruktur der Gesellschaft. Eine feste patriarchalische Stammes- und Sippenstruktur, in die der einzelne mit seiner Person eingebunden ist, ebenso eine herrschaftlich geformte ständische Ordnung oder eine Kastengliederung stehen einer politischen Willensbildung auf der Grundlage von Freiheit und Gleichheit der einzelnen strikt entgegen; es ist dort weder vorstellbar noch durchführbar, daß der einzelne politisch gegen die Meinung des Hausvaters oder Stammeshäuptlings votiert, in öffentlicher Diskussion politisch gegen seinen Grundherrn oder Patron auftritt oder gar um ein Amt kandidiert. Fer-

3 In diesem Sinn kann die Aussage Kants, *Metaphysik der Sitten*, T. 1, § 52, verstanden werden und ist sie oft verstanden worden.

4 Siehe Ernst-Wolfgang Böckenförde, »Demokratie als Verfassungsprinzip«, in: ders., *Staat, Verfassung, Demokratie*, Frankfurt am Main: Suhrkamp [2]1992, S. 297, 299.

5 Hierzu näher, auch für das Folgende, Böckenförde, a.a.O., S. 344-364.

ner ist die Abwesenheit theokratisch-fundamentalistischer Religionsformen notwendig; diese entziehen einer demokratischen politischen Willensbildung, die auf eigenem Urteil und eigener Entscheidung der Bürger beruht, den Boden, weil und soweit der – von einer autoritativen Instanz konkret interpretierte – göttliche Wille unmittelbare Geltung und Durchführung verlangt. Schließlich bedarf es eines bestimmten Maßes an gemeinsamen Grundvorstellungen und Zusammengehörigkeitsbewußtsein (relative Homogenität); weil in hohem Maß auf Konsensbildung verwiesen, ist Demokratie nur lebensfähig, wenn die Dissoziationen und Antagonismen in einer Gesellschaft begrenzt sind und bleiben.

Politisch strukturell setzt Demokratie voraus, daß die politischen Entscheidungsfragen sich der Beurteilbarkeit und eigenen abwägenden Entscheidungsfindung bei den Bürgern und den von ihnen legitimierten Entscheidungsorganen nicht prinzipiell entziehen. Andernfalls gerät demokratische Willensbildung zur Hohlform, hinter der sich real eine (verdeckte) Herrschaft interessierter Experten oder eine bürokratische Technokratie verbirgt – ein Problem auch nicht zuletzt für demokratisch organisierte hochdifferenzierte Industriegesellschaften. Hinzu kommt, daß die Gesellschaft durch politische Entscheidungen noch steuerbar sein muß. Das wird dann problematisch oder tendenziell unmöglich, wenn die Gesellschaft sich in Teilsystemen ausdifferenziert, die sich unangefochten als autonom und ihrer eigenen Funktionslogik folgend etablieren. Politik wird dann (nur mehr) der sich re-aktiv anpassende Legitimationsort für solche selbstläufig autonomen Strategien, deren Folgekosten sie allerdings zu verarbeiten hat.

Nicht zuletzt hängt die Lebensfähigkeit der Demokratie auch von ethischen Voraussetzungen ab. Zu diesen ethischen Voraussetzungen gehört zum einen ein Mindestmaß an demokratischem Ethos bei Bürgern und Amtsträgern. Es zeigt sich etwa in der Anerkennung des anderen in seinem gleichen politischen Lebensrecht – auch wenn man seine politischen Auffassungen strikt ablehnt, in der Offenheit für Argumentation und Kompromiß, der vorbehaltlosen Achtung demokratischer Spielregeln, insbesondere der gleichen Chance politischer Machtgewinnung, und der Loyalität gegenüber Mehrheitsentscheidungen, die die Prinzipien der Demokratie selbst nicht in Frage stellen. Zum anderen gehört dazu die Bereitschaft, politische Entscheidungen nicht allein von den eigenen Interessen her, sondern von den gemeinsamen Interessen aller her zu treffen, in die allerdings die individuellen oder Gruppeninteressen als ein Moment, aber auch nur ein Moment, integriert werden können und müssen. Solche ethisch bestimmten Anforderungen und Verhaltensweisen sind in der organisatorischen Bauform der Demokratie als erhaltendes Prinzip vorausgesetzt, ihre Beachtung macht die Existenz und Realisierung von Demokratie erst innerlich möglich.

Fehlt es an den dargelegten Voraussetzungen der Demokratie nicht nur in dieser oder jener Hinsicht und bis zu einem gewissen Grad, sondern grundlegend, ist sie als politische Ordnungsform weder lebens- noch funktionsfähig. Wird sie gleichwohl errichtet, führt das zu ihrem Zerfall oder ihrer Auflösung. Sei es, daß sie im Bürgerkrieg oder Staatsstreich untergeht, sei es, daß sie eine äußerlich-formale Fassade wird, hinter der sich ganz andere, nicht-demokratische Herrschaftsformen ausbilden und etablieren. Die Entwicklungen und Zustände in nicht wenigen Staaten der sogenannten dritten Welt bieten dafür hinreichend Beispiele. Aber auch in einer etablierten Demokratie, die länger bestanden hat, können deren Voraussetzungen entfallen, so daß sie ihre Lebens- und Funktionsfähigkeit verliert.

3. Die dargelegte Gebundenheit der Demokratie an soziokulturelle, politisch-strukturelle und ethische Voraussetzungen verbietet es, sie als universales und unbedingt gültiges politisches Ordnungsprinzip zu proklamieren. Sie kann auch nicht mit den Menschenrechten in der Weise verknüpft werden, daß Demokratie als notwendiger Teil der Gewährleistung der Menschenrechte erscheint, es sozusagen ein immer und überall geltendes Menschenrecht auf Demokratie als politische Ordnungsform gibt.[6]

6 In diese Richtung argumentiert freilich Alexy, »Die Institutionalisierung der Menschenrechte«, a.a.O. (Anm. 1), S. 261 f.: »[...] ist das Recht auf Teilnahme am Prozeß der staatlichen Willensbildung ein Menschenrecht. Dieses Menschenrecht ist in Gestalt der politischen Grundrechte, die von der Meinungs- über die Versammlungs-, Vereinigungs- und Pressefreiheit bis zum Recht auf allgemeine, unmittelbare, freie, gleiche und geheime Wahl reichen, in positives Recht mit Verfassungsrang zu transformieren.« Peter Koller, »Der Geltungsbereich der Menschenrechte«, in diesem Band, S. 108, setzt einfach – ohne weiteres Argument – voraus, daß jede Person gegenüber der

Der Grund dafür ist ein sachlicher, nicht nur ein pragmatischer.

Politische Ordnungsformen bestehen nicht um ihrer selbst willen. Sie sind auf bestimmte Ziele und Zwecke ausgerichtet, die sie erreichen und verwirklichen sollen. In erster Linie handelt es sich um die Gewährleistung der Sicherheit, des Rechts und der Freiheit der Menschen, die in ihnen und unter ihnen zusammenleben. Anders als der einzelne Mensch sind politische Ordnungsformen in ihrer konkreten Bestimmtheit nicht »Zweck an sich selbst«, sondern Einrichtungen woraufhin. Sie sind ihrer Art nach Handlungs- und Wirkungseinheiten von Menschen, die unter bestimmten soziokulturellen und politischen Bedingungen und in bestimmter mentaler Verfaßtheit leben, existieren nicht unabhängig davon. Als Ordnungseinheiten, die auf Ziele und Zwecke bezogen sind, unterstehen sie in ihrer Ausgestaltung der Relation von »input« und »output«. Es kann nicht ein »input« kategorisch geboten, als Menschenrecht unabdingbar gefordert sein, der den »output«, die Erreichung der um der Menschen, ihres Zusammenlebens in Recht und Freiheit, notwendigen Zwecke und darauf bezogenen Entscheidungen, sicher verhindert oder – empirisch fundiert – unabsehbar gefährdet. Allgemeine politische Beteiligung durch allgemeines, gleiches und freies Wahlrecht und darauf aufbauende demokratische Willensbildungs- und Entscheidungsstrukturen können daher nicht kategorial und universal – ohne Rücksicht auf weitere Bedingungen und Gegebenheiten – als Ausfluß von Menschenwürde und Menschenrecht gefordert werden. Eine solche unbedingte Forderung nach universaler Einführung von Demokratie ist vielmehr umgekehrt geeignet, die Geltung der Menschenrechte zu gefährden, weil sie – je nach den gegebenen Verhältnissen – Unfrieden, plötzlichen Zerfall eingelebter Ordnungen, eventuell auch Bürgerkrieg oder Diktatur heraufführt.[7]

Diskutiert werden kann allenfalls, ob dann, wenn die Voraussetzungen für die Lebens- und Funktionsfähigkeit von Demo-

Gesellschaft, der sie angehört, ein Recht auf politische Mitsprache hat, was im Kontext eine demokratische Verfassungsstruktur meint.

7 Nicht wenige Staaten der »dritten Welt«, insbesondere in Afrika, die nicht zuletzt auch aus menschenrechtlichem Impetus mit Demokratie beglückt wurden, obwohl deren Voraussetzungen elementar fehlten, bieten dafür deutliche Beispiele.

kratie gegeben sind, um der Subjektstellung der einzelnen willen ein als Menschenrecht ausweisbarer Anspruch auf Errichtung der Demokratie besteht. Nur insofern ließe sich das Argument, die menschenrechtlich begründete Autonomie des einzelnen sei nicht teilbar, begründet ins Spiel bringen.[8] Ich meine allerdings, ein Volk hat auch dann das Recht, selbst darüber zu entscheiden und gegebenenfalls auch konstitutionelle Strukturen beizubehalten oder aufzurichten. Soweit reicht seine kollektive Autonomie, an der der einzelne zwar als Mitglied teilhat, aber auch nur als solches und nicht mit absoluten Ansprüchen. Bei einer menschenrechtlichen Fundierung der Demokratie wäre dies ausgeschlossen, weil Menschenrechte – behalten sie ihren rechtlichen Sinn – in ihrer Geltung nicht von einer erst zu treffenden politischen Willensentscheidung abhängig gemacht werden können.

III

Was ist die Folge, wenn Menschenrechte und Demokratie entgegen dem bislang Dargelegten in einen notwendigen Zusammenhang gebracht werden? Die praktische Auswirkung ist eine Schwächung des Geltungsanspruchs der Menschenrechte. Kommt Demokratie eine gleiche – menschenrechtliche – Unabdingbarkeit wie den Menschenrechten selbst zu, fehlt es aber in der heutigen politischen Welt – empirisch aufweisbar – vielfach an den Bedingungen für die Lebens- und Funktionsfähigkeit von Demokratie, wirkt das auf die Unabdingbarkeit der Menschenrechte zurück. Sie werden dann tendenziell an die Demokratie in der Weise gebunden, daß nur dort, wo Demokratie möglich ist, auch Menschenrechte gewährleistet werden können. Das läuft aber der Intention derjenigen, die für den notwendigen Zusammenhang von Menschenrechten und Demokratie eintreten, strikt zuwider.

Zwar kann und wird die Anerkennung von Menschenrechten vielfach zur Demokratie führen; sie hat – nicht zuletzt, weil sie über Meinungsfreiheit die freie und öffentliche Diskussion heraufführt – eine demokratisierende, auch auf politische Beteiligung der Menschen als Bürger zielende Tendenz.[9] Aber das ist

8 Dies zu der Anm. 1 referierten These von Alexy.

9 Insofern hat auch Kant selbst mit seiner Forderung nach »Freiheit der

kein Apriori und darf nicht zu dem Umkehrschluß führen, Demokratie sei eine notwendige Bedingung für die Geltung von Menschenrechten. Wird in dieser Weise argumentiert, liegt dem nicht selten eine Verwechslung zugrunde, indem Demokratie mit Gewaltenteilung und Machtkontrolle gleichgesetzt oder darauf reduziert wird.[10] In der Tat läßt sich sagen, daß das Vorhandensein von Gewaltenteilung und Machtkontrolle, in Sonderheit unabhängiger Richter, eine unerläßliche Bedingung für die wirkliche Geltung der Menschenrechte ist.[11] Nicht im Sinne einer kategorialen, gedanklich notwendigen Verknüpfung, sondern im Sinne eines gut begründeten Erfahrungswissens. Ausübung von Macht zwischen Menschen ist, wie Menschen beschaffen sind, immer der Gefahr ausgesetzt, bestehende Rechte nicht zu achten und die Macht zu mißbrauchen. Da aber politische Gemeinwesen, in denen Menschen zusammenleben, nicht ohne Machtpositionen und Ausübung von Macht bestehen können und handlungsfähig sind, bedarf es der Vorkehrungen, die den Mißbrauch von Macht hintanhalten und die Durchsetzung anerkannter Rechte, der Menschenrechte zumal, sichern. Dafür haben sich nach bisheriger Erfahrung die sogenannte Teilung der Gewalten, das heißt gegenseitige Begrenzung und (dadurch) Kontrolle politischer Macht, sowie die Institution unabhängiger Richter bzw. Gerichte, die über streitige Rechte entscheiden und deren Entscheidungen zu befolgen sind, am wirksamsten erwiesen. Sie sind nicht an Demokratie gebunden, aber, wie in anderen politischen

Feder« als Ersatz für das mit dem Charakter des Staates unvereinbare Widerstandsrecht diese demokratisierende Tendenz mit hervorgerufen; vgl. Immanuel Kant, »Über den Gemeinspruch ...«, in: *Kant's Werke*, hg. von der Preußischen Akademie der Wissenschaften, Berlin 1902 ff., Bd. 8, S. 304.

10 Im Begriff des demokratischen Verfassungsstaates, den Alexy, »Die Institutionalisierung der Menschenrechte«, in diesem Band, S. 258 ff. gebraucht, verschränken sich Demokratie und Rechtsstaat (Gewalteilung); Alexy begründet aber nicht nur die rechtsstaatliche Gewaltenteilung (S. 259), sondern auch die Demokratie (S. 259 f.) menschenrechtlich-apriorisch.

11 Vgl. Martin Kriele, »Menschenrechte und Gewaltenteilung«, in: Ernst-Wolfgang Böckenförde und Robert Spaemann (Hg.), *Menschenrechte und Menschenwürde*, Stuttgart: Klett-Cotta 1987, S. 242 bis 249.

Ordnungsformen, so auch in der Demokratie möglich – und nötig. Dadurch läßt sich nicht zuletzt die Geltung der Menschenrechte sichern.

Robert Alexy
Die Institutionalisierung der Menschenrechte im demokratischen Verfassungsstaat

Daß zwischen Menschenrechten und Staatsorganisation ein enger Zusammenhang besteht, ist oft gesagt worden und kaum zu bezweifeln. Probleme bereitet die hinter dieser allgemeinen Formel stehende Frage, wie dieser Zusammenhang beschaffen ist. Meine These lautet, daß die beste Konzeption der Menschenrechte auf nationaler Ebene am besten im demokratischen Verfassungsstaat realisiert werden kann. Diese These ist auch für die hier nicht zu behandelnde Frage der internationalen Durchsetzung der Menschenrechte von Bedeutung. Gäbe es nur wohlorganisierte demokratische Verfassungsstaaten, wären die besten Voraussetzungen für die Lösung des internationalen Problems geschaffen. Zur Begründung meiner These werde ich zunächst eine durch fünf Merkmale definierte Konzeption der Menschenrechte entwerfen und einige Argumente dafür vortragen, daß diese Konzeption anderen vorzuziehen ist. In einem zweiten Schritt soll sodann gezeigt werden, daß diese Konzeption der Menschenrechte nur im demokratischen Verfassungsstaat so weit verwirklicht werden kann, wie sie überhaupt realisierbar ist.

I. Der Begriff der Menschenrechte

1. Zur Struktur von Rechten

Menschenrechte sind Rechte. Die Rechte lassen sich nach unterschiedlichen Kriterien einteilen. Unter formalen Gesichtspunkten empfiehlt es sich, Rechte auf etwas, Freiheiten und Kompetenzen zu unterscheiden.[1] Hier sollen nur Rechte auf etwas interessieren. Rechte auf etwas sind normative Relationen zwischen drei Elementen: dem Träger (*a*), dem Adressaten (*b*) und

1 Vgl. hierzu R. Alexy, *Theorie der Grundrechte*, 2. Auflage, Frankfurt am Main 1994, S. 171 ff.

dem Gegenstand (*G*) des Rechts. Diese dreistellige Relation soll durch den Rechte-Operator ›*R*‹ ausgedrückt werden. Die allgemeinste Form eines Satzes über ein Recht auf etwas kann damit wie folgt ausgedrückt werden:

$$RabG.$$

Aus diesem Schema entsteht ganz Unterschiedliches, je nachdem, was man für *a*, *b* und *G* einsetzt. Wählt man für *a*, den Träger, eine natürliche Person, für *b*, den Adressaten, den Staat und für *G*, den Gegenstand, das Unterlassen von Eingriffen in Leben, Freiheit oder Eigentum, so erhält man ein staatsgerichtetes Abwehrrecht der liberalen Tradition. Interpretiert man *G* demgegenüber als positives Tun in Gestalt einer Leistung, wie etwa der Gewährung medizinischer Hilfe oder Versorgung, so entsteht ein Leistungsrecht, wie es von der sozialstaatlichen Linie befürwortet und der sozialistischen in den Vordergrund gestellt wird. Erlaubt man schließlich, für *a*, den Träger, auch Staaten oder Völker einzusetzen, so muß man *G* nur noch Leistungen zur Förderung der Entwicklung repräsentieren lassen, um zu den sogenannten Menschenrechten der dritten Generation oder Dimension zu gelangen.[2] Das Schema ist damit gegenüber den verschiedenen Konzeptionen der Menschenrechte neutral.

Gegen die dargelegte triadische Struktur könnte eingewandt werden, daß in herkömmlichen Menschenrechtskatalogen in aller Regel nur von einem Träger und einem Gegenstand die Rede ist. So heißt es in Art. 6 Abs. 1 Satz 1 des Internationalen Paktes über bürgerliche und politische Rechte schlicht: »Jeder Mensch hat ein angeborenes Recht auf Leben.«[3] Ein Adressat wird nicht genannt. Man könnte deshalb daran denken, Menschenrechte als zweistellige Relationen zwischen einem Träger und einem Gegenstand einzustufen. Menschenrechte entsprächen dann nicht dem, was in klassischer Terminologie als *ius in personam* bezeichnet, sondern vielmehr dem, was dort *ius in rem* genannt wird.

2 Vgl. hierzu K. J. Partsch, »Das Recht auf ›internationale Solidarität‹ – ein neues ›Menschenrecht der dritten Generation‹?«, in: *Europäische Grundrechte-Zeitschrift* 1980, S. 511 f.; E. Riedel, »Menschenrechte der dritten Generation«, in: *Europäische Grundrechte-Zeitschrift* 1989, S. 12 ff.

3 BGBl. II 1973, S. 1536.

Nun kann nicht bezweifelt werden, daß es aus Gründen der Einfachheit oft zweckmäßig ist, schlicht von einer Relation zwischen einem Träger und dem Gegenstand des Rechts zu sprechen. Das ist jedoch nur eine abkürzende Bezeichnung.[4] So entpuppt sich das erwähnte Recht auf Leben bei näherem Hinsehen schnell als ein Bündel von Rechten, zu dem vor allem das an alle Menschen und alle Staaten gerichtete Recht, nicht von ihnen getötet zu werden, und ein an den jeweils zuständigen Staat adressiertes Recht, vor Tötungen durch andere Menschen geschützt zu werden, gehören.

Die Aussage, daß *a* gegenüber *b* ein Recht auf *G* hat, ist mit der Aussage äquivalent, daß *b* gegenüber *a* eine Verpflichtung zu *G* hat:

$$ObaG.$$

Diese Aussage drückt eine relationale Verpflichtung aus.[5] Rechte auf etwas und relationale Verpflichtungen sind zwei Seiten derselben Sache. Sie sind, logisch gesprochen, konverse Relationen. Letzteres macht deutlich, daß zwischen Rechten und Normen ein notwendiger Zusammenhang besteht. Zwar muß nicht stets dann, wenn eine Norm gilt, ein entsprechendes Recht existieren, denn es gibt Normen, die bloß objektive Pflichten statuieren; stets dann aber, wenn ein Recht existiert, muß eine Norm gelten, die dieses Recht gewährt. Die Existenz von Rechten und die Geltung von Normen sind insofern Korrelate. Das Problem der Begründung, der Anwendung und der Durchsetzung von Menschenrechten ist somit das Problem der Begründung, der Anwendung und der Durchsetzung von Normen mit bestimmten Strukturen und bestimmten Inhalten.

2. *Zur Struktur der Menschenrechte*

Nicht alle Rechte sind Menschenrechte. Menschenrechte unterscheiden sich von anderen Rechten durch fünf Merkmale: ihre Universalität, ihre moralische Geltung, ihre Fundamentalität, ihre Priorität und ihre Abstraktheit.

4 Vgl. hierzu m.w.N. Alexy, *Theorie der Grundrechte*, a.a.O. (Anm. 1), S. 172 f.

5 Ebd., S. 185 ff.

(a) Universalität. – Bei der ersten für die Menschenrechte wesentlichen Eigenschaft, der Universalität, ist zwischen der Universalität der Träger und der der Adressaten zu unterscheiden.

Die Universalität der *Trägerschaft* besteht darin, daß Menschenrechte Rechte sind, die allen Menschen zustehen. Diese Bestimmung des Kreises der Träger bereitet drei Probleme. Das erste resultiert aus der Verwendung des Begriffs des Menschen. Die klarste Abgrenzung des Trägerkreises erreicht man, wenn man diesen Begriff biologisch definiert. Hiergegen wird eingewandt, daß dies ein Speziezismus sei, der dem Rassismus nahekomme.[6] Dieser Einwand übersieht jedoch, daß es bei der Verwendung des biologischen Begriffs des Menschen zur Abgrenzung des Kreises der Träger nur um den Begriff des Menschenrechts geht, nicht aber um die Begründung der Menschenrechte. Sollten die besseren Gründe dafür sprechen, zum Beispiel das Recht auf Leben Tieren im gleichen Umfang wie Menschen zu gewähren, wäre das Recht auf Leben *als Menschenrecht* hinfällig und etwa als ›Kreaturenrecht‹ mit erweitertem Trägerkreis neu zu schaffen.

Das zweite Problem entsteht daraus, daß nach der hier getroffenen Bestimmung des Trägerkreises nur Menschen als Individuen Träger von Menschenrechten sein können. Damit fallen die sogenannten Menschenrechte der dritten Generation oder Dimension, soweit sie Rechte von Gemeinschaften oder Staaten sind, nicht unter den Begriff des Menschenrechts. Hiergegen könnte eingewandt werden, daß es doch gute Gründe für Rechte von Gemeinschaften oder Staaten, etwa von Staaten der dritten Welt auf Entwicklungshilfe, gebe. Wieder ist zu betonen, daß es hier nicht um die Begründung irgendwelcher Rechte, sondern nur um eine adäquate Begriffsbildung geht. Wenn die besseren Gründe für Rechte von Gemeinschaften und Staaten etwa auf Entwicklung sprechen, sollte man diese Rechte als das bezeichnen, was sie sind, nämlich als ›Gemeinschafts-‹ und ›Staatenrechte‹. Den Befürwortern dieser Rechte ginge zwar die positive evaluative Bedeutungskomponente des Ausdrucks ›Menschenrechte‹ verloren, dieser Nachteil könnte aber dadurch kompensiert werden, daß jene Rechte als Mittel für die Realisierung der Menschenrechte bezeichnet werden. Letzteres hätte den Vorteil, daß der

6 Vgl. C. S. Nino, *The Ethics of Human Rights*, Oxford 1991, S. 35.

Blick dafür geschärft werden würde, daß jene Rechte nicht zu Funktionärsrechten verkommen.

Das dritte Problem wird dadurch verursacht, daß Menschenrechte zwar Rechte sind, die allen zustehen, einige Menschenrechte aber nicht stets von allen geltend gemacht werden können. So kann nur der Hilfsbedürftige für sich Hilfe, nur das Kind für sich eine Erziehung und nur der Bedrohte für sich Schutz fordern. Das macht deutlich, daß Menschenrechte sich von anderen Rechten nicht dadurch unterscheiden, daß sie ihrer logischen Struktur nach kategorische Rechte sind, sondern vielmehr dadurch, daß sie jedem zustehen, ohne daß sie erworben werden müssen. Es reicht aus, daß jemand hilfsbedürftig, ein Kind oder bedroht ist. Das ist bei einem Recht an einem Grundstück anders. Kategorisch sind Menschenrechte deshalb nur insofern, als sie nicht durch einen Erwerbstitel bedingt sind.[7]

Das zur Universalität der Trägerschaft Gesagte läßt sich dahin zusammenfassen, daß Menschenrechte Rechte sind, die allen Menschen als Individuen unabhängig von einem Erwerbstitel zustehen. Die Universalität auf der Seite der *Adressaten* ist komplizierter. Es heißt häufig, daß die Menschenrechte Rechte *erga omnes* seien, was der Annahme Ausdruck gibt, daß Menschenrechte Rechte aller gegen alle seien. Bei näherem Hinsehen zeigt sich jedoch die Notwendigkeit einer Differenzierung. Ein erster Unterschied besteht darin, daß als Täger nur Menschen, als Adressaten aber sowohl Menschen als auch Gruppen und Staaten in Frage kommen. Ein zweiter Unterschied ist nicht weniger wichtig. Es ist der zwischen absoluten und relativen Menschenrechten. Absolute Menschenrechte sind Rechte, die alle gegenüber allen Menschen, Gruppen und Staaten haben. Das Recht auf Leben ist ein Beispiel. Relative Menschenrechte sind Rechte, die alle gegenüber mindestens einem Menschen, einer Gruppe oder einem Staat haben. Ein Beispiel für ein relatives Menschenrecht gegenüber dem Staat ist das Wahlrecht. Alle Bürger aller Staaten haben gegenüber ihrem Staat dieses Recht. Als ein Beispiel eines relativen Menschenrechts gegenüber einer Gruppe kann das Recht aller Kinder gegenüber ihrer Familie auf Fürsorge und Erziehung angeführt werden.

7 Bedingungen besonderer Art sind die Schrankenklauseln. Hinter ihnen steht jedoch nicht das Problem der universellen Trägerschaft, sondern die Frage der Einschränkbarkeit der Menschenrechte.

(b) Moralische Geltung. – Die zweite für Menschenrechte essentielle Eigenschaft ist, daß es bei ihnen um moralische Rechte geht. Ein moralisches Recht existiert, wenn die Norm, die es gewährt, moralisch gilt. Eine Norm gilt moralisch, wenn sie gegenüber jedem, der sich auf eine rationale Begründung einläßt, gerechtfertigt werden kann.[8] Menschenrechte existieren damit genau dann, wenn sie im dargelegten Sinne gegenüber jedem gerechtfertigt werden können. Zur *Universalität der Struktur* der Menschenrechte, die darin besteht, daß sie grundsätzlich Rechte aller gegen alle sind, kommt damit eine *Universalität der Geltung*, die durch ihre Begründbarkeit gegenüber jedem, der sich auf eine rationale Begründung einläßt, definiert ist.

Man könnte meinen, daß der moralische Charakter der Menschenrechte ihrer rechtlichen Institutionalisierung entgegenstehe. Dieser Einwand träfe zu, wenn die Einstufung der Menschenrechte als moralische Rechte bedeutete, daß sie dem Bereich der Moralität im Kantschen Sinne zuzuordnen wären.[9] Das wäre der Fall, wenn die Menschenrechte Rechte wären, die nur aus Pflicht, also um ihrer selbst willen, erfüllt werden können. Nun kann aber kein Zweifel sein, daß Menschenrechte sich auch mit Hilfe von Zwang durchsetzen lassen. Bei der Frage, ob ein Menschenrecht erfüllt oder nicht erfüllt ist, kommt es nicht auf die Motivation, sondern nur auf die äußere Handlung an. Menschenrechte gehören also, kantisch gesprochen, in den Bereich der Legalität. Ihre Einstufung als moralische Rechte hat damit ausschließlich den Zweck, sie von positiven Rechten abzugrenzen.

Ein Recht ist ein positives Recht, wenn die sie gewährende Norm sozial oder rechtlich gilt.[10] Hier soll nur die rechtliche Geltung interessieren. Ein Recht, das auf einer rechtlich geltenden Norm beruht, soll als ›positiv-rechtliches Recht‹ bezeichnet werden. Die Zuordnung der moralischen Rechte zum Bereich der Legalität im Kantschen Sinne hat den Vorteil, daß die Men-

8 Vgl. hierzu R. Alexy, »Diskurstheorie und Menschenrechte«, in: ders., *Recht, Vernunft, Diskurs. Studien zur Rechtsphilosophie*, Frankfurt am Main 1995, S. 127 ff.

9 Vgl. I. Kant, *Metaphysik der Sitten*, in: *Kant's gesammelte Schriften*, hg. von der Königlich Preußischen Akademie der Wissenschaften, Bd. 6, Berlin 1907/14, S. 219 f.

10 Vgl. hierzu R. Alexy, *Begriff und Geltung des Rechts*, 2. Auflage, Freiburg/München 1994, S. 31 ff., 139 ff.

schenrechte erstens ohne jede Veränderung ihres Inhalts und zweitens ohne Verlust ihrer moralischen Geltung in positiv-rechtliche Rechte, kurz: in positives Recht, transformiert werden können. Ihnen wird durch die Positivierung lediglich die rechtliche Geltung als weiterer Geltungsgrund hinzugefügt, der dann freilich in der juristischen Diskussion der entscheidende Geltungsgrund ist. Der moralische Charakter der Menschenrechte steht damit ihrer Institutionalisierung als positiv-rechtliche Rechte nicht entgegen.

Es ist umstritten, welche Rechte als Menschenrechte moralisch gelten. Das ist das Problem der Begründung der Menschenrechte. Das Problem der Begründung der Menschenrechte ist das wichtigste und schwierigste Problem der Menschenrechtsdiskussion. Dennoch soll es zugunsten einer Konzentration auf das Thema der Institutionalisierung der Menschenrechte hier nicht behandelt werden. Die Wahl dieses Themas gibt freilich zu erkennen, daß die Möglichkeit einer Begründung der Menschenrechte vorausgesetzt wird, denn wenn sie keiner Begründung fähig wären, verlöre die Frage nach ihrer Institutionalisierung viel an Sinn. Sie wäre die Frage nach der Institutionalisierung einer Illusion, einer Dezision oder einer Ideologie. Wenn aber Menschenrechte begründbar sind, dann sind nicht nur Menschenrechte an sich[11], sondern auch Menschenrechte mit bestimmten Inhalten begründbar. Auch wenn zur Begründung auf andere Ausführungen[12] verwiesen werden muß, so soll doch wenigstens gesagt werden, welche Rechte hier als gegenüber jedem und damit moralisch begründbar vorausgesetzt werden. Es sind dies (1) Abwehrrechte der liberalen Tradition, die als Rechte auf Unterlassungen anderer, also als negative Rechte, menschenrechtliche Güter wie das Leben und die Freiheit schützen; (2) Schutzrechte, welche den Staat verpflichten, den einzelnen durch positives Tun vor Eingriffen anderer zu schützen; (3) politische Rechte, welche die Mitglieder einer Rechtsgemeinschaft in die Lage versetzen,

11 Menschenrechte an sich wären so etwa wie die Form der Menschenrechte.

12 Alexy, *Theorie der Grundrechte*, a.a.O. (Anm. 1), S. 410 ff.; ders., »Eine diskurstheoretische Konzeption der praktischen Vernunft«, in: *Archiv für Rechts- und Sozialphilosophie*, Beiheft 51 (1993), S. 26 ff.; ders., »Diskurstheorie und Menschenrechte«, a.a.O. (Anm. 8), S. 144 ff.

am politischen Willensbildungsprozeß teilzunehmen; (4) soziale Rechte, welche das Existenzminimum absichern; und (5) Verfahrensrechte, die die Durchsetzung der in (1) bis (4) genannten Rechte gewährleisten.

(c) Fundamentalität. – Die dritte für Menschenrechte konstitutive Eigenschaft ist ihre Fundamentalität. Die Fundamentalität betrifft den *Gegenstand* der Rechte. Bei den Menschenrechten geht es um den Schutz und die Befriedigung von fundamentalen Interessen und Bedürfnissen. Ein Interesse oder ein Bedürfnis ist fundamental, wenn seine Verletzung oder Nichtbefriedigung entweder den Tod oder schweres Leiden bedeutet oder den Kernbereich der Autonomie trifft.[13] Zwischen der Fundamentalität der Menschenrechte und ihrer moralischen Geltung besteht ein Zusammenhang, beides ist aber nicht identisch. Der Zusammenhang resultiert daraus, daß ein Recht um so leichter gegenüber jedem gerechtfertigt werden kann, je fundamentaler es ist. Der breite Konsens über das Recht auf Leben ist ein Beispiel. Allerdings ist Fundamentalität im hier definierten Sinne keine notwendige Bedingung der moralischen Geltung. So dürfte die moralische Geltung der Regel, daß man sich – von Notfällen abgesehen – in Schlangen nicht vordrängeln darf, leicht moralisch begründbar sein; um etwas für die Existenz oder die Autonomie des Menschen Fundamentales geht es dabei aber nicht.

Die Beschränkung der Gegenstände der Menschenrechte auf das, was für die Existenz oder die Autonomie des Menschen fundamental ist, bedeutet, daß der Bereich der Menschenrechte nicht mit dem der Gerechtigkeit übereinstimmt. Was Menschen-

13 Diese Definition verbindet Elemente der Willenstheorie (vgl. hierzu Fr. C. v. Savigny, *System des heutigen Römischen Rechts*, Bd. 1, Berlin 1840, S. 7, 331 ff.) mit solchen der Interessentheorie (vgl. hierzu R. v. Jhering, *Geist des römischen Rechts auf den verschiedenen Stufen seiner Entwicklung*, 5. Auflage, Leipzig 1906, S. 339). Der ersteren ist der Kernbereich der Autonomie, der letzteren der Tod und das schwere Leiden zuzuordnen. Beides wird von einem weiten Begriff des Interesses überwölbt, denn es kann angenommen werden, daß Menschen nicht nur ein Interesse an bestimmten Gegenständen oder Zuständen wie dem Leben und der Vermeidung von Leid haben, sondern auch ein Interesse daran, selbst zu bestimmen, wofür sie sich interessieren. Die Autonomie ist insofern ein Interesse höherer Stufe.

rechte verletzt, ist zwar notwendig ungerecht; nicht alles, was ungerecht ist, verletzt aber stets zugleich Menschenrechte. So gibt es, wie bereits erwähnt, ein Menschenrecht auf ein Existenzminimum.[14] Es ist leicht eine Verteilung des Wohlstandes denkbar, die jedem das Existenzminimum sichert, aber dennoch höchst ungerecht ist. Die Sache ist dann kein Menschenrechtsproblem mehr, sondern eine Frage der Verteilungsgerechtigkeit, die im – wiederum menschenrechtlich abgesicherten – politischen Prozeß zu entscheiden ist. Die Menschenrechte als solche bringen damit nur eine minimale Gerechtigkeitskonzeption zum Ausdruck.[15]

Innerhalb der durch die Menschenrechte definierten minimalen Gerechtigkeitskonzeption kann weiter differenziert werden, denn die Fundamentalität der Menschenrechte ist eine Sache des Grades. Auf diese Weise läßt sich ein Kern der Menschenrechte, der in seinem Zentrum gegenüber der Geschichte zunehmend unempfindlicher wird[16], und ein Rand unterscheiden, der mit der Entfernung vom Zentrum in steigendem Maße historischen Variationen zugänglich ist.

(d) Priorität. – Die vierte für Menschenrechte kennzeichnende Eigenschaft ist ihre Priorität gegenüber dem positiven Recht. Es ist zwischen einer schwachen und einer starken Priorität zu unterscheiden. Die *schwache* Priorität besteht darin, daß nicht das positive Recht Maßstab für den Inhalt der Menschenrechte ist, sondern die Menschenrechte Maßstab für den Inhalt des positiven Rechts sind. Die Beachtung der Menschenrechte ist eine notwendige Bedingung der Legitimität des positiven Rechts. Positives Recht, das Menschenrechte verletzt, ist inhaltlich unrichtiges Recht. Es ist streitig, ob diese Unrichtigkeit nur eine moralische Unrichtigkeit ist oder auch einen rechtlichen Charakter hat. Das soll hier jedoch nicht erörtert werden.[17] An dieser Stelle ist ledig-

14 Hier kann die Existenz eines solchen Rechts nur behauptet, nicht aber auch begründet werden. Zu Elementen einer Begründung vgl. Alexy, *Theorie der Grundrechte*, a.a.O. (Anm. 1), S. 454 ff.

15 Vgl. E. Tugendhat, *Vorlesungen über Ethik*, Frankfurt am Main 1993, S. 390 f.

16 Vgl. R. Alexy, »Law, Discourse, and Time«, in: *Archiv für Rechts- und Sozialphilosophie*, Beiheft 64 (1995), S. 4 ff.

17 Zu Argumenten für eine rechtliche Unrichtigkeit oder Fehlerhaftig-

lich von Bedeutung, daß bei einer nur schwachen Priorität die aus der Menschenrechtsverletzung resultierende Unrichtigkeit nicht den Verlust der Rechtsgeltung oder des Rechtscharakters impliziert. Das ist erst bei einer *starken* Priorität der Fall. Bei ihr läßt die Verletzung eines Menschenrechts den Rechtscharakter und damit auch die Rechtsgeltung des entgegenstehenden positiven Rechts entfallen. Ob eine solche starke Priorität anzunehmen ist, bildet den Kern des Streits um den Rechtspositivismus. Es spricht einiges dafür, daß zwar nicht jede, aber doch jede extreme Menschenrechtsverletzung dem positiven, das heißt ordnungsgemäß gesetzten und sozial wirksamen Recht den Rechtscharakter und damit auch die Rechtsgeltung nimmt. Doch auch dies soll nicht weiter verfolgt werden.[18] Für die hier anzustellenden Überlegungen reicht die Annahme einer nur schwachen Priorität moralischer oder rechtlicher Art aus.

(e) Abstraktheit. – Die fünfte für Menschenrechte charakteristische Eigenschaft ist, daß Menschenrechte abstrakte Rechte sind. Es gibt verschiedene Dimensionen und Grade der Abstraktheit. Man nehme den Satz ›Jeder hat ein Recht auf Freiheit‹ als Beispiel. Das diesem Satz korrespondierende Recht ist in drei Hinsichten oder Dimensionen abstrakt. Die erste ist die der Adressaten. Es wird nicht gesagt, gegen wen sich das Recht richtet, also vom Adressaten abstrahiert. Die zweite ist die der Modalität des Gegenstandes des Rechts. Es bleibt offen, ob das Recht nur ein Recht auf die Unterlassung von Eingriffen in die Freiheit, also ein liberales Abwehrrecht ist oder ob es sich auch auf ein positives Tun richtet, welches wiederum entweder nur in einem Schutz vor Eingriffen anderer oder auch in der Schaffung der tatsächlichen, etwa der ökonomischen Voraussetzungen des Freiheitsgebrauches bestehen kann. Die dritte Dimension der Abstraktheit betrifft die Schranken des Rechts. Kein Recht auf Freiheit ist unbegrenzt. Es findet seine Grenzen mindestens dort, wo es auf die Freiheit der anderen stößt. In dem oben angeführten Satz ist davon nicht die Rede. Es fehlt eine Schrankenklausel. Zu den drei Dimensionen der Abstraktheit kommt der hohe Generalitätsgrad des Gegenstandes des Rechts. Ein Recht auf Meinungsäuße-

keit vgl. ders., *Begriff und Geltung des Rechts*, a.a.O. (Anm. 10), S. 64 ff., 129 ff.

18 Vgl. hierzu ebd., S. 70 ff.

rungs-, Auswanderungs- oder Berufsfreiheit wäre zum Beispiel deutlich spezieller.

Man kann versuchen, Menschenrechtskataloge zu erstellen, die einen möglichst geringen Abstraktheitsgrad aufweisen. Die Menschenrechtserklärungen und -pakte des Völkerrechts sind Beispiele für solche Versuche. Allerdings sind derartige Kataloge häufig dort sehr abstrakt, wo man sich nur auf einen Formelkompromiß einigen konnte. Doch auch dann, wenn man von diesen politischen Problemen absieht, gibt es theoretische Grenzen der Konkretisierung der Menschenrechte durch einen Katalog. Ein wirklich konkreter Katalog liefe letztlich auf eine Kasuistik der Menschenrechte hinaus. Eine bis in Einzelheiten reichende Konkretisierung aber ist nur in der jeweiligen historischen Situation in den Prozeduren und Institutionen eines bestimmten Rechtssystems möglich. Dabei wächst, wie bei der Erörterung der Fundamentalität bemerkt, mit der Entfernung vom Zentrum die Rolle der Kontingenz.

II. Die Menschenrechte im demokratischen Verfassungsstaat

Wenn es Menschenrechte als universelle, moralische, fundamentale, vorrangige und abstrakte Rechte gibt, dann ist ihre rechtliche Institutionalisierung sowohl auf der Ebene des internationalen als auch auf der des nationalen Rechts geboten. Hier soll es, wie bereits erwähnt, nur um die Positivierung der Menschenrechte als innerstaatliches Recht gehen.

1. Die Notwendigkeit der Transformation in positives Recht

Es gibt drei Gründe für die Notwendigkeit der Transformation der Menschenrechte in positives Recht: das Durchsetzungs-, das Erkenntnis- und das Organisationsargument.

(a) Durchsetzung. – Als moralische Rechte können Menschenrechte zwar eingefordert werden, und es ist auch möglich, ihre Verletzung moralisch zu verurteilen, derartige Durchsetzungsinstrumente bestehen aber, wie Tugendhat treffend bemerkt hat,

»aus einem sehr ätherischen Material«.[19] Niemand wäre »vor Gewaltthätigkeit gegen einander sicher«.[20] Wenn es ein moralisches, also gegenüber jedem begründbares Recht zum Beispiel auf Leben gibt, dann muß es auch ein gegenüber jedem begründbares Recht darauf geben, daß eine gemeinsame Instanz geschaffen wird, die jenes Recht durchsetzt. Andernfalls wäre die Anerkennung moralischer Rechte keine ernsthafte Anerkennung, was ihrem fundamentalen und vorrangigen Charakter widerspräche. Die zur Durchsetzung der Menschenrechte einzurichtende gemeinsame Instanz ist der Staat. Es gibt also ein Menschenrecht auf den Staat. Durch die Einrichtung eines Staates als Durchsetzungsinstanz werden die moralischen Rechte, die die einzelnen gegeneinander haben, in inhaltsgleiche Rechte des positiven Rechts transformiert. Zusätzlich entstehen als neue Rechte die Rechte der einzelnen gegen den Staat auf Abwehr, Schutz und Verfahren.

Das bislang ausgeführte Argument gründet sich auf die Existenz und den Charakter der Menschenrechte sowie auf die Annahme, daß die bloße moralische Geltung auch dann, wenn es um Menschenrechte geht, nicht stets ein entsprechendes Verhalten aller garantiert. Das ist das Hauptargument für die Transformation der Menschenrechte in positives Recht. Dem lassen sich zwei weitere Argumente als Nebenargumente hinzufügen. Das erste stellt auf die Unfairneß von Vorteilen unmoralischen Verhaltens ab. Wenn es denen, die die moralische Mißbilligung nicht abschreckt, ohne weiteres möglich ist, Vorteile durch die Verletzung von Menschenrechten zu gewinnen, ist denen, die moralisch handeln wollen, der Verzicht auf diese Vorteile nur schwer zuzumuten. Dies Fairneßproblem kann durch die Einführung zwangsbewehrten Rechts, das die Risiken unmoralischen Verhaltens hebt und die Kosten moralischen Verhaltens senkt, gelöst werden. Das zweite Nebenargument ist die bekannte These von der Nutzenmaximierung aller. Die Alternative zum staatlichen Schutz ist die Selbstverteidigung aller gegen alle, also die eine oder andere Variante des Bürgerkrieges. Das ist, jedenfalls dann, wenn eine langfristige Koexistenz unvermeidlich oder eine langfristige Kooperation vorteilhaft ist, in aller Regel für niemanden optimal.

19 Tugendhat, *Vorlesungen über Ethik*, a.a.O. (Anm. 15), S. 349.
20 Kant, *Metaphysik der Sitten*, a.a.O. (Anm. 9), S. 312.

(b) Erkenntnis. – Während das Durchsetzungsproblem sich vor allem aus dem moralischen Charakter der Menschenrechte ergibt, resultiert das Erkenntnisproblem wesentlich aus ihrer Abstraktheit. Die Anwendung der Menschenrechte in konkreten Situationen wirft oft schwierige Fragen der Interpretation und Abwägung auf. Eine langjährige Freiheitsstrafe für Mord verletzt die Menschenrechte sicher nicht; dieselbe Strafe für den Diebstahl eines Apfels tut dies ohne Zweifel. Zwischen derartigen Extremen liegen viele Fälle, über deren richtige Lösung man streiten kann. Im zerstörten Nachkriegsdeutschland erfüllte eine sehr geringe Versorgung die Anforderungen der Menschenrechte. Würde man heute in Deutschland die damaligen Maßstäbe bei der Bemessung der Sozialhilfe anlegen, würde dies gegen das Menschenrecht auf ein Existenzminimum verstoßen. Darüber aber, wieviel mehr als damals geleistet werden muß, kann man streiten. Die beiden Beispiele ließen sich durch eine endlose Liste zweifelhafter Fälle erweitern. Was in diesen Fällen streitig ist, ist nicht das abstrakte Menschenrecht als solches, sondern das *konkrete Menschenrechtsurteil*, in dem sich die Anwendung eines oder mehrerer Menschenrechte auf einen bestimmten Fall oder eine bestimmte Fallgruppe ausdrückt. Nun ist in vielen streitigen Fällen einerseits ein Konsens in absehbarer Zeit nicht erreichbar, andererseits aber die Entscheidung nicht aufschiebbar. Dann aber kann die Entscheidung nur eine Entscheidung in einem rechtlich geregelten Verfahren entweder durch mehrere Personen aufgrund des wie auch immer ausgestalteten Mehrheitsprinzips oder durch eine Person sein. Also führt auch das Erkenntnisproblem zur Notwendigkeit des Rechts.[21]

(c) Organisation. – Die negativen Rechte auf Unterlassung von Eingriffen in das Leben und die Freiheit richten sich gegen alle. Die Universalität der Adressaten ist bei ihnen kein Problem. Das ist bei positiven Rechten wie dem auf ein Existenzminimum anders. Es weist nicht die gleiche Universalität der Adressaten wie ein Abwehrrecht auf. Bei diesem hat jeder die Pflicht, alles zu unterlassen, was das Recht verletzt; bei jenem muß demgegen-

21 Das Erkenntnisargument läßt sich mit dem Durchsetzungsargument verbinden, denn ein Streit über den Inhalt der Menschenrechte kann leicht zu einem Anlaß für ihre Nichtbeachtung werden. Zur Verknüpfung beider Argumente vgl. Kant, ebd.

über nicht jeder das Recht vollständig erfüllen. Wenn man annimmt, daß das Existenzminimum in Geld gezahlt wird, würde letzteres bedeuten, daß der Bedürftige ein Recht auf eine Summe erhielte, die dem Existenzminimum multipliziert mit der Zahl der Nichtbedürftigen entspräche. Auch eine Aufteilung ist nicht sinnvoll. Sie würde zum Beispiel gewählt werden, wenn dem Bedürftigen gegen jeden Nichtbedürftigen ein Recht auf eine Summe zustünde, die dem Existenzminimum geteilt durch die Zahl der Nichtbedürftigen entspräche. In einer großen Gesellschaft müßte der Bedürftige winzige Splitter seines Rechts auf ein Existenzminimum gegen eine unübersehbare Zahl von Verpflichteten durchsetzen. Die Transaktions- und Erzwingungskosten überstiegen den Wert des Rechts bei weitem. Zu diesem Zweckmäßigkeits- kommt ein Gerechtigkeitsargument. Es wäre ungerecht, von allen Nichtbedürftigen die gleiche Unterstützung zu verlangen, denn innerhalb der Klasse der Nichtbedürftigen kann es erhebliche Unterschiede in der Leistungsfähigkeit geben. Zusätzliche Ungerechtigkeiten wären unvermeidbar, wenn jeder Bedürftige einen Nichtbedürftigen auswählen dürfte, der ihm das Existenzminimum zahlen muß. Es könnte dann geschehen, daß ein Nichtbedürftiger von vielen und ein anderer von keinem Bedürftigen benannt wird. Würde man dem Nichtbedürftigen, der schon einem Bedürftigen das Existenzminimum gezahlt hat, gegenüber anderen Bedürftigen ein Leistungsverweigerungsrecht einräumen, ergäbe sich erneut ein Zweckmäßigkeitsproblem. Die Bedürftigen müßten sich auf eine mühsame Suche nach noch nicht verweigerungsberechtigten Nichtbedürftigen machen, was bei fehlender Organisation in vielen Fällen eine endlose Suche wäre. Kein Ausweg wäre es, den Nichtbedürftigen die Auswahl der Bedürftigen und die Höhe der Zahlung zu überlassen. Das würde das Recht auf ein Existenzminimum als Recht beseitigen und die Angelegenheit zu einer Sache der Barmherzigkeit, der Großzügigkeit und der Klugheit machen.

Es wäre verfehlt, aus alledem zu schließen, daß als Adressat nur der Staat in Frage kommen könne. Es sind zunächst die Eltern und Angehörigen und vielleicht auch andere kleinere Gemeinschaften zuständig.[22] Wenn diese aber ausfallen, dann kann als Adressat nur eine allen gemeinsame Instanz, also nur der Staat, in

22 Vgl. Tugendhat, *Vorlesungen über Ethik*, a.a.O. (Anm. 15), S. 355 f.

Frage kommen. Den Staat aber gibt es nur als rechtsförmige Organisation. Also muß es nicht erst zur Durchsetzung, sondern schon für die Existenz stets gegen bestimmte Adressaten gerichteter und in diesem Sinne voll ausgebildeter Rechte auf Hilfe das Recht und den Staat geben. Entsprechendes gilt für das Recht auf Schutz.

Nicht behandelt werden soll hier die Frage, was ist, wenn der Staat, dem der Bedürftige angehört, nicht willens oder nicht in der Lage ist, Hilfe zu gewähren. Haben dann andere Staaten eine Pflicht zur Hilfe? Jedenfalls scheint deutlich zu sein, daß dann, wenn in derartigen Situationen Pflichten anderer Staaten existieren, wieder ein Organisationsproblem entsteht. Der Bedürftige hat, wenn er bei Ausfall seines Staates gegenüber anderen Staaten ein Recht auf Hilfe hat, kein Recht auf die freie Wahl seines Helfers. Sollten Hilfspflichten anderer Staaten existieren, ist die Zuweisung von Hilfskontingenten an die in Frage kommenden Helfer ein Problem der gerechten Verteilung von Lasten und als solches ein durch rechtsförmige Organisation zu lösendes Problem der distributiven Gerechtigkeit.

2. Die Notwendigkeit des demokratischen Verfassungsstaats

Das Ergebnis des Durchsetzungs-, des Erkenntnis- und des Organisationsarguments, die Notwendigkeit des Rechts und des Staates steht in einem eigentümlichen Kontrast zu der Erfahrung, daß die Menschenrechte durch nichts so sehr bedroht werden können wie durch einen Staat und deshalb wesentlich Abwehrrechte des Bürgers gegen den Staat sind. Dieser Doppelcharakter führt zur Notwendigkeit des demokratischen Verfassungsstaats. Der demokratische Verfassungsstaat schließt die Prinzipien des formellen und des demokratischen Rechtsstaats ein. Ich werde deshalb mit der historisch frühsten und systematisch elementarsten Form, dem formellen Rechtsstaat, beginnen, dann zum demokratischen Rechtsstaat übergehen und schließlich zum demokratischen Verfassungsstaat fortschreiten.

(a) Formeller Rechtsstaat. – Eine echte Transformation der Menschenrechte in das Recht eines Staates liegt nur dann vor, wenn sie dort die Kraft bindenden Rechts entfalten. Das ist nicht der

Fall, wenn sie zur Disposition der jeweils führenden politischen Kräfte stehen. Eine notwendige Bedingung dafür, daß dies nicht eintritt, ist die Gewaltenteilung. Wenn nicht einmal die Unabhängigkeit der Gerichte und die Gesetzmäßigkeit der Verwaltung gesichert sind, hängt alles ausschließlich vom politischen Willen derjenigen Kräfte ab, in deren Dienst neben der Legislative auch die Judikative und die Exekutive stehen. Die Erfahrung lehrt, daß in solchen Staaten Menschenrechte keine oder kaum eine Rolle spielen. Die führenden Kräfte können sie je nach politischer Opportunität beliebig gewähren und entziehen. Typisch hierfür ist der Wechsel von ›Tauwetter‹ und ›Eiszeit‹. Eine die Politik als Recht bindende Kraft vermögen die Menschenrechte unter solchen Umständen nicht zu entfalten. Damit ist die Gewaltenteilung eine notwendige Bedingung einer dem Postulat der Priorität entsprechenden und in diesem Sinne echten Transformation der Menschenrechte ins Recht.[23] Das Wissen darum ist alt. So ist es kennzeichnend, daß in der ältesten Menschenrechtserklärung, der *Virginia Bill of Rights* vom 12. Juni 1776, der staatsorganisatorische Grundsatz der Gewaltenteilung eine ausdrückliche Formulierung findet: »That the legislative and executive powers of the State should be separate and distinct from the judiciary.«[24]

(b) Demokratischer Rechtsstaat. – So unverzichtbar die Gewaltenteilung für die Institutionalisierung der Menschenrechte ist, so wenig reicht sie hierzu aus. Die Gesetzgebung ist in einem nur durch Gewaltenteilung definierten formellen Rechtsstaat keiner Begrenzung außer der, daß die Unabhängigkeit der Justiz und die Gesetzmäßigkeit der Verwaltung nicht beseitigt werden dürfen, unterworfen. Eine rechtliche Bindung der Legislative an die Menschenrechte gibt es nicht.

Das klassische Mittel zur Herbeiführung einer solchen Bindung ist die Aufnahme der Menschenrechte in die Verfassung. Die Menschenrechte verwandeln sich dabei in Grundrechte. Sie

23 Vgl. M. Kriele, »Menschenrechte und Gewaltenteilung«, in: *Archiv für Rechts- und Sozialphilosophie*, Beiheft 33 (1988), S. 22 ff.

24 Abschnitt 5 der *Virginia Bill of Rights*, abgedruckt in: F. Hartung und G. Commichau, *Die Entwicklung der Menschen- und Bürgerrechte von 1776 bis zur Gegenwart*, 5. Auflage, Göttingen/Zürich 1972, S. 52.

erhalten hierdurch nicht nur eine rechtliche Geltung, sondern auch Verfassungsrang. Ihr Inhalt bleibt gleich. Es tritt jedoch eine Veränderung ihrer Struktur ein. Grundrechte sind Rechte gegen den Staat, Menschenrechte demgegenüber auch Rechte gegenüber anderen Menschen. Diese strukturelle Änderung ist jedoch weniger einschneidend, als dies auf den ersten Blick scheinen mag. Das zeigt die Diskussion über die Drittwirkung der Grundrechte. In dieser Diskussion geht es um die Frage, ob und in welchem Maße die Grundrechte als Rechte des Bürgers gegen den Staat Auswirkungen auf die Beziehung des einen Bürgers gegenüber dem anderen Bürger (dem Dritten) haben.[25] Es gibt solche Auswirkungen, was am deutlichsten an den Schutzpflichten des Staates zu erkennen ist. Die grundrechtlichen Schutzpflichten des Staates[26] stehen in ihrem Ausmaß den menschenrechtlichen Unterlassungspflichten der Bürger nicht nach. Damit gehen die Wirkungen der Menschenrechte in der Bürger/Bürger-Relation durch deren Transformation in Grundrechte nicht verloren. Es entsteht lediglich ein juristisches Konstruktionsproblem.

Eine Verfassung, die nicht alle Menschenrechte als Grundrechte enthält, ist nicht legitim. Darüber hinaus kann eine Verfassung mehr an Grundrechten gewähren, als die Menschenrechte fordern. Die Probleme der menschenrechtlich geforderten und der zusätzlichen Grundrechte sind, was die Bindung der staatlichen Gewalten und die Kontrolle dieser Bindung angeht, im wesentlichen dieselben. Deshalb kann im weiteren statt von Menschenrechten auch von Grundrechten gesprochen werden.

Mit der Aufnahme von Grundrechten in eine Verfassung ist es nicht getan. Die entscheidende Frage lautet, wer die Einhaltung der Grundrechte durch den Gesetzgeber kontrolliert. Es gibt zwei grundsätzliche Antworten: der demokratische Prozeß oder ein Verfassungsgericht.

Wer dafür votiert, daß der Gesetzgeber ausschließlich durch den demokratischen Prozeß zu kontrollieren ist, entscheidet sich für den *demokratischen Rechtsstaat*. Wer darüber hinaus für eine

25 Vgl. hierzu Alexy, *Theorie der Grundrechte*, a.a.O. (Anm. 1), S. 480.

26 Vgl. hierzu J. Isensee, »Das Grundrecht als Abwehrrecht und als staatliche Schutzpflicht«, in: *Handbuch des Staatsrechts*, hg. von J. Isensee und P. Kirchhof, Bd. 5, Heidelberg 1992, § 111 Rdnr. 77 ff.

Kontrolle durch ein Verfassungsgericht plädiert, tritt für den *demokratischen Verfassungsstaat* ein.[27] Das Verhältnis zwischen dem demokratischen Rechtsstaat und dem demokratischen Verfassungsstaat ist nicht das einer strikten Alternative, sondern das der Ergänzung. Meine These zum demokratischen Rechtsstaat lautet, daß dieser ebenso wie der formelle Rechtsstaat eine notwendige Bedingung der Institutionalisierung der Menschenrechte ist, daß beide hierfür aber noch nicht ausreichen. Sie müssen durch eine Verfassungsgerichtsbarkeit zum demokratischen Verfassungsstaat ergänzt werden.

Der demokratische Rechtsstaat ist nichts anderes als die Verbindung des formellen Rechtsstaats mit der Demokratie. Vom Standpunkt der Menschenrechte aus läßt sich die Notwendigkeit der Demokratie und damit des demokratischen Rechtsstaats mit zwei Argumenten begründen: dem der Autonomie und dem der Richtigkeit.

Autonomie ist ein fundamentales menschenrechtliches Gut.[28] Sie hat zwei Dimensionen: eine private und eine öffentliche. Bei der privaten Autonomie geht es um die individuell zu treffende Wahl und die Realisierung einer persönlichen Konzeption des Guten. Gegenstand der öffentlichen Autonomie ist die gemeinsam mit anderen zu treffende Wahl und die Realisierung einer politischen Konzeption des Gerechten und Guten. Wollte man die Menschenrechte auf die private Autonomie beschränken, gäbe es für den einzelnen nur eine Selbstbestimmung im Rahmen gänzlich fremdbestimmter Gesetze. Das widerspräche jedoch der Idee der Autonomie. Wenn irgendein Aspekt der Autonomie der Rechtfertigung fähig ist, dann ist eine solche Beschränkung nicht begründbar. Die Autonomie läßt sich nicht teilen. Es mag zwar politische Situationen geben, in denen man eine unvollständige Autonomie erdulden muß; was es aber nicht gibt, sind gute Gründe dafür, daß dies so bleibt. Damit ist das Recht auf Teilnahme am Prozeß der staatlichen Willensbildung ein Menschenrecht. Dieses Menschenrecht ist in Gestalt der politischen

27 Vgl. hierzu H. H. Klein, »Verfassungsgerichtsbarkeit und Verfassungsstruktur«, in: *Steuerrecht. Verfassungsrecht. Finanzpolitik, Festschrift für Franz Klein*, hg. von P. Kirchhof, K. Offerhaus und H. Schöberle, Köln 1994, S. 514.

28 Vgl. R. Alexy, »Diskurstheorie und Menschenrechte«, a.a.O. (Amn. 8), S. 148 ff.

Grundrechte, die von der Meinungs- über die Versammlungs-, Vereinigungs- und Pressefreiheit bis zum Recht auf allgemeine, unmittelbare, freie, gleiche und geheime Wahl reichen, in positives Recht mit Verfassungsrang zu transformieren. Wenn diese Rechte genutzt und gesichert werden, herrscht Demokratie.

Bei dem zweiten Argument geht es um die Richtigkeit der Gesetzgebung. Gesetze, die Menschenrechte verletzen, sind unrichtige Gesetze. Wenn Menschenrechte existieren, dann gilt die Forderung, sie nicht zu verletzen, was die Forderung einschließt, keine in diesem Sinne unrichtigen Gesetze zu erlassen. Damit verknüpft der Begriff der Richtigkeit den Begriff der Menschenrechte mit dem der Demokratie, wenn es einen Zusammenhang zwischen Demokratie und Richtigkeit gibt. Ein solcher Zusammenhang besteht, wenn man erstens unter ›Demokratie‹ die deliberative Demokratie oder die »Staatsform der Diskussion«[29] versteht und wenn es zweitens eine Verbindung zwischen Diskursen und Richtigkeit gibt.[30]

(c) Demokratischer Verfassungsstaat. – Angesichts der skizzierten Verbindung von Demokratie, Autonomie und Richtigkeit könnte man meinen, daß mit dem demokratischen Rechtsstaat die Institutionalisierung der Menschenrechte auf nationaler Ebene vollendet sei. Ob dies zutrifft, hängt davon ab, mit welchem Begriff der Demokratie man arbeitet: einem idealen oder einem realen. In einer *idealen* Demokratie treten nur solche Gesetze in Kraft, die in einem diskursiven Rechtssetzungsprozeß *tatsächlich* die Zustimmung aller Rechtsgenossen gefunden haben. Da die Zustimmung in diesem idealen Modell eine diskursiv geläuterte und deshalb rationale Selbstbestimmung ist, kann kein Gesetz ein Grundrecht verletzen. Die ideale Demokratie ist dem idealen Diskurs so weit angenähert, daß, wie in diesem, so in jener die Menschenrechte die Zustimmung aller finden und ein sie verletzendes Gesetz diskursiv unmöglich ist. Die Identität der Adressaten des Rechts mit seinen Autoren, von der Habermas so

29 M. Kriele, *Recht und praktische Vernunft*, Göttingen 1979, S. 31.

30 Eingehender hierzu R. Alexy, »Grundgesetz und Diskurstheorie«, in: W. Brugger (Hg.), *Legitimation des Grundgesetzes aus Sicht von Rechtsphilosophie und Gesellschaftstheorie*, Baden-Baden 1996, S. 315 ff.

oft spricht[31], wäre in diesem Modell vollkommen hergestellt. Die Demokratie wäre der perfekte Garant der Menschen- und Grundrechte. Jede Spannung zwischen Grundrechten und Demokratie wäre beseitigt. Grundrechte und Demokratie wären uneingeschränkt versöhnt. Der Preis für all dies ist allerdings hoch. Er besteht in einer vollständigen Idealisierung. Wer die Institutionalisierung und damit die Realisierung der Menschenrechte in der Welt, so wie sie ist, will, kann diesen Preis nicht zahlen.

In jeder *realen* Demokratie bricht sofort die Spannung zwischen den Grundrechten und der Demokratie auf. Die Grundrechte spielen in ihr eine Doppelrolle. Sie sind einerseits Voraussetzungen des demokratischen Prozesses, andererseits entziehen sie mit der Bindung auch des Gesetzgebers der demokratisch legitimierten Mehrheit Entscheidungsbefugnisse.[32] Das kann legitim sein, wenn es richtig ist, auch dem demokratischen Gesetzgeber nicht unbegrenzt zu vertrauen. Die Geschichte lehrt, daß zu unbegrenztem Vertrauen kein Anlaß besteht. Das Mehrheitsprinzip ist eine permanente Bedrohung dauernder, schwer organisierbarer und am Rande lebender Minderheiten. Macht und Geld können den politischen Prozeß verzerren und Kompromisse das rationale Argumentieren ersetzen. Die politische Öffentlichkeit kann Perioden der Verkarstung, der Schläfrigkeit und des Verkommens erleben. Der reale demokratische Prozeß als solcher bietet insofern noch keine hinreichende Garantie der Menschen- und Grundrechte.

Das macht die Institutionalisierung der Bindung auch des Gesetzgebers an die Grundrechte erforderlich. In Frage kommen eine Selbstkontrolle des Gesetzgebers, die mehr oder weniger gerichtsförmig organisiert sein kann[33], oder die Kontrolle durch ein Verfassungsgericht. Gegen eine Selbstkontrolle spricht, daß niemand Richter in eigener Sache sein sollte. Wenn die Bindung des Gesetzgebers an die Grundrechte wirklich kontrolliert werden soll, ist eine Verfassungsgerichtsbarkeit unverzichtbar.

31 J. Habermas, *Faktizität und Geltung*, 4. Auflage, Frankfurt am Main 1994, S. 52, 135, 153, 160, 492, 503.

32 Alexy, *Theorie der Grundrechte*, a.a.O. (Anm. 1), S. 407.

33 Vgl. hierzu Habermas, *Faktizität und Geltung*, a.a.O. (Anm. 31), S. 295 f.

Daß nur eine Verfassungsgerichtsbarkeit eine echte Kontrolle darstellt, heißt noch nicht, daß die Lösung des Kontrollproblems gefunden wäre. Die Nachteile einer Verfassungsgerichtsbarkeit könnten größer als die durch sie bewirkten Vorteile der Kontrolle des demokratischen Prozesses sein. Die Nachteile bestehen in den Gefahren eines verfassungsgerichtlichen Paternalismus[34], der einen »Übergang vom parlamentarischen Gesetzgebungsstaat zum verfassungsgerichtlichen Jurisdiktionsstaat«[35] zur Folge haben könnte.

Diese Gefahren können nur durch eine gelungene Einbettung der Verfassungsgerichtsbarkeit in den demokratischen Prozeß vermieden werden. Diese setzt voraus, daß sich das Verfassungsgericht erstens als Reflexionsinstanz des politischen Prozesses begreift und zweitens tatsächlich als solche akzeptiert wird. Ein Verfassungsgericht, das sich mit menschen- und grundrechtlichen Argumenten gegen ein Ergebnis des politischen Prozesses richtet, begreift sich als Reflexionsinstanz des politischen Prozesses, wenn es nicht nur *negativ* geltend macht, daß dieser nach den menschen- und grundrechtlichen Maßstäben mißlungen ist, sondern auch *positiv* beansprucht, daß die Bürger den Argumenten des Gerichts zustimmen würden, wenn sie sich auf einen rationalen verfassungsrechtlichen Diskurs einlassen würden. Ein Verfassungsgericht wird als Reflexionsinstanz des politischen Prozesses akzeptiert, wenn die Argumente des Gerichts ein Echo in der Öffentlichkeit und den politischen Institutionen finden, das zu Überlegungen und Diskussionen führt, die in überprüften Überzeugungen resultieren. Wenn sich dieser Reflexionsprozeß zwischen Öffentlichkeit, Gesetzgeber und Verfassungsgericht dauerhaft stabilisiert, kann von einer gelungenen Institutionalisierung der Menschenrechte im demokratischen Verfassungsstaat gesprochen werden.

34 Vgl. ebd., S. 323.
35 E.-W. Böckenförde, *Staat, Verfassung, Demokratie*, Frankfurt am Main 1991, S. 190.

Albrecht Wellmer
Menschenrechte und Demokratie

1. Der Begriff der Menschenrechte wird in stark religiös bestimmten Kulturen oder Kontexten anders gedeutet als im Kontext einer liberalen Kultur. Danach müßte etwa die Ausübung der »Fatwa« gegen einen angeblich blasphemischen Schriftsteller oder, um ein anachronistisches Beispiel zu nehmen, die Verbrennung eines Ketzers in solchen Kontexten keine Verletzung von Menschenrechten bedeuten. Diese Beispiele zeigen, daß *unser* Begriff der Menschenrechte, ich meine denjenigen, der sich im Kontext moderner liberaler und demokratischer Traditionen herausgebildet hat, in ein begriffliches Umfeld eingebettet ist, das sich kaum trennen läßt von dem Begriffsfeld, mit dessen Hilfe wir den normativen Gehalt jener (politisch-rechtlichen) Traditionen beschreiben. Ich will sagen: unser Begriff der Menschenrechte ist dem der bürgerlichen Grundrechte nahe verwandt und kaum zu trennen von einem universalistischen Moralverständnis, das sich unter anderem in solchen Grundrechten ausgelegt hat. Natürlich bedeutet die Rede von »unserem« Verständnis von Menschen- oder Grundrechten eine grobe Vereinfachung. Man könnte ja, etwa im Sinne von MacIntyre, sagen, daß der Begriff der Menschenrechte ein wesentlich kontroverser Begriff ist. Indes soll die Rede von »unserem« Verständnis der Menschenrechte nur besagen, daß der *Spielraum* der Kontroversen innerhalb liberaler Kulturen begrenzt ist durch charakteristische Gemeinsamkeiten, zu denen, neben einem universalistischen Moralverständnis, die Anerkennung liberaler und demokratischer Grundrechte *innerhalb* dieser Kulturen gehört.

Nun gibt es freilich nicht nur einen unleugbaren *Zusammenhang* zwischen dem (»unserem«) Begriff der Menschenrechte und dem der bürgerlichen Grundrechte, sondern zugleich auch ein eigentümliches *Spannungsverhältnis* zwischen beiden. Beides, den Zusammenhang und das Spannungsverhältnis zwischen Menschenrechten und Grundrechten, möchte ich etwas genauer charakterisieren. Menschenrechte sind moralisch begründete Rechte, deren Anerkennung die Anerkennung eines moralisch begründeten *Anspruchs* ist, den Menschen *als* Menschen gegenüber anderen menschlichen Wesen und daher auch gegenüber staatlichen Institutionen haben. Menschenrechte anzuerkennen heißt daher immer auch schon, sie als potentielle Rechte *gegen* einen positiven Rechtscode anzuerkennen, auch wenn sie *innerhalb* dieses Rechtscodes nicht *als* Rechte vorkommen. Grundrechte sind demgegenüber juridische Rechte, die *in* und *gegenüber* einer bestimmten Rechtsgemeinschaft – jedenfalls der Idee nach – als Rechte einklagbar sind. Wenn man bei ihnen, wie es sinnvoll ist, zwischen liberalen Freiheitsrechten, demokratischen Partizipationsrechten und sozialen Teilhaberechten unterscheidet, so sind diese Kategorien von Rechten immer schon bezogen auf eine bestimmte, partikulare Rechtsgemeinschaft, *in* der und *durch* welche sie *als* juridische Rechte anerkannt werden.

Der *Zusammenhang* zwischen Menschen- und Bürgerrechten läßt sich bis zu einem gewissen Grade so verstehen, daß moralisch begründete Menschenrechte in juridisch einklagbare Bürgerrechte transformiert wurden und hierdurch zugleich zur Konstitution eines neuen, eines demokratischen Legitimitätstypus führten. Die Transformation von Menschen- in Bürgerrechte bedeutet aber zugleich ihre *Partikularisierung*; denn Bürgerrechte sind, was sie sind, immer nur mit Bezug auf die Rechtsgemeinschaft, in der sie *als* Bürgerrechte (ihrer Mitglieder) anerkannt werden. Dem Universalismus der Menschenrechte entspricht somit ein Partikularismus der Bürgerrechte, obwohl die Bürgerrechte ihrer Substanz nach eigentlich nur die Überführung von Menschenrechten in eine genuine Rechtsform darstellen. In Wirklichkeit sind die begrifflichen Verhältnisse deshalb etwas komplizierter, weil die Idee der Menschenrechte im modernen Sinne immer schon bezogen war auf das Problem der politischen Legitimität. Als »natürliche« Rechte sollten die Menschenrechte die Grundlagen eines neuen politischen Legitimitätstypus liefern und waren insofern immer schon bezogen auf ihre juridische Kodifizierung. Das bedeutet aber, daß der moralische Universalismus, der der Idee der Menschenrechte inhärent ist, in der modernen politischen Philosophie vor allem im Sinne eines universellen *Geltungs*anspruchs für den neuen politischen Legitimitätstypus in den Blick kam; so gesehen, gab es kein Spannungsverhältnis zwischen dem Partikularismus der Bürgerrechte und dem Universalismus der Menschenrechte. Inzwischen wissen wir indes, daß der den Bürgerrechten inhärente Partikularismus eine

Eigendynamik in sich enthält, der ihn immer wieder, gleichsam strukturell, in Konflikt bringt mit dem Universalismus der Menschenrechte. Dieser Konflikt tritt heute an tausend verschiedenen Stellen auf: nämlich an all den Stellen, wo der mit dem Partikularismus der Bürgerrechte mitgesetzte Partikularismus der demokratischen Politik negative Folgen hat für die Durchsetzung der Menschenrechte derer, die nicht dazugehören; man denke nur an die ökonomische Politik, die Außenpolitik, die Umweltpolitik und die Asylpolitik der gegenwärtigen westlichen Industriegesellschaften. Ich erwähne diese Konfliktzonen, um vorläufig daran zu erinnern, daß das Problem der Menschenrechte in dem der Bürgerrechte nicht aufgeht; jedenfalls so lange nicht, als nicht eine Welt-Bürgergesellschaft die Spannung zwischen dem Universalismus der Menschenrechte und dem Partikularismus der Bürgerrechte bedeutungslos gemacht hat.

2. Ich vernachlässige fürs erste die eben genannte Spannung zwischen dem Universalismus der Menschenrechte und dem Partikularismus der Bürgerrechte und diskutiere im folgenden die Menschen- *als* Bürgerrechte, das heißt in dem Sinne, in dem sie *als* Grundrechte in modernen demokratischen Verfassungen anerkannt worden sind. Das heißt übrigens nicht, daß hier von einer Spannung zwischen (moralisch begründeten) Menschenrechten und (juridisch kodifizierten) Bürgerrechten überhaupt nicht mehr gesprochen werden kann. Da nämlich, wie wir noch sehen werden, der Prozeß der *Interpretation* von Bürgerrechten prinzipiell unabschließbar ist, tritt das Spannungsverhältnis zwischen Menschen- und Bürgerrechten im Innern der demokratischen Rechtssysteme noch einmal auf als ein Spannungsverhältnis zwischen der jeweils anerkannten Interpretation von Grundrechten und einer unter anderem mit moralischen Argumenten bestrittenen Kritik an solchen »herrschenden« Interpretationen. Man könnte vielleicht sagen, daß in der Idee der Menschenrechte ein Überschuß steckt über jede bestimmte Kodifizierung und Interpretation von Grundrechten, und dieser Überschuß kann sich geltend machen sowohl in Akten der Gesetzgebung und in richterlichen Entscheidungen als auch in der Kritik herrschender Rechtsauffassungen.

Bevor ich auf dies Interpretationsproblem näher eingehe, zunächst ein paar Worte zur Alternative von »liberaler« versus »demokratischer« Interpretation von Grundrechten. Es ist die Alternative Locke–Rousseau, die sich heute in subtilerer Form in dem Gegensatz zwischen Rawls und Habermas wiederholt. Für Rawls sind demokratische Partizipationsrechte lediglich Bestandteil eines Sets liberaler Grundrechte, die insgesamt jedem möglichen demokratischen Diskurs *vorgeordnet* bleiben.[1] Habermas versteht demgegenüber die »subjektiven« Freiheits- und Schutzrechte der liberalen Tradition (die »Freiheitsrechte der Modernen«) als *Funktion* von demokratischen Partizipations- und Kommunikationsrechten.[2] In Frage steht hierbei das (Begründungs-)Verhältnis von »privater« und »öffentlicher« Autonomie.[3] Zweifellos handelt es sich hier um ein wichtiges und interessantes Problem mit Bezug auf die »Konstruktion« bzw. Begründung von Grundrechten. Wie auch immer man jedoch zu diesem Konstruktionsproblem stehen mag, auffallend ist, daß beide Autoren heute in einem Punkt übereinzustimmen scheinen, nämlich daß es einerseits ohne eine Sicherung (subjektiver) liberaler Grundrechte keinen demokratischen Diskurs geben kann, der seinen Namen verdient; und daß andererseits über die Interpretation und Konkretisierung solcher liberalen Grundrechte – ebenso wie über die der demokratischen Partizipations- und der sozialen Teilhaberechte – nur im demokratischen Diskurs selbst entschieden werden kann.[4] Übereinstimmung besteht

1 So Rawls' Konstruktion in *A Theory of Justice*, Cambridge, Mass. 1971; deutsch: *Eine Theorie der Gerechtigkeit*, Frankfurt am Main 1975. Vgl. insbesondere die Erläuterung des ersten Gerechtigkeitsprinzips a.a.O., S. 61.

2 Vgl. J. Habermas, *Faktizität und Geltung*, Frankfurt am Main 1992, S. 151 ff.

3 Unter diesem Titel haben Habermas und Rawls das Problem zuletzt diskutiert, in: J. Habermas, »Versöhnung durch öffentlichen Vernunftgebrauch« und J. Rawls, »Erwiderung auf Habermas«, beide in: Philosophische Gesellschaft Bad Homburg und Wilfried Hinsch (Hg.), *Zur Idee des politischen Liberalismus*, Frankfurt am Main 1997, S. 169-195 und S. 196-262; siehe insbesondere die Abschnitte III in beiden Beiträgen sowie Abschnitt IV in Rawls' Beitrag.

4 Was den »Einerseits«-Teil des letzten Satzes betrifft, so hat Habermas' Position sich der ursprünglichen Position von Rawls angenähert; vgl. *Faktizität und Geltung*, a.a.O. Was den »Andererseits«-Teil des Satzes betrifft, so scheint Rawls ihn als eine selbstverständliche Konsequenz einer richtigen (das heißt nicht-realistischen) Deutung seines

somit nicht nur darüber, daß der Begriff der (subjektiven) liberalen Grundrechte ebenso wie der der demokratischen Partizipationsrechte unvollständig bleibt ohne eine interne begriffliche Verknüpfung beider Typen von Grundrechten miteinander, darüber also, daß »private« und »öffentliche« Freiheit als zwei Teile eines unteilbaren Ganzen verstanden werden müssen; implizit scheint vielmehr Übereinstimmung auch darüber zu bestehen, daß sich aus dieser Zusammengehörigkeit von privater und öffentlicher Autonomie eine eigentümliche Doppelbeziehung zwischen Grundrechten und demokratischem Diskurs ergibt: der demokratische Diskurs muß diese Grundrechte *voraussetzen* als »Bedingung seiner Möglichkeit«, und er muß sie zugleich auch in ihrer konkreten rechtlichen und institutionellen Gestalt erst aus sich *hervorbringen*.

Nun kann man diese Doppelbeziehung zwischen Grundrechten und demokratischem Diskurs in zwei verschiedenen Richtungen verfolgen, nämlich in den beiden Richtungen einer begrifflich-konstruktiven und einer pragmatisch-hermeneutischen Analyse. Habermas und Rawls verfolgen beide vor allem die Richtung einer begrifflich-konstruktiven Analyse. Habermas, an dessen demokratietheoretische Perspektive ich hier anknüpfen möchte, versucht etwa, vier *Kategorien* von Grundrechten auszuzeichnen (zu denen die Kategorie »negativer Freiheitsrechte« im Sinne der liberalen Tradition gehört), die er als *Ermöglichungsbedingungen* eines demokratischen Diskurses versteht.[5] Danach kann er die Interpretation und Konkretisierung dieser Grundrechte dem demokratischen Diskurs selbst überantworten. Unter Gesichtspunkten einer begrifflich-konstruktiven Analyse stellt sich die Doppelbeziehung zwischen Grundrechten und demokratischem Diskurs im Sinne einer begrifflichen Hierarchie dar: Die vier Kategorien von Grundrechten gehören zum *Begriff* des demokratischen Diskurses; ihre Konkretisierung, Interpretation und institutionelle Ausgestaltung ist *Sache* des demokratischen Diskurses.

Demgegenüber bin ich hier an dem pragmatisch-hermeneutischen Aspekt jener Doppelbeziehung interessiert: Demokratische Diskurse *gibt* es ja nur, wo liberale und demokratische

Vier-Stufen-Modells aus *Eine Theorie der Gerechtigkeit* anzusehen; vgl. »Erwiderung auf Habermas«, a.a.O., S. 216 ff.

5 Vgl. Habermas, *Faktizität und Geltung*, a.a.O. S. 155 ff.

Grundrechte bereits in einer – formell juridisch oder doch informell – *konkretisierten* Form anerkannt sind, wo also die von Habermas genannten Kategorien von Grundrechten nicht nur *als* Kategorien, sondern in einer mehr oder weniger einverständlichen Weise als geschichtlich und institutionell konkretisierte Grundrechte anerkannt sind. In dieser Perspektive sind nicht *Kategorien* von Grundrechten, sondern bestimmte Institutionalisierungen und Konkretisierungen von Grundrechten Voraussetzungen des demokratischen Diskurses. Andererseits kann über die Frage, welches die jeweils *richtige* Interpretation, Konkretisierung und Institutionalisierung von Grundrechten ist, immer wieder erst *im* demokratischen Diskurs – in der Gesetzgebung, in der Rechtsprechung, in Verfassungsgerichtsurteilen – entschieden werden. Die Anerkennung von Grundrechten ist somit die *Voraussetzung* ebenso wie das *Resultat* des demokratischen Diskurses. Unter diesem Aspekt hat die oben genannte Doppelbeziehung die Struktur eines unvermeidlichen praktisch-hermeneutischen Zirkels.[6] Dieser Zirkel ist in extensiver Weise diskutiert worden unter dem Gesichtspunkt der Frage, wie oder wodurch oder ob überhaupt der Streit über die Interpretation der Verfassungsnormen im Prozeß der Gesetzgebung und Rechtsprechung »begrenzt« oder »kontrolliert« sein kann durch einen unzweideutig vorgegebenen Sinn der Verfassungsnormen selbst und/oder die Geschichte ihrer Auslegung. Die Kontroverse zwischen Ronald Dworkin und Stanley Fish ist ein Beispiel.[7] Was diese Kontroverse exemplarisch zeigt, ist, daß es einerseits (so vor allem Fish) prinzipiell keine Instanz *außerhalb* des demokratischen Diskurses geben kann, die den – mit Argumenten geführten – Streit um die Interpretation der Verfassungsnormen und die Geschichte ihrer Auslegung definitiv schlichten könnte, und daß gleichwohl andererseits (so vor allem Dworkin) dieser Streit aus

6 Vgl. A. Wellmer, »Bedingungen einer demokratischen Kultur. Zur Debatte zwischen ›Liberalen‹ und ›Kommunitaristen‹«, in: ders., *Endspiele: Die unversöhnliche Moderne*. Frankfurt am Main 1993, S. 61 ff.

7 Vgl. insbesondere R. Dworkin, »How Law Is Like Literature«, in: *A Matter of Principle*, Cambridge, Mass. 1985, und St. Fish, »Working on the Chain Gang«, in: *Doing What Comes Naturally*, Oxford 1989. Zu Dworkin vgl. auch »The Moral Reading of the Constitution«, in: *The New York Review of Books* 43, Nr. 5 (März 1996).

der Perspektive der Betroffenen – das heißt unserer eigenen – mit gutem Grund als ein Streit um die *richtige* Auslegung von Grund- und Bürgerrechten verstanden werden kann. Die »richtige« Auslegung können wir mit Habermas auch als diejenige bezeichnen, über die – und deren Begründung – ein »rationaler Konsens« aller Betroffenen müßte herbeigeführt werden können. Ich möchte daher im folgenden unterstellen, daß das, *worauf* die Argumente für eine bestimmte Auslegung und Konkretisierung von Grund- und Bürgerrechten abzielen, die rationale Zustimmung aller Betroffenen ist – wobei diese Betroffenen natürlich bereits als gleichberechtigte Glieder eines Volkssouveräns gedacht werden müssen, die bei Voraussetzung einer unparteilichen Einstellung zugleich über zureichende Kenntnisse und eine zureichende Urteilsfähigkeit verfügen müßten. Es zeigt sich dann jedoch, daß die Idee eines rationalen Konsenses aller Betroffenen eine ebenso notwendige wie unmögliche Idee ist; und zwar, anders als im wissenschaftlichen Diskurs, »unmöglich« nicht nur deshalb, weil der Streit um die Wahrheit unbeendbar ist, sondern vor allem deshalb, weil der demokratische Streit um die richtige Auslegung von Grund- und Bürgerrechten kein bloßer Meinungsstreit ist, sondern notwendigerweise zu demokratisch autorisierten und praktisch folgenreichen Entscheidungen führt, die jedem möglichen Konsens zuvorkommen müssen. Was das bedeutet, möchte ich im folgenden genauer erläutern.

Unstreitig ist ja zunächst, daß auch demokratische Entscheidungen in der Regel sich nicht auf einen diskursiv herbeigeführten Konsens aller Betroffenen berufen können. Selbst wenn wir davon ausgehen, daß alle »Rechtsgenossen« – sei es als Parlamentarier, als Richter oder als Teilnehmer öffentlicher Diskurse – mit ihren Argumenten für bestimmte rechtliche Normierungen oder für eine bestimmte Interpretation oder Konkretisierung von Grundrechten auf die Möglichkeit einer rationalen Zustimmung aller Betroffenen *abzielen*, bleibt doch die Tatsache, daß die *Entscheidung* strittiger Fälle in aller Regel auf den Konsens nicht warten kann. Will man unter solchen Umständen die demokratische Legitimität, das heißt eine konsensuelle Basis von Entscheidungen sichern, bleibt nur die Möglichkeit, auf einen höherstufigen Konsens – oder vielleicht einen Beinahe-Konsens – über legitime Verfahren der Entscheidung zu rekurrieren: Majoritätsentscheidungen, Entscheidungen des Verfassungsgerichts, Verfahren der Rechtsprechung usw. Aber natürlich läßt sich das Problem auf diese Weise nicht auflösen: In wichtigen Rechtsfragen kann es keine rein prozedurale Gerechtigkeit (im Sinne von Rawls) geben, so daß sich der Stachel der Ungerechtigkeit, jedenfalls soweit die legitimen Verfahren der Gesetzgebung und Rechtsprechung nicht zum Konsens führen, auch durch die Berufung auf höherstufige Konsense nicht aus dem demokratischen Prozeß (das heißt auch: aus dem Bewußtsein der jeweils Betroffenen) entfernen läßt.[8] Zwar können Entscheidungen unter Bedingungen eines demokratischen Diskurses niemals letzte, unwiderrufliche oder unanfechtbare Entscheidungen sein; vielmehr bleiben sie zurückgekoppelt an den demokratischen Diskurs, der prinzipiell immer zur Revision strittiger Entscheidungen führen kann. Aber erstens bedeutet dies natürlich keinen Ausbruch aus dem praktischen Zirkel, den ich beschrieben habe; zweitens – und darauf kommt es mir an dieser Stelle an – sind auch Entscheidungen, die prinzipiell revidierbar sind, sehr häufig »letzte« Entscheidungen in einem praktisch folgenreichen Sinn: abtreibende Mütter werden bestraft, des Mordes für schuldig Gesprochene hingerichtet, Nazi-Verbrecher oder Wirtschaftskriminelle werden freigesprochen, Asylbewerber abgeschoben und Demonstranten zusammengeschlagen. Es spielt hier übrigens keine entscheidende Rolle, daß ich nur »kritische« Fälle aus der deutschen – oder auch der amerikanischen – Gesetzgebung und Rechtsprechung angeführt habe; an den kritischen Fällen läßt sich jedoch das »performative« Moment besser verdeutlichen, das auch zum demokratischen Diskurs über Normen und Grundrechte hinzugehört; ich meine das Moment der demokratischen, administrativen oder richterlichen Entscheidung, wodurch im Einzelfall jeweils der Diskurs – von einer rechtlich legitimierten Instanz – vorläufig (und für manche Betroffenen vielleicht: unwiderruflich) beendet wird.

3. Auf dies performative Moment der Entscheidung, das auch dem demokratischen Diskurs eingelagert ist, hat bekanntlich Carl Schmitt[9] und hat nach ihm – unter gänzlich veränderten

8 Diesen Punkt hat Rawls in seiner »Erwiderung auf Habermas« ausführlich erläutert, a.a.O., S. 237 ff.

9 Vgl. Carl Schmitt, *Politische Theologie. Vier Kapitel zur Lehre von der Souveränität*. München und Leipzig 1934, insbesondere S. 39-46.

Vorzeichen – Jacques Derrida[10] hingewiesen. Ich möchte hier unterscheiden zwischen Carl Schmitts anti-liberaler politischer Theologie, das heißt all jenen inhaltlichen politischen und rechtsphilosophischen Positionen, die ihn zum Nazi-Juristen werden ließen, und seiner rechtsphilosophischen »Meta-Theorie«, aus der er – fälschlicherweise – glaubte, seine autoritären bis totalitären politischen Optionen ableiten zu können. Diese rechtsphilosophische Meta-Theorie besteht im Grunde aus einigen wenigen, unermüdlich wiederholten Argumenten gegen zwei charakteristische Illusionen, die er in den Selbstdeutungen des liberalen, parlamentarischen Rechtsstaates vorfand. Die erste Illusion betrifft die vermeintliche Auflösung aller Machtbeziehungen in diskursive Beziehungen in der parlamentarischen Demokratie, insbesondere was die *Konstituierung* des Rechts betrifft; dieser Illusion gilt Schmitts Hohn auf die Bourgeoisie als eine »diskutierende« Klasse, ein Hohn, in dem er sich mit den marxistischen Kritikern des liberalen Rechtsstaates trifft.[11] Die zweite Illusion betrifft die *Anwendung* des Rechts im liberalen Rechtsstaat; es ist die Illusion einer rational zwingenden Umsetzung allgemeiner Rechtssätze in konkrete Entscheidungen.[12] In beiden Fällen geht es Schmitt um den Nachweis, daß ein irreduzibles, und zwar Recht-*schaffendes* Moment der Dezision zur Rechtsform als solcher hinzugehört, und zwar so, daß es mit den rationalistischen Selbstdeutungen einer liberalen Rechtskultur unvereinbar ist.

Ich möchte versuchen, das entscheidende Argument Schmitts so zu reformulieren, daß es auf den gegenwärtigen Diskussionszusammenhang beziehbar wird. Das Argument besagt dann – und so etwa hat auch Derrida es in Anspruch genommen –, daß sowohl in der Konstituierung einer Verfassungsordnung als auch in den Akten der Gesetzgebung und Rechtsprechung zwischen Begründung und Entscheidung ein Abstand bleibt, der sich auch durch ein Mehr an Gründen oder an Diskussion prinzipiell nicht

10 Jacques Derrida, *Gesetzeskraft. Der »mystische Grund der Autorität«*, Frankfurt am Main 1991, insbesondere S. 46-59. Zur nachfolgenden Interpretation Carl Schmitts im Lichte von Überlegungen Derridas vgl. auch C. Menke, »Entscheidung und Aufschub: Schmitt im Lichte Derridas«, Ms.

11 Vgl. Carl Schmitt, *Die geistesgeschichtliche Lage des heutigen Parlamentarismus*. Berlin 1961.

12 Schmitt, *Politische Theologie*, a.a.O.

überbrücken läßt; dieser Abstand bezeichnet zunächst einfach den diskursbeendenden und »performativen« Charakter der Entscheidung als solcher. Ich glaube, es läßt sich kaum bestreiten, daß ein Moment der Dezision in diesem Sinn in der Tat dem Recht inhärent ist; zum Recht gehört, daß es in Kraft oder außer Kraft gesetzt wird und daß über seine Anwendung auf besondere Fälle, über seine Konkretisierung und rechtskräftige Interpretation entschieden werden muß. Gerade aber wenn man mit Habermas unterstellt, daß rechtliche Entscheidungen aller Stufen ihre Legitimität nur aus der rationalen Zustimmung aller Betroffenen beziehen können, wird sofort klar, weshalb die normative Dezision der Einlösung eines entsprechenden normativen Geltungsanspruchs notwendigerweise *zuvorkommen* muß: Die Dezision kann auf den normativen Konsens nicht warten. In diesem Sinne bedeutet die Dezision einen »vorzeitigen« Abbruch des rationalen Diskurses und die Schaffung rechtsverbindlicher Tatsachen, was nicht zuletzt die Legitimation von Gewalt zur Rechts*durchsetzung* einschließt. Hieran ändert sich auch, wie schon angedeutet, nichts Wesentliches durch die Berufung auf die Legitimität der Entscheidungs*verfahren*; denn erstens kann auch ein legitimes Verfahren zu falschen Entscheidungen führen, zweitens sind auch die Verfahren Teil der Rechtsordnung: auch über sie muß entschieden worden sein. Auf welchen festen Punkt man auch immer zu rekurrieren versucht, an jedem solchen Punkt – und sei es der konstituierende Akt einer verfassunggebenden Versammlung – taucht wieder das Moment einer Recht-*schaffenden* Dezision auf, die auf den sie legitimierenden Konsens nicht hat warten können und die gleichwohl die Möglichkeit einer Rechtfertigung gewaltsamer Sanktionen einschließt. Und selbst wenn man in bestimmten Fällen – empirisch gesehen – wirklich von einem Konsens sprechen könnte, so kann doch *kein* solcher Konsens, weder was die später Hinzukommenden – etwa die Nachgeborenen – betrifft noch was seine sachliche Substanz betrifft, die eigene Dauerhaftigkeit garantieren; jeder empirische Konsens ist in diesem Sinne provisorisch. Und das heißt, daß selbst im Konsensfall die Dezision dem, was man als definitive Einlösung eines entsprechenden normativen Geltungsanspruchs bezeichnen könnte, notwendigerweise vorauseilen muß. Hieraus ergeben sich zwei Konsequenzen: Die erste Konsequenz ist, daß Machtbeziehungen sich auch im demokratischen Diskurs nicht auf reine Anerkennungsbeziehungen zurückführen lassen. Zwar gibt es demokratische Entscheidungsmacht nur als anerkannte Macht; aber der Satz ließe sich auch umkehren: Es gibt keine Anerkennungsbeziehungen, die nicht zugleich auch Machtbeziehungen wären. Die zweite Konsequenz ist, daß gerade im demokratischen Rechtsstaat das Recht beständig neu »erfunden« werden muß, selbst wo es nur um seine Konkretisierung, Auslegung und Anwendung geht. Denn kein kodifizierter Rechtssatz kann in sich selbst irgendeine Garantie enthalten, daß seine Beachtung oder Anwendung zu gerechten Resultaten führen wird. Der moralische Überschuß *im* demokratischen Recht, von dem ich früher gesprochen habe, den man auch als Überschuß der Gerechtigkeitsidee gegenüber jeder ihrer juridischen Konkretisierungen charakterisieren könnte[13], zwingt dazu, durch die Interpretation des Rechts hindurch das Problem der Gerechtigkeit in jedem einzelnen Fall aufs neue aufzuwerfen und zu lösen.

Das Verdienst von Derrida besteht darin, gezeigt zu haben, daß man gewisse Argumente Carl Schmitts nicht den Feinden der liberalen Demokratie überlassen muß oder darf. Denn zwar ändert sich die »Instrumentierung« dieser Argumente, aber nicht deren rationaler Kern, wenn man – im Gegensatz zu Schmitt – davon ausgeht, daß die Entscheidungen, um die es hier geht, auf Gerechtigkeit, auf die Respektierung der Menschenwürde, auf die angemessene Verwirklichung liberaler, demokratischer und sozialer Grundrechte *abzielen*, daß sie einen möglichen rationalen Konsens zu *treffen* und daß sie die Möglichkeiten einer diskursiven Klärung *auszuschöpfen* versuchen (was natürlich, empirisch gesehen, häufig genug gar nicht der Fall ist). Schmitts Argumente lassen sich sogar in verblüffender Weise *gegen* seine eigenen rechtsphilosophischen und politischen Konklusionen wenden, da sie der liberalen und demokratischen Rechtstheorie eher ein kritisches Ferment beizufügen geeignet sind, das diese Theorie aus der unglücklichen Alternative von bloß »affirmativer« Begründung und utopischer Kritik befreien könnte. Das *Transzendierende* der Gerechtigkeitsidee, wie sie etwa in den Verfassungsprinzipien moderner Demokratien artikuliert ist, tritt nämlich um so klarer hervor, je deutlicher wird, daß wir Gerechtigkeit weder als hier und jetzt noch als in einem utopi-

13 So etwa Derrida in *Gesetzeskraft*, a.a.O. S. 52 ff.

schen Endzustand *realisiert* denken können. Man kann dies mit Derrida auch so beschreiben, daß die Idee der Gerechtigkeit auch unter Bedingungen eines demokratischen Rechtssystems notwendigerweise etwas in allen konkreten Rechtsentscheidungen Unabgegoltenes bleibt. In diesem Sinne ist die Gerechtigkeit immer (erst) im Kommen.[14] Die Idee der Gerechtigkeit transzendiert jedes Hier und Jetzt konkreter rechtlicher Entscheidungen, und zwar, wie Derrida hinzufügt, nicht im Sinne einer regulativen Idee – welche den Gedanken einer unendlichen möglichen Annäherung an einen Idealzustand einschlösse – oder eines messianischen Versprechens, sondern im Sinne einer Forderung, die jeweils hier und jetzt zu erfüllen und die doch in keinem Hier und Jetzt definitiv abgegolten werden kann.

4. Aus dem »performativen« Moment, das zur Rechtssetzung, Rechts-Interpretation und Rechts-Anwendung gehört, folgt, daß der Begriff eines demokratischen Volkssouveräns – ebenso wie der eines rationalen Konsenses – eine ebenso notwendige wie unmögliche Fiktion darstellt, selbst wenn man, wie Habermas, demokratische und liberale Grundrechte als »Ermöglichungsbedingungen« eines solchen Volkssouveräns voraussetzt. Selbst dann nämlich kann dieser Volkssouverän nicht mehr als ein einheitlicher Quell- oder Fluchtpunkt des demokratischen Rechtsprozesses gedacht werden; vielmehr muß man ihn gleichsam als überall und nirgends im demokratischen Rechtsprozeß lokalisiert denken: überall, weil er in jedem Akt der Gesetzgebung und Rechtsprechung anwesend gedacht werden muß; nirgends, weil er immer nur als repräsentierter gegenwärtig sein kann und gegenüber allen seinen Repräsentationen eine unaufhebbare Differenz aufrechterhalten muß, die jederzeit zum *Konflikt* werden kann. Der idealisierte Volkssouverän kann niemals in reiner Form *gegenwärtig* sein. Das heißt zugleich, daß jede konkrete Entscheidung – qua Dezision – ein politischer Akt in einem *Machtfeld* ist; jeder solche Akt aber verändert die Bedingungen des demokratischen Diskurses. Und da auch die jeweiligen *Voraussetzungen* des demokratischen Diskurses sich solchen politischen Akten verdanken – und sei es dem politischen Akt einer verfassunggebenden Versammlung –, lassen sich zwei – konstitu-

14 Vgl. ebd., S. 56.

tive – Konnotationen im Begriff der Volkssouveränität niemals ganz miteinander zur Deckung bringen: nämlich die Konnotation eines zwanglos und argumentativ gebildeten Konsenses aller auf der einen Seite und die Konnotation eines souveränen Willens auf der anderen. Die erste Konnotation steht für die Idee einer Auflösung von Herrschaftsbeziehungen durch die Herrschaft eines vom Volk sich selbst gegebenen Gesetzes; die zweite Konnotation steht für die Souveränität des Volkswillens gegenüber allen vorgegebenen Kodifizierungen des Rechts. Diese Souveränität des Volkswillens als die eines *demokratischen* Volkssouveräns aber läßt sich institutionell nur darstellen durch ein System von Repräsentation und Gewaltenteilung, in dem jede Entscheidung, als vorzeitige Entscheidung darüber, was als vernünftiger Volkswille zu gelten habe, zugleich die Veränderung eines Machtfeldes bedeutet und daher tendenziell auch eine Veränderung der jeweils *empirischen* Erscheinungsform des Volkssouveräns.

5. Ich möchte jetzt den »praktischen Zirkel«, von dem ich gesprochen habe, noch einmal anders beschreiben. Ich habe vorhin gesagt, daß demokratische Grundrechte als »ermöglichende Bedingungen« eines demokratischen Diskurses (um mit Habermas[15] zu sprechen) immer schon als in einem System von Institutionen und Praktiken *konkretisierte* Grundrechte anerkannt sein müssen, damit ein demokratischer Diskurs Realität werden kann. Das heißt insbesondere, daß die Idee gleicher politischer Partizipationsrechte bereits eine Ausdeutung durch ein System spezifischer Rechte, Institutionen und Praktiken erfahren haben muß, damit ein demokratischer Diskurs, der seinen Namen verdient, Wirklichkeit haben kann. Der praktische Zirkel nun besteht darin, daß es keine legitime Instanz *außerhalb* des demokratischen Diskurses selbst geben kann, die *in letzter Instanz* über die Fortschreibung, Erweiterung oder Änderung der Institutionalisierung und Interpretation von Grundrechten zu entscheiden befugt sein könnte. Der demokratische Diskurs muß, gleichsam reflexiv geworden, auch noch die Erhaltung, Kritik und Erweiterung seiner eigenen Grundlagen in eigene Regie nehmen. Bisher habe ich nur zu zeigen versucht, daß ein solcher demokratischer Diskurs, der vor seinen eigenen Grundlagen nicht haltmachen

15 Vgl. Habermas, *Faktizität und Geltung*, a.a.O., S. 162.

kann, durch ein diskursiv nicht auflösbares Spannungsverhältnis von Argumentation und Dezision, von diskursiver Verständigung und politischer (»souveräner«) Macht charakterisiert werden muß. Diese Beschreibung ist indes unvollständig, da sie nicht erkennen läßt, was an der Idee einer Auflösung von Herrschaftsbeziehungen in solche eines zwanglos gebildeten Volkswillens gültig bleibt, auch wenn das Moment der Dezision sich nicht zugunsten der Idee eines argumentativ herbeigeführten Konsenses eliminieren läßt. Was an jener Idee gültig bleibt, ist, abstrakt gesprochen, daß *keine* Dezision sich dem »zwanglosen Zwang« einer diskursiven Überprüfung und Kritik soll entziehen können, und zwar einer diskursiven Überprüfung und Kritik im Sinne genau jenes demokratischen Legitimitätsprinzips, das für rechtliche Dezisionen die Möglichkeit einer rationalen Zustimmung aller Betroffenen fordert. Das Organisationsprinzip einer solchen Rückbindung der Dezision an den Diskurs ist die demokratische *Öffentlichkeit.* Der demokratische Diskurs ist gewissermaßen doppelt kodiert: als ein Netzwerk von Institutionen mit förmlich geregelten Entscheidungsverfahren auf der einen Seite, als ein Netzwerk von Öffentlichkeiten auf der anderen. Nur auf diese Weise lassen sich zwei gleichermaßen konstitutive Aspekte des demokratischen Legitimitätsprinzips in ein produktives, wenngleich immer auch spannungsreiches Verhältnis zueinander bringen: Unter dem ersten Aspekt erscheint das demokratische Legitimitätsprinzip als Prinzip gleicher Partizipations- und Kommunikations*rechte* und der demokratische Diskurs als die Organisationsform der politischen Willensbildung, welche demokratisch legitimierte *Entscheidungen* zu treffen erlaubt. Unter dem zweiten Aspekt erscheint das demokratische Legimitätsprinzip als die Forderung, daß die Stimme eines jeden/einer jeden Betroffenen im demokratischen Diskurs in angemessener Weise zur Geltung kommen soll. Nur wenn die Stimme eines jeden/einer jeden Betroffenen im demokratischen Diskurs angemessen repräsentiert ist, können demokratische Entscheidungen *gerecht* sein. Beide Aspekte des demokratischen Legitimitätsprinzips sind gleichermaßen fundamental; sie lassen sich aber begrifflich nicht zur Deckung bringen, da demokratisch legitimierte Entscheidungen nicht notwendigerweise gerecht und gerechte Entscheidungen nicht notwendigerweise demokratisch legitimiert sein müssen. Weil das so ist, bedarf auch der zweite

Aspekt des demokratischen Legitimitätsprinzips einer eigenen Organisationsform, und das ist eben die demokratische Öffentlichkeit. Die demokratische Öffentlichkeit ist diejenige Sphäre, in der der Gesichtspunkt einer möglichen rationalen Zustimmung aller Betroffenen ohne den für den »Entscheidungsdiskurs« charakteristischen Zwang zur *personellen* und *zeitlichen* Begrenzung des Diskurses zur Geltung gebracht werden kann. Die öffentliche Diskussion wirkt nicht nur auf den Enscheidungsdiskurs ein, sie ist auch das Medium einer diskursiven Überprüfung und Kritik von Entscheidungen. Die demokratische Öffentlichkeit ist somit jene Sphäre, in der der Diskurs auch über den Moment der Entscheidung hinaus fortgesetzt werden kann, und zwar so, daß die kommunikative Macht der öffentlichen Meinung auch die Revision von Entscheidungen erzwingen kann.

Dies darf man freilich wieder nicht idealistisch mißverstehen. Auch die öffentliche Diskussion ist begrenzt durch eine bestimmte Institutionalisierung und Interpretation von Kommunikations*rechten* und durchsetzt von *Macht*beziehungen. Gleichwohl bleibt die demokratische Öffentlichkeit ein Experimentierfeld von Überzeugungen und Argumenten, in dem der Diskurs nicht durch formelle Ausschlußregeln (Repräsentation und Gewaltenteilung) und Entscheidungszwänge limitiert ist, in dem er also auch nicht durch eine demokratisch legitimierte Entscheidung *beendet* werden kann. Insofern bleibt die öffentliche Diskussion das Medium, in dem jede Entscheidung im Prinzip auch wieder in Frage gestellt werden kann – nämlich als eine Entscheidung, die *nicht* dem Desiderat einer möglichen zwanglosen Zustimmung aller Betroffenen genügt.

Demokratische Öffentlichkeit und demokratische Institutionen können einander in vielfacher Weise ergänzen, durchdringen und korrigieren, und zwar immer so, daß *beide* auf die Ressourcen der jeweils anderen Sphäre angewiesen bleiben: die Öffentlichkeit bedarf der rechtlichen Institutionalisierung und des rechtlichen Schutzes, die Institutionen bedürfen des öffentlichen Diskurses. Darüber hinaus sind zwischen demokratischer Öffentlichkeit und demokratischen Institutionen vielfache Übergänge möglich in der Form halbformeller oder informeller Beteiligung von Bürgern und Bürgerinnen an den formellen Entscheidungsverfahren, nicht zu sprechen von den Assoziationen der Zivilgesellschaft, in denen sich nicht nur die Polarität von Öffentlichkeit und formellen Verfahren in kleinerem Maßstab wiederholt, sondern die selbst auch Vermittlungsinstanzen zwischen demokratischer Öffentlichkeit und staatlichen Institutionen darstellen können.

Die beiden Aspekte des demokratischen Legitimitätsprinzips, die ich genannt habe, verweisen intern aufeinander: Wenn demokratische Entscheidungen gerecht nur sein können, sofern sie die zwanglose Zustimmung aller Betroffenen finden könnten, dann heißt dies, daß die Stimme aller Betroffenen in demokratischen Diskursen angemessen zur Geltung kommen muß. Und das wiederum heißt, daß die Betroffenen ihre Stimme, wo immer möglich, selbst und in eigener Verantwortung, das heißt in einem realen Diskurs sollen zur Geltung bringen können: Das demokratische Legitimitätsprinzip als Gerechtigkeitsprinzip verlangt die Möglichkeit der realen Teilnahme der Betroffenen am demokratischen Diskurs. Auf der anderen Seite schließt das demokratische Legitimitätsprinzip als Prinzip gleicher Partizipations- und Kommunikationsrechte die Forderung ein, daß die am demokratischen Diskurs Beteiligten – nicht nur, aber immer *auch* – auf Gerechtigkeit hin argumentieren, das heißt, daß sie das demokratische Legitimitätsprinzip als Gerechtigkeitsprinzip *im* Diskurs zur Geltung bringen. Dieser doppelten Kodierung des Demokratieprinzips entspricht auch das Zusammenspiel von Institutionen und Öffentlichkeiten. Und nur weil es sich so verhält, ist es überhaupt möglich, daß der »praktische Zirkel« des demokratischen Prozesses, von dem ich ausgegangen war, zu einer Erweiterung und Vertiefung demokratischer Vergesellschaftungsformen und in eins damit einer »demokratischen Sittlichkeit« führen *kann*; daß also die liberale Demokratie sich am eigenen Schopf aus dem Sumpf ihrer vergangenen Ungerechtigkeiten ziehen kann. (Über die Gegentendenzen spreche ich hier nicht.) Wichtig ist an dieser Stelle nur, daß die transzendierende Kraft der Gerechtigkeitsidee, die in solchen Transformationen der Demokratie wirksam ist, weder einen idealen Endpunkt noch ein messianisches Versprechen bezeichnet. Für *jede* Form der Demokratie, die wir denken können, gilt vielmehr, daß die Gerechtigkeit erst im Kommen ist: daß sie also weder das Reich Gottes auf Erden sein wird noch daß in ihr Vernunft und Entscheidung bruchlos miteinander zur Deckung gekommen sein werden. Genau in diesem Sinne bleiben Repräsentation und Gewaltenteilung unaufhebbare Notwendigkeiten einer modernen Demokratie. In dem produktiven Streit um die Verbesserung der demokratischen Repräsentation und Partizipation, über die Rückbindung verfassungsgerichtlicher Entscheidungen an den demokratischen Diskurs oder über die Frage, wie ein am Gemeinwohl orientierter demokratischer Diskurs gegenüber der schrankenlosen Verfolgung von Partikularinteressen politisch und institutionell zur Geltung gebracht werden kann – in diesem notwendigen und produktiven Streit kann es niemals um die Auflösung aller Vermittlungsinstanzen, um die Aufhebung von Repräsentation und Gewaltenteilung als solcher oder um die Transformation der politischen Entscheidungsmacht und des Kampfes um Anerkennung in einen »reinen« Diskurs gehen. Diese These mag trivial klingen; aber ich glaube, es handelt sich um eine Trivialität, von der es sich lohnt, sie richtig zu verstehen. Denn trivial ist nur die These als solche, insofern in ihr eine Negation bestimmter Spielarten des geschichtsphilosophischen und utopischen Denkens beschlossen ist. Nicht-trivial scheint mir dagegen der Begründungszusammenhang, in den ich sie hier gestellt habe. Denn aus ihm ergibt sich, daß jene These keineswegs auch eine Negation jener radikalen und emanzipatorischen Impulse einschließt, die den »transgressiven« Charakter der modernen Demokratie ausmachen.[16] Es ging mir vielmehr darum zu zeigen, daß die berechtigte Kritik illusionärer Selbstdeutungen der liberalen Demokratie die radikalen und emanzipatorischen Impulse gar nicht trifft, die ihr inhärent sind. Diese Impulse sind der modernen Demokratie deshalb inhärent, weil diese sich selbst unter ein Maß gestellt hat, welches kategorisch die Eliminierung von Ungerechtigkeiten hier und jetzt verlangt, und zwar gerade dadurch, daß es eine Gerechtigkeit bezeichnet, die immer (wieder) erst im Kommen ist.

6. Erst jetzt – zum Schluß – komme ich wirklich auf das Thema »Menschenrechte und Demokratie« zu sprechen, das ich bisher nur umkreist habe. Ich habe ja bisher nur über Menschenrechte als *Bürger*rechte gesprochen und über deren Ort in der Demo-

16 Zum »transgressiven« Charakter der modernen Demokratie vgl. Wellmer, »Bedingungen einer demokratischen Kultur«, a.a.O., S. 63 f.

kratie. Wenn wir darüber hinaus von Menschenrechten sprechen, sprechen wir von »Rechten« in einem juridisch nicht mehr klar faßbaren Sinn, obwohl in der *Anerkennung* solcher Rechte bereits eine – obgleich zunächst unbestimmte und unbestimmt adressierte – Nötigung steckt, sie in juridische Rechte zu transformieren, da sie nur so als Rechte *gesichert* werden können. Solange das Problem der Menschenrechte mit dem der Bürgerrechte praktisch kurzgeschlossen war, wie es in der Tradition des modernen Naturrechts weitgehend der Fall war, konnte man die Rechtssubjekte selbst als Adressaten dieser Nötigung auffassen, wobei die Nötigung selbst entweder als pragmatische Nötigung – wie bei Hobbes – oder als moralanaloge Nötigung – wie bei Kant – aufgefaßt werden konnte. In beiden Fällen läßt die Nötigung sich in dem Satz zusammenfassen: *Exeundum est e statu naturae*. Im Grunde interessierten Menschenrechte hier nur als Ausgangspunkt für die Konstruktion eines Rechtssystems, das den Desideraten eines rationalen, sei es liberalen oder demokratischen Legitimitätstypus entsprechen würde. Wenn wir heute dagegen von Menschenrechten sprechen, ist zunächst immer auch eine *Differenz* – oder doch eine *mögliche* Differenz – zwischen Moral und Recht mit im Spiel. In meinen bisherigen Überlegungen habe ich diese Differenz nur insoweit thematisiert, als sie auch im *Innern* demokratischer Rechtssysteme, und zwar mit Bezug auf die Interpretation von bürgerlichen Grundrechten, wirksam bleibt. In ganz anderer Weise kommt diese Differenz ins Spiel dort, wo es – aus der Perspektive demokratischer Rechtssysteme – um die Menschenrechte von Nicht-Bürgern geht.

Menschenrechte – daran sei noch einmal erinnert – sind von *uns*, das heißt von liberalen Demokraten mit einem universalistischen Moralverständnis, anerkannte moralische oder moralisch begründete Rechts*ansprüche*, deren Verletzung wir nicht – oder nicht *nur* – kritisieren, weil ihre Verletzung in dem Rechtssystem, in dem sie geschehen, zugleich eine Verletzung (dort) anerkannter (bürgerlicher) Grundrechte darstellt, sondern auch dann, wenn das betreffende Rechtssystem eine solche Verletzung rechtlich zuläßt. Ich spreche hier nicht nur von totalitären, autoritären oder fundamentalistischen Regimes, sondern auch von demokratischen Gesellschaften, in denen etwa die Menschenrechte von Flüchtlingen oder auch die Menschenrechte von Bürgerinnen durchaus im Einklang mit dem geltenden Recht verletzt werden mögen. Was den zuletzt genannten beiden Fällen gemeinsam ist, ist, daß in ihnen ein moralisch begründeter Begriff von Menschenrechten gegen eine herrschende Rechtspraxis oder ein herrschendes Rechtsverständnis ins Feld geführt wird. Was die beiden Fälle unterscheidet, ist, daß der zuletzt genannte Fall eigentlich bereits zur *internen* Geschichte moderner Demokratien gehört, in denen etwa sexuelle Diskriminierung und religiöse Vorurteile zu einer barbarischen Behandlung von Fällen ungewollter Schwangerschaft als Folge von Vergewaltigungen geführt haben. Aufschlußreicher ist indes der andere der beiden Fälle: die Verletzung der Menschenrechte von Flüchtlingen durch demokratische Rechtssysteme. Natürlich spreche ich hier nicht von jenen platten Fällen von Menschenrechtsverletzungen, wie sie etwa *amnesty international* kürzlich der Berliner Polizei vorgeworfen hat und bei denen es sich, soweit die Beschuldigungen zutreffen, um kriminelle Delikte auch nach geltendem deutschen Recht handelt. Mich interessieren vielmehr jene Fälle, in denen nicht (nur) die Tatsachen, sondern (auch) die moralischen Urteile kontrovers sind – wie es in Deutschland vor allem im Falle von Asylbewerbern und Flüchtlingen der Fall ist. Hier nun kommt in besonders prägnanter Weise zum Ausdruck, daß die Grenzen zwischen einem bloß moralischen und einem rechtsinterpretatorischen Diskurs fließend sind. Daß die Würde des Menschen unantastbar ist, dieses moralische Prinzip steht – als Rechtssatz – im deutschen Grundgesetz. Kontrovers ist im Konfliktfall also nur die Deutung dieses Rechtssatzes – zum Beispiel seine Vereinbarkeit mit konkreten rechtlichen Regelungen und deren administrativen Auslegungen, etwa im Fall der Abschiebepraxis für Asylsuchende. Ganz zweifellos besagt jener Satz, daß Menschenrechtsverletzungen innerhalb des deutschen Rechtssystems durch die Verfassung – und das heißt: *rechtlich* – verboten sind, egal ob es sich um deutsche Bürger oder um ausländische Flüchtlinge handelt. Kontrovers ist, wie gesagt, nur die Frage, ob bestimmte Gesetze oder Verwaltungsvorschriften oder Akte von Justizbehörden eine Verletzung von Menschenrechten bedeuten oder sie wahrscheinlich machen. Auf diesen Punkt wollte ich hinaus. Es zeigt sich nämlich jetzt einer der Gründe dafür, daß eine Kodifizierung von Menschenrechten für *Nicht*-Bürger und damit ihre Transformation in einen internen Bestandteil demokratischer Rechtssysteme, gewissermaßen parallel zur Kodifizierung bürgerlicher Grundrechte, notwendig geworden ist. Nichts anderes bedeutet ja – wenn ich es recht sehe – die Ratifizierung internationaler Menschenrechts- oder Flüchtlingskonventionen durch demokratische Regierungen. Und das Interessante hieran ist, daß das in diesem Fall zunächst nur moralisch definierte Problem der Menschenrechte *nolens volens* zu einem internen, neuartigen *Rechts*problem demokratischer Gesellschaften wird. Hierin kommt aber der – zumindest latente – Menschenrechts-Universalismus aller modernen demokratischen Verfassungen in einer ganz neuen Weise zur Erscheinung.[17] War für die klassischen Vertreter des modernen Naturrechts dieser Universalismus eigentlich nur ein anderer Ausdruck für den universellen Anspruch ihres politischen Legitimitätsbegriffs, so entsteht jetzt aus dem den demokratischen Verfassungen inhärenten Universalismus eine ganz neue, gleichsam externe Herausforderung für die demokratischen Gesellschaften: die Herausforderung nämlich, die Menschenrechte von Nicht-Bürgern, soweit sie in *deren* Rechtssystem verletzt werden, im *eigenen* Rechtssystem zur Geltung zu bringen – und zwar nur, weil und insofern sie *Menschen* sind, die Einlaß und Schutz begehren.

In diesem Augenblick zeigt sich aber, daß Relativismus und Indifferenz gegenüber dem, was *wir* als Verletzung von Menschenrechten in anderen Gesellschaften ansehen, für *uns* – für demokratische Gesellschaften – keine wirklichen Optionen sind. Denn der Aufnahme von Flüchtlingen sind Grenzen gesetzt – wie weit auch diese Grenzen jenseits dessen liegen mögen, was normalerweise als Grenze angesehen wird. Ich will sagen: Solange wir von Menschenrechten überhaupt reden, besteht die einzig vorstellbare Lösung des inzwischen universell gewordenen Problems der Menschenrechte darin, daß die Menschenrechte derer, die von *unseren* Bürgerrechten ausgeschlossen sind, in *ihren* Gesellschaften zu Bürgerrechten werden, das heißt in einer demokratischen Transformation *ihrer* Gesellschaften. Die Tatsache, daß solche demokratischen Transformationen ohne radikale *ökonomische* Transformationen undenkbar sind, bedeutet keinen Einwand; sie beleuchtet nur die ungeheure Komplexität des Problems. Der Universalismus der Menschenrechte verlangt eine Universalisierung demokratischer Bürgerrechte; Menschenrechte können zu geschützten und einklagbaren Rechten nur werden

17 Vgl. hierzu und zum Folgenden: ebd., S. 75 ff.

in einer Welt-Bürgergesellschaft. Dies ist die Kantische Tiefengrammatik des demokratischen Diskurses – *jedes* modernen demokratischen Diskurses; und die Herausforderung für die demokratischen Gesellschaften, die heute in der Idee der Menschenrechte beschlossen ist, liegt nicht zuletzt darin, daß ihre Politik dieser Notwendigkeit Rechnung tragen muß.

Dieses »muß« ist *prima facie* ein moralisches – wenngleich ein unbestimmtes moralisches – Muß. Aber vielleicht ist Kant auch darin recht zu geben, daß die Hoffnung auf eine mögliche politisch-geschichtliche Entwicklung in Richtung auf eine Welt-Bürgergesellschaft nicht allein im Vertrauen auf die moralische Einsicht und den moralischen Willen derer begründet sein kann, die in einer entsprechenden Richtung politisch handeln könnten, sondern daß selbst ein Volk – ich sollte sagen: ein Geschlecht – von Teufeln, sofern sie nur Verstand haben, es zu einer weltbürgerlichen Rechtsverfassung sollte bringen können. Damit will ich nicht zuletzt sagen, daß es für die demokratischen Gesellschaften heute zu einer Überlebensfrage geworden ist, auf die Durchsetzung von Menschenrechten überall auf der Welt hinzuarbeiten – was natürlich, wenn es nicht nur um eine neue imperialistische Ideologie gehen soll, ohne dramatische Änderungen in den Bereichen der Ökonomie und der Umweltpolitik ein ziemlich sinnloses Unterfangen wäre. Die Alternative indes wäre eine Selbst-Einmauerung der reichen demokratischen Gesellschaften, die, soweit ich sehen kann, das absehbare Ende der modernen westlichen Demokratie bedeuten würde; das heißt, die Wiederherstellung jenes politischen Naturzustandes zwischen den Nationen, Ethnien oder Religionen, die Carl Schmitt für das Wesen des Politischen hielt.

Indes ist das nur die eine Seite des Problems. Eine Durchsetzung von Menschenrechten in *unserem* Sinne überall auf der Welt, gesetzt sie wäre denkbar, ist ja kaum vorstellbar ohne eine tiefgreifende Transformation von Kulturen, Religionen und tradierten Selbstverständnissen in all jenen Gesellschaften, in denen die Menschenrechte bisher noch nicht in demokratische Grundrechte transformiert worden sind. Der »overlapping consensus«, von dem Rawls mit Bezug auf liberale Gesellschaften spricht, ist ja, soweit er heute bereits existiert, ebenfalls das Resultat einer tiefgreifenden Transformation traditioneller Orientierungs- und Wertsysteme und religiöser Selbstverständnisse gewesen. Wir sollten nicht vergessen, wie blutig und gewaltsam dieser Transformationsprozeß in Europa weitgehend verlaufen ist; und gelegentlich werden wir daran erinnert, daß das Zeitalter der Religionskriege auch in Europa noch nicht endgültig vorüber ist. Allerdings könnte die Fixierung auf die eigene Geschichte – eine Fixierung gewissermaßen aus der Perspektive der »Gerechten«, das heißt der liberalen Demokratie – uns den Blick verstellen für das Ausmaß an »ungerechter« Zerstörung und Verletzung, welche die Durchsetzung von Menschenrechten in nicht-westlichen Gesellschaften *auch* bedeuten könnte. Es ist nicht einfach, das Maß *dieser* Ungerechtigkeit anzugeben. Daß die Zerstörung kultureller und religiöser Identitäten und Traditionen eine *Verletzung* darstellt, steht wohl außer Frage. Daß andererseits ganz ohne solche Verletzungen ein übergreifender liberaler und demokratischer Konsens sich nicht weltweit herausbilden könnte, scheint mir ebenfalls unbestreitbar. Es wäre beruhigend, wenn wir hier – aus der Perspektive der liberalen Demokratie – eine Formel angeben könnten, die uns zwischen »gerechten« und »ungerechten« Verletzungen zu unterscheiden erlaubt. Und es wäre nicht einmal schwer, eine solche Formel anzugeben; sie könnte lauten: »Kollektive Identitäten nationaler, kultureller oder religiöser Art können unter Gesichtspunkten einer politischen Moral allenfalls etwas Vorletztes sein. Ihr Recht wird eingeschränkt durch ein für *alle Menschen* verpflichtendes Gutes, nämlich die Gerechtigkeit einer Ordnung, in der die Menschenrechte aller gesichert sind. Und diese Gerechtigkeit ist denkbar nur als eine weltbürgerliche Verwirklichung liberaler, demokratischer und sozialer *Bürger*rechte, die, wenn sie einmal geschehen wäre, zugleich den einzig möglichen *gerechten* Schutz vor einer gewaltsamen Zerstörung der jeweils besonderen Traditionen und kulturellen Identitäten bilden würde.« – Nun glaube ich, daß diese Formel *richtig* ist, wenn wir uns einmal an den geschichtlichen Punkt eines bereits *vollzogenen* Transformationsprozesses versetzen; sie bezeichnet ja gewissermaßen nur den »overlapping consensus« einer möglichen Welt-Bürgergesellschaft. Aber die Formel sollte uns nicht beruhigen, soweit es um den Transformationsprozeß selbst geht. Und da dieser Transformationsprozeß vielleicht niemals an ein Ende kommen wird, kann sie uns möglicherweise niemals ganz beruhigen. *Warum* aber sollte dies so sein?

Die Argumente liegen, in gewissem Sinne, auf der Hand. Denn in Frage stehen politische Konstellationen, in denen von einem »overlapping consensus« gerade *nicht* gesprochen werden kann. Das heißt aber, daß *wir andere* Kulturen nach einem Maßstab der Gerechtigkeit beurteilen, der nicht (schon) der ihre ist. Soweit aber solche Urteile das praktische Handeln orientieren (und man kann natürlich fragen, ob moralische Urteile jemals ganz ohne praktische Folgen sind), muß man nicht die Geschichte bemühen, um zu sehen, daß die Gefahren imperialistischer Bevormundung und politisch-ökonomisch-miltärischer Gewalttätigkeit dem Menschenrechts-Universalismus gleichsam einbeschrieben sind. Und zwar meine ich das nicht nur im Sinne der Gefahr einer offen ideologisch-machtpolitischen Pervertierung. Die Gefahr ist vielmehr intimerer Art und vielleicht überhaupt niemals ganz aus der Welt zu schaffen. Denn wann immer wir andere nach Maßstäben der Gerechtigkeit beurteilen, die nicht die ihren sind, besteht die Möglichkeit, daß wir ihnen *auch* unrecht tun. Dies ist keine relativistische These; sie gilt vielmehr gerade unter Voraussetzung des liberal-demokratischen Dispositivs, von dem ich ausgegangen bin. Denn auf eine zwanglose Zustimmung der Betroffenen können wir in diesen Fällen nicht rechnen. Dies bedeutet aber, daß die Strukturen einer *internen* Begrenzung des demokratischen Diskurses, die ich früher analysiert habe, sich auf der Weltbühne der Menschenrechtsproblematik auf eine dramatischere Weise wiederholen. Denn auf der einen Seite ist klar, daß die Entscheidung – etwa für Eingriffe zum Schutz von Menschenrechten – auf den Konsens nicht warten kann; auf der anderen Seite gibt es alle die Instanzen eines bürgerrechtlich geschützten demokratischen Diskurses im internationalen Maßstab kaum, durch welche Unrecht in gewissem Grade sich auch wieder korrigieren läßt. Das Unrecht, von dem ich hier spreche, betrifft vor allem die mögliche Zerstörung kultureller Identitäten und regionaler Formen der politischen Souveränität und Selbstbestimmung. Daß hierin *auch* eine Verletzung von Menschenrechten liegen kann, scheint mir evident. Wenn es sich aber so verhält, dann ist um so wichtiger, daß eine an Menschenrechten orientierte Politik sich gleichsam von innen her selbst begrenzt: durch eine Politik der *Differenz*, die nicht nur die Andersheit des jeweils individuell Anderen (soviel gehört ja schon zur Idee der Menschenrechte), sondern auch die Andersheit der anderen Kulturen zu ihrem Recht kommen läßt. Allerdings spricht manches dafür, daß diese beiden Gesichtspunkte gelegentlich in einen Konflikt miteinander treten könnten, den man vielleicht »tragisch« nennen könnte.

Eine naheliegende Antwort auf solche Schwierigkeiten ist natürlich, daß der Transformationsprozeß, von dem ich oben gesprochen habe, jenen Gesellschaften und Kulturen selbst überlassen werden sollte, von denen hier die Rede ist. In einem eindrucksvollen Plädoyer gegen die Verwechslung des Islam mit dem Fundamentalismus hat unlängst Annemarie Schimmel[18] auf die Vielfältigkeit der islamischen Kulturen und auf die aufklärerischen Traditionen *im* Islam hingewiesen; diese Hinweise verbindet sie mit Warnungen vor den Simplifizierungen und Bevormundungen, die in einer menschenrechtlichen Rhetorik *auch* liegen können. Solche Hinweise und Warnungen sprechen in der Tat für die eben erwähnte Antwort. Indes gibt es eine ganze Reihe von Gründen – einige habe ich genannt – , weshalb diese Antwort heute als *allgemeine* Antwort nicht mehr ausreicht; darüber hinaus aber schließt auch die interne Transformation von Kulturen jene Art von Unrecht nicht aus, um die es hier geht. Es spricht vielmehr vieles dafür, daß der Übergang zu einem (welt)bürgerlichen Rechtszustand eine »Tragödie im Sittlichen« schon insofern einschließt, als die *Relativierung* der besonderen kulturellen Traditionen zugleich ihre Transformation und zumindest partielle Entmächtigung bedeutet. Dieser Vorgang partieller Entmächtigung ist sicherlich *auch* ein Lern- und Emanzipationsprozeß; aber wir sollten uns hüten, die Verletzungen und das Unrecht zu vergessen, die in diesem Prozeß einem Teil der Betroffenen zugefügt werden mögen. Ich will sagen: Eine Menschenrechtspolitik ohne Ambivalenzen und mit einem durchweg reinen Gewissen dürfte heute kaum möglich sein. Daß sie gleichwohl absolut notwendig ist, steht für mich außer Frage. Aber vielleicht könnte diese Politik gelegentlich besser sein, wenn sie nicht nur machtpolitisch weniger mißbraucht würde, sondern wenn auch jene Ambivalenzen weniger verdrängt würden.

18 Annemarie Schimmel, »Der unverstandene Islam«, in: *Frankfurter Allgemeine Zeitung* vom 24. 5. 1995. Vgl. auch die Reden von Roman Herzog und Annemarie Schimmel aus Anlaß der Verleihung des Friedenspreises des Deutschen Buchhandels an Frau Schimmel am 15. 10. 1995, abgedruckt in der *FAZ* vom 16. 10. 1995.

Ich habe vorhin gesagt, daß wir uns mit der Formel, mit der ich einen Maßstab für die Gerechtigkeit und Ungerechtigkeit von Verletzungen einer kulturellen Identität angeben wollte, vielleicht niemals ganz werden beruhigen können. Damit wollte ich sagen, daß das *Problem*, um das es in dieser Formel geht, vermutlich niemals ganz verschwinden wird. Und das heißt ganz einfach, daß wir uns einen »overlapping consensus« demokratischer Gesellschaften, der gewissermaßen bruchlos und wasserdicht geworden wäre, nicht vorstellen können. In jedem Dissens liegt aber der Keim eines Konflikts, einer möglichen Gewalt und daher auch eines möglichen Unrechts. Soviel müssen wir auch in den Strukturen einer möglichen Welt-Bürgergesellschaft noch mitdenken. Dies bedeutet aber zugleich, daß die Differenz zwischen »Innen« und Außen«, die Carl Schmitt in jenen Begriff des Politischen eintrug, den er *gegen* die liberale Tradition wandte[19], auch *innerhalb* der liberalen Kultur – auch wenn sie diejenige einer Welt-Bürgergesellschaft geworden wäre – ihre Bedeutung behalten würde. Nicht nur heißt von Menschenrechten zu reden die übrigen Tiere auszuschließen – und es bleibt eine beunruhigende Frage, was dieser Ausschluß bedeutet und wie er genau zu denken ist; vielmehr verdeckt schon die Rede von den Rechten *aller* Menschen ein Problem, ein Problem, das die moderne Theorie der Menschenrechte von allem Anfang an in Verlegenheit gebracht hat. Dies Problem kommt in voller Schärfe gerade dann heraus, wenn man den internen Zusammenhang zwischen Menschen- und Bürgerrechten anerkennt (wie dies für die moderne Tradition des Naturrechts gilt). Ich brauche hier nicht an die subtilen, obwohl aus heutiger Sicht gelegentlich komisch wirkenden Diskussionen über die Frage zu erinnern, *welche* Menschen denn wirklich volle *Bürger*rechte verdienten[20], bzw. an die

19 Vgl. Carl Schmitt, *Der Begriff des Politischen*, Berlin 1991.

20 Nach Kant (»Über den Gemeinspruch: Das mag in der Theorie richtig sein, taugt aber nicht für die Praxis«, in: *Werke in sechs Bänden*, hg. von Wilhelm Weischedel, Bd. VI, *Schriften zur Anthropologie, Geschichtsphilosophie, Politik und Pädagogik*, Darmstadt 1964) verläuft die entsprechende Grenze zwischen »Friseuren« und »Perükkenmachern« (vgl. Anm. zu A 247, a.a.O. S. 151); nur von letzteren gilt nämlich, daß sie ihr »eigener Herr« sind (A 246) – was *natürlich* (heißt: nach der natürlichen Qualifikation) auch nicht vom »Weib« gilt (ebd.).

bis heute brisanten Diskussionen über die Frage, *wer* denn wirklich als Mensch im Sinne der Menschenrechte zu zählen wäre.[21] Zumindest was die Bürgerrechte betrifft, scheinen diese Diskussionen mit der Ausdehnung der Bürgerrechte auf alle erwachsenen Frauen und Männer zu einem Ende gekommen zu sein. Aber sind sie es wirklich? Nicht nur steckt ja in der Entscheidung der Frage, wer als erwachsen zu gelten hat, ein Stück Willkür; vielmehr muß man von den als »erwachsen« Zählenden jene wieder abziehen, denen – als Geistesschwachen, Kriminellen oder Staatsfeinden – vorübergehend oder auf Dauer volle Bügerrechte verweigert werden. Da aber die *Entscheidungen* über einen solchen Ausschluß genau jener Logik gehorchen, die ich früher beschrieben habe, kommt auch in der fortwährenden Differenz zwischen »Innen« und »Außen« noch ein Stück jener Machtbeziehungen zum Ausdruck, von denen ich früher zu zeigen versucht habe, daß sie sich aus dem demokratischen Diskurs nicht eliminieren lassen.

Ich finde nicht, daß man diesen Umstand dramatisieren sollte; sicherlich sollte man ihn nicht im Sinne Carl Schmitts dramatisieren. Ich habe früher schon darauf hingewiesen, daß die Idee einer Gerechtigkeit, die immer (wieder) erst im Kommen ist, einen Stachel im Fleisch der Demokratien bildet, der diese auch vor Selbstgerechtigkeit schützen könnte. Die Endlichkeit der Demokratie zu behaupten heißt nicht, sie zu entwerten; es heißt vielmehr, ihr in der richtigen Weise die Ehre zu geben. Wenn Carl Schmitt im übrigen meinte, eine Welt-Bürgergesellschaft bedeute das Ende der Politik[22], so steckt darin, wie ich meine, ein schwerwiegender Denkfehler innerhalb seines eigenen Denksystems. Wenn man nämlich – mit Schmitt – davon ausgeht, daß ein »performatives« Moment der Dezision und damit, wenn man will, ein Moment »souveräner Macht« sich auch aus der Realität demokratischer und liberaler Rechtssysteme nicht eliminieren läßt, dann ist es inkohärent zu behaupten, die Idee einer Welt-Bürgergesellschaft bezeichne die illusorische Idee des Übergangs zu einem »rein moralischen« oder »rein ökonomischen« Zustand der Menschheit.[23] Daß die politische Welt ein »Pluriversum« ist,

21 Heute vor allem in der Diskussion über die Abtreibung.
22 Vgl. Schmitt, *Der Begriff des Politischen*, a.a.O. S. 54 ff.
23 Ebd., S. 53.

wie Schmitt sagt[24], kann man durchaus zugestehen; aber wieso ein »Pluriversum« souveräner Nationalstaaten, deren jeder das Recht und die Möglichkeit hat, Krieg zu führen?[25] Schmitts These, demokratietheoretisch übersetzt, besagt lediglich, daß zum Begriff des Politischen, und daher auch zu den Bedingungen einer demokratischen Politik, die Möglichkeit von Konflikten, in letzter Instanz auch diejenige gewaltsamer Konflikte, gehört. Diese *Möglichkeit* ein für allemal ausschließen zu wollen hieße, die anthropologischen Grundlagen auch jeder demokratischen Politik zu negieren. Insofern bleibt jede Demokratie bedroht durch die Möglichkeit, an gewaltsamen Konflikten zugrunde zu gehen. Jedoch steht in dieser Hinsicht der demokratische Volkssouverän nicht schlechter da als jeder andere Souverän; die geschichtliche Erfahrung deutet darauf hin, daß eher das Gegenteil der Fall ist. Carl Schmitt ist am Ende seiner eigenen Kritik an einem rationalistischen Selbstverständnis der liberalen Demokratie auf den Leim gegangen, wenn er deren Kantische Tiefengrammatik als Negation des Politischen deutet. Die Idee einer Welt-Bürgergesellschaft bezeichnet jedoch nicht das Ende der demokratischen Politik, sondern eher, als eine Überlebensbedingung der modernen Demokratie, deren Fortsetzung unter neuen Vorzeichen. Sicherlich behält Schmitt in einem Punkte recht: daß nämlich die Demokratien notfalls für ihr eigenes Überleben werden kämpfen müssen. Aber die Figur eines solchen Kampfes sieht anders aus, als bei Schmitt vorgesehen: die Demokratien können nämlich für ihr eigenes Überleben als *Demokratien* nicht kämpfen, ohne zugleich für die Menschenrechte ihrer Feinde, letztlich die Menschenrechte aller, mitzukämpfen.

24 Ebd., S. 54.
25 Ebd., S. 46.

Ronald Dworkin
Freiheit, Selbstregierung und der Wille des Volkes

Ist Demokratie heute noch möglich?

I

Ich beginne mit dem, was die meisten Menschen, die in Demokratien leben, zu wissen glauben. Demokratie ist die Herrschaft des Volkes. Das bedeutet in der Praxis, daß die Mehrheit des Volkes die Regierung stellt; dies wiederum bedeutet: die Regierungsform ist so organisiert, daß es von den Präferenzen des numerisch größten Teils des Volkes abhängt, wie die Gesetze oder die Politik des Landes aussehen werden. Wir wissen – zumindest einigermaßen –, wie sich dies erreichen läßt: Wir müssen ziemlich häufig Wahlen veranstalten, und es muß ein allgemeines Wahlrecht geben – jeder Erwachsene also sollte eine Stimme haben. Niemand darf über mehrere Stimmen verfügen, bloß weil er eine bessere Bildung oder mehr Geld hat. Ferner muß es Meinungsfreiheit [*freedom of speech*] geben: die Freiheit, politische Debatten zu führen und Kundgebungen abzuhalten. Wenn alle diese Faktoren zusammenkommen, handelt es sich um Demokratie. Die Bürger einer Demokratie sind sich in vielen Dingen uneinig. Ihre Geister scheiden sich an ihrer unterschiedlichen Religionszugehörigkeit, an ihren unterschiedlichen Auffassungen von Gerechtigkeit, an ihren unterschiedlichen kulturellen Traditionen. Aber in einem Punkt sind sie sich zumindest einig: daß jegliche politische Entscheidung, die in Übereinstimmung mit den von mir gerade beschriebenen demokratischen Verfahren getroffen wurde, legitim ist.

Dies, wie gesagt, dürfte dem entsprechen, was sich die meisten Menschen unter Demokratie vorstellen. Im folgenden möchte ich nun zwei Paradoxien herausarbeiten, und Sie mögen es mir verzeihen, wenn ich sie an Beispielen illustriere, die aus der Politik der Vereinigten Staaten stammen – nicht allein deshalb, weil ich mich hier am besten auskenne, sondern auch, weil die Paradoxien, die ich herauszuarbeiten gedenke, dort besonders kraß sind.

(Ich bitte Sie, selbst zu erwägen, wieweit das, was ich sage, auch auf andere Länder zutrifft.) Die Amerikaner haben das Gefühl, daß ihre Demokratie in Gefahr ist. In den letzten Monaten erschienen viele Bücher mit Titeln wie: »Demokratie in Not« oder »Können wir unsere Demokratie retten?« oder »Die Demokratie guckt in die Röhre« (dieser letzte Titel soll suggerieren, daß das Fernsehen zu einem nicht geringen Teil für den Niedergang der Demokratie verantwortlich ist). Aber wenn Sie die *Gründe* betrachten, die für das vermeintliche Scheitern der Demokratie in den Vereinigten Staaten vorgebracht werden, so scheinen sie mit der Beschreibung von Demokratie, die ich gerade gegeben habe, gar nichts zu tun zu haben. Bestünde Demokratie lediglich aus jenen Verfahren, die darauf abzielen, die Herrschaft der Mehrheit zu sichern, so könnten diese Einwände kaum den Gedanken nahelegen, daß die *Demokratie* in Gefahr sei.

Generell lassen sich zwei Einwände unterscheiden. Mit der Qualität der politischen Auseinandersetzung gehe es mehr und mehr bergab, heißt es erstens. Zwar habe auch früher nicht gerade ein philosophisches Seminar der amerikanischen Politik Modell gestanden. Heute allerdings sei es wirklich eine Schande – der Austausch von »Argumenten« nehme meist die Form eines Dreißig-Sekunden-Fernseh-Werbespots an, eingeschoben zwischen Reklame für Bier oder Deodorant; gezeigt werde die flimmernde Aufnahme eines Gegenkandidaten, unter dessen Gesicht irgendeine Etikettierung wie »liberal« oder »verschwenderisch« oder »kinderfeindlich« quer über den Bildschirm laufe. Dies ist freilich abstoßend. Aber es stützt, für sich genommen, noch lange nicht die Annahme, daß die politischen Entscheidungen anders ausfallen, als es sich die Mehrheit wünscht. Immerhin mögen manche Leute durchaus auch zu der Auffassung gelangen, daß sie ihre Angelegenheiten nicht in die Hände von Leuten legen wollen, die ihre Widersacher mit dem Etikett »liberal« in Verruf zu bringen suchen. Der zweite Einwand wird mit Nachdruck, wenn auch auf eine akademischere Art, vornehmlich von jenen hervorgebracht, die sich selbst als Kommunitaristen bezeichnen: Sie behaupten, die Demokratie sei in Gefahr, weil es mit der Zivilgesellschaft bergab gehe. Wir trauten einander nicht, wir trauten keiner Regierung, wir seien feindselig, wir seien rachsüchtig. Es mangele an der Vorstellung, daß Politik ein gemeinschaftliches Unternehmen [*joint venture*] von Menschen sein könne, die aufgrund einiger gemeinsamer Interessen ihr gemeinsames Wohl zu verwirklichen suchen. Aber was hat das mit der Frage zu tun, ob die Regierungsform wirklich so organisiert ist, daß sie tatsächlich die Präferenzen der Mehrheit in Gesetze und staatliche Politik ummünzen kann?

Das erste Paradoxon zeigt sich also in der Dissonanz zwischen der weit verbreiteten Auffassung davon, was Demokratie – richtig definiert – wirklich sei, und den ebenso weit verbreiteten Klagen darüber, daß die Demokratie versage. Darüber hinaus gibt es, was die Demokratie anbetrifft, ein noch schärferes Paradoxon. Die meisten Menschen glauben nicht nur, daß Demokratie in der Weise, in der ich es eben ausgeführt habe, die Herrschaft der Mehrheit sei; sie halten es auch für äußerst wichtig, daß eine Nation demokratisch sei. Tatsächlich fassen internationale Verlautbarungen und die Menschenrechtskonventionen heute bezeichnenderweise Demokratie als ein Menschenrecht – jedermann habe, so legen sie fest, als menschliches Wesen das Recht darauf, in einem demokratischen Staat zu leben. Solange man jedoch unter Demokratie lediglich die Herrschaft der Mehrheit versteht, dürfte es äußerst schwer sein – ich halte es sogar für unmöglich –, darzulegen, weshalb in einer Demokratie zu leben ein Menschenrecht sein soll. Denn es läßt sich kein grundlegenderer philosophischer Wert anführen – nicht Gleichheit, nicht Freiheit und schon gar nicht Selbstregierung oder Selbstbestimmung –, der sich an der Demokratie exemplifizieren ließe oder in dessen Dienst Demokratie stünde, sofern sie lediglich im Sinne der Majoritätsherrschaft begriffen wird. Wenn wir *allem*, was uns zu Demokratie einfällt, einen Sinn geben wollen, dann müssen wir unser Verständnis von Demokratie neu überdenken, und wenn wir dies tun, wird es keineswegs mehr so klar sein, ob wir wirklich eine Demokratie haben. Es wird in der Tat, wie mein Titel drohend nahelegt, keineswegs mehr klar sein, ob Demokratie überhaupt möglich ist.

II

Kehren wir zu Beginn unserer erneuten Betrachtung von Demokratie zu der abstrakten Formulierung zurück, die ich anfänglich vorgeschlagen habe: Demokratie meint die Herrschaft des Volkes. Dieser Satz legt eine Art von kollektivem Handeln nahe. Doch lassen sich zwei Begriffe von kollektivem Handeln voneinander unterscheiden. Der eine ist ein statistischer Begriff. Wenn ich Ihnen mitteile, daß die Wechselkurshändler den Preis der D-Mark auf dem ausländischen Devisenmarkt in die Höhe getrieben haben, so spreche ich von kollektivem Handeln. Von allein geht der Preis nicht hoch, aber allein kann auch kein Händler den Preis der D-Mark in die Höhe treiben. Diese Form kollektiven Handelns ist jedoch rein *statistisch*: Bei meiner Aussage handelt es sich lediglich um eine Art Kürzel, das für die Resultate der voneinander unabhängigen Handlungen verschiedener Individuen und Firmen steht. Gegen diese statistische Bedeutung halte man jenen anderen Begriff von kollektivem Handeln, der sich beispielsweise an einem guten Orchester illustrieren läßt. Wir sagen nicht, daß der Geiger oder der Posaunist oder der Pianist die Brahms-Symphonie gespielt habe und daß das Resultat ein Erfolg gewesen sei. Statt dessen sagen wir, das Orchester habe die Symphonie gespielt. Dabei schwebt uns nichts vor, was den Handlungen der Wechselkurshändler ähnlich wäre, denn wir sind nicht der Auffassung, daß die Mitglieder eines Orchesters individuell handeln und daß die Symphonie lediglich die Resultate ihrer individuellen Darbietungen sei. Sie handeln vielmehr kollektiv in einem grundlegenderen Sinn, sie handeln wie Partner in einem gemeinschaftlichen Unternehmen.

Die orthodoxe Vorstellung, die Demokratie mit dem Willen der Mehrheit gleichsetzt, erfaßt die Herrschaft des Volkes als Ausdruck von kollektivem Handeln lediglich in seiner statistischen Bedeutung. Lassen Sie mich im Lichte dieser Feststellung meine anfängliche Darstellung weiterentwickeln. Gemäß dem Majoritätskonzept von Demokratie ist der Gesamtwille oder der kollektive Wille eine mathematische Funktion der Präferenzen und Urteile der Individuen; strebt man also die Herrschaft des Volkes an, so strebt man danach, daß die Gesetze und politischen Entscheidungen von der Mehrheit oder einer großen Zahl von Individuen gebilligt werden. Ich habe hierbei nicht die rohen und spontanen Meinungsäußerungen der Mehrheit im Sinn – das wäre gegenüber den Verfechtern dieser Theorie unfair. Ich rekurriere auf die *wohlüberlegten* Ansichten der Mehrheit. Da es das Ziel ist, daß die Regierung dem entsprechen soll, was die Mehrheit der Leute wirklich möchte, so muß ihnen auch zum Diskutieren und

Reflektieren Gelegenheit gegeben werden. Hier hat die Idee der Meinungsfreiheit und der freien Meinungsäußerung ihren Stellenwert und ihren Ort innerhalb der orthodoxen Darstellung von Demokratie. Aber am Schluß sieht die Sache so aus: Eine Mehrheit von Leuten befürwortet, nachdem sie Gelegenheit zur Reflexion hatte, nun eine bestimmte Politik; diese wiederum wird zu der Politik, die den Willen des ganzen Volkes repräsentiert, und die Verfolgung dieser Politik gilt als die Herrschaft des Volkes.

Wir sollten uns die diversen Konsequenzen dieses Demokratieverständnisses vor Augen führen. Erstens handelt es sich bei dieser Auffassung von Demokratie um das, was wir einen Schwellenbegriff nennen können: Obgleich es mehrere unterschiedliche institutionelle Wege gibt, die Herrschaft der Majorität zu verwirklichen – die politischen Institutionen Deutschlands unterscheiden sich beispielsweise auf vielfältige Weise von jenen, die in Frankreich und Großbritannien wirksam sind –, so sorgen sie doch alle genuin und vollständig für Demokratie, sofern sie auf effektive Weise gewährleisten können, daß die staatliche Politik den wohlüberlegten Präferenzen der Mehrheit zu entsprechen sucht. Zweitens ist die so verstandene Demokratie relativ unabhängig von Gerechtigkeit: Wir können recht scharf die Fragen auseinanderhalten, ob der politische Prozeß, aus dem ein bestimmtes Resultat hervorging, ein von der Majorität getragener Prozeß war oder ob es sich bei dem Resultat um ein gerechtes handelt. Ebenso ist die Demokratie nach diesem Denkmodell von den Tugenden einer gut funktionierenden Zivilgesellschaft unabhängig. Ich hatte bereits Ihre Aufmerksamkeit auf die kommunitaristischen Klagen über den Zustand der amerikanischen Demokratie gelenkt, denen zufolge die amerikanische Regierung sich nicht auf soziales Kapital stützen kann und denen zufolge unsere Politik durch und durch von Mißtrauen gekennzeichnet ist. Ich sagte es bereits: Vor dem Hintergrund des statistischen, am Mehrheitsvotum orientierten Begriffes von Demokratie hat diese Klage, mag sie sich auch noch so oft als Angst um die Demokratie ausgeben, keinen Sinn. Ob die politischen Prozesse in einer Gemeinschaft so geartet sind, daß sie die Präferenzen der Mehrheit in staatliche Politik umzumünzen verstehen, ist eine Sache. Ob die Zivilgesellschaft gesund, arg geschwächt oder gar tot ist, ist eine andere.

Drittens handelt es sich, dem statistischen Konzept zufolge, bei der repräsentativen Demokratie automatisch immer um eine gewisse Einschränkung gegenüber der wahren Demokratie, mag diese Einschränkung eventuell auch notwendig aus der Größe und den Gegebenheiten heutiger politischer Gemeinschaften resultieren. Dem Ideal von Demokratie, so heißt es häufig, entspricht die gute alte Bürgerversammlung, wie sie einst vielleicht in Arkadien oder in irgendeiner kleinen Stadt in Massachusetts abgehalten wurde. Repräsentation – nimmt man Räte, Senatoren, Kongreßabgeordnete, Präsidenten und Premierminister hinzu – bedeutet, daß der Prozeß, der die Präferenzen der Mehrheit in staatliche Politik ummünzen soll, von vornherein mit Reibungen einhergeht; die Chancen, daß das Endergebnis wirklich den wohlüberlegten Auffassungen der Mehrheit entspricht, sind entsprechend von vornherein gesunken.[1] Zudem handelt es sich beim Konstitutionalismus noch viel augenscheinlicher um eine Einschränkung des Mehrheitskonzepts von Demokratie. Wenn wir das grundlegende Ziel der Demokratie darin sehen, daß sie die Präferenzen der Mehrheit in Gesetzgebung transformiert, so bedeutet es selbstverständlich eine Niederlage für die Demokratie, wenn man einem Supreme Court oder einem Verfassungsgericht erlaubt, eine durch Mehrheitsvoten zustande gekommene Gesetzgebung wieder umzustoßen. Wer diese Form des Konstitutionalismus verteidigt, muß daher heroische und letztlich erfolglose Anstrengungen unternehmen, diese seine Verteidigung mit der Begeisterung für Demokratie in Einklang zu bringen.

1 Ist es auch bislang ein Gemeinplatz gewesen, daß Bürgerversammlungen in einer großen politischen Einheit nicht möglich sind, so droht in der Tat etwas sehr Ähnliches demnächst auf uns zuzukommen. Wir könnten in den Vereinigten Staaten, und hier wahrscheinlich ebenso, schon bald in jedem Wohnzimmer ein politisches Computerterminal stehen haben. Auf Ihrem Bildschirm wird dann die Frage eingeblendet: »Sollten die Vereinigten Staaten einseitig die bosnische Regierung mit Waffen ausrüsten? Wenn Sie für ›Ja‹ votieren, drücken Sie bitte auf den Buchstaben A, bei ›Nein‹ auf den Buchstaben B.« Dem Präsidenten der Vereinigten Staaten wird dann augenblicklich die elektronische Entscheidung dieser elektronischen Bürgerversammlung zukommen. Wenn man über diese Vision nachdenkt, so mag das Bestreben nach einfacheren und direkteren Formen der Majoritätsherrschaft entmutigen. Aber es mag ebenso die Begeisterung für die Majoritätsherrschaft schlechthin dämpfen.

Schließlich bringt der am Mehrheitsvotum orientierte oder statistische Begriff von Demokratie ein bestimmtes Konzept von Meinungsfreiheit hervor. Er legt nahe, daß der zentrale Punkt der Meinungsfreiheit darin bestehe, den Leuten jene Informationen zukommen zu lassen, die sie benötigen – je mehr, desto besser –, damit sich ihre wahren Präferenzen im Endprodukt des politischen Prozesses besser widerspiegeln können.

Es könnte durchaus nützlich sein, damit fortzufahren, die komplexen Einzelheiten und gravierenden Implikationen des statistischen Demokratie-Ansatzes aufzufächern. Ich will mich jedoch dem anderen Problem zuwenden, von dem ich behauptet hatte, es handle sich um ein zweites Paradoxon. Wenn Demokratie eine Sache der Statistik ist, wie kann man dann überhaupt für Demokratie eintreten? Weshalb ist sie wichtig? Wie konnte überhaupt jemals jemand auf den Gedanken kommen, sie sei ein Menschenrecht? Die so definierte Demokratie ist schlechterdings kein grundlegender politischer Wert. Wir müssen einen anderen, gewichtigeren politischen Wert herauszufinden suchen, den das statistische Konzept hervorbringt oder den es exemplifiziert. Ich ziehe drei solcher gewichtigeren Werte in Erwägung, obgleich meiner Ansicht nach letzten Endes alle drei auf dasselbe hinauslaufen: Gleichheit, Freiheit und (der von allen dreien am meisten emotionsbeladene) Selbstregierung oder Selbstbestimmung.

Wird die Gleichheit, in irgendeinem ernstzunehmenden Sinne, durch die statistische Demokratie gefördert? Einmal angenommen, wir müßten bei dieser Art von Demokratie keinen Kompromiß mit dem Prinzip der Volksvertretung schließen – einmal angenommen, alle politischen Probleme würden über die Bürgerversammlung, sei sie nun elektronischer oder anderer Art, gelöst. Nehmen wir weiter an, wir müßten keinen Kompromiß zwischen der statistischen Demokratie und dem Konstitutionalismus schließen – wir hätten alle Supreme Courts und Verfassungsgerichte abgeschafft. Würde dies der Gleichheit dienen? Hier müssen wir scharf unterscheiden. Augenscheinlich würde dies die ökonomische Gleichheit nicht notwendigerweise fördern, denn der Mehrheitsfindungsprozeß, selbst in seiner Idealgestalt, enthält nichts, was ökonomische Gleichheit gewährleisten könnte (oder auch nur in diesen Tagen als wahrscheinlich erscheinen ließe) oder auch nur einen Schritt in diese Richtung bedeutete. Wenn die statistische Demokratie irgendeiner Art von Gleichheit dient, dann muß es sich um eine Art politischer Gleichheit handeln. Aber um welche? Die schlichte Gleichheit bei der Stimmabgabe garantiert noch keineswegs Gleichheit auf der Ebene der politischen Macht, denn Reiche haben mehr Einfluß auf die Stimmabgabe anderer, als Arme dies haben. Außerdem wäre die Gleichheit bei der politischen Einflußnahme gar nicht wünschenswert: Wir wollen nicht, daß Reiche mehr Einfluß haben, wir wollen aber durchaus, daß Menschen mit intellektueller oder moralischer Autorität mehr Einfluß haben. Wir sollten die politische Gleichheit besser als Gleichheit des *Status* definieren. – Jeder, der zu dem Herrschaftsbereich einer politischen Gemeinschaft zählt, muß gleichberechtigter Bürger dieser Gemeinschaft sein, seine Rolle oder sein Wert [*stake*] dürfen nicht herabgestuft werden, weil man etwa ihn oder seine Rasse oder seine soziale Gruppe oder seine Ansichten oder seinen Geschmack verachtet. Es ist durchaus sinnvoll anzunehmen, daß Menschen dazu berechtigt sind – daß sie tatsächlich ein Menschenrecht darauf haben –, in politischen Verhältnissen zu leben, in denen die so definierte Gleichheit des Status anerkannt wird. Aber die statistische Demokratie selbst sorgt nicht für Statusgleichheit: Sie erlaubt der Mehrheit, die Interessen und die Würde sämtlicher Minderheiten zu ignorieren.

Lassen wir also die Gleichheit beiseite, und betrachten wir die Freiheit. Wir sollten, in der heute schon traditionell gewordenen Vorgehensweise, zwischen der Freiheit der Alten, wie Benjamin Constant dies faßt, und der Freiheit der Modernen unterscheiden oder, um Isaiah Berlins Vokabular aufzugreifen, zwischen positiver und negativer Freiheit.[2] Die negative Freiheit wird von dem Mehrheitswahlrecht gewiß nicht automatisch, ja noch nicht einmal überhaupt spürbar gefördert. Sie ist vielmehr von ihm bedroht. Aus diesem Grunde haben wir gerade Supreme Courts und Verfassungsgerichte: um die individuellen Rechte vor dem Willen der Mehrheit zu schützen.

Aber wie steht es mit der positiven Freiheit? Mit positiver Freiheit ist die Herrschaft über das eigene Leben, das eigene Schick-

2 Vgl. Benjamin Constant, »Über die Freiheit der Alten im Vergleich zu der der Heutigen«, in: ders., *Werke in vier Bänden*, Bd. 4, hg. von Lothar Gall, Berlin 1972, S. 363-396; Isaiah Berlin, »Zwei Freiheitsbegriffe«, in: ders., *Freiheit. Vier Versuche*, Frankfurt am Main 1993, S. 197-256.

sal, gemeint. Gemeint ist also Selbstregierung, Selbstbestimmung. Aber solange wir am statistischen Demokratieansatz festhalten, können wir der Vorstellung, Demokratie befördere die Selbstregierung, keinen Sinn abgewinnen. In welchem Sinne bin ich denn für mein eigenes Schicksal verantwortlich – in welchen Sinne regiere ich mich selbst – innerhalb einer Nation, die 250 Millionen Menschen umfaßt, wenn ich über eine einzige Stimme verfüge und über einen sehr langen Zeitraum hinweg bei den meisten Wahlen immer wieder für die Verliererseite gestimmt habe? Wenn wir die amerikanische Demokratie als eine statistische auffassen, muß die Antwort lauten: in keinem Sinne.

III

Ich hatte bereits zuvor gesagt, daß wir kollektives Handeln auf zweierlei Weise verstehen können: Wir können es als Resultante individueller Handlungen auffassen, oder wir können es als ein gemeinschaftliches Unternehmen begreifen. Wir müssen nun versuchen, eine Alternative zum statistischen Demokratieansatz zu entwickeln, eine Alternative, die Demokratie gemäß dem zweiten Begriff von kollektivem Handeln versteht. Lassen Sie mich die gerade gestellte Frage noch einmal wiederholen, damit ich sie anders beantworten kann. Welchen Sinn können Sie der Idee, daß Sie sich selbst regieren, abgewinnen, wenn Sie unter Millionen von Menschen über eine einzige Stimme verfügen und wenn Sie sich bei jeder Wahl auf der verkehrten Seite wiederfinden können?

Ich sollte eine mögliche Antwort anführen, allerdings nur, um sie zu verwerfen. Diese Antwort, die einerseits von Rousseau, andererseits von bestimmten Marxisten ausgelotet wurde, beruht auf der zweifelhaften Annahme, daß alle Bürger einer großen und scheinbar mannigfaltigen politischen Gemeinschaft im Grunde die gleichen Interessen haben und tatsächlich auf dasselbe hinauswollen; wobei ihre Unfähigkeit, dies zu erkennen, ein schwerwiegender, wenn auch begreiflicher Fehler sei. Wenn dies wahr wäre und wenn wir ein politisches Programm entwickeln könnten, das den von allen geteilten gemeinsamen Willen erkennbar werden ließe, so würde dieses Programm Selbstregierung befördern, das heißt, die Regierung stünde mit den (wahren) Interessen jedes einzelnen in Einklang. Allerdings müssen wir diese These nicht weiter verfolgen, denn die Prämisse, die ich eben als zweifelhaft bezeichnet habe, ist in der Tat falsch, und ihr eine Wahrheit zu unterstellen dürfte auf Totalitarismus, nicht auf Demokratie hinauslaufen.

Ich möchte eine andere Antwort unterbreiten, eine, die bereits latent in der Idee eines gemeinschaftlichen Unternehmens steckt, mit der ich die konstitutionelle Demokratie beschrieben habe. Die Antwort vollzieht sich in zwei Etappen. Erstens müssen wir die politische Gemeinschaft personifizieren, so wie ich in meinem früheren Beispiel, in dem ich sagte, das Orchester spiele die Symphonie, das Orchester personifiziert habe. Ich führe hier keinen ontologischen Unsinn im Schilde. Was mir vorschwebt, muß nicht mehr Mißtrauen wecken als das, was ein Rechtsanwalt tut, wenn er eine GmbH personifiziert – indem er beispielsweise annimmt, daß die GmbH Beschlüsse fassen kann, die kein einzelner Angestellter oder Gesellschafter fassen kann. In dem Sinne, in dem man von einer GmbH sagen kann, daß sie sich selbst regiert und nicht von anderen Firmen regiert wird, kann man auch von einer politischen Gemeinschaft sagen, daß sie eher sich selbst regiert, als daß sie von fremden Mächten regiert wird. Beidemal handelt es sich um hauptsächlich negative Aussagen.

Zweitens müssen wir die moralische oder ethische Forderung akzeptieren, der zufolge unter gewissen Umständen das Handeln einer so personifizierten politischen Gemeinschaft zugleich auch das Handeln eines jeden einzelnen ihrer Mitglieder ist, und zwar in einem besonderen Sinn: nämlich daß es den Mitgliedern zusteht, auf jenes Handeln stolz zu sein oder sich seiner zu schämen oder sich dafür verantwortlich zu fühlen. Das Phänomen der kollektiven Schuld ist ein Beispiel für diese Art der moralischen Identifikation. Viele Deutsche, die, wie die meisten von Ihnen, 1945 noch nicht einmal auf der Welt waren, empfinden es gleichwohl als ihre besondere Verantwortung, gegenüber den Juden, so weit dies nur irgend möglich ist, Wiedergutmachung zu leisten. Wir haben in Amerika etwas Vergleichbares: Ich tat, was ich konnte – und das war leider sehr wenig –, um in den sechziger und frühen siebziger Jahren gegen die Interventionen der Vereinigten Staaten in Südostasien Widerstand zu leisten. Gleichwohl schäme ich mich für das, was mein Land getan hat, und ich empfinde ein Gefühl der Verantwortung dafür, bei der Beseitigung der Schäden Hilfe zu leisten, eine Verantwortung, die Bürger anderer Nationen meiner Ansicht nach nicht haben. Ich habe mir eine Bemerkung notiert, die von dem amerikanischen Ökonomen John Kenneth Galbraith stammt, der vor einiger Zeit gesagt hat: »Wenn Leute ihren Stimmzettel in die Wahlurne werfen, dann sind sie aufgrund dieser Handlung gegen das Gefühl geimpft, die Regierung sei nicht die ihre. Sie akzeptieren dann in gewissem Maße, daß die Fehler der Regierung ihre eigenen Fehler, die Verirrungen der Regierung ihre eigenen Verirrungen sind, daß jeder Aufstand sich auch gegen sie richten wird.«

Das ist der Kern des Gedankens, den ich Ihnen nahebringen möchte: Unter gewissen Umständen regieren wir *stellvertretend* uns selbst, weil wir einem Etwas angehören, bei dem es sich um eine moralische Agentur handelt, und in diesem Rahmen partizipieren wir moralisch am Handeln dieser Agentur. Freilich habe ich Ihnen keinen Beweis für die Richtigkeit dieser Vorstellung geliefert – es wäre auch gar kein Beweis möglich. Ich will Ihnen lediglich eine – metaphysisch unschuldige – Prämisse unterbreiten; sollten Sie diese akzeptieren, dann haben Sie eine Vorstellung davon erlangt, wie in einem gewissen Sinne die Regierung einer großen Bevölkerung Selbstregierung dieser Bevölkerung sein kann. Ich könnte noch weitere Beispiele anführen: eine akademische Fakultät beispielsweise, deren Mitglieder sich im allgemeinen an Beschlüsse gebunden und für Beschlüsse verantwortlich fühlen, auch wenn sie als Individuen gegen diese Beschlüsse opponiert haben. Doch ich kann die verbleibende Zeit besser nutzen, indem ich mich einem etwas anderen Problempunkt zuwende. Denn selbst wenn Ihnen die von mir unterbreitete Prämisse sympathisch ist – selbst wenn Sie die Bedeutung der moralischen Identifikation, die sie beschreibt, gelten lassen –, so werden Sie doch darauf bestehen, daß sich ihre Gültigkeit nur auf einige Situationen beschränkt. Es wäre etwa absurd, wenn die ehemaligen schwarzen Opfer der Apartheid in Südafrika irgendeine kollektive Schuld für ihre eigenen Leiden empfänden.

Niemand wird sich sinnvollerweise mit einer Gemeinschaft oder einer Gruppe moralisch identifizieren, sofern er nicht als echter Partner an ihren Handlungen teilhat. Aber welches sind die Bedingungen für echte Partnerschaft? Ich schlage vor, zwei Arten von Bedingungen voneinander zu unterscheiden. Erstens gibt es strukturelle Bedingungen: Die unterstellte Gruppe oder

Gemeinschaft muß über gewisse gemeinsame Eigenschaften verfügen. Zweitens gibt es relationale Bedingungen: Die Mitglieder müssen in bestimmter Weise sowohl zueinander als auch zu der Gemeinschaft als ganzer in Beziehung stehen.

Was die strukturellen Bedingungen anbetrifft, so spielt die Geschichte eine Rolle. Die Gruppe darf beispielsweise historisch nicht willkürlich zusammengewürfelt sein. Mein Nachname beginnt mit einem »D«, ebenso wie der Name eines berühmten französischen Philosophen. Aber ich kann keinen Anspruch darauf machen, daß ich an einem gemeinschaftlichen Unternehmen mit Descartes beteiligt wäre, und ich kann nicht legitimerweise stolz auf seine Leistungen sein, da es keine angemessene Verbindung zwischen uns gibt. Politikwissenschaftler debattieren heute darüber, welche strukturellen Bedingungen über den historischen Zufall hinaus vorhanden sein müssen, damit ein echtes politisches Gemeinschaftsunternehmen möglich ist. Bedarf es da religiöser Homogenität, wie manche Gelehrten behaupten? Bedarf es, wie andere argumentieren, zumindest einer Sprachgemeinschaft? Ich erwähnte bei der Beschreibung dessen, was ich als die kommunitaristische Klage bezeichnete, einen anderen Vorschlag: Es kann keine echte politische Gemeinschaft ohne eine Form von Zivilgesellschaft geben, also ohne das, was der Politikwissenschaftler Robert Putnam als »soziales Kapital« bezeichnet hat – das soziale Vertrauen beispielsweise, auf das sich Politiker stützen können, wenn sie zum Beispiel Menschen bitten, wegen einer besseren Zukunft das Jetzt zu opfern.

Man müßte sehr viel mehr zu den strukturellen Erfordernissen eines politischen Gemeinschaftsunternehmens sagen. Ich möchte mich jedoch statt dessen auf die relationalen Erfordernisse konzentrieren. Ich kann diese folgendermaßen zusammenfassen: Drei allgemeine Bedingungen müssen für jedes einzelne Mitglied einer Gemeinschaft erfüllt sein, damit es sich selbst als moralisches Mitglied dieser Gemeinschaft versteht und von anderen auch so betrachtet wird – das heißt als jemand, der sich zu Recht mit den Handlungen dieser Gemeinschaft moralisch identifizieren kann. Diese Bedingungen heißen Partizipation, Wert [*stake*] und Unabhängigkeit.

Erstens: Partizipation. Niemand ist moralisches Mitglied einer Gemeinschaft, solange ihm nicht eine Rolle bei den kollektiven Entscheidungen zugewiesen wird, eine Rolle, die in keiner Weise im Vergleich zu der von irgend jemandem sonst eingeschränkt oder herabgesetzt werden darf, weil man sich berechtigt glaubt, dessen Fähigkeiten, Überzeugungen oder seinem Geschmack mit geringerem Respekt zu begegnen. Dieses sind die Erfordernisse für den Gleichheitsstatus, wie ich sie beschrieben habe. Dieser Gleichheitsstatus wird nicht durch spezielle institutionelle Arrangements verletzt, wie etwa durch das Gesetz, dem zufolge jeder amerikanische Staat von zwei Senatoren repräsentiert wird, völlig unabhängig davon, wie viele oder wie wenige Einwohner der Staat zählt; denn in diesem Gesetz, was immer sein Wert oder seine Schwächen sein mögen, spiegelt sich keine unterschiedliche Wertschätzung für verschiedene Gruppen von Bürgern. Auf der anderen Seite würden die Bedingungen gleicher Partizipation geschwächt, wenn Rassisten oder Fanatiker nicht zur Wahl zugelassen sein würden.

Zweitens: Wert des einzelnen [*stake*]. Niemand ist moralisches Mitglied einer politischen Gemeinschaft, solange nicht im kollektiven Bewußtsein verankert ist, daß sein Schicksal unter politischem Gesichtspunkt genauso wichtig ist wie das Schicksal irgendeines anderen. Freilich, wir können hinsichtlich der Folgen dieses Grundsatzes verschiedener Meinung sein, und wir sind es häufig auch – wir sind uns beispielsweise nicht darüber einig, was das für die Verteilung von Vermögen und Einkommen bedeutet. Viele Leute glauben, daß ein utilitaristisch gedachtes ökonomisches System gleiches Interesse am Schicksal eines jeden zeigt, auch wenn es Reichtum für einige und Armut für andere rechtfertigen kann. Es weist nämlich dem Schicksal eines jeden die gleiche Rolle in der Gesamtbilanz von Kosten und Nutzen zu, die solches rechtfertigt. Aber das Prinzip schließt ökonomische Strukturen aus, die sich nicht sinnvoll so verstehen lassen, daß sich in ihnen eine aufrichtig vorgetragene Konzeption von gleicher Sorge um jeden einzelnen niederschlägt. Beispielsweise würde es die Entscheidungen des Kongresses verurteilen, die die Ureinwohner Amerikas in Reservaten zusammenpferchten, um die Sicherheit und den Wohlstand der weißen Bürger zu erhöhen – und zwar unbeschadet der Frage, ob nun die amerikanischen Ureinwohner ein Stimmrecht gehabt hätten und überstimmt worden wären oder ob sie zu überhaupt keiner Wahl zugelassen worden wären.

Zu guter Letzt: Unabhängigkeit. Den Machtbefugnissen, die

eine politische Gemeinschaft gegenüber ihren moralischen Mitgliedern in Anspruch nehmen darf, sind Grenzen gesetzt. Als Teil eines gemeinschaftlichen Unternehmens können Sie sich nicht begreifen, wenn dieses Unternehmen die Macht für sich beansprucht, Ihnen in Fragen des Gewissens, der Religion oder grundlegender moralischer Entscheidungen hineinzureden, in Fragen, von denen Sie zu Recht glauben, daß Ihre Würde und Ihre Selbstachtung es erforderlich machen, daß Sie diese Entscheidungen selbst treffen. Viele der bedeutendsten Abschnitte der amerikanischen Verfassung – beispielsweise über die Religionsfreiheit und über das Rechtsstaatsprinzip – machen dieses Prinzip der Unabhängigkeit mit Nachdruck geltend.

Vorhin habe ich einige wichtige Merkmale oder Folgen der statistischen Auffassung von Demokratie aufgelistet. Wir können hier nun innehalten und ihr die Merkmale der konstitutionellen Demokratieauffassung, die ich gerade untersucht habe, gegenüberstellen. Wenn wir annehmen, daß Demokratie jener Zustand ist, in dem Menschen in einem auf Selbstregierung zielenden Gemeinschaftsunternehmen sich selbst als moralische Mitglieder regieren, dann können wir erstens keine Schwelle von Demokratie mehr erkennen. Wir glauben nicht mehr, daß eine Gesellschaft, hat sie einmal diese Schwelle überschritten, in dem Maße eine Demokratie sei, wie sie es nur sein kann oder wie jede andere Nation es sein kann. Im Gegenteil; von der konstitutionellen Auffassung aus betrachtet ist Demokratie immer eine graduelle Angelegenheit – eine Gemeinschaft ist in dem Maße eine Demokratie, in dem sie allen ihren Bürgern die Voraussetzungen moralischer Mitgliedschaft zubilligt. Zweitens macht die konstitutionelle Auffassung Demokratie nicht ebenso unabhängig von Gerechtigkeit, wie dies bei der statistischen Auffassung der Fall ist. Denn die Bedingungen der moralischen Mitgliedschaft sind gleichsam die Bedingungen für Gerechtigkeit. Drittens ist die repräsentative Demokratie nicht prinzipiell ein Kompromiß mit der konstitutionellen Demokratie, denn letztere ist nicht dem alles übergreifenden Ziel verpflichtet, das durch die Repräsentation untergraben werden könnte, nämlich dem Ziel, dem zufolge letzte politische Beschlüsse den wohlüberlegten Präferenzen der größten Meinungsgruppe entsprechen sollten. Viertens handelt es sich beim Konstitutionalismus ebenfalls nicht um eine prinzipielle Mißachtung der konstitutionellen Demokratie, da eine weise Verfassung die Bedingungen moralischer Mitgliedschaft zu gewährleisten hilft, indem sie Majoritäten daran hindert, individuelle Rechte zu verletzen.

Schließlich legt der konstitutionelle Ansatz ganz anderes Gewicht auf die Meinungsfreiheit. Ich habe gesagt, daß der statistische Ansatz dieser Freiheit eine instrumentelle Bedeutung beimißt. Seiner Argumentation zufolge erhalten die Bürger aufgrund der Meinungsfreiheit die Informationen, die sie benötigen, damit die Mehrheit ihre wohlüberlegten Präferenzen in Gesetze ummünzen kann. Der konstitutionelle Begriff von Demokratie hält eine nuanciertere und facettenreichere Auffassung bereit, die nicht nur auf Information, sondern auch auf Gleichheit Gewicht legt: auf die Gleichheit der Partizipation, wie ich sie beschrieben habe. Der Unterschied zwischen den beiden Ansätzen ist an diesem Punkt wichtig. Die Vorstellung von Meinungsfreiheit, die dem statistischen Ansatz entspricht, ist in gewisser Weise die engere. Es paßt recht gut zu dem statistischen Ansatz, wenn man der Ansicht ist, daß bestimmte Redeweisen oder Ausdrucksformen – wie beispielsweise pornographische Literatur oder rassistische Äußerungen oder Äußerungen, die absurderweise leugnen, daß der Holocaust je stattgefunden hat – nicht unter den Schutz dieser Freiheit fallen, da wir uns nicht vorstellen können, wie solche Äußerungen den Bürgern dabei helfen könnten, sich über staatliche Politik zu informieren. Solche Äußerungen zu verbieten würde jedoch das in den konstitutionellen Ansatz eingebettete Grundprinzip der Partizipation verletzen, denn dieser Sichtweise gemäß wäre es ebenso falsch, einem Rassisten die Möglichkeit zu versagen, seine anstößigen Meinungen öffentlich zu äußern, wie es auch falsch wäre, ihm das Stimmrecht zu entziehen. Er muß durch Argumente übertroffen und durch eine Stimmenmehrheit besiegt werden, aber er darf nicht von Anfang an mundtot gemacht werden. In anderer Hinsicht allerdings ist der Begriff der Meinungsfreiheit, den der statistische Ansatz hervorbringt, nicht restriktiver, sondern weniger maßregelnd. Vor einigen Jahren erklärte der Supreme Court der Vereinigten Staaten jene Gesetze für verfassungswidrig, die die Geldsummen, die Politiker für politische Kampagnen ausgeben, begrenzen wollten; und obgleich seine Argumente nach dem statistischen Ansatz einleuchtend gewesen sind, waren sie das nicht aus der Perspektive des konstitutionellen Ansatzes.

IV

Der Titel meines Vortrags warf die Frage auf, ob Demokratie möglich sei, und das ist auch die bedrückende Frage, mit der ich schließen möchte. Ist Demokratie möglich, wenn mit Demokratie konstitutionelle Demokratie gemeint ist? Ich habe zwischen verschiedenen Bedingungen unterschieden – zwischen strukturellen und relationalen Bedingungen –, die für die konstitutionelle Demokratie notwendig sind; und es ist keineswegs selbstverständlich, daß sich diese beiden Arten von Bedingungen zugleich herstellen lassen, daß wir also dieses Paar von Gleichungen mit zwei Unbekannten lösen könnten, von denen die eine vorschreibt, wie die übergreifenden Strukturen und der Charakter der bürgerlichen Gesellschaft beschaffen sein müssen, wenn ein echtes gemeinschaftliches Unternehmen entstehen soll, und von denen die andere die individuellen Rechte beschreibt, die Menschen zustehen müssen, damit sie sich zu den moralischen Teilhabern eines solchen Unternehmens zählen können. Wenn eine Gesellschaft den Erfordernissen nach gleicher Partizipation, Wert [*stake*] und Unabhängigkeit nachkommen möchte, so muß sie sich eine Politik zu eigen machen und Rechte anerkennen, die vielen Kritikern des Liberalismus[3] zufolge die Zivilgesellschaft auseinandertreiben. Eine Gesellschaft wie die USA, die unter dem Fluch von rassistischer Ungerechtigkeit gestanden hat, muß unterstützende Maßnahmen ergreifen, die bestimmten Minderheiten eine bevorzugte Behandlung angedeihen lassen; gerade diese bevorzugte Behandlung jedoch wird wahrscheinlich wieder Empörung wecken, und damit ist der Rückschlag vorprogrammiert. Ebenso muß eine solche Gesellschaft soziale Minderheiten unter besonderen rechtlichen Schutz stellen, etwa Homosexuelle, damit diese sich dem Druck ökonomischer und beruflicher Nachteile entziehen können, die den konventionellen Vorstellungen von Familie und Sexualität geschuldet sind, in denen viele Leute die Grundlage allen Anstandes sehen. Liberale politische Maßnahmen und eine liberale Rechtsprechung haben, darauf bestehen die Kritiker immer wieder, zu einem starken Rückgang von sozialem Vertrauen und sozialem Zusammenhalt geführt. Sie

3 Der Begriff des Liberalismus hat aus amerikanischer Sicht sozialdemokratische Konnotationen und unterscheidet sich deutlich von der »Freiheit des Marktes« oder dem »Nachtwächterstaat«. [A. d. Hg.]

haben, behaupten die Kritiker, das »soziale Kapital«, von dem ich zuvor schon sprach, aufgezehrt; dieses sei aber unbedingt notwendig, wenn alle Bürger einer Gemeinschaft sich in politischer Partnerschaft miteinander verbunden fühlen sollen.

Manche von jenen, die diese Vorwürfe erheben, preisen voll Bekehrungseifer den Kommunitarismus als *das* Heilmittel. Sie hoffen, daß die von allen geteilten Werte der guten alten Zeit, wie sie sie sich vorstellen, wieder zu beleben und eine Welt zu schaffen, in der alle Mitglieder einer politischen Gemeinschaft in die gleiche – oder wenigstens in eine – Kirche gehen, eine Gesellschaft, in der man wieder lange Spaziergänge auf dem Lande unternimmt oder sich eben auf andere Weise nach dem Vorbild früherer Jahrhunderte vergnügt. (Um welches Jahrhundert es sich handelt, hängt von der Spielart des Kommunitarismus ab, die gerade en vogue ist.) Das kann jedoch die Lösung nicht sein: Von all den anderen Schwierigkeiten einmal abgesehen – solche Vorstellungen werden niemals Wirklichkeit werden. Allzu häufig diente die kommunitaristische Rhetorik in den letzten Jahren allein dazu, den Unwillen der Bessergestellten wegzurationalisieren, zugunsten der Benachteiligten höhere Steuern zu zahlen. »Wenn nur die Armen endlich damit aufhörten, über ihre Rechte zu sinnieren, und statt dessen einmal damit begännen, über ihre Verantwortlichkeiten nachzudenken.« Aber die Rechte der Armen sind die Verantwortlichkeiten der Reichen, und die richtige Frage lautet nicht, ob die Betonung mehr auf den Rechten oder mehr auf den Verantwortlichkeiten liegen sollte, sondern wessen Verantwortlichkeiten ernst genommen werden müssen.

Ich selbst habe zur Lösung des entmutigenden Paars von Gleichungen, die ich eben beschrieben habe, allerdings kaum mehr anzubieten als die Verkünder des Kommunitarismus. Aber ich denke, unsere politische Richtung dürfte einigermaßen klar sein. Wir müssen Prioritäten setzen. Wir müssen unser Bestes geben, um den in den Gleichungen angegebenen Bedingungen Genüge zu tun, und hoffen – möglicherweise wider alles Erwarten –, daß mit Hilfe von Geschichte, gutem Willen und Phantasie die strukturellen Bedingungen folgen werden. Wir haben keine andere Wahl, als diese Priorität zu setzen, denn wir dürfen nicht kollektiv Herrschaft über irgend jemanden ausüben, dem wir den Status gleicher Partizipation, gleichen Wertes [*stake*] und Unabhängigkeit vorenthalten. Wenn wir damit endlich aufhören, begreifen wir vielleicht eher, daß die wahren Werte, die uns einigen und die das soziale Kapital, das wir dahinrinnen sehen, möglicherweise wieder anwachsen ließen, nicht diejenigen Werte sind, die etwa einer geistlichen Hierarchie des dreizehnten Jahrhunderts entstammen. Vielmehr handelt es sich um den Wert der Selbstregierung in einem echten Gemeinschaftsunternehmen, das gleiche Rücksicht und gleichen Respekt voraussetzt. Allemal ist es so: Nur wenn wir diesen Weg zur Demokratie zurückzugehen versuchen, können wir sagen, daß wir es wirklich probiert haben.

Übersetzt von Petra Willim

Susan Moller Okin
Konflikte zwischen Grundrechten*
Frauenrechte und die Probleme religiöser und kultureller Unterschiede

Frankreich in den achtziger und neunziger Jahren: Afrikanischen Immigranten wird der Prozeß gemacht, da sie an ihren Töchtern Klitoridektomie haben vornehmen lassen. Zu ihrer Verteidung berufen sich Experten und Wissenschaftler auf den Schutz der Familie und der Privatsphäre sowie auf das Gebot der Achtung gegenüber kultureller Verschiedenheit. Ihrer Auffassung nach sind Verstümmelung und Schmerz relative Begriffe; insofern erfülle die Entfernung der kindlichen Klitoris nicht den Tatbestand der »Verstümmelung«, die das französische Recht als strafbare Handlung ahndet.

Ghana in den frühen neunziger Jahren: Eine Gruppe von Frauen, die alle in problematischen Ehen leben, werden nach Gewalt in ihren Lebensverhältnissen befragt. Alle geben an, von ihren Männern schon öfters geschlagen worden zu sein, aber die Mehrzahl von ihnen dachte bisher kaum oder überhaupt nicht daran, etwas gegen diese Gewalt zu unternehmen. Nach Meinung der Wissenschaftler/innen fehlt den befragten Frauen das Bewußtsein, dazu überhaupt ein Recht zu haben.

Indien 1985: Der Oberste Gerichtshof Indiens spricht der 73jährigen Muslime Shahbano, die nach mehr als vierzig Jahren Ehe von ihrem Ehemann »verstoßen« wurde, nach einer zehnjährigen gerichtlichen Auseinandersetzung eine von ihrem Mann zu leistende dürftige Unterhaltszahlung zu. Shahbano distanziert sich später von dem Urteil mit dem Argument, es stehe im Gegensatz zur islamischen Scharia; darüber hinaus bittet sie um Entschuldigung für die Bedrängnis, in die die Muslime im Zuge dieser Auseinandersetzung in Indien geraten waren.

1995, Peking, Volksrepublik China: Die vierte Weltfrauenkonferenz der Vereinten Nationen veröffentlicht ihr Aktionspro-

* Besonderer Dank gilt Elisabeth Friedman, Andrew Koppelman und Cass Sunstein für ihre Hinweise in der Entstehungsphase des Aufsatzes.

gramm, das besagt: »Bei gleichzeitiger Berücksichtigung von nationalen und religiösen Besonderheiten und der verschiedenen historischen, kulturellen und religiösen Hintergründe ist es die Pflicht der Staaten, alle Menschenrechte und fundamentalen Freiheiten zu schützen und zu fördern, egal welches politische, ökonomische oder kulturelle System vorliegt.«[1] In der Berichterstattung der *New York Times* heißt es am nächsten Tag dazu:

> »Der letzte Punkt, über den Einigung zustande kam, [...] war die Erklärung, daß Frauenrechte an die Stelle nationaler Traditionen treten sollen – die wahrscheinlich radikalste Einstellung zu Menschenrechten, die je bei einer Versammlung der UN vertreten wurde.«

Mit diesem Beitrag möchte ich die oben geschilderten Ereignisse genauer unter die Lupe nehmen und die Standpunkte der jeweils daran Beteiligten ergründen. Alle diese Beispiele illustrieren Konflikte zwischen Rechten, die meist als grundlegend und als unproblematisch angesehen werden. Es handelt sich dabei einerseits um die grundlegenden individuellen Menschenrechte auf persönliche Sicherheit, Freiheit und Leben und andererseits um die weniger fundamentalen, deshalb aber nicht weniger bedeutenden Rechte auf kulturelle Autonomie und Gewissensfreiheit.[2] Im folgenden wird sich zeigen, daß es trotz der unlängst erfolgten Anerkennung der Frauenrechte als Menschenrechte andere einflußreiche Strömungen gibt, die den Anspruch auf kulturelle Autonomie und Differenz höher bewertet sehen wollen als den universellen Geltungsanspruch der Menschenrechte. Auf die allgemein anerkannten Rechte der Religionsfreiheit und der kulturellen Autonomie berufen sich häufig Vertreter von spezifischen Gruppen oder sogar von Nationalstaaten im Namen ihrer Mitglieder gerade dann, wenn es gilt, die Einschränkung von Frauenrechten zu rechtfertigen. Viele dieser Rechtsansprüche, das wird sich im folgenden erweisen, gehen mit der Verfälschung von

1 Dieses Zitat stammt aus »Forum on Women agrees on Goal«, in: *New York Times*, 15. September 1995, S. A1 und A3; das folgende Zitat stammt aus *New York Times*, 16. September 1995, S. A7.

2 Eine exzellente Argumentation zu der Frage, weshalb die grundlegendsten Menschenrechte die Rechte auf körperliche Unversehrtheit und auf Lebensunterhalt sind, findet sich bei Henry Shue, *Basic Rights: Subsistence, Affluence, and U.S. Foreign Policy*, Princeton: Princeton University Press 1980.

Tatsachen und mit Widersprüchen einher. Wenn man also Kultur und Religion ungeachtet ihrer Inhalte und ihrer internen Praktiken bewertet, so läuft dies – auch dies gilt es zu zeigen – in Anbetracht der Geschichte und des Status quo der Weltreligionen und der Kulturen darauf hinaus, daß man an der Legitimation der Verletzung, Vernachlässigung und Negierung von Frauenrechten mitwirkt.

Nicht selten sehen sich die Frauen, die ihre Grundrechte einfordern, unter Verweis auf religiöse und kulturelle Traditionen mit feindseligen Reaktionen konfrontiert. Dem gilt ein Teil meines Interesses. Aber es geht mir noch um etwas anderes, ebenso Wichtiges. Bei genauerer Betrachtung der oben angeführten Episoden zeigt sich ein weiteres Problem: Ihre religiöse und kulturelle Identität läßt diese Frauen gar nicht erst auf den Gedanken kommen, daß sie über *gewisse Grundrechte verfügen*. Will man sich mit den berechtigten Ansprüchen auf kulturelle oder religiöse Autonomie genauer befassen, dann muß man die kulturinternen Praktiken und Verhältnisse untersuchen und der Frage nachgehen, wer aus welcher Machtbefugnis heraus kulturelle und religiöse Autonomie fordert.

Mein Hauptaugenmerk gilt nicht so sehr philosophischen Fragen, mir geht es mehr darum, wie Menschenrechte am besten durchgesetzt werden können. Die Theorie sollte hauptsächlich diesem Zweck dienen. Mir geht es vor allem aber auch darum, zu untersuchen, wie die Rechtsinhaberinnen selbst ihre Rechte überhaupt erkennen können, ist dies doch bei der Durchsetzung der erste und meistens wichtigste Schritt.[3] Wegen der umfassenden und nachhaltigen Prägung der menschlichen Identität durch

3 Vom philosophischen Standpunkt aus gesehen, spielt es lediglich eine untergeordnete Rolle, ob sich der Rechtsinhaber bzw. die Rechtsinhaberin seines oder ihres speziellen Rechts überhaupt bewußt ist, während vom praktischen Standpunkt aus genau dieses Bewußtsein entscheidend sein kann. Vermutlich ist die Bandbreite dessen, was Frauen als die ihnen zustehenden Rechte anerkennen bzw. ablehnen, weltweit recht groß. Sie reicht von der Ansicht, der einzige Weg, mit sich selbst – als Frau einer bestimmten Religion oder Kultur – identisch zu sein, bestehe darin, gerade nicht über die in Rede stehenden Rechte zu verfügen, über Einstellungen wie zum Beispiel »Eine gute Katholikin würde bestimmte Rechte nicht nutzen« oder »Ich habe zwar dieses Recht, kann es aber nicht in Anspruch nehmen, weil beispielsweise

religiöse und kulturelle Überzeugungen ist dies, so behaupte ich, ein komplexer und schwieriger Prozeß. Im Laufe meiner Untersuchung wird sich zeigen, daß dieser Prozeß ohne detailliertes empirisches Wissen über die weiblichen Lebensbedingungen in ihrem jeweiligen kulturellen Kontext nicht zu verstehen ist.[4] Zieht man die Arbeiten von engagierten feministischen Wissenschaftlerinnen zu Rate, werden in diesem Zusammenhang besonders diejenigen Kritikerinnen von größtem Wert sein, die in den relevanten Kulturen und Religionen aufgewachsen sind, ihre Gesellschaft aber auch von außen betrachten können.

1. Frauenrechte als Menschenrechte

Die Menschenrechtsdeklaration der Vereinten Nationen von 1948 und viele der folgenden Deklarationen verkünden die Gleichberechtigung aller Menschen ohne Rücksicht auf ihr Geschlecht. Tatsächlich aber werden Frauen in der ganzen Welt auf unterschiedliche Weise, wenn auch in ganz unterschiedlichem Ausmaß diskriminiert. Darüber hinaus galten bzw. gelten heute noch in manchen Regionen dieser Welt die Gründe für ihre Diskriminierung als natürlich, unvermeidlich und als akzeptabler als Gründe für andere Diskriminierungen, die – wie Rassismus, Religion oder politische Einstellungen – durch Menschenrechtsdeklarationen ausdrücklich geächtet werden. Berücksichtigt man, daß es zur Zeit dieser Deklaration weltweit keinen Staat mit geschlechtsneutralen Gesetzen oder geschlechtsneutralen Grundrechten gab, dann kann man es nur als überraschend bezeichnen, daß in der Deklaration von 1948 die unterschiedliche Behandlung der Geschlechter so eindeutig zurückgewiesen wurde. In Frankreich und Italien hatten die Frauen gerade das Wahlrecht erhalten, die Schweiz führte das Frauenstimmrecht sogar erst 1973 ein. In den meisten Ländern war sexuelle Diskriminierung

eine gewichtigere männliche Macht über wirkungsvolle Sanktionsmöglichkeiten verfügt«, bis dahin, daß Frauen ein Recht als das ihre proklamieren, entsprechend handeln und erwarten, daß es auch geschützt werde.

4 Deshalb unterstütze ich Henry Shues Argument in bezug auf diesen Effekt, auf den er in »Menschenrechte und kulturelle Differenz« (in diesem Band, S. 363 ff.) hinweist.

am Arbeitsplatz, im Familienrecht und in anderen Lebensbereichen noch für viele Jahre gang und gäbe[5], und in vielen Ländern sind Verletzungen grundlegender Frauenrechte immer noch an der Tagesordnung.

Die Klausel gegen Geschlechtsdiskriminierung in der Deklaration von 1948, die spezifischere UN-Deklaration für die Rechte der Frauen von 1967 und selbst die spätere Konvention zur Eliminierung aller Formen von Diskriminierungen von Frauen (CEDAW 1979 – auch Frauenkonvention genannt) hatten noch bis vor kurzen kaum Auswirkungen auf den Mainstream in der Menschenrechtsbewegung, dem es an der notwendigen Aufmerksamkeit für die weltweite Ungleichbehandlung von Frauen mangelte. Im allgemeinen werden in den erwähnten Deklarationen die Frauenrechte im Hinblick auf die Gleichheit mit Männern eingefordert, wobei man sich um eine geschlechtsneutrale Sprache bemüht. Wie feministische Kritikerinnen betonen, ist »Gleichheit in einer Welt, in der männliche Normen das Maß aller Dinge sind, für Frauen eine stumpfe Waffe«. Schlimmer noch, sie kann zu einer »zweischneidigen Waffe werden, wenn sie dazu benutzt wird, Frauen zu verfolgen, die die konventionellen Normen für Männer nicht erfüllen«.[6] Die Frauenkonvention (CEDAW) weicht von der geschlechtsneutralen Sprache der anderen Deklarationen ab, um in den Bereichen Bildung und Arbeit solche Probleme wie Mutterschaftsurlaub, Schwangerschaftsvorsorge und Quotierung anzusprechen.[7]

5 Der Grund, weshalb bei der Debatte über die Employment-nondiscrimination-Klausel des Civil Rights Act im US-Senat 1963 sexuelle Diskriminierung zum illegalen Tatbestand wurde, war folgender: Ein konservativer Senator aus den Südstaaten hatte den Antrag gestellt, die Klausel um einen derartigen Zusatz zu erweitern, weil er glaubte, er könne mit diesem absurden Antrag die ganze Klausel verhindern. Doch er hatte sich verrechnet.

6 Vgl. Nathalie Hevener Kaufman und Stefanie A. Lindquist, »Critiquing Gender-Neutral Treaty Language: the Convention on the Elimination of all Forms of Discrimination Against Women«, in: Julie Peters und Andrea Wolper (Hg.), *Women's Rights, Human Rights: International Feminist Perspectives*, New York: Routledge 1995, S. 121 f.

7 Vgl. ebd., S. 122-124. Wolpers und Peter stellen in ihrer ausgesprochen ambivalenten Bewertung der Frauenkonvention (CEDAW) fest: »Auch wenn durch die Hinzufügung von Klauseln, die dem Geist

In den letzten zwei Dekaden treten als bedeutsame Entwicklung immer mehr Nicht-Regierungs-Organisationen hervor, die sich mit den Rechten und dem Status von Frauen befassen, darunter Organisationen wie International Women's Rights Action Watch, das Institute for Women, Law and Development und andere wichtige regionale und lokale Gruppierungen.[8] Während der achtziger Jahre wurden diese Gruppierungen einflußreicher, die aus der *Grassroot*-Bewegung viel über weibliche Lebenszusammenhänge gelernt und diese Erfahrungen ausgetauscht hatten. In dieser Zeit begannen auch Aktivistinnen der Frauenrechtsbewegung in maßgebenden großen Organisationen wie *amnesty international* an Einfluß zu gewinnen, und das Women's Rights Project wurde innerhalb des Human Rights Watch ins Leben gerufen. Die Übernahme von Begriffen und Methoden aus der Menschenrechtsbewegung trug entscheidend zu dieser Entwicklung bei.[9]

Im Zuge der Vorbereitung der zweiten Weltkonferenz für Menschenrechte 1991 wurde eine größere weltweite Kampagne für eine Petition gestartet, die »wie eine Rakete losging«. Mit Bezug auf den Schutz von Frauen in der UN-Menschenrechtsdeklaration verpflichtete die Petition die Weltkonferenz darauf, »die Menschenrechte für Frauen auf jeder Ebene ihres Vorgehens umfassend zu berücksichtigen und sexuelle Gewalt als eine Verletzung von Menschenrechten anzuerkennen, die des sofortigen Handelns bedarf«.[10] Im Februar 1993 wurde dann ein Strategietreffen abgehalten, auf dem aktive Frauen aus allen Regionen zur Vorbereitung der Konferenz in Wien zusammenkamen. Der Erfolg dieser Bemühungen gipfelte in »der ›Inbesitznahme‹ der UN-Menschenrechtskonferenz 1993 durch Vertreterinnen der

und der Zielsetzung der Frauenkonvention diametral entgegengesetzt sind, CEDAW wenig Handlungsspielraum hat, ist sie trotzdem ein wichtiger – ein erster – Schritt in Richtung einer verändernden Gesetzgebung.« Peters und Wolper (Hg.), *Women's Rights, Human Rights: International Feminist Perspectives,* a.a.O., »Introduction«, S. 4.

8 Mehr Informationen zu dieser Entwicklung finden sich bei Elisabeth Friedman, »Women's Human Rights: The Emergence of a Movement«, in: Peters und Wolper (Hg.), *Women's Rights, Human Rights*, a.a.O., S. 18-35.

9 Vgl. ebd., S. 25 f.

10 Zitiert nach Friedman, »Women's Human Rights «, a.a.O., S. 27 f.

Bewegung ›Frauenrechte als Menschenrechte‹, [...] den bei weitem bestorganisierten und artikuliertesten Teilnehmerinnen der Nicht-Regierungs-Organisationen«. Diese Frauenrechtsgruppen, die von allen NRO-Teilnehmerinnen am besten organisiert waren, hatten einen beachtlichen Einfluß auf die »Wiener Erklärung und das Aktionsprogramm«. Auch wenn noch eine Menge zu tun bleibt, so hat doch damit die »weltweite Bewegung für die Menschenrechte der Frauen endgültig Gestalt angenommen«.[11] Und trotz großer Widerstände, etwa der Schikanen von seiten chinesischer Bürokraten und trotz der Opposition von seiten des Vatikans sowie einiger islamischer Fundamentalisten, konnten auch im September 1995 in Peking weitere entscheidende Schritte unternommen werden.

Nachdem die Bewegung ihr Ziel erreicht hatte, die Debatte über Frauenrechte auf die Tagesordnung der Menschenrechtsbewegung zu setzen, wurde immer deutlicher, daß ohne ein prinzipielles Überdenken der Menschenrechtskonzeption Frauenrechte weder geachtet noch befördert, noch geschützt werden. Die frühe, aus dem 17. Jahrhundert stammende Konzeption der »Rechte des Mannes« und das ursprüngliche Konzept der internationalen »Menschenrechte« im 20. Jahrhundert sind mit Blick auf männliche Familienvorstände formuliert. Sie waren als Rechte solcher Individuen gegeneinander, besonders aber gegenüber staatlicher Gewalt gedacht. Man ging von einer allgemein anerkannten Privatsphäre aus, die durch Gesetze gegen eine Einmischung von außen zu schützen sei. Dies bedeutete aber nicht, daß damit notwendig die Rechte der einzelnen Mitglieder innerhalb der Privatsphäre berücksichtigt wurden. Bei John Locke finden wir – ohne daß auch nur der Gedanke an Einmischung aufgekommen wäre – als Beispiel einer solchen Privatangelegenheit

11 Ebd., S. 30 f. Der Menschenrechtsaktivistin Dorothy Thomas zufolge bleiben drei Schlüsselprobleme bestehen: über die bloße Manifestation des Problems Frauenrechte–Menschenrechte hinaus tatsächlich zu einer Verantwortlichkeit bei Menschenrechtsverstößen zu gelangen; die Vermeidung der Etablierung parallel existierender »Räume« für Frauen im Bereich der Menschenrechte (Ziel ist dagegen die Erörterung frauenspezifischer Themen auf allen Ebenen und in jedem Forum der UN); schließlich die kulturüberschreitende Organisierung der und Sensibilisierung für die Bedürfnisse und Wünsche der Frauen aus allen Weltregionen.

das Recht des Mannes, seine Töchter zu verheiraten.[12] Etwa zweihundertfünfzig Jahre später wird in Artikel 12 der Menschenrechtsdeklaration der Vereinten Nationen erklärt: »Niemand darf willkürlichen Eingriffen in sein Privatleben, seine Familie, sein Heim und seinen Briefwechsel noch Angriffen auf seine Ehre und seinen Ruf ausgesetzt werden. Jeder Mensch hat Anspruch auf rechtlichen Schutz gegen derartige Eingriffe oder Anschläge.«[13] Zweifellos hatten Locke wie auch die Verfasser der Menschenrechtsdeklaration als Inhaber der natürlichen Rechte wie der Menschenrechte, für die sie eintraten, vornehmlich männliche Familienoberhäupter vor Augen.[14]

Immer öfter wird dagegen in der Literatur, die sich aus feministischer Perspektive mit Menschenrechtsfragen befaßt, die Auffassung vertreten, daß erst die einseitig männliche Ausrichtung des Menschenrechtsgedankens und der damit verbundenen Prioritätensetzung verändert werden müssen, damit Frauenrechte als Menschenrechte vollständig anerkannt werden.[15] Dabei liegt das

12 Vgl. John Locke, *A Letter Concerning Toleration* (1689), Indianapolis: Bobbs Merrill 1950, S. 28 f.

13 Zitiert nach B. Simma und U. Fastenrath (Hg.), *Menschenrechte – Ihr internationaler Schutz*, München: Beck, 3. Auflage 1992, S. 198. Der Begriff »Ehre« ist deshalb besonders bemerkenswert, weil in vielen Kulturen und über einen langen geschichtlichen Zeitraum hinweg Mord oder Tötung von Frauen und Mädchen als legal galten, sofern diese durch ihr Sexualverhalten vermeintlich die Familienehre beschmutzt hatten.

14 Vgl. auch Charlotte Bunch, »Transforming Human Rights from a feminist Perspective«, in: Peters und Wolper (Hg.), *Women's Rights, Human Rights*, a.a.O., S.11-17; Susan Moller Okin, »Humanist Liberalism«, in: N. Rosenblum (Hg.), *Liberalism and the Moral Life*, Cambridge: Harvard University Press 1989, S. 39-53; Carol Pateman, »The Rights of Man and Early Feminism«, in: *Frauen und Politik, Swiss Yearbook of Political Science* 1994, S. 19-31.

15 Vgl. die Beiträge von Charlotte Bunch, Elisabeth Friedman und Elissavet Stamatopoulou in: Peters und Wolper (Hg.), *Women's Rights, Human Rights*, a.a.O., die exzellent und auf dem neuesten Stand über diese Bewegungen und ihre Theorien unterrichten. Vgl. auch den äußert knappen, aber ausgezeichneten Bericht von Ch. Bunch, »Strengthening Human Rights of Women«, in: Manfred Nowak (Hg.), *World Conference on Human Rights, Vienna, June 1993*, Wien: Manzsche Verlags- und Universitätsbuchhandlung 1994, S. 32 bis 34.

Problem nicht so sehr darin, daß etwa der männliche Anspruch auf die Rechte A, B und C anerkannt würde und der weibliche auf exakt die gleichen Rechte nicht.[16] (Was nicht ausschließt, daß dies nicht auch vorkommen kann.) Das Problem liegt vielmehr darin, daß die bestehenden Menschenrechtstheorien, die Zusammenstellung und die Hierarchisierung der Menschenrechte nach männlichem Modell konstruiert sind. Zöge man weibliche Erfahrungen in gleicher Weise in Betracht, so würden die Theorien, Zusammenstellungen und Gewichtungen erheblich anders aussehen. Weitgehend außer acht gelassene Probleme stünden dann im Vordergrund, wie Vergewaltigung (auch in der Ehe) und Gewalt in der Familie, erzwungene Schwangerschaften, fehlende gesellschaftliche Anerkennung der Kindererziehung und der Hausarbeit sowie die ungleichen Chancen in Erziehung, am Arbeitsplatz, beim Wohnen, beim Kreditwesen und bei der Gesundheitsfürsorge. Ziel ist es, all diese Themen, bei denen es für die betroffenen Frauen und Kinder oft um Leben oder Tod geht, in den Diskurs über Menschenrechte aufzunehmen – Themen, die bisher »als Teil der Frauenrechtsbewegung und damit als Agenda mit spezifischen Interessen [...] und als marginal gegenüber dem sich ernsthafter mit den Menschenrechten befassenden Internationalen Recht galten«.[17]

Einige der allgemein verurteilten Menschenrechtsverstöße treten in geschlechtsspezifischer Form auf und sind gar nicht oder nur selten als Menschenrechtsverletzungen wahrgenommen worden. So gilt Sklaverei allgemein als ein fundamentaler Verstoß gegen die Menschenrechte. Erhalten Eltern bei der Verheiratung ihrer Töchter Geld oder verkaufen sie sogar an Zuhälter, dann wurde dies gemeinhin nicht als ein Beispiel für Sklaverei angesehen. Wenn ein Ehemann für seine Frau Brautgeld zahlt, sie ohne ihr Einverständnis heiratet, sie einsperrt, ihr verbietet, einer be-

16 Einige über Menschenrechte schreibende Feministinnen betonen jedoch besonders diesen Aspekt. Vgl. dazu zum Beispiel Catharine A. MacKinnon, »Crimes of War, Crimes of Peace«, in: Stephen Shute und Susan Hurley (Hg.), *On Human Rights: The Oxford Amnesty Lectures*, New York: Basic Books 1993, S. 83-109; deutsch: »Kriegsverbrechen, Friedensverbrechen«, in: Shute/Hurley (Hg.), *Die Idee der Menschenrechte*, Frankfurt am Main 1996, S. 104-143.

17 Peters und Wolper, »Introduction«, in: dies. (Hg.), *Women's Rights, Human Rights*, a.a.O., S. 2.

zahlten Arbeit nachzugehen, ihren Lohn einbehält oder sie wegen Ungehorsam oder sonstigem schlägt, dann werden auch diese Formen von Sklaverei in vielen Teilen der Welt erst gar nicht als Menschenrechtsverletzungen betrachtet.[18] Selbst Vergewaltigung wurde gemeinhin nicht als Folter eingestuft, obwohl es sich eindeutig um eine solche handelt.[19] Und auch Menschenrechtsaktivisten haben – zumindest bis vor kurzem – die meisten Übergriffe dieser Art gegen Frauen nicht als schwere Menschenrechtsverletzungen kategorisiert. Seit kurzem gibt es jedoch eine heftige und engagierte Kritik an solchen Auffassungen. Dies hatte zur Folge, daß die 4. Weltfrauenkonferenz im September 1995 das uneingeschränkte Recht auf sexuelle Selbstbestimmung hervorhob.[20] Erst wenn alle geschlechtsspezifischen Gesetze, wie das Recht, nein zum Sex zu sagen, in den Rang von Menschenrechten erhoben werden, erst dann werden Frauenrechte als Menschenrechte begriffen.[21]

Diejenigen, die Frauenrechte als Menschenrechte zu etablieren versuchen, weisen zudem darauf hin, daß ein Großteil der Menschenrechtsdebatte auf die staatliche Gewalt als Verursacher von

18 In einigen Teilen der Welt gilt ein derartiges Verhalten als durchaus üblich. So wird der Brautpreis als ein Brauch zu Ehren der betreffenden Braut und den Brauteltern dargestellt, obwohl er tatsächlich nichts anderem als der Unterdrückung der Frauen dient und allein den Männern Nutzen bringt. Kaufman und Lindquist, »Critiquing Gender-neutral treaty Language«, a.a.O., S. 123, die D. Russell zitieren: D. Russell, *Lives of Courage: Women for a New South Africa*, New York: Basic Books 1989, S. 131.

19 Vgl. Elisabeth Friedmans Bericht über Situationen, in denen Folterungen durch Soldaten eindeutig als Menschenrechtsverletzung eingestuft, Vergewaltigungen durch Soldaten dagegen als selbstverständlich betrachtet wurden, in: Friedman, »Women's Human Rights«, a.a.O., S. 26; vgl. auch MacKinnon, »Crimes of War; Crimes of Peace«, und Ch. Bunch, »Transforming Human Rights from a Feminist Perspective«, a.a.O., S. 13. In den gegenwärtigen Gerichtsverfahren über die im ehemaligen Jugoslawien verübten Kriegsverbrechen wird zum ersten Mal Vergewaltigung als Kriegsverbrechen angesehen.

20 Vgl. »Women's Meeting Agrees on Right to say No to Sex«, in: *New York Times*, 11. September 1995, S. A1 und A8. Der Vatikan »hat den Wortlaut« des Dokuments abgelehnt.

21 Vgl. Peters und Wolper, »Introduction«, a.a.O., und Ch. Bunch, »Transforming Human Rights from a Feminist Perspective«, a.a.O.

Menschenrechtsverletzungen bezogen ist. Aber während gerade Regierungen oftmals auf solche Verstöße einwirken, sie reduzieren oder gar verhindern können[22], gehen viele speziell gegen Frauen gerichtete Menschenrechtsverletzungen ursächlich nicht von Regierungen aus, sondern eher von den männlichen Mitgliedern der Gesellschaft. Die scheinbare »Unsichtbarkeit« dieser geschlechtsbezogenen Menschenrechtsverletzungen ergibt sich aus der mangelnden Beschäftigung der Menschenrechtsdebatte mit der familiären Sphäre oder Privatsphäre, der Sphäre, in der weltweit sehr viele Frauen die meiste Zeit (und in einigen Regionen nahezu die ganze Zeit) ihres Lebens zubringen und in der auch die Rechte der Frauen am häufigsten verletzt werden.[23] Das Haus ist – zumindest in Friedenszeiten – der gefährlichste Aufenthaltsort für Frauen. So verhindert die Dichotomie von Öffentlichkeit und Privatheit, die den Rechtsinhaber als Familienoberhaupt ausweist und die in seinem persönlichen Leben sowie in seinem Familienleben den Schutz der Privatsphäre als eines »seiner« wichtigsten Rechte ansieht, den wirksamen Schutz der Rechte von Frauen und Kindern. Hier vermischen sich zwei Problemstränge, nämlich einerseits die fehlende Wahrnehmung bzw.Verleugnung des Machtgefälles innerhalb der Familie und andererseits die Unterstellung, Familienmitglieder begegneten sich untereinander in wohlwollendem Miteinander – Umgangsformen, die man in Wirtschaft und Politik nie erwarten würde.[24] Nur über Veränderungen in den Lebensbereichen, die

22 So argumentiert Catharine MacKinnon: »Menschenrechtsverletzungen werden als von der Staatsgewalt verursacht begriffen, und deshalb scheint es sich in den Fällen, in denen sich Männer in sozialen Kontexten ihrer Freiheiten bedienen, um Frauen der ihrigen zu berauben, nicht um Menschenrechtsverletzungen zu handeln. Werden aber Männer durch ihre Regierungen ihrer Freiheitsrechte beraubt, dann handelt es sich um Menschenrechtsverletzungen.« MacKinnon, »Crimes of War, Crimes of Peace«, a.a.O., S. 92 f. (eigene Übersetzung; vgl. »Kriegsverbrechen, Friedensverbrechen«, a.a.O., S. 113). Vgl. auch Friedman, »Women's Human Rights«, a.a.O., S. 21 f.

23 Vgl. Peter und Wolpers, »Introduction«, a.a.O., S. 2.

24 Vgl. Susan Moller Okin, *Justice, Gender, and the Family*, New York: Basic Books 1989, S. 117-133; Carole Pateman, »Feminist Critiques of the Public/Private Dichtomy«, in: *The Disorder of Women: Democracy, Feminism and Political Theory*, Stanford: Stanford University Press 1989, S. 118-140.

gemeinhin als Privatsphäre betrachtet werden, kann ein deutlicher Fortschritt in der Verwirklichung der Menschenrechte für Frauen erreicht werden, »und in diesem Bereich ein verstärkte Regierungsverantwortung zu verlangen, erfordert eine erhebliche Umorientierung bei den Menschenrechtsgesetzen«.[25]

Wie ich bereits angedeutet habe, liegt bei der Etablierung von Frauenrechten ein weiteres damit zusammenhängendes Problem in der Macht von Konventionen, Sitten, Tradition, Kultur, Religion und dem Einfluß, den diese auf Menschen und speziell auf Frauen haben. Deshalb versuchen Aktivistinnen und Theoretikerinnen der Frauen-Menschenrechtsbewegung einerseits, sehr sensibel auf kulturell und ethnisch oder auch auf anders bedingte weibliche Lebensbedingungen zu reagieren; andererseits sind sie sich aber bewußt, daß kulturell und religiös bedingte Überzeugungen und Praktiken der Gleichstellung der Frauen entgegenwirken, besonders wenn sie Sexualität, Reproduktion, Heirat und familiäre Beziehungen berühren. Dazu zwei Vertreterinnen dieser Bewegung:

»Auf die lange Liste unterschiedlichster kultureller Praktiken, die Frauen zu Objekten oder zum Eigentum machen, kann nicht adäquat [...] mit dem vagen Ruf nach Gleichbehandlung geanwortet werden. Viele dieser Praktiken scheinen so ›normal‹, ›natürlich‹ und ›unvermeidlich‹, daß nur eine betont eindeutige Zurückweisung der betreffenden Praktiken den Frauen und ihren Töchtern weiterhelfen kann.«[26]

Die Situation wird noch durch eine weitere Tatsache verschärft, auf die ich im folgenden eingehen möchte: Der Anspruch, »kulturelle Differenzen zu respektieren«, entwickelt sich zunehmend zu einem Euphemismus dafür, die Menschenrechte der Frauen einzuschränken und zu verleugnen.

25 Friedman, »Women's Human Rights«, a.a.O., S. 20. Bunch stellt fest: »Die Menschenrechtsarbeit beschäftigt sich schwerpunktmäßig mit den Verstößen gegen die bürgerlichen und politischen Rechte der Männer in der Öffentlichkeit. Männer brauchen Verstöße in ihrer Privatsphäre nicht zu befürchten, [...] denn dort sind sie ja die Herren«. »Transforming Human Rights«, a.a.O., S. 13. Die meisten wollen nicht zur Kenntnis nehmen, so Bunch, in welchem Maße das, »was im Privatbereich passiert, die Fähigkeit von Frauen, im öffentlichen Bereich vollwertig teilzunehmen, beeinflußt«. Ebd., S. 14.

26 Kaufman und Lindquist, »Critiquing Gender-Neutral Treaty Language«, a.a.O., S. 122 f.; vgl. auch Bunch, »Transforming Human Rights«, a.a.O., S. 14 f.

2. Kulturelle und religiöse Identität und Frauenrechte im Spannungsverhältnis

Die zunehmende Akzentuierung der Frauenrechte als Menschenrechte konfligiert mit der vermehrt erhobenen Forderung, kulturelle und religiöse Differenzen im Menschenrechtsdiskurs zu respektieren. Das Zusammentreffen dieser beiden Strömungen, die in den siebziger Jahren ihren Anfang nahmen und in den neunzigern immer stärker wurden, entwickelt sich zu einem der größten Konflikte in der internationalen Menschenrechtsdebatte.[27] Die Betonung der Frauenrechte als Menschenrechte geht ursprünglich auf Feministinnen zurück, zu denen Frauen aus der *Grassroot*-Bewegung und Aktivistinnen in Nicht-Regierungs-Organisationen gehören. Für die Forderung nach kultureller und religiöser Autonomie machen sich denkbar ungleiche Bundesgenossen stark: sogenannte progressive Kulturrelativisten im Westen einerseits und Regierungen, führende Vertreter von Religionsgemeinschaften sowie andere einflußreiche gesellschaftliche Gruppierungen in einigen Ländern, vor allem im Mittleren Osten und in Asien – oftmals Muslime –, andererseits.[28] Ihrer Ansicht nach handelt es sich beim universellen Geltungsanspruch der Menschenrechte um eine imperialistische Zumutung

27 Peter und Wolper sowie viele Autor/innen in ihrem neuesten Band kennen diese Problematik. Sie behaupten, die Überprüfung der Frauenrechte auf ihren Menschenrechtscharakter gleiche einem Lackmustest für die zentrale Frage, die sich sowohl Menschenrechtsbefürworter als auch Regierungen im 20. Jahrhundert stellen müssen: »Ist der Schutz kultureller und religiöser Praktiken höher als andere geltende Menschenrechtsnormen zu bewerten? Wenn ja, ist das Konzept der internationalen (universalen) Rechte ungeeignet in einer multikulturellen Welt, in der Werte und Bräuche sich von Region zu Region unterscheiden?« A.a.O., S. 5. Obwohl Peters und Wolper wie auch die anderen Autor/innen die Differenzen zwischen Frauen unterschiedlicher Kulturen und Religionen deutlich sehen, verneinen sie diese Frage.

28 Hier ist nicht der Raum, um näher auf die Kulturrelativisten westlicher Provenienz einzugehen. Genaueren Aufschluß über die Rolle einiger französischer postmodernistischer Wissenschaftler gibt Bronwyn Winter, »Women, the Law and Cultural Relativism in France: The Case of Excision«, in: *Signs. Journal of Women in Culture and Society* 19 (1994) 4, S. 939-974.

von seiten des Westens; man müsse vielmehr die kulturell bedingten Unterschiede der Rechte respektieren. Da die meisten Weltreligionen und Kulturen patriarchal struktruriert waren bzw. dies immer noch sind und manche es zunehmend wieder werden, kommt es zu einer Konfrontation der beiden Bewegungen. In der Konsequenz steht die Respektierung kultureller Unterschiede in direktem Widerspruch zu der geforderten Anerkennung gleicher Rechte für Frauen.

Im folgenden soll nun ein kurzer Blick auf die jüngste Geschichte der Auseinandersetzung zwischen dem kulturellen Partikularanspruch und dem Universalanspruch der Menschenrechte geworfen werden: 1979 unterzeichneten nur wenige islamische Staaten die *Konvention zur Beseitigung jeder Form von Diskriminierung von Frauen*, und das auch nur unter großen Vorbehalten, die sie mit der Verpflichtung gegenüber dem islamischen Gesetz rechtfertigten. Und tatsächlich »liegen die größten Konflikte zwischen dem alten Verständnis islamischer Vorschriften und den internationalen Menschenrechten im Bereich der Frauenrechte«.[29] 1990 verabschiedete die Organisation der islamischen Konferenzen (OIC), ein Zusammenschluß aller islamischen Staaten, die *Kairoer Deklaration der Menschenrechte im Islam*, die als »eine Mischung aus internationalen und islamischen Elementen«[30] charakterisiert wird und signifikant von den internationalen Menschenrechtsnormen abweicht.

Die *Kairoer Deklaration* rechtfertigt »islamische« Einschränkungen bestimmter Rechte und Freiheiten. Im Gegensatz zur UN-Menschenrechtsdeklaration (UDHR), die unzweideutig und uneingeschränkt *Freiheit* und *Gleichheit der Rechte* für alle Menschen proklamiert, konstatiert dieses Dokument darüber hinaus, daß alle Menschen bezüglich ihrer »*elementaren Würde, ihrer fundamentalen Rechte und Pflichten gleich* sind und nicht wegen ihrer Rasse, Hautfarbe, Sprache, ihres Geschlechts, Glaubens, ihrer politischen Überzeugung, ihres sozialen Status oder anderer Gründe« diskriminiert werden dürfen. Der Artikel 6 der Kairoer Deklaration betont, daß einer Frau »ebenso Rechte zustehen, wie sie auch Pflichten zu erfüllen hat«, aber es existiert

29 Ann Elizabeth Mayer, »Universal versus Islamic Rights: A Clash of Cultures or a Clash with a Construct?«, in: *Michigan Journal of International Law* 15 (1994) 2, S. 307-404, hier S. 323.
30 Ebd., S. 328.

kein Hinweis darauf, daß Männer und Frauen die gleichen Rechte und Pflichten haben, vielmehr lassen die benannten Rechte und Pflichten auf eine Billigung der traditionellen Geschlechterrollen schließen.[31] Außerdem wird in Artikel 24, ohne exakt Grenzen zu definieren, expliziert: »Alle in der Deklaration festgesetzen Rechte und Freiheiten sind der *Scharia* unterworfen.«

In ihrer Argumentation, mit der der kulturelle Parikularismus gegenüber dem Universalanspruch der Menschenrechte legitimiert wird, schließen sich viele islamische Führer der Position von König Fahd von Saudi-Arabien an, wie er sie 1992 formulierte:

> »Das weltweit dominierende demokratische System läßt sich nicht auf die Völker unserer Region übertragen. Disposition und Besonderheiten unserer Völker unterscheiden sich von denen der restlichen Welt. Deshalb können wir nicht einfach die Methoden anderer Völker übernehmen und sie den unseren überstülpen. Wir haben unseren islamischen Glauben, der ein einheitliches, in sich geschlossenes System darstellt.«[32]

In der Vorbereitungsphase der Zweiten Menschenrechtskonferenz in Wien 1993 bekräftigten die OIC-Länder noch einmal ihre in der *Kairoer Deklaration* festgelegten Positionen. Vor allem Iran und China nahmen im Kampf gegen die universelle Geltung der Menschenrechte Führungsrollen ein – Iran berief sich auf kulturelle Differenzen, und China verkündete, vom Universalismus gehe eine Bedrohung für die nationale Souveränität aus.[33] Zum Teil wegen der lautstarken Proteste von Frauenorganisatio-

31 Alle Zitate in: Mayer, »Universal versus Islamic Human Rights«, a.a.O., S. 328-332. Die Hervorhebung im zweiten Zitat stammt von mir.

32 Zitiert nach Mayer, »Universal versus Islamic Human Rights«, a.a.O., S. 319 f.. Weitere Beispiele vgl. S. 315-330 passim.

33 Vgl. ebd., S. 372-377. In ihrer Ablehnung der universalen Menschenrechte vertreten so unterschiedliche Regime wie Kuba, Vietnam, Singapur, Malaysia, Syrien, Indonesien, Pakistan und Jemen eine gemeinsame Linie. Wie Mayer feststellt, konnte die chinesische Führung wegen ihrer eigenen Taten in Tibet kaum von dem »kulturellen« Argument Gebrauch machen. Sie erklärte, daß es nicht nur »das Recht jedes Landes sei, die jeweilige Politik zum Schutz der Menschenrechte selber festzulegen«, sondern auch, daß »keiner seine individuellen Rechte über die Rechte des Staates stellen dürfe«. Ebd., S. 374.

nen befürworteten jedoch viele islamische Staaten das Internationale Recht, statt der *Kairoer Deklaration* zu folgen:

»Schließlich bekräftigte die aus der Konferenz hervorgegangene Deklaration nicht ausdrücklich den kulturellen Relativismus. [... Sie] bestätigte den universellen Charakter der Rechte und Freiheiten, hob aber die Bedeutung regionaler Eigenheiten hervor und verlangte die Berücksichtigung des historischen, kulturellen und religiösen Kontextes.«[34]

Wäre es den 1500 NROs (und vor allem den Frauenorganisationen) erlaubt gewesen, an der Abfassung der Erklärung mitzuwirken, so hätte, wie Elizabeth Mayer schreibt, »der Text eine öffentliche Anklage gegen die Verwendung des Kulturbegriffs als einer Rechtfertigung für Rechtsverletzungen enthalten«.[35] Es kam zu einem wackeligen Waffenstillstand zwischen den Forderungen nach der Anerkennung kultureller Differenz und der Frauenrechte als Menschenrechte. Die Debatte wurde in Peking 1995 wieder aufgegriffen, und man einigte sich auf die Erklärung, »unterschiedliche historische, kulturelle und religiöse Hintergründe zu berücksichtigen«, die ergänzt wurde durch eine weitere, stärkere Aussage, die hier gleich zu Beginn dieses Aufsatzes schon zitiert worden war: daß Staaten »ohne Rücksicht auf ihre kulturellen Standards« die Pflicht haben, alle Menschenrechte zu schützen. Mit dieser Erklärung könnte ein bedeutsamer Wendepunkt in der Debatte erreicht sein.

3. Probleme mit kulturrelativistischen Einwänden aus islamischer Sicht gegen den Universalismus der Menschenrechte

Die von einigen muslimischen Staaten erhobenen Forderungen nach kultureller Differenz birgt viele ernstzunehmende Probleme[36]: Erstens läßt sich die Behauptung, der »islamische Glaube

34 Ebd., S. 377.

35 Ebd., S. 378.

36 Bei dem folgenden Argument verlasse ich mich auf die Informationen von Farida Shahhed in: »Controlled or Autonomous: Identity and the Experience of the Network, Women Living under Muslim Laws«, in: *Signs. Journal of Women in Culture and Society* 19 (1994) 4, S. 997-1019, und Mayer, »Universal versus Islamic Human Rights«, a.a.O.

[…] stelle ein vollständiges und in sich geschlossenes System dar«, nicht aufrechterhalten. Denn in der islamischen Welt gehen die Auffassungen der Fundamentalisten und der Gemäßigten, der Konservativen und der Feministinnen, aber auch verschiedener einzelner Länder über das, was den islamischen Glauben ausmacht, weit auseinander. »Viele Muslime«, so Mayer, »die die Universalität der Menschenrechte unterstützen, betrachten jene Regierungen mit großer Skepsis, die Menschenrechtsverstöße mit dem Islam zu legitimieren suchen.«[37] Aber gerade der islamische Fundamentalismus kann im letzten Jahrzehnt einen enormen Zuwachs an Macht und Einfluß verzeichnen. Der irrige Rekurs auf ein in sich geschlossenes »islamisches Glaubenssystem« dient oftmals nur dazu, die wachsende Vormachtstellung derjenigen islamischen Glaubensströmungen zu rechtfertigen, die gerade für die Menschenrechte im allgemeinen mitsamt den die Frauen betreffenden Rechten am wenigsten von Vorteil sind. Jedoch deuten die zahlreichen, divergierenden Auffassungen darauf, daß viele der Bestimmungen in den offiziellen (autorisierten) »islamischen« Versionen der Menschenrechte »wenig bzw. gar keine Zusammenhänge mit islamischen Ursprüngen oder Traditionen aufweisen«.[38]

Nach Meinung Farida Shaheeds – einer Frau mit islamischen Wurzeln, die Gründungsmitglied und Koordinatorin der Organisation *Women Living under Moslem Laws* ist – wenden zweitens diejenigen, die sich auf muslimische kulturelle Autonomie berufen, die islamischen Gesetze nicht konsequent an, und das in mindestens zweierlei Hinsicht: So gilt in vielen muslimischen Ländern die islamische Gesetzgebung bzw. die Scharia nur in bestimmten Bereichen. Während die meisten Gesetze, die Wirtschaft, Verwaltung und Eigentumsverhältnisse regeln, größtenteils kolonialen oder anderen Ursprungs sind, werden »in deutlichem Gegensatz dazu die persönlichen und familiären Angelegenheiten fast generell nach islamischem Recht und unter Berufung auf islamische Verbote geregelt«. Daher wird die muslimische Identität stark durch die in diesen Bereichen üblichen Bräuche geprägt, und so überrascht es nicht, daß die »enge Ver-

37 Ebd., S. 364. Sie beschreibt die Arabische Organisation als eine NRO, die »auch angesichts einschüchternder und angsteinflößender Hindernisse weitermacht«.

38 Ebd., S. 323-325.

zahnung der Religion mit Gesetzen und Bräuchen besonders für Frauen tiefgehende und verglichen mit Männern überproportional negative Auswirkungen hat«. Existieren aber mehrere Gesetzessysteme nebeneinander, wie in diesem Fall ehemalige Kolonialgesetze neben lokalen Sitten und islamischen Gesetzen, so resultiert daraus die Möglichkeit, je nach Lage der Dinge auf anderer Grundlage und im Ergebnis mit großer Inkonsistenz Recht zu sprechen. Dazu Shaheed: »Wann immer diese nebeneinander existierenden Rechtssysteme bei ähnlich gelagerten Rechtsfällen die Möglichkeit der Wahl lassen, fällt die Entscheidung nur allzu häufig zum Nachteil der Frauen aus«, und Ge- und Verbote unterschiedlicher Provenienz werden »allzuoft aus dem Islam heraus legitimiert und internalisiert«, so daß Beschränkungen und Verbote, die unterschiedlichsten Ursprungs sind, als religiös sanktioniert erscheinen. »Die meisten Muslime können ihre Identität nur wahren, wenn sie den islamischen Gesetzen gemäß leben, das heißt, solange sie nichts über deren wahre Herkunft und Zustandekommen wissen«, folgert Shaheed.[39]

Schließlich scheint doch der Versuch, die wahrlich restriktive Handhabung der Frauenrechte mit dem Hinweis auf Kultur und Religion zu legitimieren, zutiefst widersprüchlich zu sein. Sogar in ausgesprochen repressiven Ländern wie Iran und Saudi-Arabien protestierten muslimische Frauen allen Behinderungen zum Trotz gegen die sie einschränkenden Gesetze, ein Indiz für vorhandene Meinungsverschiedenheiten in »unserem Volk«. Warum aber, so muß die Frage lauten, ist es nötig, daß führende Glaubensvertreter die mit dem islamischen Recht begründeten Restriktionen der Menschenrechte so vehement durchsetzen, wenn die entsprechenden Ge- und Verbote doch in religiösen Überzeugungen und kulturellen Gepflogenheiten tief verankert sind? Mayer argumentiert folgendermaßen:

39 Alle Zitate nach Shaheed, »Women Living under Muslim Laws«, a.a.O., S. 1000-1002, S. 1005; vgl. auch Mayer, »Universal versus Islamic Rights«, a.a.O., S. 323 f. Für Shaheed ist die Klitoridektomie oder »Beschneidung« (wie sie manchmal mißverständlich genannt wird) beispielhaft für eine Praktik, die viele muslimische Frauen als intergralen Bestandteil ihrer Identität als Muslime ansehen, obwohl die Praktik ihren Ursprung in prä-islamische Bräuchen in Teilen Nordafrikas hat.

»Sind kulturelle Normen tatsächlich integraler Bestandteil einer Gesellschaft, dann besitzen sie automatisch Autorität bei Muslimen, ohne daß positive Gesetze oder andere strenge Methoden ihnen Geltung verschaffen müssen. Je offensichtlicher ›kulturelle‹ Normen mit legalen Sanktionen und polizeilichen Maßnahmen durchgesetzt werden müssen, desto mehr ähneln die Regime, die Frauen unterdrücken, dem Apartheidssystem, in dem der Staat eine Gruppe zur Herrschaft bringt und eine andere systematisch unterdrückt.«[40]

Im Namen »kultureller Autonomie« versuchen die Führer einiger islamischer Staaten für Frauen ausgesprochen rückschrittliche Versionen »islamischer Menschenrechte« zu legitimieren. Sicher werden in vielen Kulturen und Religionen Menschenrechtsverletzungen an Frauen gebilligt – die jüdisch-christliche Kultur ist natürlich nicht ausgenommen –, aber das geschieht selten so formalisiert, umfassend und sanktionierend wie in den vom »islamischen« Glauben beherrschten Ländern. Farida Shaheed faßt die Situation folgendermaßen zusammen:

»Die muslimischen Frauen werden durch sie definierende ethnische, nationale und religiöse Normen, die in internalisierte und externalisierte Gesetze übergegangen sind, auf vielfältigen Ebenen in ihrer Identität eingeschränkt, voneinander isoliert und extrem behindert – sogar bis in ihre Träume von einer möglichen anderen Selbstdefinition, die es ihnen erlaubte, ihre islamisch und ethnisch geprägte Identität zu bewahren und trotzdem ihre Autonomie und ihre Chancen als Frauen zu erweitern.«

Hier werden eindeutig Kultur und Religion von den Herrschenden für die Aufrechterhaltung ihrer eigene Vorteile benutzt.[41]

Allerdings gehen Regierungen bei der kulturell und religiös legitimierten Ungleichbehandlung von Frauen unterschiedlich vor. In Ländern wie Saudi-Arabien, Iran, Algerien und Sudan, die eigentlich Theokratien sind, sind Religion, Regierungsgewalt und Gesetzgebung so eng miteinander verwoben, daß Abweichungen von der offiziellen Religion und deren Einstellung zu Frauen kaum oder überhaupt nicht toleriert werden. In diesen Ländern ist Religionsfreiheit kein subjektives Recht von einzelnen Individuen, obwohl Männer auch hier gewöhnlich eher als Frauen die Möglichkeit haben, de facto als Nichtgläubige zu le-

40 Mayer, »Universal versus Islamic Rights«, a.a.O., S. 390.
41 Shaheed, »Women Living under Muslim Laws«, a.a.O., S. 1004 f. Hervorhebung von mir. Vgl. auch ebd., S. 1001.

ben. Ironischerweise treten gerade die Regierungen dieser Länder auf internationalem Parkett mit der Behauptung auf, *ihre* kollektive und religiöse Freiheit sei durch die Proklamation der individuellen Menschenrechte bedroht, die ihren Ansichten widersprechen.

In multikulturellen Ländern wie Indien ist die Situation komplexer. Ziel des indischen Staates ist es, gegenüber den verschiedenen Religionen Neutralität zu wahren und den verschiedenen großen Religionen die Regelung der Privatsphäre zu überlassen, und zwar bezüglich Heirat, Scheidung, Erbschaft und Erziehung. Wie noch zu zeigen sein wird, bieten derartige »religiöse« Freiheiten allerdings keinen besseren Schutz der Frauenrechte. Im Gegenteil, der Verzicht des Staates auf Regelung des Familienrechts zugunsten religiöser und kultureller Gruppen im Namen religiöser Freiheit, bringt den Frauen erhebliche Einbußen an Freiheit, Gleichheit sowie an physischer und ökonomischer Sicherheit. Vom individuellen Standpunkt der Frauen aus mag es allerdings gleichgültig sein, ob Rechte wie Freizügigkeit, die Freiheit, einer bezahlten Arbeit nachzugehen, eine unglückliche Ehe aufzugeben, sich nach eigenem Gutdünken zu kleiden, über den eigenen Körper zu bestimmen und vieles mehr durch staatliche Gesetze oder durch religiöse Vorschriften und subkulturelle Bräuche verletzt werden. Denn die daraus resultierenden Behinderungen, die Härte, mit der sie durchgesetzt werden, und ihre Auswirkungen auf das Leben der Frauen bleiben höchstwahrscheinlich gleich.[42]

An dieser Stelle ist es jedoch wichtig, darauf hinzuweisen, was gleich noch auszuführen sein wird, nämlich daß Religionsfreiheit oder das Recht auf kulturelle Zugehörigkeit auf der einen Seite und viele Grundrechte auf der anderen Seite allgemein in einem Spannungsverhältnis stehen – besonders wenn Frauen betroffen sind. Es ist allgemein bekannt, daß theokratische Staaten die Menschenrechte verletzen, am offensichtlichsten die Gewissensfreiheit. Seltener allerdings wird zur Kenntnis genommen, daß sogar dort, wo Religionsfreiheit in dem Sinne herrscht, daß je-

42 Frauen sind in multikulturellen Staaten zudem weiteren Pressionen ausgesetzt. Das zeigt Shahbanos Fall. Ihr wird angelastet, ihren Glauben verraten und den Attacken anderer kultureller Gruppen ausgesetzt zu haben, weil sie ihre Menschenrechte, die ihr durch religiöse Gebote und Gesetze verweigert werden, einforderte.

dem das formale Recht zusteht, seine Meinungen selbst zu wählen, Religion und Kultur selbst Menschenrechte einschränken können. In bestimmten Religionen und Kulturen besteht die Freiheit zum Teil darin, den einzelnen zur Teilnahme an und zur Verbundenheit mit einem bestimmten sozialen Leben zu befähigen, das die Unterordnung einer (meistens aus Frauen bestehenden) Gruppe unter eine andere (meistens aus Männern bestehenden) Gruppe beinhaltet.

4. Identitätsbildung und Menschenrechte der Frauen

Vor dem Hintergrund der Forderungen von feministischen Menschenrechtsaktivistinnen einerseits und von Befürwortern kultureller und religiöser Differenz andererseits sollen nun die anfangs erwähnten Ereignisse noch einmal näher untersucht werden. Als erstes wäre das Problem der weiblichen Genitalverstümmelung oder »Beschneidung«, wie es oftmals irreführend heißt, zu nennen. Diese Praktik zu legitimieren bereitet den Kulturrelativisten die meisten Schwierigkeiten. Denn sie besteht selbst in ihrer zurückhaltendsten Form in der Entfernung der Klitoris (Klitoridektomie) – aus offensichtlichen Gründen ein für Frauen besonders wichtiger Teil des Körpers – und wird an Mädchen, ohne deren Einverständnis, normalerweise während der Kindheit oder sogar im Säuglingsalter vorgenommen. Dabei handelt es sich nicht um einen seltenen oder unbekannten Brauch; er wird vielmehr »laut Berichten in mindestens 26 afrikanischen Ländern, bei einigen Bevölkerungsgruppen in Asien und (in zunehmendem Maße) bei Immigranten in Nord- und Südamerika, Australien und Europa praktiziert«.[43] Schätzungsweise 85 bis 114 Millionen der derzeit lebenden Frauen sind auf diese Weise genital verstümmelt worden, und jedes Jahr sind weitere zwei Millionen Mädchen und Frauen in Gefahr. Ich sage bewußt »in Gefahr«, denn abgesehen davon, daß sie in ihrer Sexualität verkrüppelt und ihrer Lust beraubt werden, bezahlen viele die Klitoridektomie mit dem Leben, werden unfruchtbar oder leiden

43 Nahid Toubia, »Female Genital Mutilation«, in: Peters und Wolpers (Hg.), *Women's Rights, Human Rights*, a.a.O., S. 224-237, hier S. 224.

oft lebenslang unter starken Schmerzen oder sonstigen körperlichen oder psychischen Folgeschäden. Für Nahid Toubia, eine sudanesische Chirurgin, die durch ihren Beruf mit den Praktiken, dem Umfeld und den Ursachen gut vertraut ist, ist die Klitoridektomie »ein extremes Beispiel für die weltweit allen Gesellschaften gemeinsamen Anstrengungen, die weiblichen Sexualität zu unterdrücken, die Unterordnung des weiblichen Geschlechts sicherzustellen und seine Reproduktionfähigkeit zu kontrollieren«.[44]

Obwohl es sich hier eindeutig um ein Beispiel für Menschenrechtsverletzung handelt, gibt es wissenschaftliche »Experten«, die sich auf die Verteidigung dieser Praktiken spezialisiert haben und jenen, die für deren Abschaffung eintreten, fehlendes Einfühlungsvermögen gegenüber anderen Kulturen sowie Imperialismus vorwerfen.[45] Aus der Perspektive einer Kritikerin betrachtet, die mit dem kulturellen Umfeld der genitalen Verstümmelung von Frauen zutiefst vertraut ist, das Ganze aber auch distanziert zu betrachten weiß, werden allerdings weitere Aspekte deutlich. Toubia weist darauf hin, daß »die Gegner der Klitoridektomie nur etwas erreichen, wenn sie die tief verankerten Gefühle und Überzeugungen der Menschen kennen, die diese Praktiken anwenden«.[46] Und sie warnt vor einer Art kultureller Arroganz in dieser Auseinandersetzung, die eher heftige Gegenreaktionen als positive Veränderungen bewirkt habe. Toubia möchte »die der Klitoridektomie zugrunde liegende Botschaft als Teil der weltweiten Unterordnung des weiblichen Geschlechts« verstanden wissen.[47] Befragt man diejenigen, die Klitoridektomie

44 Ebd.

45 Bronwyn Winter untersucht in »Women, the Law and Cultural Relativism in France«, a.a.O., mehrere Prozesse, die kürzlich in Frankreich stattfanden, liefert dabei eine sorgfältige Darstellung dieser Praktik aus verschiedenen Blickwinkeln heraus und macht Vorschläge, wie die Abschaffung dieses Brauchs am besten durchzuführen wäre.

46 Toubia, »Female Genital Mutilation«, a.a.O., S. 230.

47 Vgl. ebd., S. 232 f. Auch Shaheed teilt diesen Standpunkt. Obwohl sie besonders die Instrumentalisierung des Islam zur Subordination der Frau kritisiert, sagt sie: »In wesentlichen Komponenten unterscheiden sich die patriarchalen Strukturen in muslimischen Gesellschaften nicht von denen, über die nicht-muslimische Feministinnen berichten; wie überall trifft man auf den verschiedensten Ebenen auf die

praktizieren, nach den Gründen, so fallen die Antworten außerordentlich deutlich aus: Klitoridektomie basiere auf der Überzeugung – sowohl der Männer als auch der Frauen –, daß das weibliche Geschlecht minderwertig und zweitrangig sei; sie diene dazu, Frauen zu wünschenswerten Sexualpartnern der Männer zu machen, und sie sei gottgewollt.[48] Klitoridektomie sei, so die allerdings falsche Überzeugung, Teil der Identität einer Muslime. Laut Shaheed sei für die meisten Muslime die Praxis zwar »schrecklich«, und ursprünglich komme sie aus dem vor-islamischen Nordafrika, aber die »Verzahnung zwischen Brauch und Religion führt dazu, daß eine einfache muslimische Frau im Sudan, in Somalia oder in Teilen von Ägypten sich nicht vorstellen kann, *ihre muslimische Identität zu wahren, wenn sie die Beschneidung ablehnt*«.[49] Shaheed und Toubia kennen die lokalspezifischen Vorstellungen sehr genau, haben aber den nötigen Abstand, um das Knäuel von Brauch und Religion als ein Beispiel der Frauenunterdrückung zu entwirren.

Das nächste Beispiel, dem ich mich zuwenden möchte, ist die in der häuslichen Sphäre stattfindende Gewalt gegen Frauen in Ghana, das Verhalten der betroffenen Frauen (und anderer Beteiligter) – und auch hier wieder aus der Sicht von Inside-outside-Kritikerinnen.[50] Rosemary Ofei-Aboagye, eine in Kanada lebende Studentin aus Ghana, ließ sich von der Verteidigung einer kanadischen Frau, die ihren sie mißhandelnden Mann erschossen hatte, zu einer Untersuchung über Gewalt gegen Ehefrauen in Ghana inspirieren. Obwohl die Afrikaner, die sie in Kanada kannte, daran zweifelten, daß ein solches Problem in Ghana überhaupt existierte, und obwohl es keinerlei Untersuchungen zu diesem Thema gab, ließ sie sich von ihrer Überzeugung nicht abbringen, daß hier doch ein Problem begraben liege. Sie vermutete, »daß das Schlagen der Ehefrauen in Ghana deshalb kein

Unterordnung der Frauen [...].« In: »Women Living under Muslim Laws«, a.a.O., S. 998.

48 Vgl. Toubia, »Female Genital Mutilation«, a.a.O., S. 231.

49 Shaheed, »Women Living under Muslim Laws«, a.a.O., S. 1004. Hervorhebung von mir.

50 Vgl. Rosemary Ofeibea Ofei-Aboagye, »Altering the Strands of the Fabric: A Preliminary Look at Domestic Violence in Ghana«, in: *Signs. Journal of Women in Culture and Society* 19 (1994), 4, S. 924 bis 938.

Gesprächsthema sei, weil es sich um einen weithin befürworteten Bestandteil der sozialen Bräuche der Gemeinschaft handelt«.[51] In ihrer nachfolgenden Untersuchung interviewte sie fünfzig Frauen, die bereits eine Eheberatungsstelle aufgesucht hatten. Aber daraus lassen sich keine allgemeingültigen Rückschlüsse auf eine generelle Verbreitung von ehelicher Gewalt ziehen. Das vorrangige Ziel der Studie bestand vielmehr darin, die Ursachen für die Tabuisierung des Problems zu analysieren und Methoden der Aufdeckung sowie Vorschläge für Präventivmaßnahmen zu entwickeln.

Aus den Interviews ging hervor, daß alle fünfzig Frauen von ihren Männern geschlagen worden waren, und nur vier von ihnen sahen darin einen »einmaligen Vorfall«. Fünf Frauen hatten mehr als zehn Jahre lang Schläge ertragen, und die meisten konnten gar nicht mehr angeben, wie oft sie schon geprügelt worden waren. Die körperliche Unversehrtheit dieser Frauen war häufig tätlichen Angriffen und einer ständigen Gefährdung ausgesetzt. Wurden ihre grundlegenden Menschenrechte nicht eindeutig verletzt? Jedenfalls hatten die mißhandelten Ehefrauen, obwohl sie die erlittene Gewalt als schwerwiegend genug ansahen, »um Hilfe von außen in Anspruch zu nehmen«, um solche Hilfe jedoch nie wirklich nachgesucht. Warum nicht? »Weil sie«, wie Ofei-Aboagye berichtet, »wenig oder gar keine Kenntnis davon hatten, was sie hätten tun können bzw. *ob sie überhaupt das ›Recht‹ hatten, sich dagegen zu wehren.*«[52] Ihre geringe Neigung, etwas zu unternehmen bzw. überhaupt an das ihnen zustehende Recht zu glauben, läßt sich auf generell akzeptierte Normen zurückführen, denen zufolge gelegentliche Schläge der Ehemänner als Disziplinarmaßnahmen akzeptiert werden können und nur übermäßige, exzessive Prügel zu mißbilligen sind. »Lediglich zwei der befragten Frauen betonten nachdrücklich, daß ›Schlagen überhaupt‹ schon eine Überschreitung der Norm darstellt.«[53] Aber auf welche Art und Weise kommen derartige Normen überhaupt zustande? Schon die ghanesischen kleinen Kinder lernen, wie Ofei-Aboagye als eindrückliche Erklärung gibt, durch Gutenachtgeschichten, daß ungehorsame Ehefrauen von ihren Männern physisch bestraft werden. In diesen Ge-

51 Ebd., S. 925.
52 Ebd., S. 929. Hervorhebung von mir.
53 Ebd., S. 928.

schichten spielen weder die Gründe für den Ungehorsam der Ehefrau noch die Haltung des Ehemanns eine Rolle; seine »Bestrafung« ihrer Person erscheint allein aufgrund seiner Position als Familienoberhaupt hinlänglich gerechtfertigt. Und so besteht die Moral all dieser Geschichten – die, wie sich Ofei-Aboagye erinnert, sie selbst als kleines Mädchen fraglos akzeptiert hat – darin, zu zeigen, wie wichtig es ist, gehorsam zu sein.

Entsprechend konstatiert Ofei-Aboagye, daß die Kultur in Ghana durchdrungen sei »von der traditionellen Norm, der zufolge die Männer ihren Frauen unendlich überlegen sind und aus der die Männer das Recht ableiten, ihre Frauen zu behandeln, wie es ihnen paßt.«

Die durch mündliche Überlieferung, durch Sitten und Gebräuche, in Musik und in Sprichwörtern von den Vorfahren tradierten Werte, kulturellen Praktiken und Überzeugungen, »brachten eine männerzentrierte Lebensweise mit sich«.[54] Das Vorherrschen der Polygamie, das Zahlen eines Brautpreises, ein vergleichsweise niedriges Bildungsniveau und niedrige Löhne verstärken noch die Ungerechtigkeit gegenüber den Frauen. Die wichtigsten Ursachen häuslicher Gewalt liegen nach Ofei-Aboagye in den Wertvorstellungen und Haltungen, die im Prozeß des Hineinwachsens in die Gesellschaft von früher Kindheit an übernommen werden. »Sitten und Bräuche«, so protestiert Ofei-Aboagye, »sollten nicht der Verteidigung derartiger Zustände dienen.« Obgleich sie anerkennt, daß Polizei, Gerichte und Legislative eingeschaltet werden müssen, um das Problem der häuslichen Gewalt anzugehen, warnt sie zugleich, »daß Strafanzeigen die Erwartungen der Frauen selbst bedenken und berücksichtigen sollten. Tun sie dies nicht, sind sie von vornherein zum Scheitern verurteilt.« Und so kommt sie zu dem Schluß, daß »alle Aktivitäten zur Unterbindung von Gewalt in Ehe und Familie mit dem noch größeren Problem umgehen müssen, *wie man Menschen aus einem Zustand befreit, den sie selbst nicht als Form der Knechtschaft wahrnehmen.*«[55]

Als letztes sei der Fall der Inderin Shahbano angesprochen, von dem Zakia Parthak und Rajeswari Sunder Rajan berichtet haben – die Geschichte einer mittellosen älteren Muslime.[56] Shah-

54 Ebd., S. 930.
55 Ebd., S. 937.
56 Vgl. Zakia Pathak und Rejeswari Sunder Rajan, »Shahbano«, in: Ju-

bano verzichtete zu guter Letzt auf die dürftige Unterhaltszahlung, die sie von ihrem Ex-Ehemann nach einem zehnjährigem Rechtsstreit erkämpft hatte. Ihr Fall ist in den Kontext des multikulturellen Nationalstaats Indien eingebettet, dessen verschiedene Kulturen und dessen an blutigen Auseinandersetzungen reiche Geschichte den Hintergrund für eine staatliche Politik bilden, die das »persönliche Recht« den verschiedenen kulturellen Gruppen überläßt.[57] Da das persönliche Recht Dinge wie Hochzeit, Scheidung, eheliche Rechte und Pflichten, Erbschaften und die Obhut über die Kinder regelt und da viele Religionen mehr oder weniger patriarchal sind, hat diese Politik einen besonders großen Einfluß auf das Leben der Frauen und war entsprechend für die Frauenorganisationen in Indien schon lange ein Anlaß zu Protest.[58] Das Scheidungsrecht in Shahbanos muslimischer Gemeinde schützte sie weder gegen die Scheidung, die ihr Ehemann nach mehr als vierzigjähriger Ehe einseitig verkündet hatte, noch gegen die restriktiven Unterstützungsregelungen, die ihr nur die Rückgabe der Mitgift und einen dreimonatigen Unterhalt zusicherten, so daß ihr nur ihre Familie oder muslimische Unterstützungsfonds als letzte Hilfe blieben. Man kann in diesem Fall mit gutem Recht von einer Form der Sklaverei sprechen und somit von einer eklatanten und fundamentalen Menschenrechtsverletzung. Shahbanos Beziehung zu ihrem Ehemann bestand, abgesehen von den üblichen Hochzeitsfeierlichkeiten, mehr als vierzig Jahre lang überwiegend in Hausarbeit und Kindererziehung, bis ihr fristlos und praktisch ohne Abfindung gekündigt und sie in äußerste Armut entlassen wurde.

dith Butler und Joan W. Scott (Hg.), *Feminists Theorize the Political*, New York: Routledge 1992, S. 257-279.

57 Die Verfestigung dieser zuerst nur auf beschränkte Zeit angelegten Politik verhinderte Fortschritte in Richtung eines einheitlichen Zivilgesetzes.

58 So bemerken Pathak und Rajan, »daß in allen persönlichen und das Familienrecht regelnden Gesetzen dem männlichen Teil die Rolle des Familienoberhaupts zugesprochen wird und die Erbfolge ebenfalls über die männliche Linie erfolgt – Frauen sind nicht berechtigt, gleichberechtigt zu erben, die Väter sind die natürlichen (sic) Vormünder ihrer minderjährigen Kinder.« Pathak und Rajan, »Shahbano«, a.a.O., S. 258. Vgl. auch Anm. 6 auf S. 275, wo Beispiele aus hinduistischen, christlichen, parsischen und muslimischen Gesetzen angeführt werden.

Die Anordnung des Obersten Gerichtshofs auf Zahlung eines bescheidenen Unterhalts durch den Ex-Ehemann beruhte auf der säkularisierten strafrechtlichen Gesetzesgebung. Schon seit 1872 versuchen indische Frauen jeder Glaubensrichtung auf dem Weg über diese Gesetze das religiöse »persönliche Recht« zu umgehen. Muslimische Fundamentalisten dagegen sahen im Fall Shahbanos die Autorität der muslimischen Gemeinschaft, das persönliche Recht festzusetzen, bedroht und darüber hinaus das Überleben der muslimischen Identität an sich gefährdet.[59] Shahbanos Fall ging so von einem langwierigen juristischen Kampf in eine hart geführte politische Auseinandersetzung über. Der Streit fand nicht nur zwischen Fundamentalisten und fortschrittlichen Muslimen statt, sondern auch zwischen der muslimischen Minderheit und der um ihre Vorherrschaft kämpfenden Hindu-Mehrheit.[60] Die indischen Feministinnen waren in einer sehr schwierigen Lage, denn für die Rechte der Frauen Partei zu ergreifen setzte sie dem Vorwurf einer anti-islamischen Haltung aus. Trotzdem nahmen Frauenorganisationen der verschiedenen Religionen den Konflikt zum Anlaß, gegen den bedrückend niedrigen Status der Frauen zu protestieren, und im Interesse der Frauen forderten sie ein einheitliches Zivilrecht.[61]

Shahbano selbst war dem enormen Druck, den ihre Gemeinschaft und auch einige Frauenorganisationen auf sie ausübten, nicht gewachsen. Sie sprach sich gegen das Urteil und gegen den ihr zugesprochenen Rechtstitel auf Unterhalt aus. In einem offe-

59 Durch geschicktes Taktieren konnten die fundamentalistischen Muslime 1986 die Verabschiedung dieses Passus des *Muslim Women Act* erreichen (Rechtsschutz bei Scheidung), eine gesetzliche Festlegung, die die Unterstützung im Scheidungsfall auf drei Monate beschränkt. Dagegen meinen progressivere Muslime, daß der Islam eine weitaus fairere Behandlung geschiedener Frauen verlangt. Vgl. Pathak und Rajan, »Shahbano«, a.a.O., S. 259 f., S. 269.

60 *India Today* führt den Disput auf ein »beispielloses Wiederaufleben des Islam zurück, wie es seit Jahrzehnten in diesem Land nicht mehr zu sehen war«, und mahnt, daß dieses Wiederaufleben die diffizile, auf Wahlen beruhende Balance zwischen Muslimen und Hindus aus den Angeln heben könnte. Shekhar Gupta, Farsand Ahmed und Inderjit Badhwar, »The Muslims, a Community in Turmoil«, in: *India Today*, 3 (Januar 1986), S. 99-104 und S. 90, zitiert in: Pathak und Rajan, »Shahbano«, a.a.O., S. 261.

61 Vgl. ebd., S. 271-274.

nen Brief äußerte sie sich zu dem richterlichen Entscheid, den sie als »sie scheinbar bevorteilend« charakterisierte:

»Da das Urteil im Gegensatz zum Koran und zur Hadith steht und eine direkte, offene Einmischung in muslimisches persönliches Recht darstellt, lehne *ich, Shahbano, als Muslime* dieses Urteil ab und sage mich auch von jedem weiteren Urteil los, das im Gegensatz zur Scharia steht. Ich bin mir bewußt, wieviel Schmerz und Leid dieses Urteil über die Muslime in Indien heute bringt.«[62]

Der offensichtliche Rechtskonflikt im Falle Shahbanos verweist direkt auf das in der indischen Verfassung angelegte Spannungsverhältnis zwischen dem Verbot der sexuellen Diskriminierung und der allen Religionen gewährten Garantie, »ihre Kultur wahren zu dürfen«, indem sie das Familienleben ihren je eigenen Gesetzen unterwerfen.[63] Doch aus Shahbanos Perspektive stellt sich der Konflikt bedeutend komplexer dar; er scheint zwei verschiedene Seiten ihrer Identität in Widerstreit miteinander zu bringen – Seiten, die sie in den verschiedenen Entwicklungsstadien der Auseinandersetzung zum Ausdruck bringt. Im Stadium der Klageerhebung scheint sie sich primär »als Frau« zu sehen, der unter Anwendung muslimischer Vorschriften das Recht auf Ehegattenunterhalt verweigert wird. In einem späteren Stadium jedoch und nicht zuletzt unter dem erheblichen Druck der Mitglieder ihrer Religionsgemeinschaft ist es für sie mit ihrer Identität als Muslime unvereinbar, als geschiedene Frau besser behandelt zu werden als eine freigelassene Sklavin.[64]

Aus den Berichten geht deutlich hervor, daß die Probleme der mit Frauenrechten befaßten Menschenrechtsorganisationen sich keineswegs darin erschöpfen, daß sie die Anerkennung und den Schutz von Rechten zu erstreiten suchen, die Frauen gegenwärtig

62 Zitiert nach: Pathak und Rajan, »Shahbano«, a.a.O., S. 267. Hervorhebung von mir. Zu der unterschiedlichen Bedeutung, die die Autoren Shahbanos »multiplen Identitäten« zumessen, vgl. S. 266-268.

63 Vgl. ebd., S. 258.

64 Obwohl die Muslime Shahbano persönlich auf ihr Recht auf Unterstützung verzichtete, konnte dieses Recht für die indischen Frauen insgesamt durchgesetzt werden. »Shahbanos Fall trug dazu bei, die die Geschlechtersituation bestimmenden Gegensätze gerade zu einem Zeitpunkt zutage treten zu lassen, als auch andere Frauen diese Gegensätze politisch zuspitzten«, in: Pathak und Rajan, »Shahbano«, a.a.O., S. 274.

fordern. Vielmehr zeigen die Berichte, daß sich Frauen in vielen Regionen der Welt gar nicht als Rechtspersonen begreifen können, als Personen, deren Grundrechte – wie zum Beispiel das Recht auf Sicherheit der Person, auf Leben, Freizügigkeit und auf körperliche Integrität – in internationalen Deklarationen festgelegt sind. Sie nehmen diese Rechte erst gar nicht in Anspruch, weil das sie umgebende religiöse und kulturelle Umfeld die Herausbildung einer Identität verhindert, aufgrund deren sie sich überhaupt als ein mit Rechten ausgestattetes Individuum begreifen könnten. Die Art und Weise, wie sie in ihrer Identität als weibliche Mitglieder einer kulturellen und religiösen Gemeinschaft geformt wurden, läßt solche Vorstellungen erst gar nicht aufkommen.

Shaheed zieht (im Zusammenhang mit muslimischen Gesellschaften) daraus folgende Schlüsse:

»Die Identität, die eine Frau wählt (wer sie sein möchte, wie sie sich verhalten möchte, wie sich ihre Beziehungen innerhalb und außerhalb des familiären Bereichs gestalten sollen, was ihre Lebensaufgabe sein soll etc.), hängt von den sozialen und rechtlichen Grenzen ab, die die Gesellschaft für sie absteckt, und jede diskriminierende Maßnahme reduziert das Quantum Autonomie, das ihr zur Verfügung steht.«[65]

Diese Situation, so fügt sie hinzu, wird noch dadurch verschlimmert, »daß diejenigen, die an der Macht sind, kulturelle Identität zu ihrem eigenen Vorteil ausnutzen, und daß – wer auch immer an der Macht sein mag – Frauen jedenfalls nicht dazu gehören«.[66]

So kann das Recht auf Religionsfreiheit oder auf kulturelle Zugehörigkeit, wenn es von Frauen im Kontext stark patriarchaler Religionen und Gesellschaften ausgeübt wird, zu einer – den Frauen selbst sogar einleuchtend erscheinenden – Rechtfertigung dafür dienen, daß viele andere Rechte, sogar Grundrechte, verletzt werden. Daß die Frauen diese Rechte haben, wird ihnen wahrscheinlich nie bewußt, solange nicht irgend jemand anderes diese Rechte einklagt. Wie die Arbeiten der Wissenschaftlerinnen Farida Shaheed, Nahid Toubia, Rosemary Ofeibea Ofei-Aboagye, Zakai Pathak und Rajeswari Sunder Rajan zeigen, können *die* Kritikerinnen eine außerordentlich wichtige Rolle spielen, die sowohl über detaillierte Kenntnisse verfügen, die sie inner-

65 Shaheed, »Women Living under Muslim Laws«, a.a.O., S. 1003.
66 Ebd., S. 1001.

halb der entsprechenden Kultur erworben haben, als auch über eine Perspektive, die sich dem Heraustreten aus dieser Kultur verdankt. Denn diese Kritikerinnen sind, wie wir gesehen haben, in der einzigartigen Lage, mit den betreffenden Kulturen aufs engste vertraut zu sein, zugleich aber die Perspektive, die sich aus einer gewissen Distanz ergibt, einnehmen zu können. Sie sind deshalb bestens dazu geeignet, Legitimation und Autorität jener in Frage zu stellen, die auf internationalem Parkett beanspruchen, Sprecher dieser Kulturen zu sein.

Ist diese Problematik, die der Religionsfreiheit inhärent zu sein scheint, nicht ziemlich ungewöhnlich? (Um die folgende Diskussion zu vereinfachen, möchte ich den religiösen Aspekt vor allen anderen kulturellen Aspekten in den Mittelpunkt rücken.)

Gibt es ähnlich gelagerte Fälle, bei denen die Ausübung eines als grundlegend definierten Menschenrechts dazu führt, daß in bestimmten, in der gegenwärtigen Welt keineswegs seltenen gesellschaftlichen Konstellationen damit dem Rechtsinhaber oder der Rechtsinhaberin gleichzeitig andere fundamentale Menschenrechte aberkannt werden? Gibt es Gründe, die dafür sprechen, dieses folgenschwere »Rechtsparadox« aus den der Religions- und Gewissensfreiheit immanenten Eigenschaften abzuleiten, Eigenschaften, die man bisher nicht zur Kenntnis genommen hat oder wovon man nicht sprach?

Warum ist Religionsfreiheit ein besonderes Recht? Mindestens aus zwei Gründen. Erstens wird es häufig so dargestellt, als handele es sich um die Freiheit autonomer, mündiger Personen, Glaubenssätze zu befolgen, die sie selbst gewählt haben – als sei ihnen ein vielfältiges Angebot unterbreitet worden. Freilich ist dies recht weit von der Art und Weise entfernt, wie Menschen zu einer bestimmten religiösen Überzeugung gelangen. In den meisten Fällen werden religiöse Überzeugungen in der frühen Kindheit erworben – oder vielmehr oktroyiert; manches Mal wird den Kindern nicht nur beigebracht, daß die eigenen Glaubensgrundsätze wahr, sondern auch, daß die der anderen Religionen falsch, ja sogar böse seien. In einer Entwicklungsphase, in der die Angst vor Strafe wahrscheinlich eine wesentliche Rolle in den kindlichen Moralvorstellungen spielt, lernen also Kinder häufig, daß diejenigen, die nicht an die Grundsätze jener Religion glauben, in die sie selbst hinein sozialisiert wurden, und die entsprechend auch deren Gebote nicht befolgen, streng bestraft werden – beispielsweise in einem ewigen Jenseits – und zudem die Ablehnung und Mißbilligung ihrer Gemeinschaft oder Familie riskieren. Religiöse Überzeugungen werden im allgemeinen in so früher Kindheit eingepflanzt und sind zumeist auch mit derartigen Sanktionen verknüpft, daß es nicht verwundert, wenn viele Menschen ihren Glauben für identitätskonstitutiv halten.[67]

Zweitens verstärkt die patriarchale Prägung aller Religionen diesen Prozeß. Für Frauen und Mädchen meint Religionsfreiheit daher häufig die Freiheit, in sehr jungen Jahren eine Vorstellung von einem eigenen Selbst verinnerlichen zu dürfen, das sich als minderwertig, gehörig untergeordnet, als ein Gefäß der Sünde und als unrein betrachtet und das seine Bestimmung darin sieht, den Männern als sexuelles Eigentum und als Instrument der Reproduktion zu dienen. (Und wer darin kein ernsthaftes Problem erkennt, der kann die Kategorie Geschlecht durch Rasse ersetzen).

Diese beiden Merkmale von Religion sorgen für heftiges Leid. Doch dieser Zwangscharakter der Religion wird bis heute so wenig als Problem erkannt, daß man sie statt dessen als schützenswertes Menschenrecht für sakrosankt erklärt. In den wichtigsten internationalen Menschenrechtsdeklarationen gilt, gleichrangig mit der Freiheit des Gedankens, des Gewissens und der Religion sowie mit dem Recht, seine Religionszugehörigkeit und seinen Glauben zu ändern: »die Freiheit der Eltern und gegebenenfalls die des Vormunds oder Pflegers, *die religiöse und sitt-*

67 Über den Einfluß der religiösen Erziehung auf den späteren Glauben im Kontext der USA vgl. Mary E. Becker, »The Politics of Women's Wrongs and the Bill of ›Rights‹: A Bicentennial Perspective«, in: *The University of Chicago Law Review* 59 (1992) 1, S. 453-517, besonders S. 477 f. Berücksichtigt man, daß in den öffentlichen und meist besuchten Schulen Amerikas der Religionsunterricht verboten ist, so dürfte der Anteil der Kinder, die später den Glauben, in dem sie erzogen wurden, auch praktizieren, voraussichtlich in den Ländern größer sein, in denen Religion Unterrichtsfach ist. Über das Spannungsverhältnis zwischen dem Recht auf freie Religionsausübung für Schüler, Eltern und Lehrer einerseits und dem Staat andererseits vgl. D. M. Clarke, »Freedom of Thought in Schools: A Comparative Study«, in: *International and Comparative Law Quarterly* 35 (1986), S. 271-301. Vgl. auch James G. Dwyer, »Parents' Religion and Children's Welfare: Debunking the Doctrine of Parents' Rights«, in: *California Law Review* 82 (Dezember 1994), S. 1371.

liche Erziehung ihrer Kinder in Übereinstimmung mit ihren eigenen Überzeugungen sicherzustellen«.[68]

Anders stellte sich die Religionsfreiheit dar, wenn eine erwachsene Person, die nicht religiös erzogen wurde, aus einer Reihe von Religionen eine Auswahl treffen könnte.[69] Entschiede sich unter solchen Umständen eine erwachsene Frau für eine Religion, die die untergeordnete Stellung des weiblichen Geschlechts verficht, so wäre es schwierig, darin eine Nötigung zu sehen; denn die Frau hatte Alternativen und hat sich, aus welchen Gründen auch immer, für die eine entschieden. Aber dieser Fall ist selten. Konvertiten sind zwar meist die überzeugtesten Gläubigen, aber sie sind in diesem Kontext eine zu vernachlässigende Gruppe.

Schon Rousseau geht auf ein Paradox ein, das sich aus seiner Argumentation ergibt: Wenn als Kriterium für legitimes Recht die Übereinstimmung mit dem Gemeinwillen zu gelten hat, dann kann dies dazu führen, daß ein Individuum zur »Freiheit gezwungen wird«. Wie ich die Situation sehe, besteht die Religionsfreiheit für einen Großteil der Frauen weltweit in der »Freiheit, einem Zwang unterworfen zu sein« – in der »Freiheit« mancher, sich körperlich verstümmeln oder schon im Kindesalter verheiraten zu lassen; in der Freiheit anderer, in ihren Bewegungen, ihrem Handeln oder ihrer Kleidung eingeschränkt zu sein; in der Freiheit vieler, kein Ich-Gefühl entwickeln zu dürfen und die Identität eines Menschen annehmen zu müssen, der in keinem Bereich seines Lebens gleichberechtigt ist.

Natürlich gibt es viele Gründe dafür, weshalb die Religionsfrei-

68 Die ersten Aspekte sind Zusammenfassungen aus der *UN-Menschenrechtserklärung* (1948); der dritte Aspekt ist zitiert nach dem *Internationalen Pakt über wirtschaftliche, soziale und kulturelle Rechte*, Art. 13 (3), (1996), und aus dem *Internationalen Pakt über bürgerliche und politische Rechte*, Art. 18 (4), (1966), aus: *Menschenrechte – Ihr internationaler Schutz*, a.a.O., S. 70 und S. 29.

69 Auf den ersten Blick erscheint es ziemlich unmöglich, Kinder ohne bestimmte religiöse Überzeugungen aufzuziehen. Jedoch könnte man Kinder mit Religion bekannt machen, indem man ihnen sagt, daß manche Menschen einem Ensemble von Glaubenssätzen und -praktiken X anhängen, andere an Y oder Z glauben und andere wiederum gar keinem Glauben anhängen. Und man könnte ihnen vermitteln, daß sie sich hinsichtlich einer Religion frei entscheiden können, sobald sie erwachsen werden.

heit als ein wichtiges Menschenrecht zu betrachten sei – doch sind sie zu vielfältig und zu vielschichtig, als daß sie hier ausgeführt werden könnten. Niemand, der einen Sinn für Geschichte oder für Ereignisse in der Gegenwart hat, wird das immense Unheil leugnen können, das angerichtet wurde, wenn intolerante Religionen sich gegenseitig oder auch tolerantere Religionen auszulöschen versuchten. Zieht man alle diese Erwägungen in Betracht, dann liegt der Schluß nahe, daß die Religionsfreiheit ein zu kostbares Rechtsgut sei, um es hinzugeben oder auch nur einzuschränken – trotz der katastrophalen Folgen, die es für viele Frauen hat. Doch oftmals wird den negativen Seiten der Religionsfreiheit, wenn überhaupt, in Diskussionen nicht viel Gewicht beigemessen. Zudem wurden das große Leid und das harte Unrecht, das Frauen im Namen der Religion zu erdulden hatten, überhaupt nicht als schwerwiegende Menschenrechtsverletzung wahrgenommen, und bis vor kurzem waren viele der Rechte, die für Frauen als Trägerinnen von Menschenrechten grundlegend sind, nicht einmal ausformuliert. Es mag teilweise diesen Gründen geschuldet sein, daß viele Menschenrechtsaktivisten der Religionsfreiheit anderen Rechten gegenüber so bereitwillig Priorität einräumten, ohne hinlänglich darüber nachzudenken, welche Zwänge mit Religion verbunden sind oder was Religionsfreiheit in der Praxis tatsächlich bedeutet.

Übersetzt von Ute Hehr

Henry Shue
Menschenrechte und kulturelle Differenz*

> »Jede gehaltvolle Darstellung von distributiver Gerechtigkeit ist eine partikularistische Darstellung.«
> *Michael Walzer*[1]

> »Die Menschenrechte der Frauen und der minderjährigen Mädchen sind ein unveräußerlicher, integraler und unabtrennbarer Bestandteil der allgemeinen Menschenrechte. Die volle und gleichberechtigte Teilnahme der Frauen am politischen, bürgerlichen, wirtschaftlichen, sozialen und kulturellen Leben auf nationaler, regionaler und internationaler Ebene und die Beseitigung jeder Form von Diskriminierung aufgrund des Geschlechts sind vorrangige Zielsetzung der internationalen Gemeinschaft. Geschlechtsspezifische Gewalt und alle Formen sexueller Belästigung und Ausbeutung, einschließlich

* Für hilfreiche Anregung und Kritik danke ich den Teilnehmern der Berliner Konferenz, insbesondere Henry S. Richardson, sowie den Teilnehmern eines Seminars über Menschenrechte an der Columbia University in New York.

1 Michael Walzer, *Spheres of Justice: A Defense of Pluralism and Equality*, New York: Basic Books 1983, S. 314. Deutsch: *Sphären der Gerechtigkeit: ein Plädoyer für Pluralität und Gleichheit*, Frankfurt am Main 1992. [In der auf deutsch vorliegenden Übersetzung lautet der Satz: »Jede konkrete Beschreibung von distributiver Gerechtigkeit ist ein Lokalkolorit.« Ebd., S. 442. Die Bedeutung des von Walzer gebrauchten Begriffes *local* ist damit nicht adäquat wiedergegeben. Angemessener scheint mir hier das Wort *partikularistisch*, das Christiana Goldmann, die Übersetzerin von Walzers Buch *Lokale Kritik – globale Standards*, Hamburg 1996, zumeist verwendet. A.d.Ü.] Zwar bezieht sich der zitierte Satz auf Konzeptionen von Gerechtigkeit; Walzer ist jedoch erklärtermaßen der Auffassung, daß alle Konzeptionen von Moral, die von Gerechtigkeit inbegriffen, den gleichen Grundzug aufweisen: nur als partikulare können sie (wirklich) Dichte erlangen.

solcher, die auf kulturelle Vorurteile und den internationalen Menschenhandel zurückzuführen sind, sind mit der Würde und dem Wert der menschlichen Persönlichkeit unvereinbar und müssen beseitigt werden.«
Wiener Erklärung und Aktionsprogramm, I, 18[2]

Die Befürchtung, Konzeptionen von Moral (solche des Rechts inbegriffen) verlören, weil sie doch auf Universalität aus sind, die konkrete Reichhaltigkeit des tatsächlichen sozialen Lebens aus den Augen, läßt sich mindestens bis zu Hegel zurückverfolgen; sie findet sich aber auch in Marx' scharfsinniger Analyse »Zur Judenfrage« oder in zeitgenössischen Texten wie Charles Taylors »Atomism« oder Catherine MacKinnons »Crimes of War, Crimes of Peace«. Seit dem Erscheinen von »Zur Judenfrage« lautet der Standardeinwand, wenn nicht gar die grundlegende Kritik an Menschenrechtskonzeptionen überhaupt, daß sich Universalität nur um den Preis von Abstraktion gewinnen lasse, einer Abstraktion von jeglicher konkreten Form sozialen Lebens.[3] Einflußreich war auch Charles Taylors Formulierung, der zufolge eines der in »Atomism« behandelten Probleme im »Primat der Rechte« zu sehen sei.[4] In jüngerer Zeit brachte Catherine

2 »Wiener Erklärung und Aktionsprogramm«, in: *Gleiche Menschenrechte für alle. Dokumente zur Menschenrechtsweltkonferenz der Vereinten Nationen in Wien 1993*, hg. von der Deutschen Gesellschaft für die Vereinten Nationen e. V., DGVN-Texte 43, Bonn 1994, S. 19. Der »Wiener Erklärung und Aktionsprogramm« haben die Vertreter von 171 Staaten am 25. Juni 1993 »einstimmig zugestimmt«, ebd. S. 1.

3 Vgl. Karl Marx, »Zur Judenfrage«, in: *MEW*, Bd. 1, Berlin 1972, S. 347-377; der Aufsatz wurde erstmals 1844 publiziert. Eine gekürzte englische Fassung, die allerdings mit einem gehaltvollen Kommentar versehen ist, findet sich in: Jeremy Waldron (Hg.), *»Nonsense upon Stilts«. Bentham, Burke, and Marx on the Rights of Man*, London/New York 1987.

4 Vgl. Charles Taylor, »Atomism«, in: ders., *Philosophy and the Human Sciences. Philosophical Papers*, Bd. 2, Cambridge/New York 1985, S. 187-210. »Bei Theorien, die den Primat der Rechte behaupten, handelt es sich um solche, die es als Grundprinzip – oder zumindest als ein Grundprinzip – ihrer politischen Theorie betrachten, daß den Individuen bestimmte Rechte zuzuschreiben sind; wohingegen sie einem Prinzip der Zugehörigkeit oder der Verpflichtung, dem zufolge

MacKinnon in einer Prosa, die der eines Junghegelianers würdig ist, gegen universalistische Menschenrechtskonzeptionen vor, daß das, »was mit Frauen passiert, entweder zu partikular ist, um universell zu sein, oder zu universell, um partikular zu sein; das heißt, es ist entweder zu menschlich, um weiblich zu sein, oder zu weiblich, um menschlich zu sein«.[5] Ähnlich wie Marx das konkrete Problem des Judentums als Prüfstein ansah, an dem sich Rechtskonzeptionen zu bewähren hätten, so sieht MacKinnon die konkreten Probleme von Frauen, etwa das, wie die erschreckende Zahl von Vergewaltigungen während des Bosnienkrieges zu verstehen sei und wie darauf reagiert werden müsse, als Testfälle an.[6]

Derlei Kritiken an Rechtstheorien sind keineswegs alle gleich.[7] Allein schon Marx hat, wie Jeremy Waldron gezeigt hat, vier analytisch voneinander zu unterscheidende Strategien der Kritik entfaltet, und nachfolgende Kritiker haben diverse Seitenstränge

wir als Menschen die Verpflichtung haben, einer Gesellschaft anzugehören und sie aufrechtzuerhalten, einen solchen prinzipiellen Status absprechen ...« Ebd., S. 188. »Atomism« erschien erstmals 1979. Taylor hat sich vor nicht allzu langer Zeit diesem Problem erneut gewidmet in: »Cross-Purposes: The Liberal-Communitarian Debate«, in: Nancy Rosenblum (Hg.), *Liberalism and the Moral Life*, Cambridge, Mass. 1989.

5 Catherine MacKinnon, »Kriegsverbrechen, Friedensverbrechen«, in: Stephen Shute/Susan Hurley (Hg.), *Die Idee der Menschenrechte*, Frankfurt am Main 1996, S. 85. Da ich hier nur auf die gedankliche Konstruktion, nicht aber auf den spezifischen Inhalt eingehe, sollte ich wenigstens noch erwähnen, daß es sich bei diesem Essay um eine flammende Verteidigungsrede für die Frauen in Bosnien und überhaupt für all die Frauen handelt, die Opfer von Kriegen sind, eine Verteidigungsrede, die an das Ideal der Gleichheit appelliert.

6 Carol C. Gould hat schon viel früher und sehr viel systematischer die Marxsche Kritik der abstrakten Universalität darauf übertragen, wie Philosophen das Thema Frau abgehandelt haben, und dies in einem Vortrag, der ironischerweise in Jugoslawien gehalten wurde: »The Woman Question: Philosophy of Liberation and the Liberation of Philosophy«, in: *The Philosophical Forum* 5, Heft 1-2 (Herbst/Winter 1973/74), S. 5-44. Ebenso relevant für dieses Thema ist der Aufsatz von Carol C. Gould, »Cultural Justice and the Limits of Difference: Perspectives on Ethnicity and Nationality«, Typoskript.

7 Ich danke Blain E. Neufeld für den nachdrücklichen Hinweis auf die Bedeutung dieser Unterschiede.

verfolgt und jeweils auf ihre Weise ausgearbeitet.[8] Ich möchte aus diesem reichhaltigen Angebot in Kürze nur ein Moment hervorheben und umreißen, ohne dabei zu unterstellen, daß dieses nun exakt einem der bereits erwähnten Ansätze entspräche.

Konzeptionen von Moral – so könnte eine Kritik lauten – unterliegen, sobald sie von der Subtilität und dem Gehalt jeglicher besonderen Lebensform losgelöst sind, einer doppelten Gefahr: der der Abstraktheit und der des Atomismus. Beide sind zwar voneinander unterschieden, verstärken sich jedoch wechselseitig. Indem ein Theoretiker beispielsweise eine Rechtskonzeption mit dem menschlichen Leben im allgemeinen – mit dem menschlichen Leben als solchem – begründen will, kappt er die Taue, die seine Konzeption an irgendeiner erkennbaren Form menschlichen Lebens festmachen; derart bar jeglicher Verankerung, driften die Konzeptionen zwischen den Phantasien (und den Computerdisketten) der einzelnen Theoretiker. Daraus resultiert als erstes ein Übermaß an Abstraktheit. Die menschlichen Individuen, auf diese Weise aller charakteristischen Merkmale entkleidet und bis auf die Knochen entblößt, nehmen sich wie unterschiedslose Skelette aus; ob sie männlich oder weiblich, afrikanischer oder skandinavischer Abstammung, senil oder infantil sind, ist ihnen nicht anzusehen. Da man sie aus allen besonderen – emotionalen, politischen oder geschlechtsbedingten – Bindungen herausgeschält hat, verfügen sie über keinerlei Individualität mehr; was eine charakteristische Identität ausmachen könnte – die besonderen Interessen, Pläne, Gefühle der Liebe und des Hasses –, all dessen sind sie beraubt. Sie sind zu unterschiedslos, um sich gegenseitig attraktiv oder abstoßend finden zu können. Also prallen sie aufeinander, paaren sich und trennen sich wieder in allen möglichen Kombinationen, aber ohne daß daraus besondere Effekte oder Affekte entstünden. Mit anderen Worten: Ein weiteres Resultat von Abstraktion kann Atomismus sein. Und so weiter – ich will lediglich ein Element des wohlbekannten, allgemeinen Aufschreis beschwören.

Nun, da die Welt offensichtlich aus serbischen Christen besteht, die bosnische Moslems vergewaltigen und umbringen, aus

8 Bei Jeremy Waldron findet sich eine nützliche Unterscheidung von vier Kritikstrategien: exzessive Abstraktheit, Rationalismus, Individualismus und Egoismus; vgl. ders., *»Nonsense upon Stilts«*, a.a.O., S. 166.

ruandischen Hutus, die ruandische Tutsis massakrieren, aus Türken, die auf Kurdenjagd gehen, aus Russen, die Tschetschenen jagen, aus Amerikanern und Deutschen, die vorgeben, daß all dies in Wahrheit gar nicht stattfände, und aus vielen anderen mehr, so drängt sich natürlich der Gedanke auf, daß man der Abstraktheit und dem Atomismus begegnen müsse, indem man auf der Ebene der tatsächlichen menschlichen Gesellschaft oder Kultur mit all ihren sei es erschreckenden, sei es anregenden Eigentümlichkeiten ansetzt. Wenn doch die Menschheit niemals kulturell nackt anzutreffen ist – selbst die physisch nackten und Hunger leidenden Kinder sprechen noch eine bestimmte Sprache, glauben noch an bestimmte Märchen und beten noch zu identifizierbaren, wenn auch ebenso stummen Göttern –, so sind wir gut beraten, unsere Wertschätzung und unser Begreifen an jenen verwickelten Formen zu erproben, in denen die Menschheit immer schon verkörpert ist. Es steht uns dann immer noch frei, nach Ähnlichkeiten Ausschau zu halten, versuchsweise zu verallgemeinern oder zu argumentieren, daß voneinander verschiedene Strukturen gleichwohl die gleiche Funktion erfüllen; aber wir können nicht einen kulturübergreifenden Kern postulieren, solange wir nicht einen solchen entdecken. Um aber einen solchen zu entdecken, müssen wir bei dem bunten Gewimmel kontingenter Sitten und Gebräuche ansetzen, die innerhalb einer lebendigen, pulsierenden und funktionierenden menschlichen Gemeinschaft geteilt werden. Beispielhaft illustrieren läßt sich diese Art von Alternative an dem Ansatz, der von einem der bereits erwähnten Kritiker der abstrakten Universalität stammt. Ich werde hier auf einen erst jüngst veröffentlichten Essay von Michael Walzer zurückgreifen, der schon lange und beständig seine Anstrengungen darauf konzentriert, eine Position zu formulieren, die die Vielgestaltigkeit existierender Kulturen ernst nimmt.

Konvergenz in konkreten Fällen

Am Ende werde ich, allgemein formuliert, einen Teil jenes breiten mittleren Feldes beackert haben, das zwischen dem liegt, was Walzer verteidigt, und dem, was er (seiner Darstellung zufolge) attackiert (sowie zwischen dem, was – meiner Ansicht nach, die ich allerdings nicht belegen werde – Marx, Taylor und MacKinnon jeweils verteidigen oder angreifen). Walzer wendet sich gegen eine Argumentationsweise, die von spezifischer, das heißt gehaltvoller moralischer Argumention zu abstrahieren sucht, ihrerseits aber »reich an Bezügen ist, kulturell gesättigt und in ein konkretes lokales Symbolsystem oder Bedeutungsgeflecht eingewoben« ist.[9] Insbesondere hat sich Walzer auf den »Prozeduralismus« eingeschossen, den er in Jürgen Habermas' und Bruce Ackermans Schriften repräsentiert sieht sowie in dem – ihm allerdings weniger kritikwürdig erscheinenden – Werk von Stuart Hampshire.[10] Ich möchte später darauf eingehen, inwieweit eine Argumention reich an Bezügen und mit einem Symbolsystem oder Bedeutungsgeflecht eng verwoben sein kann, ohne daß die-

9 Michael Walzer, *Lokale Kritik – globale Standards. Zwei Formen moralischer Auseinandersetzung*, Hamburg 1996 (Original: *Thick and Thin. Moral Arguments at Home and Abroad*, Notre Dame/Indiana 1994), S. 199, Anm. 3. Walzer merkt an, daß er den Terminus »dicht« dem einflußreichen Begriff »dichte Beschreibung« seines Kollegen Clifford Geertz entnommen habe, um mit dieser Terminologie zu unterstreichen, daß er sich auf die von den Menschen selbst hervorgebrachten moralischen Argumente bezieht und nicht darauf, wie Sozialwissenschaftler die moralischen Argumente anderer Menschen darstellen. Die Seiten 13-36 [das Kapitel: »Moralischer Minimalismus«], aus denen ich im folgenden zitieren werde, wurden erstmals veröffentlicht unter dem Titel »Moral Minimalism« in: William R. Shea/Antonio Spadafora (Hg.), *From the Twilight of Probability: Ethics and Politics*, Canton, Mass. 1992, S. 3-14. Nachdem ich dieses Kapitel abgeschlossen hatte, erschien ein sehr hilfreicher Band, der einige Walzers Sichtweise kritisierende Aufsätze sowie eine Antwort Walzers auf seine Kritiker enthält: David Miller und Michael Walzer, *Pluralism, Justice, and Equality*, Oxford/New York 1995.

10 Zu Habermas vgl. ebd., S. 26 ff.; zu Ackerman, S. 28 f. Der Hinweis auf Hampshire, der vielleicht weniger einleuchtet als die anderen, bezieht sich auf Hampshires Entwurf eines »dünnen Begriff(s) von minimaler prozeduraler Gerechtigkeit« in: St. Hampshire, *Innocence and Experience*, Cambridge, Mass. 1989, S. 72-78. Wahrscheinlich würde Walzer heute auch Brian Barry zu den prozeduralistischen Theoretikern zählen: Brain Barry, *Justice as Impartiality. A Treatise on Social Justice*, Bd. II, Oxford 1995. Barrys besondere Quelle der Inspiration ist Thomas M. Scanlon, »Contractualism and Utilitarianism«, in: Amartya Sen/Bernard Williams (Hg.), *Utilitarianism and Beyond*, Cambridge/New York 1982, S. 103-128.

ses Symbolsystem oder Bedeutungsgeflecht von lediglich partikularistischer Bedeutung wäre oder nur von einer einzigen Kultur geprägt wäre. Die Möglichkeiten, mit denen wir konfrontiert sind, sind – so werde ich behaupten – weit vielfältiger als die Dichotomie von »dichtem« Partikularismus und »dünnem« Universalismus. Doch zuvor möchte ich kurz dasjenige skizzieren, was man als Walzers partikularistische Wende bezeichnen könnte.

Walzer schreibt: »Jede Moral ist von Anfang an ›dicht‹, das heißt kulturell integriert und Teil eines komplizierten Gewebes; nur zu besonderen Anlässen erweist sie sich als ›dünn‹.«[11] Als Beispiel für eine solche Gelegenheit dienen ihm Bilder aus den amerikanischen Fernseh-Nachrichten, in denen er im Jahre 1989 sah, wie Menschen durch die Prager Straßen marschierten und Transparente mit den Parolen »Wahrheit« und »Gerechtigkeit« trugen. Dabei wurde ihm erstens klar, daß er, obgleich die Spruchbänder offenbar die Spitze eines moralisch-intellektuellen Eisbergs darstellten, diesen nicht auszuloten [mein Bild, H. S.] wußte, da er die tiefe, dichte Bedeutung von Wahrheit und Gerechtigkeit in der tschechischen Gesellschaft nicht kannte; zweitens aber wurde ihm bewußt, daß er »die von den Demonstranten verteidigten Werte« erkannte und auch billigte: »Die Demonstranten gehörten einer mir weitgehend unvertrauten Kultur an. […] Und dennoch hätte ich ohne Schwierigkeiten in ihrer Mitte marschieren, dieselben Transparente hochhalten können.«[12] Die Tatsache, daß er die gleichen Transparente wie die Prager Demonstranten hätte tragen können, dient Walzer als Hinweis dafür, daß es neben dem »dichten«, kulturspezifischen auch ein »dünnes«, kulturübergreifend geteiltes Moment von »Wahrheit« und »Gerechtigkeit« gibt.[13]

Walzer nimmt eine scharfe Trennung vor zwischen konkreten Fallgeschichten, in denen es eine »dünne« kulturübergreifende Übereinstimmung gibt, und theoretischen Begründungen, wo »dichte« Nicht-Übereinstimmung herrscht. Ich überspringe kurz einiges in seinem Essay, um auf eine Argumention einzuge-

11 Walzer, *Lokale Kritik – globale Standards*, a.a.O., S. 17.

12 Ebd., S. 13.

13 Es könnte auch jemand, so ließe sich für unsere Zwecke hier vermuten, ein Transparent getragen haben, auf dem »Menschenrechte« geschrieben stand; die Argumentation bliebe gleichwohl die gleiche.

hen, die er in bezug auf theoretische Rechtfertigungen entwirft und deren erster, nachfolgend zitierter Satz mir als Erläuterung dessen dient, was mit »substantieller Darstellung« und was mit »gehaltvoller Darstellung« (in dem Zitat aus *Sphären der Gerechtigkeit*, das zu Beginn dieses Aufsatzes steht) gemeint ist; danach komme ich auf seine Äußerungen zu konkreten Fallgeschichten zurück:

»Gleichwohl ist eine *substantielle Darstellung* des moralischen Minimums möglich. [Hervorhebung hinzugefügt, H. S.] Solange wir uns dessen bewußt sind, daß es sich dabei zwangsläufig auch um einen Ausdruck unserer eigenen dichten Moral handelt, scheint mir daran nichts Falsches zu sein. Vermutlich werden wir kein moralisches Pendant zum Esperanto formulieren können – oder genauer gesagt: Wie das Esperanto den europäischen Sprachen sehr viel näher steht als anderen, so wird auch der Minimalismus, sobald er als »Minimalmoral« ausgedrückt wird, unvermeidlich Sprache und Ausrichtung einer der maximalen Moralauffassungen annehmen. Es gibt keine neutrale (nicht-expressive) moralische Sprache.«[14]

Das hier implizierte Argument erinnert an die Argumention von Wissenschaftstheoretikern, der zufolge es keine theorieneutrale Beobachtungssprache gibt, da alle für die Beobachtung unentbehrlichen Begriffe selbst theoriebeladen sind (so daß es keine neutrale Beschreibung eines »kritischen Experiments« geben kann, das zwischen zwei einander ausschließenden Theorien einen Schiedsspruch zu fällen erlaubte). Die unterschiedlichen theoretischen Begründungen oder Moraltheorien, die in den einzelnen Kulturen jeweils die »dichte« Moral dieser Kultur konstituieren und die hinter den (häufig kulturübergreifend geteilten) Urteilen über konkrete Fallgeschichten stehen, seien in Wirklichkeit nicht ineinander übersetzbar. Das damit inaugurierte Bild überträgt das philosophische Problem, wie andere geistige Wesen oder Privatsprachen zu verstehen sind, auf die Ebene der Gesellschaft, wobei sich privat hier weniger auf Individuen als auf Kulturen bezöge.

14 Ebd., S. 23 f. [Ich habe die Übersetzung des ersten Satz modifiziert, da sonst der Unterschied zwischen »substantiell« und »gehaltvoll«, den Shue macht, nicht deutlich werden kann. Shue gebraucht den Begriff *substantial*, wenn er sich auf den moralischen Minimalismus bezieht, und den Begriff *substantive*, wenn von dichter Moral die Rede ist. A.d.Ü.]

Ich sehe überhaupt keinen Grund, weshalb man dieses Bild in sich abgekapselter monadischer Kulturen akzeptieren sollte, und ich denke, unsere Praxis straft es schlicht Lügen.[15] Sicherlich lassen sich manche Subtilitäten oder Tiefsinnigkeiten einer besonderen Kultur samt ihren feinsinnigsten moralischen Reflexionen nicht leicht oder eventuell auch gar nicht übersetzen. Gleichwohl scheint die These von der generellen Nichtübersetzbarkeit doch arg übertrieben, ganz abgesehen von den ernsthaften Schwierigkeiten, vor denen man steht, wenn man angeben sollte, wodurch sich eine Kultur von der anderen unterscheidet.

Dagegen sind konkrete Fallgeschichten dasjenige, wo wir, nach Walzer, zumindest manchmal verstehen und zustimmen können und dies auch tun. Wenn auf dem Transparent eines Prager Demonstranten »Wahrheit« geschrieben stand, so war damit gemeint: »Die Demonstranten wollten von ihren politischen Führern wahre Äußerungen hören; sie wollten glauben können, was sie in den Zeitungen lasen, und sie wollten nicht länger belogen werden.« Wenn auf einem Transparent »Gerechtigkeit« zu lesen war, so meinte dies einfach: »Schluß mit den willkürlichen Verhaftungen, gleiche und unparteiische Rechtsprechung, Abschaffung aller Privilegien und Vorrechte der Parteielite – kurz gesagt, sie forderten eine ganz gewöhnliche Feld-, Wald- und Wiesengerechtigkeit.«[16] Die Gegenstände gemeinsamen Verstehens sind (relativ) konkrete Fallgeschichten: Beseitigt dieses oder jenes Privileg, laßt hier und dort das Lügen sein. Die aus dem Wasser herausragenden Spitzen des kulturellen Eisberges sind Fallgeschichten, vielleicht sogar paradigmatische Fallgeschichten.

Personen, die außerhalb der tschechischen Kultur (oder wie genau auch immer die jeweilige Kultur zu spezifizieren ist) stehen, können sehr gut (oder einigermaßen) nachvollziehen, was die Demonstranten wollen, und wir können, wenn wir uns dazu entscheiden, ihren Forderungen beipflichten und sie unterstützen. Man kann ihnen freilich auch entgegentreten, nicht weil man die Forderungen nicht, sondern gerade weil man sie verstanden hat. Was das Verstehen – im Unterschied zur Zustimmung –

15 Wenn ich mich recht entsinne, stellt Onora O'Neill die gleichen Überlegungen an in: *Constructions of Reason: Exploration of Kant's Practical Philosophy*, Cambridge/New York 1989.

16 Walzer, *Lokale Kritik – globale Standards*, a.a.O., S. 14.

anbetrifft, besteht sicherlich ein Konsens oder eine Konvergenz, zumindest in bezug auf einige wichtige Fallgeschichten. Und auch wenn es zweifellos einige Außenstehende gegeben hat, die die Forderungen der Demonstranten ablehnten, so gibt es doch keinen Grund zu der Annahme, daß jeder, der aus einer anderen Kultur stammt (wie auch immer deren individuelle Eigenart zu bestimmen wäre), die Urteile der Demonstranten über die Fallgeschichten systematisch mißverstanden hätte, während er ihre theoretischen Rechtfertigungen, hätten sie solche abgegeben, wohl eher hätte mißverstehen können. Mit Sicherheit wollten die Demonstranten auch noch manches andere, von denen viele der Außenstehenden nichts wußten; doch liegt dies schlicht an einem Mangel an Information, den wir, sollte es uns wichtig sein, beheben könnten; es liegt nicht an irgendeiner unergründlichen Nichtübersetzbarkeit, die unüberwindlich wäre.

Daß gerade die konkreten Fallgeschichten eine kulturüberschreitende Konvergenz in Gang setzen, diese Auffassung Walzers läßt sich besonders gut an seinen Ausführungen zum Propheten Jesajas illustrieren; dieser hatte, wie im Alten Testament steht, prophezeit, daß all jene verdammt werden, die »das Antlitz der Armen zermalmen«[17]:

»Was auch immer die Leute zu diesen Fragen sagen werden, es wird ein wesentlicher Bestandteil dessen sein, was sie auch über alles andere sagen. Doch einige Aspekte ihrer Urteile – vermutlich ihre negative Seite, ihre Verurteilung von Grausamkeit (»das Antlitz zermalmen«) – werden auch jenen Menschen unmittelbar verständlich sein, die über die anderen Bestandteile ihrer Lebenswelt nichts wissen. Nahezu jeder, der hinsieht, wird hier etwas wahrnehmen, das er wiedererkennt. Unter minimaler Moral verstehe ich die Summe all dessen, was wir wiedererkennen [...] das ist Moral pur.«[18]

»Jede *gehaltvolle Darstellung* von distributiver Gerechtigkeit ist eine partikularistische Darstellung« [Hervorhebung von mir, H. S.] – dies war das Thema der *Sphären der Gerechtigkeit*. Walzer hält dies noch immer, wenn auch nicht notwendigerweise, so doch kontingenterweise für richtig:

»Gesellschaften sind zwangsläufig partikular, weil sie aus Mitgliedern und Erinnerungen bestehen, aus Mitgliedern *mit* Erinnerungen an ihr

17 Jesaja 3, 15.
18 Walzer, *Lokale Kritik – globale Standards*, a.a.O., S. 19.

eigenes und an ihr gemeinsames Leben. Demgegenüber hat die Menschheit zwar Mitglieder, aber keine Erinnerung, und folglich verfügt sie auch über keine Geschichte, keine Kultur, keine überlieferten Bräuche, keine vertrauten Lebensweisen, keine Feste, kein gemeinsames Verständnis sozialer Güter ... Was den Minimalismus wertvoll macht, sind die Begegnungen, die er ermöglicht und deren Ergebnis er zugleich ist. Indes sind die Begegnungen nicht – wenigstens noch nicht zum jetzigen Zeitpunkt – dauerhaft genug, um eine dichte Moral zu erzeugen.«[19]

Wenn es keine gemeinsame Kultur und keine gemeinsamen Bräuche gibt, kann es auch keine gemeinsame Ethik geben, ausgenommen bei jenen Fallgeschichten, die Konsens und somit »Moral pur« erzeugen.[20] Jedoch wird zu guter Letzt erneut unterstrichen:

»Allerdings möchte ich noch einmal betonen, daß das moralische Minimum keine freischwebende Moral ist. Es bezeichnet lediglich einige immer wieder auftauchenden Merkmale bestimmter dichter oder maximaler Moralauffassungen.«[21]

Als Darstellung des Status quo scheint mir dies bestenfalls ein Irrtum zu sein; als ein politischer und moralischer Ratschlag scheint er gänzlich in die falsche Richtung zu gehen. Ich werde später erklären, weshalb.

In *Lokale Kritik – globale Standards* verficht Walzer einen Relativismus oder Partikularismus von Theorien und einen Nicht-Relativismus oder eine Annäherung der Perspektiven bei (zumindest manchen) Fallgeschichten. In dieser Zweigleisigkeit sehe

19 Ebd., S. 22 und S. 36.
20 Um gerecht gegen Walzer zu sein, muß man anmerken, daß die »dünne« universelle Moral durchaus praktische Tragweite hat: »Möglicherweise wird als Endergebnis dieser Bemühungen eine Reihe von Maßstäben herausspringen, an denen sich alle Gesellschaften messen lassen – und sehr wahrscheinlich wird es sich dabei um negative Gebote handeln, um Vorschriften gegen Mord, Täuschung, Folter, Unterdrückung und Tyrannei.« Ebd., S. 24. (Für die Behauptung, daß diese Maßstäbe wahrscheinlich alle negativer Natur sein werden, wird keine Begründung geliefert.) Nach Maßgabe einiger dieser Maßstäbe könne sogar in manchen Fällen militärische Intervention gerechtfertigt sein (vgl. S. 31 f.); dies paßt im großen und ganzen zu Walzers einflußreicher Sichtweise zum Thema Intervention, die er bereits in *Just and Unjust Wars* entwickelt hat. Vgl. *Gibt es einen gerechten Krieg?*, Stuttgart: Klett-Cotta 1983.
21 Walzer, *Lokale Kritik – globale Standards*, a.a.O., S. 24 f.

ich unter anderem den Versuch Walzers, den generellen Relativismus, den ihm Ronald Dworkin in seiner Entgegnung auf *Sphären der Gerechtigkeit* vorgeworfen hat, zu vermeiden, ohne dabei seine eigene Auffassung von der tiefreichenden ethischen und kulturellen Differenz aufgeben zu müssen.[22] Aufgrund dieser Zweigleisigkeit ähnelt Walzers Darstellung der internationalen Ebene der Rawlsschen Darstellung der nationalen Ebene, mit seiner Vorstellung eines übergreifenden Konsenses, der von unterschiedlichen Ausgangspunkten her erreicht wird.[23] Bei Rawls allerdings basiert der Konsens auf fundamentalen Gerechtigkeitsprinzipien, während er bei Walzer auf einer Vielzahl konkreter Fallgeschichten basiert, unter anderem auf solchen, wo es um Gerechtigkeit geht. Auch bezeichnet Rawls die divergierenden Ansichten, die vor der Einigung auf bestimmte Grundsätze liegen, nicht im strengen Sinne als unübersetzbar; da Rawls jedoch keine Möglichkeit sieht, zwischen diesen divergierenden Ansichten, die er als liberal oder hierarchisch bezeichnet, einen Schiedsspruch zu fällen, mögen auch sie unübersetzbar sein – allemal erweist sich die Meinungsverschiedenheit als unentscheidbar.[24] Der grundlegende Unterschied besteht darin, daß

22 Was die Auseinandersetzung anbetrifft, die zur Zeit der Veröffentlichung geführt wurde, vgl. Ronald Dworkin, »To Each His Own«, in: *New York Review of Books*, 14. April 1983, S. 4-6, sowie Briefe von Michael Walzer und Ronald Dworkin in: *New York Review of Books*, 21. Juli 1983, S. 43-46. Ein sich nachträglich damit befassender, instruktiver Kommentar findet sich bei William A. Galston, *Liberal Purposes: Goods, Virtues, and Diversity in the Liberal State, Cambridge Studies in Philosophy and Public Policy*, Cambridge/New York 1991, S. 42-54.

23 Vgl. John Rawls, *Politischer Liberalismus*, 4. Vorlesung: »Die Idee eines übergreifenden Konsenses«, Frankfurt am Main 1998. Besonders wichtige Rezensionen hierzu: Susan Moller Okin, *American Political Science Review* 87, Heft 4 (Dezember 1993), S. 1010 f., sowie Brian Barry, »John Rawls and the Search for Stability«, in: *Ethics* 105 (Juli 1995), S. 874-915.

24 In »The Law of Peoples«, seinem Streifzug durch das Gebiet der internationalen Fragen, scheint mir Rawls praktisch die liberale und die hierarchische Gesellschaft wie *black boxes* einander gegenüberzustellen, als wären sie auf dieser Ebene genauso völlig undurchdringlich gegeneinander, wie die Walzersche Theorie behauptet; vgl. John Rawls, »Das Völkerrecht«, in: Stephen Shute und Susan Hurley

für Walzer die unentscheidbaren Meinungsverschiedenheiten offenbar noch tiefer reichen als bei Rawls; Walzer zufolge können sich die Mitglieder unterschiedlicher Gesellschaften und Kulturen allenfalls über einzelne Fallgeschichten einigen.[25] So verlokkend es auch sein mag, so muß ich in diesem kurzen Aufsatz doch der Versuchung widerstehen, dem hier angedeuteten Vergleich zwischen Walzer und Rawls und ihrer Behandlung des Themas Konvergenz und Divergenz weiter nachzugehen.

Quellen der Abstraktion

Auch wenn ich Walzers positive Darstellung der Situation keineswegs überzeugend finde – die meisten Gründe hierfür sind schon benannt –, so denke ich gleichwohl, daß man den Kritikpunkt, dem zufolge Rechtstheorien zumindest in manchen Fällen viel zu abstrakt seien, nur schwer von der Hand weisen kann.[26] Ich möchte in diesem Abschnitt eine der Quellen, der

(Hg.), *Die Idee der Menschenrechte*, Frankfurt am Main 1996, S. 63 ff. und S. 71 ff. Andererseits konstatiert er durchaus eine gemeinsame Verpflichtung auf ein ganzes Bündel von Grundrechten in »wohlgeordneten« hierarchischen und liberalen Gesellschaften.

25 Insofern die Grundsätze, die auf diese Fallgeschichten zutreffen, dem entsprechen, was Rawls vor langer Zeit als »zusammenfassende Regeln« bezeichnet hat, und insofern diese ganz einfach deckungsgleich sind mit den darunter gefaßten Fallgeschichten, müßte Walzer freilich zugestehen, daß (zusammenfassende) Grundsätze geteilt werden. Dies klingt allerdings recht trivial, und deshalb interessiert sich auch niemand – mit Sicherheit weder Walzer noch Rawls – für zusammenfassende Regeln. Zum Begriff der zusammenfassenden Regel vgl. John Rawls, »Two Concepts of Rules«, in: *Philosophical Review* 64 (1955), S. 3-32.

26 Onora O'Neill unterscheidet zwischen Abstraktion, die selektiv etwas wegläßt, und Idealisierung, die selektiv hinzufügt: »Bei der Abstraktion, nimmt man sie wörtlich, handelt es sich um einen Akt des selektiven Fortlassens, um das Übergehen einiger Prädikate in der Beschreibung oder in der Theorie. Dem selektiven Fortlassen läßt sich kaum etwas entgegenhalten, es ist unvermeidlich. [...] Eine idealisierende Darstellung oder Theorie läßt nicht einfach bestimmte Prädikate, die dem zu betrachtenden Gegenstand zukommen, fort, sondern fügt einige Prädikate hinzu, die dem zu betrachtenden Ge-

diese Tendenz zur Abstraktheit in zumindest einigen Darstellungen von Rechten geschuldet ist, einer genaueren Betrachtung unterziehen. Im folgenden Abschnitt dann werde ich ein Bild von der internationalen Situation entwerfen, das in scharfem Gegensatz zu dem Walzers steht und das einen anderen Weg eröffnet, um ausufernde Abstraktheit zu vermeiden: kulturüberschreitend, aber nicht partikularistisch. Ich bin der Ansicht, daß die Unbestimmtheit so mancher Rechtsliteratur tatsächlich aus dem klar zutage liegenden Versäumnis resultiert, das Thema Pflichten in die Rechtstheorie selbst einzubinden. Die tiefergreifenden Probleme sind nicht die von externen Kritikern heraufbeschworenen, sondern gehen aus der internen Logik der Rechte selbst hervor. Bei den unfertigen Stücken der Rechtstheorie handelt es sich um komplizierte Stücke, aber sie sind es, die die Rechtstheorie von ausufernder Abstraktheit abbringen können.

Die Schwierigkeiten scheinen mir heute beträchtlich größer, als ich zuvor annahm. Ich habe, seit ich mich mit Recht befasse, die Auffassung vertreten, daß die Verpflichtungen, die für die Durchsetzung von Rechten konstitutiv sind, allzusehr vereinfacht und allzuwenig analysiert wurden.[27] Es bleibt noch viel zu tun, um selbst auf dieser relativ abstrakten Ebene eine hinreichend differenzierte Analyse vorzulegen. Inzwischen empfinde ich jedoch die Tatsache, daß wir die Verpflichtungen nicht ernst genug genommen haben, nicht mehr nur als ein relativ nebensächliches Versäumnis, das mit ein paar wenigen Strichen wettzu-

genstand nicht zukommen. [...] Das ›Fortlassen‹ eines Prädikats beim Vorgang des Abstrahierens bedeutet lediglich: Es darf von diesem Prädikat, ob es auf den Gegenstand zutrifft oder nicht, nichts abhängen. Im Gegensatz dazu fügen wir beim Idealisieren einer Theorie ein Prädikat hinzu, und die Theorie läßt sich nur dort anwenden, wo dieses Prädikat zutrifft. [...] Bei vielen der Klagen, die sich gegen die Abstraktheit ethischer oder politischer Argumente richten, handelt es sich im Grunde um Klagen über das Vertrauen auf idealisierte handlungstheoretische Konzeptionen.« Onora O'Neill, »Ethical Reasoning and Ideological Pluralism«, in: *Ethics* 98, Heft 4 (Juli 1988), S. 705-722; die Zitate stammen von S. 711 f. Auch wenn ich dem zustimme, daß Idealisierung ihre eigenen Probleme aufwirft, so kann doch hartnäckige Abstraktion gleichwohl in einer Darstellung Elemente fortlassen, die unbedingt benötigt werden.

27 Vgl. Henry Shue, *Basic Rights: Subsistence, Affluence, and U. S. Foreign Policy*, Princeton, N.J. 1980, 2. Kapitel.

machen wäre und der Vollendung eines ansonsten festen Gefüges diente; vielmehr konfrontiert uns die Reflexion über dieses Versäumnis mit zentralen Problemen der Rechtstheorie selbst.[28]

Ganze Horden von zeitgenössischen »kommunitaristischen« Kritikern der Rechtstheorie haben, manchmal absichtlich, meistens jedoch unwissentlich, Versatzstücke der Rechtskritik aus der Marxschen Abhandlung »Zur Judenfrage« wiedergekäut, die, wie bereits erwähnt, ihrerseits bereits in gewissem Maße Hegel wiederkäute.[29] Die Attacke gegen den abstrakten Atomismus – oder, besser ausgedrückt, die doppelte Attacke gegen Abstraktheit und Atomismus, die Marx angesichts der einen Rechtskonzeption ritt, der er entgegentreten wollte – wird immer noch endlos wiederholt. Auf viele Rechtskonzeptionen trifft diese Attacke freilich vollkommen zu. Allerdings sah Marx, worauf Jeremy Waldron aufmerksam gemacht hat, sehr wohl Unterschiede zwischen den rechtstheoretischen Ansätzen; und er war ein weitaus unerbittlicherer Kritiker der »Menschenrechte« als der »Bür-

28 Diese Erkenntnis zeichnete sich bereits ab in Henry Shue, »Mediating Duties«, in: *Ethics* 98 (Juli 1988), S. 687-704, sowie in ders., »Negative Duties Toward All, Positive Duties Toward Some«, in: Peter Juviler und Bertram Gross unter Mitarbeit von Vladimir Kartashkin und Elena Lukasheva (Hg.), *Human Rights for the 21st Century: Foundations for Responsible Hope*, Armonk/New York/London 1993, S. 266-274. Onora O'Neill hat mich noch übertroffen, indem sie die Ansicht vertrat, Verpflichtungen seien von solcher Bedeutung, daß unsere Theorien auf Verpflichtungen, nicht auf Rechte gegründet sein sollten. Zwei verschiedene Antworten hierzu sowie weitere Stellungnahmen zu O'Neills Argumenten finden sich bei Thomas Pogge, »O'Neill über Rechte und Verpflichtungen«, in: *Grazer Studien* 43 (1992), S. 233-247; vgl. auch James W. Nickel, »How Human Rights Generate Duties to Protect and Provide«, in: *Human Rights Quarterly* 15 (1993), S. 77-86.

29 In reichlich plumper Form kommt dies etwa zum Ausdruck bei Mary Ann Glendon, *Rights Talk: The Impoverishment of Political Discourse*, New York 1991. Die kritischen Überlegungen Hegels rechnet Glendon Marx als Verdienst an, um ihnen dann vollen Herzens zuzustimmen: »Die vom 18. Jahrhundert deklarierten Rechte auf Leben, Freiheit und Eigentum sind, wie Karl Marx als erster herausarbeitete, in erster Linie die Rechte voneinander getrennter und unabhängiger Individuen.« Ebd., S. 47. – Glendon war die Leiterin der Delegation des Vatikans bei der Pekinger Konferenz über Frauenrechte im Jahre 1995.

gerrechte«, denn letztere schienen ihm, im Gegensatz zu den zuerst genannten, doch zumindest vereinbar mit dem »gesellschaftlichen Sein« und mit der Solidarität mit (zumindest einigen) anderen – was gerade das Gegenteil des abstrakten Atomismus ist, den er an der universalisierenden Theorie so verurteilte.[30] Marx selbst freilich interessierte sich nicht dafür, die verschiedenen Möglichkeiten der Konstruktion von Rechtstheorien auszuloten, in denen die Bindungen zum Ausdruck kommen, welche die menschliche Gesellschaft ausmachen; im Grunde jedoch empfiehlt er den Rechtstheoretikern das gleiche, was ich im Fall von Michael Walzer als partikularistische Wende bezeichnet habe: Versucht nicht länger, universelle Rechte zu formulieren, die Euch nur in leere Abstraktionen treiben und von der besonderen Vielfalt des sozialen Lebens völlig losgelöst sind; konzentriert Euch statt dessen auf die Rechte der Mitglieder einer einzelnen Gemeinschaft. Ironischerweise avancierte diese partikularistische Wende zum zentralen methodologischen Dogma der »Kommunitaristen«, die grundsätzlich von den gegebenen Formen einer existierenden Gesellschaft oder Kultur, von den existierenden sozialen Praktiken ausgehen wollen. Wir haben dies bei Michael Walzer bereits gesehen.

Ein anderes Mantra der populären »kommunitaristischen« Doktrin lautet: »Zu viele Rechte, zu wenig Verantwortung.«[31] Wollte man dies auf die abstraktesten Rechtskonzeptionen anwenden, so wäre »zu wenig Verantwortung« eine recht euphemistische Formulierung. Rechtstheorien enthalten sehr häufig keinerlei systematische Herleitung oder Bestimmung der Pflichten und Verantwortlichkeiten, die notwendig sind, damit die ausführlich erörterten Rechte überhaupt in der Wirklichkeit Gestalt annehmen können. Meine These lautet, daß in der Tat gerade diese Klage zum Kern des Problems führt.

Extreme Rechtstheorien vertreten die Auffassung oder unterstellen, daß der einzige Gehalt, den ein Recht haben kann, der der Freiheit ist: Alle Rechte sind Rechte auf Freiheit. Oder wie Hart argumentiert: Das Recht auf Freiheit kommt letztlich dem am

30 Vgl. Jeremy Waldron, »›Nonsense upon stilts‹? – A Reply«, in: ders. (Hg.), *»Nonsense upon stilts«. Bentham, Burke and Marx on the Rights of Man*, a.a.O., S. 129-132.

31 Dies ist, meines Erachtens, die popularisierende Version der Kritik, die Charles Taylor in »Atomism« vorbringt.

nächsten, was sich als natürliches Recht bezeichnen läßt. Fügt man dem noch einen relativ negativen Begriff von Freiheit hinzu, so kann man sich leicht einreden, daß sich bei der Analyse der Verpflichtungen, die zur Durchsetzung von Rechten nötig sind, keine interessanten theoretischen Probleme ergeben werden, geschweige denn bei der Frage, wer für die (nicht sichtbare) Vielfalt von Verpflichtungen zwischen jenen Menschen verantwortlich ist, die in einer (nicht sichtbaren) Vielfalt unterschiedlichster Beziehungen zu den Trägern der Freiheitsrechte stehen. Wenn der Gehalt des Rechts letztlich in der Nicht-Einmischung besteht, so scheint es auf der Hand zu liegen, daß der eigentliche Gehalt der zu seiner Durchsetzung nötigen Verpflichtungen ebenfalls in der Nicht-Einmischung besteht. Nun will ich dieser extremen Position, der zufolge die einzigen Rechte Rechte auf negative Freiheit sind, nicht allzuviel Raum geben. Man sollte jedoch zur Kenntnis nehmen, daß selbst solch extreme Annahmen unvermeidlich eine komplexere Darstellung der zur Durchsetzung nötigen Verpflichtungen erforderlich machen. Bei aktuellen Rechtsansprüchen handelt es sich fast immer, auch wenn dem keine logische Notwendigkeit zugrunde liegt, um ein Ersuchen um Schutz. Selbst wenn der Gehalt eines Rechts in der gänzlich negativen Bestimmung läge, vollkommen in Ruhe gelassen zu werden, so berufen sich Menschen doch nicht einfach auf das Recht, in Ruhe gelassen zu werden, um alle anderen Beteiligten davon bloß in Kenntnis zu setzen, damit diese, derart informiert, sich artig den Wünschen entsprechend verhalten können. Im Gegenteil. Jemand beruft sich auf das *Recht*, in Ruhe gelassen zu werden, um von Dritten Schutz zu erhalten gegenüber jenen anderen, die sich in Wahrheit nicht dazu entschließen können, jemanden in Ruhe zu lassen. Sobald auch nur dieser dürre Rechtsanspruch auf Schutz gegenüber Rechtsbrüchigen zugestanden wird, so muß, neben der Verpflichtung, andere in Ruhe zu lassen, der jeder Folge zu leisten hat – neben der universellen Verpflichtung zur Nicht-Einmischung also –, noch irgendwelchen Dritten die Verpflichtung auferlegt werden, die Rechtsinhaber vor jenen anderen zu schützen, die ihrer Verpflichtung zur Nicht-Einmischung nicht nachkommen.

Die strukturelle Minimalvoraussetzung dafür, daß irgendein Recht – und sei es ein Recht, dessen Gehalt vollkommen negativ ist – zwischen Menschen Gültigkeit erlangt, besteht demnach zumindest in zwei Arten von Verpflichtungen, die normalerweise auch unterschiedlich zu- und aufgeteilt werden: 1. die Verpflichtung, das Recht nicht zu verletzen (zum Beispiel die Verpflichtung zur Nicht-Einmischung, sofern der Gehalt des Rechts eine negative Freiheit ist), eine Verpflichtung, die üblicherweise universell an alle ergeht; und 2. die Verpflichtung, die Rechtsinhaber vor Rechtsbrüchen gegenüber Verpflichtung 1 zu schützen; diese wird üblicherweise nicht universell auf alle übertragen, sondern zumeist, gängigen Konventionen gemäß, dem Staat.[32]

Nun, dies ist alles recht ermüdend, insbesondere für mich, zumal ich in diesem Teil meiner Argumentation bloß wiederhole, was ich bei anderen Gelegenheiten bereits vorgebracht habe. Dennoch: Zwei Thesen, die ich beide in der Vergangenheit in engem Zusammenhang miteinander verfochten habe, müssen hier deutlich voneinander geschieden werden, denn keine hängt von der anderen ab, auch wenn sie sich beide als richtig erweisen sollten. Freilich war mir ihre Unabhängigkeit voneinander keineswegs immer so bewußt. Die These, die in unserem Zusammenhang nicht so wichtig ist, besagt, daß der Gehalt der meisten Rechte, an denen Menschen heute interessiert sind, mit dem Wort »negativ« bei weitem nicht korrekt beschrieben ist. Die Minimalausstattung an Rechten, über die heute international Konsens herrscht, beinhaltet, wie auch John Rawls mittlerweile einräumt, »zumindest einige minimale Rechte zur Sicherung des Lebensunterhalts und der Sicherheit« – »einige beliebig verwendbare öko-

32 Ich behaupte, daß die Verpflichtung 2, das heißt die Verpflichtung, zu schützen, »üblicherweise« anders verteilt wird als Verpflichtung 1; auf der anderen Seite besteht durchaus die gedankliche Möglichkeit, daß auch Verpflichtung 2 ebenso universell sein könnte. Wenn jemand beispielsweise eine bestimmte Art des Anarchismus einzuführen versuchte, so könnte er darauf verzichten, den Staat, die Polizei etc. mit dem Schutz der Rechte zu beauftragen – und er verzichtete damit zugleich auf die heute übliche Form der Professionalisierung auf dem Gebiet der Sicherheit; er könnte statt dessen versuchen, jedes einzelne Individuum in die Pflicht zu nehmen, daß es nicht nur die Gesetze nicht bricht (Verpflichtung 1), sondern auch daß es zum Schutze eines jeden einschreitet, der bedroht wird, weil die Verpflichtung, die Gesetze nicht zu brechen, nicht eingehalten wurde. Allerdings halte ich, angesichts der heutigen Professionalisierung und Internationalisierung des Verbrechens, solche Spekulationen für wenig lehrreich.

nomische Mittel«.[33] Dieses Minimum beinhaltet auch »Wohlfahrt«, das heißt ökonomische wie soziale Rechte. Und dies findet mehr und mehr auch Eingang ins internationale Recht.[34]

Die These von der Unumgänglichkeit genuin positiver Verpflichtungen läßt sich jedoch völlig unabhängig von der These aufstellen, der zufolge Rechte mit positivem Gehalt eine zentrale Bedeutung haben. In der Tat ging es im vorangegangenen Absatz ja gerade darum, daß selbst dann, wenn es, entgegen den Tatsachen, keinerlei Rechte mit positivem Gehalt gäbe, es gleichwohl immer noch genuin positive Verpflichtungen gibt. Positive Verpflichtungen wie eben die Verpflichtung, Menschen vor der Verletzung ihrer Rechte zu schützen, lassen sich aus keinem adäquaten Rechtsgefüge wegdenken, völlig unabhängig vom Gehalt des jeweiligen Rechts.[35] Positive Verpflichtungen sind in die Struktur der Durchsetzung eines jeden Rechts eingebettet.[36] Die einzige

33 Rawls, »Das Völkerrecht«, a.a.O., S. 74 und S. 99, Anm. 27.

34 Vgl. beispielsweise Philip Alston, »International Law and the Right to Food«, in: Asbjorn Eide, Wenche Barth Eide u.a. (Hg.), *Food as a Human Right*, Tokyo 1984, S. 162-174, sowie Philip Alston, »International Law and the Human Right to Food«, in: Ph. Alston und K. Tomasevski (Hg.), *The Right to Food, International Studies in Human Rights*, Dordrecht 1984, S. 9-68.

35 Der nächste Schritt innerhalb dieser Argumentation freilich lautet: Da die Durchsetzung eines jeden Rechts, die sogenannten negativen Rechte inbegriffen, die Erfüllung positiver Verpflichtungen notwendig macht, so erweist sich die Terminologie, die von »negativen« und »positiven« Rechten spricht, als äußerst irreführend und sollte entsprechend aufgegeben werden – vgl. Shue, *Basic Rights*, a.a.O., Kapitel 2.

36 Diese These wird seit längerem vehement vertreten von Thomas W. Pogge, »How Should Human Rights be Conceived?«, in: *Jahrbuch für Recht und Ethik* 3 (1995), S. 103-120. Vgl. auch ders., *Realizing Rawls*, Ithaca/London 1989, S. 32 und S. 238. Pogge vertritt die Auffassung, daß eine »negative Verpflichtung, der zufolge man keinen anderen zum Opfer ungerechter Institutionen« machen darf, für alle erforderlichen Maßnahmen ausreiche (ebd., S. 238). Ein im Grunde ganz ähnliches Argument trägt Onora O'Neill vor, wenn sie sagt, daß im Falle einer Hungersnot das »Recht, nicht umgebracht zu werden, und eine damit korrespondierende Verpflichtung, niemanden umzubringen«, all das leisten würde, wofür sonst sehr viel mehr positive Verpflichtungen vonnöten wären, sofern man die institutionellen Mängel begriffen habe, die hinter einer Hungersnot ste-

Ausnahme wäre ein »Recht«, das keinerlei Schutzes bedürfte. Und solange man von jenen, die für Schutz sorgen, nicht erwarten kann, daß sie dies gänzlich aus Edelmut oder übergroßem Reichtum tun, so werden sie entlohnt werden müssen, und diese Maßnahme wiederum wird die Leistung anderer Verpflichtungen nach sich ziehen, beispielsweise die Zahlung von Steuern, die für die Entlohnung bereitstehen. Und so weiter.

Obgleich ich der Auffassung bin, daß die Ausarbeitung einer angemessenen Konzeption der Verpflichtungen eine wichtige Aufgabe ist, vor der Rechtstheoretiker stehen, möchte ich hier doch von dieser Analyse selbst ein wenig Abstand nehmen und statt dessen einen Blick auf ihre Bedeutung für das übergreifende Projekt, die Konstruktion angemessener Rechtstheorien, werfen.[37] Der bisherige Argumentationsgang ließe sich durchaus noch in eine Sichtweise integrieren, der zufolge es sich bei der Analyse der Herleitung und Zuweisung von Verpflichtungen um eine notwendige, jedoch nebensächliche Aufgabe handelt; aber, wie ich bereits angekündigt habe, möchte ich zu zeigen versuchen, daß ihre Bedeutung beträchtlich größer ist. Solange wir Rechtstheoretiker uns einreden konnten, daß es gegenüber jedem bestehenden Recht nur die eine grundsätzliche Verpflichtung gibt – nämlich die, dieses Recht X nicht zu verletzen –, so lange brauchten wir nicht über Verpflichtungen zu diskutieren, die bei der Durchsetzung der Rechte eine Rolle spielen, und schon gar nicht darüber, welche Verpflichtungen genau vonnöten seien. Und diese eine – stark vereinfachend gedachte – Verpflichtung einmal stillschweigend vorausgesetzt, ergaben sich auch keine Fragen danach, an wen sie sich richtet: Ganz offensichtlich handelte es sich hier um eine universale Verpflichtung (zumindest war davon kaum die Rede). Hier aber kristallisieren sich nun zwei Problembereiche heraus.

hen. Onora Nell [= O. O'Neill], »Lifeboat Earth«, in: *Philosophy & Public Affairs* 4, Heft 3 (Frühjahr 1975), S. 273-292.

37 Eine konkretere Diskussion von Verpflichtungen findet sich bei Shue, *Basic Rights*, a.a.O., 2. Auflage in Vorbereitung.

Als erstes erkennen wir nun, daß ernstzunehmende Rechtstheoretiker des politischen, soziologischen, historischen und ökonomischen Wissens bedürfen. (Wenn ein einzelner Theoretiker nicht über dies alles zugleich verfügt, so muß er mit anderen Individuen kooperieren, die genau das haben, woran es ihm mangelt.) Bei der Analyse der für die Durchsetzung nötigen Verpflichtungen handelt es sich um eine Analyse der angemessenen Institutionen.[38] Die Rechtstheorie stellt sich somit sehr viel diffiziler dar, denn sie kann sich nicht auf reine Begriffsanalyse beschränken. Begriffsanalysen, die freilich immer noch wesentlich, vielleicht sogar grundlegend bleiben, müssen mit dem verbunden werden, was analog in den Sozialwissenschaften als »Operationalisierung« bezeichnet wird. Man muß schon einmal, zumindest ein Stück weit, ausbuchstabieren, was es denn eigentlich bedeutet, daß ein bestimmtes Recht erfüllt und genossen wird. Das hat dann zur Folge, daß analysiert werden muß, welche Aufgaben zu verrichten sind (Herleitung der Verpflichtungen) und von welchen Personen man vernünftigerweise erwarten kann, daß sie diesen Verpflichtungen auch nachkommen werden (Prinzipien der Zuschreibung der Verpflichtungen oder Prinzipien der Verantwortung). Hierbei handelt es sich noch immer um normative, das heißt philosophische Aufgaben; man kann sie also nicht einfach auf die Sozialwissenschaftler abwälzen. Andererseits bedarf es hierfür kenntnisreicher Urteile darüber, wie die zur Zeit gültigen und wie die möglichen sozialen Praktiken und Institutionen funktionieren oder funktionieren könnten; insofern ist sozialwissenschaftliches Wissen unerläßlich.

Die schlechte Nachricht also lautet: Rechte theoretisch auszuloten wird sehr viel diffiziler und anspruchsvoller, insbesondere auf der Ebene des hierfür erforderlichen empirischen Wissens. Die gute Nachricht jedoch, mit der sich der Kreis nun schließt, lautet: Rechtstheorien machen sich nicht länger des Abstrahie-

38 Man mag John Rawls noch so gerne dafür tadeln, daß er über eine idealistische Theorie nicht sonderlich weit hinausgelangt sei; immerhin hat er erkannt, daß selbst eine idealistische Theorie sich mit einer »Grundstruktur« auseinandersetzen muß, mit den Institutionen also, die die normativen Grundsätze verkörpern. Vgl. hierzu auch den Beitrag von Thomas W. Pogge in diesem Band, S. 378-400.

rens von sozialem Handeln schuldig, wofür sie häufig, manchmal durchaus auch zu Recht, angeklagt wurden. Mir geht es nicht nur darum, daß man endlich den Kritikern eine Antwort erteilen kann, sondern darum, daß einem gar nichts anderes übrigbleibt, als ihnen Rede und Antwort zu stehen. Man muß ihnen antworten, weil die Analyse der Verpflichtungen ein inhärenter Bestandteil selbst einer minimalen Rechtstheorie ist. Sobald man erkennt, daß jedes Recht einen ganzen Rattenschwanz an Verpflichtungen nach sich zieht, die andere Personen zu erfüllen haben – manche dieser Verpflichtungen sind positiv, manche eher negativ, manche relativ formal und manche eher informell, manche eher partikular und andere gänzlich global –, so begreift man, daß die philosophische Arbeit, solange noch keine systematische Herleitung der Vielzahl von Verpflichtungen bereitsteht, kaum erst begonnen hat.

Und ist die Einsicht in die Vielzahl von Verpflichtungen erst einmal vorhanden, dann läßt sich auch im Grunde der Bedarf an Prinzipien nicht mehr leugnen, nach denen verschiedene Arten von Verpflichtungen verschiedenen Personen zugeschrieben werden – je nach der Beziehung dieser Personen zu den Rechteinhabern –, und diese Aufgabe ist intellektuell sehr spannend. So ist man beispielsweise sofort mit Fragen konfrontiert, die die Rolle von Anreizen betreffen: welche Rolle spielen sie genau; wie sieht das Verhältnis zwischen dem aus, was man von einer Person vernünftigerweise erwarten kann, und dem, was diese Person tun könnte, wenn ihr genügend Anreize geboten würden, oder dem, was sie unterläßt, wenn es ihr an Anreizen mangelt – in welchem Maße kann man von welchen Menschen erwarten, daß sie für die Einhaltung von was für Rechten Opfer bringen?[39] Man muß etwas über den Lebenszyklus von sozialen Normen lernen: wie sie geschaffen, wie sie gefördert, wie sie zerstört wer-

39 Noch einmal: Was auch immer man von der Rawlsschen Lösung halten mag – die Überlegungen, die er in dem (selten gelesenen) dritten Teil seiner *Theorie der Gerechtigkeit* über politische Stabilität anstellt, wie auch die bedeutende Rolle, die er in seiner Argumentation der psychologischen Disposition einräumt, die für jegliches Engagement nötig ist: Diese Überlegungen sind bewundernswerte Beispiele für den Versuch, die empirischen Fragen der Motivation, des Anreizes und der sozialen Struktur mit der Frage nach vernünftigen normativen Forderungen zu verbinden.

den.[40] Denn eine Rechtstheorie ist immer auch eine Theorie darüber, welche sozialen Normen verschiedene Gruppen haben sollten, und dies hängt zum Teil davon ab, auf welche Weise Normen tatsächlich psychologisch und politisch wirksam sind – innerhalb der Kulturen und zwischen den Kulturen. Neben vielen anderen Dingen bedarf es also auch des Gesprächs mit Mitgliedern anderer Kulturen.

Die Schaffung sozialer Solidarität

Noch bedeutsamer ist allerdings, daß das Gespräch über die verantwortungsvolle Verteilung von Verpflichtungen selbst solidaritäts- und gemeinschaftsbildend wirken kann – wobei es hierfür freilich keine Garantie gibt. Jedenfalls handelt es sich hier um das genaue Gegenteil des Marxschen Bildes von den »Menschenrechten«, die die Individuen gegeneinander ausspielen. Denn ein System von Rechten und Verpflichtungen gründet auf einem Pakt zwischen Menschen, die der Ansicht sind, daß diejenigen, die sich – wie das Schicksal es will – relativ glücklich und in Sicherheit befinden, denjenigen in bestimmter näher spezifizierter Weise Schutz bieten werden, die in bestimmter näher spezifizierter Weise bedroht oder verwundbar sind. Ich bin nicht der Auffassung, daß jede oder jeder lediglich die Rechte und Verpflichtungen hat, denen sie oder er freiwillig zugestimmt hat. Ich meine eher etwas, dem alle vernünftigen Menschen vernünftigerweise zustimmen können – dieser mittlerweile populäre Maßstab scheint mir eine unanfechtbare, zumindest recht brauchbare Formel zu sein. Ein System von Rechten und Verpflichtungen muß man vernünftigerweise immer von beiden Seiten aus betrachten: Ein Bündel an Rechten mag attraktiv erscheinen, bis man erwägt, wie beschwerlich die zur Durchsetzung nötigen Verpflichtungen sein werden, und ein Bündel an Verpflichtungen mag beschwer-

40 Verschiedene vielversprechende Arbeiten beschäftigen sich gegenwärtig mit dem Funktionieren internationaler Normen. Vgl. hierzu beispielsweise Christian G. K. Reus-Smit, *The Moral Purpose of the State*, Princeton, N.J., in Vorbereitung; vgl. auch Nina Tannenwald, »Dogs that don't bark: The United States, the Role of Norms, and the Non-Use of Nuclear Weapons in the Post-WWII Period«, Diss., Cornell Unversity 1995.

lich erscheinen, bis man erwägt, wie sehr man nach dem Schutz, den die in Frage stehenden Rechte bieten, verlangen würde, wäre man selbst bedroht. Um allerdings zu bestimmen, was vernünftig und wer vernünftig ist, muß man besondere Gründe berücksichtigen und sorgsam ergründen.[41]

Ernsthafte, konkrete Diskussionen über die den Rechten innewohnenden Verpflichtungen sowie über die Rechte selbst können mithin ein wirkliches Gespräch zwischen Menschen darüber in Gang setzen, welche Garantien sie einander in bestimmten Hinsichten vernünftigerweise geben wollen. Selbstverständlich kann dies auch zu Disputen, Streitigkeiten und Mißverständnissen führen. Da sich jedoch in einem solchen Gespräch genuin das Interesse an den Bedürfnissen aller anderen Gesprächsteilnehmer ausdrückt, da es den genuinen Versuch darstellt, die Vorstellung, die sich der je andere von seinen Bedürfnissen macht, zu begreifen, und da es sich um eine tatkräftige und phantasievolle Anstrengung handelt, zu einer wechselseitig annehmbaren Übereinkunft zu gelangen, haben wir durchaus Grund zur Hoffnung.[42] Zumindest, so scheint es, innerhalb einer einzelnen Kultur.

Kulturübergreifende soziale Praktiken

Um den Zusammenhang zwischen dem eben beendeten Abschnitt und dem jetzt zu beginnenden zu verdeutlichen, will ich noch einmal die gedankliche Grundstruktur dieses Essays zusammenfassen. Michael Walzer hat uns in der Tat mit einem rechtstheoretischen (und allgemeiner: mit einem moralphiloso-

41 Ich habe aufzuzeigen versucht, wie man die Vernünftigkeit der Verpflichtungen bestimmen könnte, die für die Durchsetzung eines Rechtes auf Nahrung vonnöten wären, in: William Aiken und Hugh LaFollette (Hg.), *World Hunger and Morality*, Englewood Cliffs, N.J. 1995.

42 Ich nehme an, es wird deutlich, daß ich mich hier abmühe, etwas in die Diskussion zu werfen, das dem Kriterium von Scanlon und Barry zwar ähnelt, jedoch eine weit weniger »idealistische« Version darstellt – vgl. hierzu T. M. Scanlon, »Contractualism and Utilitarianism«, in: Amartya Sen und Bernard Williams (Hg.), *Utilitarianism and Beyond*, Cambridge/New York 1982, S. 103-128, sowie Brian Barry, *Justice as Impartiality. A Treatise on Social Justice*, Bd. II, Oxford 1995, 3. Kapitel.

phischen) Dilemma konfrontiert: Eine rechtstheoretische Konzeption muß entweder abstrakt oder partikular sein. Wenn jemand eine Konzeption universeller Rechte liefern möchte, so muß diese Konzeption dünn oder abstrakt sein. Wenn andererseits sich jemand um eine dichte oder in hohem Maße konkrete Konzeption von Rechten bemüht, so muß die Konzeption partikular sein. Rechtskonzeptionen können nur entweder universal und abstrakt oder partikular und konkret sein. Das ist das Dilemma der Rechtstheorie.

Im vorangegangenen Abschnitt habe ich die Auffassung vertreten, daß Abstraktheit in jeder Hinsicht so inakzeptabel ist, wie dies Walzer behauptet, und sie ist so gänzlich inakzeptabel aus Gründen, die jeder Konzeption von Rechten eigentümlich sind: Eine abstrakte Konzeption von Rechten ist eine mißlungene Konzeption. Es mangelt ihr – und darin liegt der Fehler – an einer genauen Beschreibung dessen, was getan werden muß, damit Rechte respektiert und durchgesetzt werden können.[43] Niemand, dem es um Rechte moralisch ernst ist, kann sich mit der Leere einer vollkommen abstrakten Rechtskonzeption zufriedengeben. Die in dem Dilemma enthaltene wertende Annahme, der zufolge *reine* Abstraktheit – Abstraktheit, die durch keine konkrete Beschreibung ausgeglichen wird – schlecht ist, erweist sich in der Tat als richtig.

In diesem Abschnitt nun kehre ich zu dem zitierten Dilemma selbst zurück; Walzer ist, so meine Argumentation hier, insofern nicht zuzustimmen, als der einzige Weg zum Konkreten nicht mit einer partikularistischen Wende einhergehen muß. Ich werde ein Bild entwerfen, das sehr scharf mit demjenigen Walzers kontrastiert, das mir sehr viel exakter zu sein scheint und das den politischen Vorzug hat, unseren Blick eher nach außen als nach innen zu lenken. Die schlichte Annahme, irgendein Mittelweg zwischen abstraktem Universalismus und kultureller Besonderheit lasse sich doch finden, ist nicht eben neu – siehe Hegel! Wovon ich mir hier am meisten verspreche, ist eine konstruktive

43 Zu Versuchen, wie sich ein Fortschreiten der Konkretisierung bestimmen läßt, vgl. Henry S. Richardson, »Specifying Norms as a Way to Resolve Concrete Ethical Problems«, in: *Philosophy & Public Affairs* 19 (1990), S. 279-310, sowie »Beyond Good and Right: Towards a Constructive Ethical Pragmatism«, in: *Philosophy & Public Affairs* 24 (1995), S. 108-141.

Beschreibung des besonderen Mittelwegs, den die Menschenrechtsbewegung aktuell unter einer Vielzahl von momentan möglichen Wegen auswählen und gehen könnte.

Der fundamentale Fehler in dem Bild, das Walzer von der internationalen Situation zeichnet, liegt in dem Inseldasein, in dem er die kulturellen Blöcke angesiedelt sieht, die ganz zaghaft nur miteinander in Kontakt treten. Dieses Bild vom Inseldasein hat zwei Aspekte: die blockinterne Homogenität und die blocküberschreitende Passivität. Um die internationale Situation richtig beschreiben und politisch einschätzen zu können, erweisen sich beide der unterstellten Charakteristika als zunehmend untauglich und unangemessen.

Die blockinterne Homogenität

Beim Versuch, dem Problem nachzugehen, wie denn die fraglichen Einheiten sich voneinander unterscheiden, würden wir uns auf allzu vielen Nebenkriegsschauplätzen verzetteln. Deshalb benutze ich hier das Wort »Block« schlicht als Platzhalter für alles das, was Walzer darunter verstehen mag. Grob gesagt scheint es so, als handelte es sich bei den vielen Blöcken, die Walzer vorschweben, um die Nationalstaaten, die er behandelt, als wären sie einzelne Kulturen. Es ist kompliziert, ein hinreichend lebendiges und scharfes Bild von der internen Komplexität der Blöcke zu gewinnen, insbesondere von »denen«, die sich von »uns« unterscheiden. Was *uns* anbetrifft, so ist es vergleichsweise schwerer, zu vergessen, daß wir keineswegs alle liberal sind und daß beispielsweise in den USA und in Deutschland ein Rassismus gedeiht, der das Eintreten des Liberalismus für die Gleichbehandlung aller Personen herausfordert. Was im Gegensatz dazu *die* anbetrifft, so fällt es sehr viel schwerer, homogenisierenden Stereotypen zu widerstehen. T. M. Scanlon, der sich Ende der siebziger Jahre speziell mit der Universalität von Menschenrechten befaßte, hat vor dieser Gefahr bereits gewarnt:

»Das Hauptargument gegen Aktivitäten zur Verteidigung der Menschenrechte, das ich hier unter die Lupe nehmen möchte, lautet: Zwar hätten die Menschenrechte in »unserer« Moral und politischen Tradition einen besonderen Stellenwert, sie seien jedoch keineswegs weltweit anerkannt. Viele Länder hätten einen anderen Begriff von politischer Moral, und es sei daher unangemessen, wenn wir sie entsprechend unter Druck setzen, damit sie sich unserer Vorstellung von Menschenrechten anbequemen. Dies zu tun sei eine Art moralischer Imperialismus. Ich halte dieses Argument für einen schwerwiegenden Mißgriff. Es kommt im Gewand eines aufklärerischen und toleranten Relativismus daher, aber hinter dieser Maske verbirgt sich in Wahrheit eine von moralischer und kultureller Überlegenheit geprägte Haltung. Wie viele Formen des Relativismus, so beruht auch dieses Argument darauf, daß es »denen« eine Einmütigkeit zuschreibt, die in Wahrheit gar nicht existiert. »Sie« sollen angeblich anders sein als wir, und »ihr« Leben soll angeblich anderen Regeln unterworfen sein. Solche Stereotypen sind selten richtig, und die unterstellte Einmütigkeit nimmt sich beim Thema Verletzung der Menschenrechte ganz besonders unglaubwürdig aus. Bei solchen Taten gibt es Opfer, die grundsätzlich verabscheuen, was man ihnen angetan hat [...]«[44]

Ann Elizabeth Mayer hat ein politisch wichtiges Beispiel aus der jüngsten Vergangenheit beigebracht. Der heftigste Widerstand gegen die Deklaration der Universalität der Menschenrechte, die im Jahre 1993 in Wien schließlich angenommen wurde, kam vor allem aus den Reihen muslimischer *Regierungen*; bezeichnenderweise gehörten dazu sowohl die iranische klerikale Diktatur als auch die saudische monarchische Diktatur, die sich jeweils gegenseitig der Häresie bezichtigen und insofern auch gegenseitig als illegitim erachten. Mit deren gemeinsamer Unterstützung hat die Organisation der Islamischen Konferenz im August 1990 die *Kairoer Deklaration der Menschenrechte im Islam* veröffentlicht – mit dem Anspruch, ein islamisches Gegenmodell zu liefern zu dem unter dem Namen »International Bill of Rights« allgemein bekannten Dokument, das auch jene beiden *Internationalen Konventionen* beinhaltet, die weithin ratifiziert wurden und in Kraft sind – und die John Rawls (wie oben erwähnt) und Louis Henkin, der weiter unten zitiert wird, als definitiv ansehen.[45]

44 Thomas M. Scanlon, »Human Rights as a Neutral Concern« in: Peter G. Brown und Douglas MacLean (Hg.), *Human Rights and U.S. Foreign Policy: Principles and Applications*, Lexington, Mass./Toronto 1979, S. 307-404. Scanlon nahm mit dieser Argumentation direkt auf die Ansichten Walzers Bezug; vgl. hierzu seine Rezension von *Sphären der Gerechtigkeit*: T. M. Scanlon, »Local Justice«, in: *London Review of Books*, 5. September 1985, S. 17.

45 Vgl. Ann Elisabeth Mayer, »Universal versus Islamic Human Rights:

Wie Mayer berichtet, trat bald darauf, eben zur Zeit der Wiener Konferenz, der Harvard-Professor Samuel P. Huntington mit der explosiven Idee hervor, daß in die Fußstapfen des Kalten Krieges nunmehr offenbar der planetarische »Kampf der Kulturen« getreten sei, die Kollision zwischen »westlichen und islamischen« Vorstellungen, und daß sich der »westliche« Begriff der Menschenrechte für die »islamischen« Kulturen als ungeeignet erweise.[46] Da geht nun einiges durcheinander (und das meiste davon läuft meines Erachtens schief) – aber ich will hier nur Mayers Hauptthese wiedergeben; und die lautet: Nur amtierende nicht-demokratische Regierungen sind von dem Gedanken beseelt, es gebe eine spezifisch islamische Konzeption der Menschenrechte, die sich mit dem nicht vereinen lasse, was ansonsten internationaler Konsens ist:

»Eine genaue Untersuchung, die hinter die offizielle Rhetorik schaut, offenbart, daß es unter den Muslimen keinen Konsens darüber gibt, dem zufolge ihre Religion eine kulturspezifische Rechtsauffassung erforderlich machte, die die Übernahme internationaler Menschenrechtsnormen ausschlösse. In Wirklichkeit ist die Beziehung der islamischen Kultur zu den Positionen, die Muslime innerhalb und außerhalb von Regierungen in jüngster Zeit zur Frage der Menschenrechte artikuliert haben, weder einfach noch eindeutig. Und die Vielzahl von Haltungen, die Muslime gegenüber den Menschenrechten einnehmen, straft die Stereotypen und simplen Verallgemeinerungen der Orientalisten von einer vermeintlich monolithischen islamischen Kultur Lügen.«[47]

A Clash of Cultures or a Clash with a Construct«, in: *Michigan Journal of International Law* 15, Heft 2 (Winter 1994), S. 307-404, vor allem S. 327. Vgl. auch Ann Elisabeth Mayer, *Islam and Human Rights: Tradition and Politics*, 2. Aufl., Boulder, Col. 1995 und London 1995.

46 Vgl. Samuel P. Huntington, »The Clash of Civilisations?«, in: *Foreign Affairs*, Bd. 72, Heft 3 (Sommer 1993), S. 22-49, sowie ders., *Der Kampf der Kulturen: die Neugestaltung der Weltpolitik im 21. Jahrhundert*. Aus dem Amerikanischen von Holger Fliessbach, Frankfurt am Main/Wien 1997; vgl. auch Nathan Gardels, »The Islamic-Confucian Connection: Interview with Samuel P. Huntington«, in: *New Perspective Quarterly* 10, Heft 3 (Sommer 1993), S. 19-23. Die »Menschenrechtsweltkonferenz« fand im Juni 1993 in Wien statt. Huntington antwortete seinen Kritikern in: »If not Civilizations, What? Paradigms of the Post-Cold War World«, in: *Foreign Affairs* 72, Heft 5 (November/Dezember 1993), S. 186-194.

47 Mayer, »Universal versus Islamic Human Rights«, a.a.O., S. 309.

Dies ist ein wunderschönes Beispiel für Scanlons allgemeinen Punkt. Selbst jemand wie Michael Walzer, der dazu neigt, einen innerkulturellen Konsens anzunehmen, braucht nicht offizielle Regierungsverlautbarungen für bare Münze zu nehmen, wie dies anscheinend Huntington getan hat; der von Mayer aufgegriffene Fall Huntington und die von Diktaturen beförderte »islamische Konzeption der Menschenrechte« zeigt jedoch, wie rasch so etwas passieren kann.

Die blocküberschreitende Passivität

Das weit größere Problem, das sich aus dem irreführenden Bild vom Inseldasein ergibt, hängt jedoch mit dem anderen Aspekt zusammen. Man kann durchaus das Gefühl bekommen, daß die Schwierigkeiten, zu einem ernsthaften intellektuellen Austausch zwischen den Kulturen zu gelangen, auch dann außerordentlich groß sind, wenn man die These von der Nicht-Übersetzbarkeit der Kulturen nicht teilt. Jeremy Waldron dagegen hat sehr geschickt die Bedingungen umrissen, unter denen wir einen Ausweg finden können und, wie ich behaupten möchte, manchmal tatsächlich auch finden:

»Selbst wenn es richtig ist, daß das moralische Urteil nicht aus einem Vakuum, sondern aus mit anderen geteilten Praktiken erwächst, so *können doch unsere Wertungen selbst* – wenn wir darauf vertrauen, daß wir sie in Gemeinschaft mit anderen vornehmen – *den Hintergrund dafür bilden*, daß sie Sinn und Substanz erhalten. (Hervorhebungen von mir, H. S.) Das Ganze mag ungefähr so vor sich gehen: Die Mitglieder einer gegebenen Gesellschaft S_1 haben bestimmte Vorstellungen von den Handlungsweisen und Gebräuchen einer Nachbargesellschaft S_2. Diese Vorstellungen spiegeln nicht einfach die eigenen Sitten; denn auch in S_1 wird, wie in jeder komplexeren Kultur, der Gedanke, daß die Umstände manchmal zu unterschiedlichen moralischen Bewertungen führen können, innerhalb der eigenen Gesellschaft so weit ausgebildet sein, daß diese Erfahrung auch auf Unterschiede zwischen Gesellschaften ausgedehnt werden kann. Zudem werden derlei Vorstellungen nicht nur hervorgebracht, sondern gelegentlich auch reflektiert; so mögen manche Mitglieder von S_1 sich die Frage stellen, ob ihre Reaktionen auf S_2 angemessen sind, ob es ihnen in bestimmter Hinsicht an Wissen über S_2 mangelt etc. Und wenn sie sich nun dessen bewußt sind – auch hier wieder wird es Intellektuelle geben, auf die dies zutrifft –, daß in S_2

Menschen ähnliche Gedanken über S_1 anstellen (den Gedanken eingeschlossen, daß wiederum Menschen in S_1 auch ähnliche Gedanken über sie anstellen ...), so mögen sie dahin gelangen, daß sie in ihren Reflexionen die Frage berücksichtigen, ob es wohl irgendwelche Gemeinsamkeiten zwischen den externen Wertungen, die sie über S_2 vornehmen, und jenen gibt, die, wie ihnen durchaus klar ist, in S_2 über S_1 angestellt werden. Und so geht es weiter. Wo ein intensiver und vertraulicher Kontakt zwischen zwei Gesellschaften stattfindet, wird die Grenze zwischen internen und externen Wertungen verschwimmen (oder zumindest die zwischen *reflektierten* internen und externen Wertungen)« (Hervorhebung von Waldron).[48]

Relativisten pochen zwar zu Recht darauf, daß ein einmal erzieltes Einverständnis auf etwas beruhen muß, das bereits vor dem Einverständnis als Gemeinsamkeit vorlag – aber der Punkt ist, dieses Gemeinsame muß nicht bereits vor dem Gespräch, welches dann zu dem Einverständnis geführt hat, vorhanden gewesen sein![49] Selbst der »Grundsatz«, auf dem das eben erzielte Einverständnis beruht, muß nicht *ex ante* existiert haben, das heißt bevor es zu einem Gespräch kam. Eine Unterhaltung kann damit begonnen haben, daß die Leute von S_1 die Auffassung vertraten, gewisse Bräuche in S_2 seien verurteilungswürdig (beispielsweise die Klitorisbeschneidung bei Frauen); die Leute von S_2 waren vielleicht daraufhin der Ansicht, die von S_1 seien schlicht unwissend oder begegneten ihrer Kultur und Religion mit Verachtung;

48 Waldron, »›Nonsens upon stilts‹? – A Reply«, in: ders. (Hg.), »*Nonsens upon Stilts*«, a.a.O., S. 170.

49 Ich will keineswegs die »Magie des Gesprächs« beschwören, gegenüber der Martin Hollis auf einer Diskussion an der Columbia-Universität seine Zweifel eindringlich vorgetragen hat. Gespräche führen ebensogut zu Mißverständnissen und Meinungsverschiedenheiten wie zu Verstehen und Zustimmung. Ich möchte nur behaupten, daß es keinen Grund zu der Annahme gibt, es lasse sich aus Prinzip aufgrund der unüberbrückbaren Klüfte zwischen den Kulturen kein Einverständnis erzielen. Es wäre ein wertvolles, allerdings sehr empirisches Projekt, all die Bedingungen und Verhältnisse im einzelnen zu benennen, die in erster Linie Einverständnis fördern. Gleichwohl wäre es mit Sicherheit hilfreich, wenn die Gesprächsteilnehmer ein Interesse an der Formulierung von Grundsätzen hätten, auf die sie sich tatsächlich einigen können – wie dies bei Scanlon, »Contractualism and Utilitarianism«, a.a.O., sowie bei Barry, *Justice as Impartiality*, a.a.O., ausgeführt wird.

diese Unterhaltung *kann* gleichwohl damit enden, daß die Leute von S_2 an ihren eigenen Überzeugungen möglicherweise etwas entdecken, was bei ihnen Zweifel an der Notwendigkeit eines so fragwürdigen Brauches aufkommen läßt. (Beispielsweise könnte ihnen folgender Gedanke kommen: Selbst wenn permanente physische Verstümmelung als härteste Form der Strafe gegenüber einem einsichtsfähigen Erwachsen, der sich des schändlichsten Verstoßes gegen Religion und Familie schuldig gemacht hat, angemessen wäre, so wäre eine solche Maßnahme keineswegs angemessen, wenn Erwachsene, die selbst unfreiwillig darunter zu leiden hatten, lange bevor sie irgend etwas begreifen konnten, diese Maßnahme routinemäßig an noch zu keinem Verstehen fähigen Kindern vornehmen.) Man könnte auch sagen, daß die S_2 zumindest ansatzweise auf einen Grundsatz gestoßen sind, den sie mit den S_1 teilen, nämlich daß es die körperliche Unversehrtheit von Kindern gegenüber Übergriffen von Erwachsenen, die irreversible Schäden anrichten, zu schützen gilt; was jedoch eigentlich an diesem Grundsatz, der den Schutz des kindlichen Körpers anbetrifft, zählt, ist nicht die Tatsache, daß die S_2 ihn zufällig ansatzweise mit den S_1 teilen, sondern daß es sich in der Tat um ihre eigene Überzeugung handelt. Sie mögen sich dieser Überzeugung zuvor gar nicht bewußt gewesen sein, weil sie sie vor der Unterhaltung mit den S_1 noch nicht in genau dieser Weise artikuliert hatten. Oder sie mögen zuvor noch nicht erkannt haben, daß das, was sie als einen heiligen Ritus ihrer Religion wahrgenommen haben, auch die Verstümmelung eines kindlichen Körpers ist, so wie etwa eine Christin, die die Kommunion nimmt, möglicherweise nicht daran denkt, daß sie damit zugleich den Weintrauben-Boykott der Gewerkschaft der Landarbeiter torpediert.[50]

Einer der wichtigsten Punkte in Waldrons Argumentation liegt jedoch darin, daß es nicht notwendig ist und in manchem Stadium auch abwegig wäre, wenn man jede Überzeugung der einen

50 Man kann eine Wie-viele-Engel-passen-auf-den-Kopf-einer-Stecknadel-Debatte darüber führen, ob nun im Laufe des Gesprächs die Überzeugungen der S_1 übertragen wurden oder ob die S_2 lediglich einen neuen Knick in ihren bestehenden Überzeugungen entdeckt haben. Glaubt man wirklich an alles, was aus dem folgt, was man so glaubt? Dies wäre für erkenntnistheoretische Analysen von Bedeutung, aber nicht hier.

oder der anderen Gruppe zuordnen wollte, wie man das Handtuch für ihn und das Handtuch für sie auseinanderhält. Wenn die Unterhaltung aufrechterhalten wird, tauchen gemeinsame – und natürlich auch strittige – Ansichten auf. Es mag ein Stadium geben, das mit dem Rawlsschen Begriff des übergreifenden Konsenses zutreffend beschrieben ist: Die elementaren Grundsätze mögen verschieden sein, aber mit bestimmten vermittelden Grundsätzen können alle gleichermaßen etwas anfangen. Es gibt viele Möglichkeiten, aber diejenige, die Waldron besonders ausleuchtet und die Rawls meiner Ansicht nach manchmal verdunkelt, ist folgende: Nach einer gewissen Zeit sind diejenigen Auffassungen, über die Konsens herrscht, von größerer Bedeutung als diejenigen, die man ursprünglich für die elementaren hielt. Da man, von verschiedenen Prämissen ausgehend, zu denselben Schlußfolgerungen gelangen kann, so liegt der Gedanke nahe, daß die Aufmerksamkeit vor allem den Schlußfolgerungen und nicht den Prämissen gelten sollte. Manchmal mag diese Verschiebung in die Irre führen; wir haben allerdings keinen Grund für die Annahme, daß dies immer so ist.

In der Tat handelt es sich gerade bei dem Herzstück des internationalen Konsenses über Menschenrechte um einen solchen Fall, bei dem die Menschen sich augenscheinlich dafür entschieden haben, ihr Augenmerk vor allem auf die gemeinsamen Schlußfolgerungen zu konzentrieren, darauf also, welche Rechte es denn nun eigentlich gibt, und die Tatsache zu übergehen, daß sich die ursprünglichen Motive der verschiedenen Gruppen aus dem Marxismus, dem Liberalismus, dem Christentum, dem Islam etc. speisten. John Rawls hat vollkommen recht, wenn er in »The Laws of Peoples« anmerkt, daß die Menschenrechte, wie sie allgemein heute verstanden werden, nicht auf irgendeiner besonders umfassenden moralischen Doktrin oder einer philosophischen Auffassung von der menschlichen Natur beruhen, wie zum Beispiel der, daß alle Menschen moralische Personen seien und den gleichen Wert hätten oder daß sie über besondere moralische und intellektuelle Kräfte verfügten, aufgrund deren ihnen diese Rechte zukommen.[51] Wie richtig die Rawlssche Beschreibung dieser Situation ist, bestätigt beispielsweise die folgende Darstellung, die bereits einige Jahre zuvor verfaßt wurde und von

51 Vgl. Rawls, »Das Völkerrecht«, a.a.O., S. 68.

einem der angesehensten Gelehrten des Internationalen Rechts stammt, einem Spezialisten für Menschenrechte:

»Die Idee der Rechte, die hier mit Hilfe der zeitgenössischen internationalen Instrumente aus der Taufe gehoben werden, entspricht meiner Ansicht nach weitverbreiteten moralischen Intuitionen und anerkannten politischen Prinzipien. Diese Intuitionen und Prinzipien wurden nicht autoritativ verordnet. Die internationalen Menschenrechte wurden in den Jahrzehnten, die dem Zweiten Weltkrieg folgten, entwickelt; sie sind nicht das Werk von Philosophen, sondern von Politikern und Bürgern. Die Philosophen haben gerade erst mit dem Versuch begonnen, für diese Rechte eine begriffliche Rechtfertigung zu konstruieren. Die internationalen Rechtsformeln nehmen weder eine philosophische Grundlage für sich in Anspruch, noch spiegeln sie irgendwelche deutlich konturierten philosophischen Annahmen. In ihnen kommen keine besonderen moralischen Prinzipien zum Ausdruck oder gar irgendeine einzelne umfassende Theorie vom Verhältnis zwischen Individuum und Gesellschaft.«[52]

Eine der einflußreichsten politischen Kräfte der zweiten Hälfte des 20. Jahrhunderts, die Menschenrechtsbewegung, hat die Sache vorangetrieben, ohne über eine weitgehend akzeptierte philosophische Theorie ihrer selbst zu verfügen – ob das ein Vorteil oder ein Nachteil war, mag dahingestellt bleiben. Beim internationalen Konsens über die Menschenrechte handelt es sich daher keineswegs um die unbegreifliche Spitze eines nicht zu übersetzenden Eisbergs von Theorie; es handelt sich vielmehr um eine beachtliche, frei flottierende, kulturübergreifende soziale Praxis. Jede sie rechtfertigende Theorie, die auftaucht, kann von Anfang an von einem kulturübergreifenden Konsens ausgehen. Die Praxis ist heute jeder Theorie weit voraus. Die Eule der Minerva, die für die Menschenrechte verantwortlich ist, döst offensichtlich noch in ihrem Baum vor sich hin.

Gleichwohl zeigt die Art von Gespräch, die Jeremy Waldron umrissen hat, einen Weg auf, auf dem diese Praxis theoretische Tiefenschärfe gewinnen könnte. Das gut etablierte und weit verbreitete praktische Eintreten für Menschenrechte könnte zunehmend mit einer begleitenden Praxis der Bewertung einhergehen, die nach und nach ein Eigenleben gewinnen und immer reicher und, in der grundlegenden Walzerschen Bedeutung, dichter wer-

52 Louis Henkin, *The Age of Rights*, New York 1990, S. 6.

den könnte.[53] Im Gegensatz zu dem, was Walzers pessimistisches Bild nahelegt, müssen wir uns keineswegs darauf beschränken, diejenigen Fälle, in denen wir keinen Zweifel haben, miteinander zu vergleichen, um zu sehen, wo wir bereits Übereinkunft vorfinden – und das war's. Wir können zusammen Institutionen schaffen, die sich arbeitsteilig mit der notwendigen moralischen Anstrengung befassen, die wir alle zu leisten bereit sind. Es mag hilfreich sein, sich dies als Prozeß vorzustellen, der der Suche nach einer Aufteilung der moralischen Arbeit dient, die niemand vernünftigerweise ablehnen könnte; allerdings dürfen Urteile darüber, was vernünftigerweise abzulehnen wäre oder nicht abgelehnt werden kann, nur anhand konkreter Vorschläge, die konkreten Umständen gelten, gefällt werden.[54] Die heute gern

53 Ich bin der festen Überzeugung, daß dies nicht bloß möglich ist, sondern wirklich passiert. Es überschreitet allerdings sowohl meine Kompetenz als auch den Horizont dieses Aufsatzes, den empirischen Ansatz hierfür zu konturieren. Zum Thema Entwicklung transkultureller Normen für die Menschenrechte haben Spezialisten auf dem Gebiet der internationalen Beziehungen beachtliche Arbeit geleistet. Kathry Sikkink hat ausgelotet, wie intensiv die Zusammenarbeit in bezug auf Menschenrechte zwischen den IOs (den internationalen Organisationen) und den NGOs (den *non-governmental organizations*) ist; viele der letztgenannten operieren innerhalb von Staaten, die die Menschenrechte verletzen, in kleinen Gruppen und sorgen ganz wesentlich dafür, daß internationaler Druck auf ihre Regierungen ausgeübt wird – vgl. »The Power of Principled Ideas: Human Rights Policies in the United States and Western Europe«, in: Judith Goldstein/Robert O. Keohane (Hg.), *Ideas & Foreign Policy: Beliefs, Institutions, and Political Change*, Ithaca, N.Y. 1993, S. 139-170, sowie auch andere Arbeiten von Sikkink, speziell zu Lateinamerika, die dort aufgeführt werden. Christian Reus-Smit hat nachzuweisen versucht, daß die internationale und die nationale Ebene noch viel stärker miteinander verbunden sind und daß das demonstrative Eintreten für die Menschenrechte mittlerweile zu einem wesentlichen Element der Identität eines modernen Staates avanciert ist – vgl. *The Moral Purpose of the State*, Princeton, N.J. (in Vorbereitung). Insbesondere mit Deutschland und mit dem Einfluß internationaler Menschenrechtsnormen auf den Umgang Deutschlands mit Gastarbeitern befaßt sich Yasemin Nuhoglu Soysal, *Limits of Citizenship: Migrants and Postnational Membership in Europe*, Chicago 1994.

54 Als ein hervorragendes Beispiel für die geforderte Konkretheit läßt sich die von Pogge propagierte »weltweite Ressourcen-Steuer« an-

gebräuchliche Formel »kann vernünftigerweise nicht abgelehnt werden« ist für sich genommen allerdings kein entscheidender Prüfstein, um zu bestimmen, was nun jeweils vernünftig ist.

Kulturübergreifende Gespräche können nicht allein Fragen beantworten, die der Antwort harren; sie können auch einen breiteren internationalen Konsens über Prinzipien hervorbringen und das solidarische Eintreten dafür befördern, das schon per se nützlich und wertvoll ist.[55] Um ein bereits existierendes reichhaltiges und tiefes ethisches Vokabular zu finden, müssen wir möglicherweise gegenwärtig den Blick auf uns selbst richten. Allerdings machen die meisten unserer dringlichsten Probleme es erforderlich, daß wir uns nach außen wenden, und auch da kann moralischer Konsens geschaffen, bereichert und vertieft werden. Vielleicht stoßen wir am Ende auf beides: sowohl auf die Besonderheit als auch auf die Universalität der Rechte.

Übersetzt von Petra Willim

führen – vgl. Thomas W. Pogge, »An Egalitarian Law of Peoples«, in: *Philosophy & Public Affairs* 23, Heft 3 (Sommer 1994), S. 195-224, besonders S. 199-205. Strenggenommen geht es Pogge um Gerechtigkeit, doch die gleiche Art der Besteuerung – die heutzutage (nach dem Ökonomen James Tobin) häufig als Tobin-Steuer bezeichnet wird – könnte im Namen der Subsistenzrechte angewandt werden. Mein Versuch, ähnlich konkret zu werden, jedoch in bezug auf einen anderen Gegenstand, findet sich in H. Shue, »Avoidable Necessity: Global Warming, International Fairness, and Alternative Energy«, in: Ian Shapiro und Judith Wagner DeCew (Hg.), *Theory and Practice (NOMOS* 37), New York 1995, S. 239-264. In dem gleichen *NOMOS*-Band erörtert Susan J. Brison die Konkretheit der Methode Ronald Dworkins in *Life's Dominion* (deutsch: *Grenzen des Lebens*, Reinbek 1994) – vgl. »The Theoretical Importance of Practice«, S. 234.

55 Vgl. Pogge, *Realizing Rawls*, a.a.O., S. 227-238.

Thomas Pogge
Menschenrechte als moralische Ansprüche an globale Institutionen

I

»Everyone is entitled to a social and international order in which the rights and freedoms set forth in this Declaration can be fully realized.« So lautet Artikel 28 des wichtigsten und autoritativsten Menschenrechtsdokuments unserer Zeit, der *Universal Declaration of Human Rights*. Mein Ziel ist es, diesen überraschenden und potentiell folgenreichen Satz zu explizieren und seine zentralen Ideen zu verteidigen.

Eine Konzeption der Menschenrechte läßt sich in zwei wesentliche Komponenten zerlegen:

- den von dieser Konzeption verwendeten *Begriff* eines Menschenrechts, das heißt was sie unter einem Menschenrecht versteht, und
- den *Inhalt* dieser Konzeption, das heißt die Güter, die sie zu Gegenständen von Menschenrechten erklärt.

Artikel 28 hat insofern einen Sonderstatus, als er (wie der Bezug auf die »rights and freedoms set forth in this Declaration« zeigt) nicht ein zusätzliches Menschenrecht postuliert, sondern etwas über den Begriff eines Menschenrechts aussagt. Dadurch ist er einerseits mit verschiedenen inhaltlichen Ansichten über die richtige Abfassung einer Liste von Menschenrechten vereinbar und beeinflußt andererseits die Bedeutung aller in den anderen Artikeln postulierten Menschenrechte: Sie alle sind – zumindest *auch* – als Ansprüche an die Struktur sozialer Systeme, an ihre wichtigsten sozialen Institutionen oder Grundordnungen, zu interpretieren.

Obwohl sie nichts darüber aussagt, welche vorgeschlagenen Menschenrechte wir als solche anerkennen sollten, ist die institutionelle Explikation des modernen Menschenrechtsbegriffs dennoch in doppeltem Sinne normativ. Wenn wir von Menschenrechten sprechen, sind wir uns oft nicht ganz darüber im klaren, was wir mit diesem Ausdruck meinen; und ich will ein Verständnis vorschlagen, das diesen weithin gebräuchlichen Ausdruck so expliziert, wie wir ihn nach gründlicher Überlegung verwenden würden oder sollten. Darüber hinaus kann der zu explizierende Menschenrechtsbegriff nur dann überzeugen, wenn die in ihm implizierte moralische These plausibel ist, die ich so ausdrücken möchte: *Institutionensysteme, und auch unser globales Institutionensystem, sind im Hinblick auf ihren relativen Beitrag zur Erfüllung der Menschenrechte zu bewerten und zu reformieren.*

Diese Formulierung der moralischen These des Artikel 28 basiert auf drei Überlegungen. (1) Man kann die Erfüllbarkeit der Menschenrechte in einem Institutionensystem (»*can* be fully realized«) daran bemessen, wie weitgehend sie in diesem System im allgemeinen tatsächlich erfüllt sind oder wären. (2) Es geht um den *relativen* Beitrag des betreffenden Institutionensystems, weil wir ein vergleichendes Urteil zu fällen haben – darüber nämlich, wieviel besser oder schlechter die Menschenrechte in einer Grundordnung erfüllt sind oder wären als in ihren institutionalisierbaren Alternativen. (3) Obwohl Artikel 28 der Erfüllbarkeit der Menschenrechte sicherlich eine hervorragende Rolle in der Bewertung von Institutionensystemen zuschreibt, scheint er nicht zu fordern, daß Institutionensysteme *ausschließlich* an diesem Standard zu bemessen sind.

Die Plausibilität jener moralischen These beruht wiederum auf der Begründbarkeit ihrer empirischen Voraussetzungen: daß *die Erfüllung der Menschenrechte signifikant von der Struktur nationaler und globaler Grundordnungen abhängt* und daß *solche Ordnungen sich im Hinblick auf diesen Zweck intelligent (um-)strukturieren ließen.*

II

Artikel 28 betrifft insbesondere nationale und globale Institutionensysteme. Weil die moralische Bewertung nationaler Grundordnungen vertrauter ist, stelle ich hier zunächst kurz die Konsequenzen meiner Rekonstruktion für dieses Thema dar.[1]

1 Diese Darstellung folgt Thomas W. Pogge, »How Should Human Rights be Conceived?«, in: *Jahrbuch für Recht und Ethik* 3 (1995), S. 103-120. Wesentliche Einzelheiten und Begründungen müssen hier weggelassen werden.

Die Rede von Menschenrechten – ebenso wie die von (objektivem) Naturrecht und von (subjektiven) natürlichen Rechten – bezieht sich auf eine besondere Klasse von moralischen Anliegen, die (a) zu den wichtigsten gehören, (b) uneingeschränkt gelten und (c) allgemein akzeptierbar sein sollen. Dabei ist die Rede von Menschenrechten spezifischer als die Rede von Naturrecht und die von natürlichen Rechten, indem sie sich einerseits auf die moralischen Ansprüche von Menschen – *aller* Menschen – konzentriert und andererseits nur Bedrohungen ausschließt, die einen offiziellen Charakter haben. Das letztere Merkmal läßt sich wie folgt verstehen: Wer ein Recht auf X als ein Menschenrecht behauptet, fordert, daß jede Gesellschaft (und jedes vergleichbare Sozialsystem) so organisiert sein sollte, daß alle Mitglieder sicheren Zugang zu X haben. Wenn eine Gesellschaft sich nicht so organisiert, ist das eine *offizielle Mißachtung* des betreffenden Menschenrechts. Das im Artikel 20.1 der *Universal Declaration* postulierte Recht auf »freedom of peaceful assembly and association« impliziert zum Beispiel, daß Menschen einen moralischen Anspruch darauf haben, daß die Grundordnung ihrer Gesellschaft so funktioniert oder reformiert wird, daß sie die genannten Freiheiten sicher ausüben können.[2] Dabei ist nicht nur dafür zu sorgen, daß unsere Regierung und ihre Beamten diese Freiheiten respektieren, sondern auch dafür, daß Einschränkungen und Verletzungen dieser Freiheiten von seiten anderer Bürger wirksam abgeschreckt und vereitelt werden.

2 Natürlich kann keine Gesellschaft die *absolute* Sicherheit aller Menschenrechtsgüter gewährleisten. Und die Forderung nach größtmöglicher Sicherheit würde absurd hohe soziale Kosten nach sich ziehen, die, was Sicherheitsgewinne anbetrifft, nur einen minimalen Grenznutzen hätten. Eine plausible Konzeption der Menschenrechte wird daher Schwellenwerte vorsehen müssen, denen zufolge die Menschenrechte einer Person als erfüllt gelten, wenn die Gegenstände dieser Rechte *hinlänglich* sicher sind (wobei der Grad der geforderten Sicherheit den Mitteln und Umständen des betreffenden Sozialsystems anzupassen ist) – wenn es also, um bei unserem Beispiel zu bleiben, hinlänglich unwahrscheinlich ist, daß Versuche dieser Person, von ihrer Versammlungs- oder Vereinigungsfreiheit Gebrauch zu machen, von offizieller oder privater Seite vereitelt oder sanktioniert werden. Die Frage, wie diese Schwellenwerte für jedes Menschenrecht zu präzisieren sind, gehört zur zweiten, inhaltlichen Komponente einer Menschenrechtskonzeption.

Dieser letzte Punkt ist ein wesentlicher Bestandteil des institutionellen Menschenrechtsbegriffs: Schon durch unzureichenden Schutz des Gegenstands eines Menschenrechts zeigt eine Gesellschaft offizielle Mißachtung desselben, welches dann in ihr nicht als erfüllt gelten kann.[3] Allerdings fällt der unsichere Zugang zu Menschenrechtsgütern stärker ins Gewicht, wenn er von offizieller Seite blockiert oder gefährdet wird. Es ist, *ceteris paribus*, moralisch wichtiger, daß unsere Gesetze, staatlichen Organe und Repräsentanten staatlicher Autorität Menschenrechtsgüter nicht selbst gefährden, als daß sie sie gegen andererlei Gefährdungen schützen.[4]

Mitglieder einer Gesellschaft, die im Falle offizieller Mißachtung von Menschenrechten nicht nach Kräften auf die erforderlichen institutionellen Veränderungen hinarbeiten, verletzen eine negative Rechtspflicht: die Pflicht nämlich, nicht an der Durchsetzung ungerechter Institutionen mitzuwirken. Dem von mir verteidigten institutionellen Menschenrechtsbegriff zufolge sind Menschenrechte also moralische Ansprüche *an* Menschen aufgezwungene soziale Institutionen und gleichzeitig Ansprüche *gegen* die (insbesondere die einflußreicheren und privilegierteren)

3 Man denke etwa an die auch heute noch weit verbreitete offizielle Duldung von innerehelicher Gewalt gegen Frauen.

4 Diese unterschiedliche Gewichtung ist in unserem moralischen Denken tief verwurzelt und zeigt sich zum Beispiel in unserer Einstellung zu Strafrecht und Strafvollzug: Unschuldigen zugefügte Schäden wiegen *ceteris paribus* schwerer, wenn sie im Zuge polizeilicher Aufklärungsarbeit oder durch offizielle Bestrafung entstehen, als wenn sie durch von unserem Strafsystem nicht hinreichend verhinderte und abgeschreckte Privatverbrechen zustande kommen. Unsere Grundordnung und ihre politischen und rechtlichen Organe sollen der Gerechtigkeit nicht nur dienen, sondern sie auch symbolisieren. Dieser Punkt ist wichtig, denn er untergräbt die Plausibilität konsequentialistischer Gerechtigkeitskonzeptionen und auch solcher (Rawls), die soziale Institutionen vom Standpunkt eines die Interessen potentieller Teilnehmer reflektierenden hypothetischen Gesellschaftsvertrags bewerten wollen: Kluge potentielle Teilnehmer interessieren sich für die Größe von Schäden und Risiken ohne Rücksicht auf deren (offizielle, private oder natürliche) Quelle. Vgl. Abschnitt 5 von Thomas W. Pogge, »Three Problems with Contractarian-Consequentialist Ways of Assessing Social Institutions« in: *Social Philosophy and Policy* 12 (1995) 2, S. 241-266.

Personen, die durch Teilnahme an diesen Institutionen zu ihrer Aufrechterhaltung und/oder Veränderung beitragen.

Einem weitverbreiteten alternativen Menschenrechtsbegriff zufolge fordert derjenige, der ein Recht auf X als ein Menschenrecht behauptet, daß jeder Staat ein Recht auf X in sein Grundgesetz bzw. seine Verfassung einbauen und es auch (ob es nun so juridifiziert ist oder nicht) respektieren sollte.[5] Meines Erachtens führt dieser Menschenrechtsbegriff zu Forderungen, die in einer Hinsicht zu stark, in einer anderen zu schwach sind. Sie sind zu stark, sofern eine Gesellschaft so situiert und strukturiert sein mag, daß ihre Mitglieder auch ohne positives Recht sicheren Zugang zu X genießen. Zwar kann es nicht schaden, auch die entsprechenden Verfassungsrechte zu haben, aber diese sind doch an sich nicht so wichtig, daß man diese zusätzliche Forderung in den Begriff eines Menschenrechts einbauen müßte: Ein Menschenrecht auf ausreichende Ernährung (Artikel 25) zum Beispiel sollte als erfüllt gelten, wenn man sicheren Zugang zu ausreichender Ernährung hat, auch wenn dieser Zugang nicht (verfassungs-) rechtlich verbrieft ist.[6] Die Forderungen des Alternativbegriffs sind insofern zu schwach, als Verfassungsrechte, auch wenn sie effektiv einklagbar sind, oftmals nicht ausreichen, um sicheren Zugang zu gewährleisten. Es ist zum Beispiel möglich, daß arme und ungebildete Personen nicht in der Lage sind, auf ihren Ver-

5 So etwa Habermas: »Der Begriff des Menschenrechts ist nicht moralischer Herkunft, sondern [...] *von Haus aus* juridischer Natur.« Menschenrechte gehören »ihrer Struktur nach zu einer Ordnung positiven und zwingenden Rechts, die einklagbare subjektive Rechtsansprüche begründet. Insofern gehört es zum Sinn der Menschenrechte, daß sie nach dem Status von Grundrechten verlangen.« Jürgen Habermas, »Kants Idee des Ewigen Friedens – aus dem historischen Abstand von 200 Jahren« in: *Kritische Justiz* 28 (1995) 3, S. 293-319. Die Zitate sind auf S. 310 bzw. S. 312; kursiv im Original. Alexy bezeichnet Menschenrechte zwar ausdrücklich als moralische Rechte, vertritt aber ansonsten eine ähnliche Position, die eine Institutionalisierung der Menschenrechte mit ihrer Transformation in positives Recht gleichsetzt: Robert Alexy, »Die Institutionalisierung der Menschenrechte im demokratischen Verfassungsstaat«, in diesem Band, S. 254 ff.

6 Zur Erfüllung vieler Menschenrechte werden entsprechende positive oder gar Verfassungsrechte allerdings empirisch notwendig sein. Ich gehe im folgenden davon aus, daß dies insbesondere bei politischen und Bürgerrechten zutrifft.

fassungsrechten zu bestehen, weil sie ihre Rechte nicht kennen oder weil ihnen das Wissen oder die minimale wirtschaftliche Unabhängigkeit fehlt, die zur Durchsetzung ihrer Rechte auf dem dafür vorgesehenen Rechtsweg erforderlich wären.

Der institutionelle Menschenrechtsbegriff erleichtert die Begründung von sozialen, ökonomischen und kulturellen Menschenrechten. Denn er ermöglicht es, auch diese Rechte so zu verstehen, daß sie nur *negative* Verpflichtungen implizieren: die Pflicht nämlich, Mitbürgern keine soziale Ordnung aufzuerlegen, in der ihnen sicherer Zugang zu Menschenrechtsgütern fehlt. Außerdem läßt sich plausibel machen, daß auch die klassischen Bürgerrechte soziale und ökonomische Implikationen haben. Freiheit von unmenschlicher und entwürdigender Behandlung (Artikel 5) wird sich durch strafrechtliche Abschreckung allein kaum gewährleisten lassen, sondern wird in der Regel auch eine Strukturierung sozialer und wirtschaftlicher Institutionen erfordern, die zum Beispiel sicherstellt, daß Hausangestellte lesen und schreiben können, ihre Rechte und Möglichkeiten verstehen und im Falle plötzlicher Entlassung ökonomisch abgesichert sind.

III

Artikel 28 bezieht sich nicht nur auf nationale Grundordnungen, sondern auch auf unser globales Institutionensystem (»international order«). Auf dieses Thema angewandt, impliziert die moralische These des Artikel 28 die Forderung, daß *unser globales Institutionensystem im Hinblick auf seinen relativen Beitrag zur Erfüllung der Menschenrechte zu bewerten und zu reformieren ist.* Diese globale Forderung bedeutet, daß die Menschenrechte, institutionell verstanden, in unserer Zeit weltweite normative Reichweite haben: Die Menschenrechte einer Person involvieren nicht nur moralische Ansprüche an die sozialen Institutionen ihrer eigenen Gesellschaft, also Ansprüche gegen alle Mitbürger, sondern auch analoge moralische Ansprüche an unsere globale Grundordnung, also Ansprüche gegen alle Mitmenschen.

Wenn diese globale Forderung begründbar ist, untergräbt sie die selbstzufriedene Distanziertheit, mit der Regierungen und Bürger des reichen Westens auf das Menschenrechtsniveau der meisten sogenannten Entwicklungsländer hinabzuschauen pflegen: Diese Katastrophe ist nicht allein die Verantwortung ihrer Regierungen und Bevölkerungen, sondern auch unsere, insofern wir ihnen kontinuierlich eine ungerechte Weltordnung aufzwingen, anstatt auf eine reformierte Ordnung hinzuarbeiten, in der die Menschenrechte aller erfüllt werden könnten.[7]

Um die hier zu verteidigende globale Forderung richtig zu verstehen, muß man sie von einer extremeren Position unterscheiden, die uns ebenfalls eine Verantwortung für die Menschenrechte aller zuschreibt – von der moralischen Behauptung nämlich, daß wir, so gut wir können, die Menschenrechte aller Menschen weltweit schützen und sichern sollten.[8] Artikel 28 fordert die Bürger und Regierungen der entwickelten Länder nicht dazu auf, die Rolle einer globalen Polizeimacht zu übernehmen und überall dort einzugreifen, wo Menschenrechte durch brutale Regierungen oder kriegerische Auseinandersetzungen gefährdet sind. Seine globale Forderung ist vielmehr, daß wir die bestehende Weltordnung so reformieren sollten, daß sie zur Entstehung und Stabilität von demokratischen, rechtsstaatlichen und friedlichen

7 Die Teilnehmer an sozialen Institutionen werden in unterschiedlichem Maße für deren moralische Zweckmäßigkeit verantwortlich sein: Von einflußreichen und privilegierten Teilnehmern sollte man größere Beiträge zur Aufrechterhaltung einer gerechten bzw. zur Reform einer ungerechten Grundordnung erwarten. Außerdem sind hier Mitverantwortung und Mitschuld zu unterscheiden. Daß wir mitverantwortlich sind, heißt, daß wir Mitverursacher sind und anders handeln können und sollten. Daß uns auch eine Schuld trifft, folgt hieraus allein noch nicht. Denn es gibt Entschuldigungen, wie etwa (in manchen Fällen) faktische oder moralische Irrtümer oder Unkenntnis.

8 Dieses Verständnis der Menschenrechtsbegriffs findet sich zum Beispiel bei Luban: »A human right, then, will be a right whose beneficiaries are all humans and whose obligors are all humans in a position to effect the right.« David Luban, »Just War and Human Rights« in: Charles Beitz u.a. (Hg.), *International Ethics*, Princeton: Princeton University Press 1985, S. 195-216, hier S. 209. Diese Position ist viel ausführlicher entwickelt in Henry Shue, *Basic Rights*, Princeton: Princeton University Press 1980. Allerdings vermeidet Shue den Ausdruck »human rights«. Die Position ist extremer als meine, weil sie die globale normative Reichweite der Menschenrechte nicht von der Existenz eines weltweiten Institutionensystems abhängig macht, durch das unsere politischen und ökonomischen Entscheidungen das Leben vieler Ausländer nachhaltig beeinflussen.

Regierungsformen und auch zum Abbau extremer Armut und Ungleichheit beiträgt.

Eine kritische Diskussion dieser Forderung kann mit einer Untersuchung ihrer empirischen Voraussetzungen beginnen – nämlich: daß *die Erfüllung der Menschenrechte in unserer Welt signifikant von der Struktur unserer globalen Grundordnung abhängt* und daß *diese Ordnung sich im Hinblick auf jenen Zweck intelligent (um)strukturieren ließe*. Wenn diese empirischen Voraussetzungen nicht vorliegen, dann ist die globale Forderung des Artikel 28 bedeutungslos.

Die Rede von »unserer globalen Grundordnung« klingt schrecklich abstrakt und muß zumindest ansatzweise erläutert werden. Hier ist zunächst die neuzeitliche Institution des Staates zu erwähnen. Die Landoberfläche unseres Planeten ist in eine Vielzahl klar definierter und nicht-überlappender nationaler Territorien unterteilt. Menschen sind (von geringfügigen Ausnahmen abgesehen) jeweils genau einem Territorium zugeordnet. Jede Person oder Gruppe, die innerhalb eines solchen Gebiets eine Übermacht an Gewaltmitteln kontrolliert, wird als die legitime Regierung sowohl des Territoriums als auch der ihm zugeordneten Personen anerkannt. Eine solche Regierung darf »ihre« Menschen durch Gesetze, Verfügungen und Beamte regieren und in ihrem Namen Recht sprechen. Ihr steht auch die letzte Verfügungsgewalt (zum Beispiel durch Besteuerungs- und Enteignungsrechte) über alle in ihrem Gebiet befindlichen Rohstoffe zu. Außerdem darf sie »ihre« Menschen nach außen repräsentieren, ihnen also etwa, durch Abkommen und Verträge, Verpflichtungen anderen gegenüber auferlegen, ihre Beziehungen mit Ausländern regeln, in ihrem Namen Kriege erklären und führen sowie den Zugang von Ausländern zum nationalen Territorium kontrollieren. In dieser zweiten Rolle wird jeder Regierung eine Kontinuität mit ihren Vorgängern und Nachfolgern zugeschrieben: Sie ist verpflichtet, sich an die von ihren Vorgängern abgeschlossenen Verträge zu halten, und ist ihrerseits in der Lage, ihre Nachfolger durch Verträge zu binden. – Natürlich gibt es verschiedene kleinere Abweichungen und Komplikationen[9]

9 Es gibt staatenlose Personen, solche mit mehreren Staatsangehörigkeiten und andere, die Bürger eines Staates, aber in einem anderen wohnhaft sind. Es gibt die Antarktis, 200-Meilen Zonen, umstrittene Gebiete sowie auch vertraglich ausgeliehene Gebiete (wie Hongkong,

sowie viele weitere, weniger wichtige Merkmale unserer globalen Grundordnung. Aber die genannten Grundmerkmale werden für unsere Zwecke hier zunächst genügen.

Ich will anhand zweier Beispiele zu zeigen versuchen, daß es durchführbare Reformen unserer Weltordnung gibt, die die Erfüllung der Menschenrechte sicherlich erheblich voranbringen würden. Mein erstes Beispiel betrifft das zur Zeit prominente Thema Demokratisierung. Es ist viel darüber geschrieben worden, wie eine neue demokratische Regierung von einer bösartigen Vorgängerregierung verschuldete Menschenrechtsverletzungen behandeln sollte. Viel weniger, und viel zuwenig, ist darüber nachgedacht worden, wie eine solche Regierung durch institutionelle Reformen zukünftigen Umstürzen vorbeugen kann. Noch wichtiger schließlich ist die Ausweitung dieser zukunftsorientierten Frage auf unser *globales* Institutionensystem: Wie läßt sich unsere Weltordnung so umgestalten, daß sie eine stärkere demokratisierende Wirkung ausübt? Solange eine Übermacht an Gewaltmitteln das internationale Kriterium für die Legitimität einer Regierung ist, gibt es starke Anreize (zum Beispiel für Offiziere des Militärs), den Umsturz einer demokratischen Regierung zu betreiben: Sind Putschisten erst einmal an der Macht, können sie auf alle Vorteile internationaler Anerkennung rechnen. Sie können zum Beispiel im Namen des ganzen Landes von ausländischen Banken Geld leihen und dieses Geld dann nach eigenem Belieben verwenden. Ausländische Bankiers brauchen nicht zu befürchten, daß sie ihr Geld verlieren werden, falls wieder eine demokratische Regierung an die Macht kommt. Denn jede zukünftige Regierung gilt als verpflichtet, alle Verträge und Kreditabkommen ihrer Vorgänger einzuhalten, und wird dieser international abgesegneten Verpflichtung nachkommen müssen, wenn sie nicht von den internationalen Kreditmärkten ausgeschlossen werden will.

Läßt sich unsere Weltordnung so modifizieren, daß sie stärker zur Stabilität demokratischer Regierungen beiträgt? Man könnte

ein gutes Beispiel für die Kontinuitätsbedingung). Und es gibt manchmal Gruppen, die als die offizielle Regierung eines Landes anerkannt werden, obwohl sie innerhalb des betreffenden Territoriums keine Übermacht an Gewaltmitteln kontrollieren (zum Beispiel Pol Pots Khmer Rouge während der achtziger oder Bertrand Aristides Exilpräsidentschaft Anfang der neunziger Jahre).

zunächst ein völkerrechtliches Prinzip vorschlagen, dem zufolge die Bevölkerung eines Landes nicht für die Schulden einer Regierung aufzukommen braucht, die unter Verletzung verfassungsmäßig abgesicherter demokratischer Verfahren die Herrschaft ergriffen oder ausgeübt hat. Dieses Prinzip hindert zwar weder Putschisten daran, gewaltsam die Macht zu ergreifen, noch ausländische Banken daran, Putschisten Geld zu leihen. Aber es macht solche Kredite doch erheblich riskanter und führt deshalb dazu, daß Putschisten weniger Geld entleihen können – und das zu schlechteren Konditionen. Es verringert dadurch die Ausdauer undemokratischer Regierungen und auch die Anreize, einen Putsch überhaupt erst zu versuchen.

Dieser Vorschlag muß, vor allem in zwei Hinsichten, weiter verfeinert werden. Erstens ist ein möglichst neutraler Rat vorzusehen, der international verbindlich die Verfassungsmäßigkeit oder -widrigkeit existierender Regierungen feststellt.[10] Dieser Rat könnte nach dem Modell des internationalen Gerichtshofs im Haag konstruiert werden, sollte zusätzlich aber auch noch über speziell ausgebildetes Personal verfügen, das zur Beobachtung – bzw., in schwierigen Fällen, sogar zur Abhaltung – von Wahlen entsandt werden könnte. Durch den Einbau eindeutiger Legitimitätskriterien in schriftlich fixierte Verfassungen oder Grundgesetze (die auch die Möglichkeiten legitimer Abänderungen derselben genau festlegen) könnten demokratische Regierungen diesem Rat die Arbeit erleichtern und dadurch erheblich zur Stabilität demokratischer Strukturen im eigenen Lande beitragen.

Zweitens ist einem destabilisierenden Einfluß auf existierende demokratische Regierungen vorzubeugen. Ein solcher Einfluß wäre folgendermaßen möglich. Wenn eine offiziell illegitime Regierung ohnehin nicht im Namen des ganzen Landes ausländische Kredite aufnehmen kann, dann wird sie auch keine Ver-

10 Dieser Rat würde natürlich nur im Interesse demokratischer Verfassungen tätig werden. Und seine Feststellungen hätten Konsequenzen nicht nur für die Kreditaufnahme von Regierungen, sondern auch für ihr Ansehen im In- und Ausland. Eine Regierung, die offiziell für illegitim erklärt wurde, wird sich in vieler Hinsicht (Handel, Diplomatie, Investitionen usw.) schwerer tun. Die dadurch verstärkte abschreckende Wirkung der vorgeschlagenen Institution würde die Gefahr von Umsturzversuchen weiter verringern.

anlassung sehen, für die Schulden einer demokratischen Vorgängerregierung aufzukommen. Diese Tatsache könnte putschgefährdeten demokratischen Regierungen die Kreditaufnahme im Ausland erschweren, was natürlich nicht im Sinne meines Vorschlags läge.[11] Diese Schwierigkeit ließe sich durch einen internationalen Versicherungsfond neutralisieren, der von demokratisch-legitimen Regierungen eingegangene Kreditverpflichtungen genau dann übernimmt, wenn eine illegitime Nachfolgerregierung sich weigert, diesen Verpflichtungen nachzukommen. Dieser Versicherungsfond sollte, wie auch der oben vorgeschlagene Rat, von allen demokratischen Regierungen gemeinsam finanziert werden. Damit würden zwar einige Länder – die langfristig stabilen Demokratien – zu einem Fond beitragen, von dem sie selbst kaum je direkt profitieren dürften. Dieser finanzielle Beitrag wäre jedoch einerseits recht gering, weil der Umsturz demokratischer Regierungsformen nach Verwirklichung meines Vorschlags viel seltener würde, und andererseits durchaus gerechtfertigt durch den dadurch erzielbaren Demokratisierungsgewinn, der auch Gewinne für die Erfüllung der Menschenrechte sowie die Vermeidung von Kriegen und Bürgerkriegen nach sich zöge.[12]

11 Ich habe Ronald Dworkin dafür zu danken, daß er dieses Problem gesehen und kraftvoll artikuliert hat.

12 Es lohnt sich vielleicht, einen vorliegenden Alternativvorschlag kurz zu erwähnen. Ihm zufolge soll jedes Land militärische Interventionen gegen sich selbst autorisieren dürfen für den Fall, daß eine zukünftige Regierung desselben demokratische Prinzipien (Farer) oder Menschenrechte (Hoffmann) erheblich verletzt. Siehe Tom J. Farer, »The United States as Guarantor of Democracy in the Caribean Basin: Is There a Legal Way?« in: *Human Rights Quarterly* 10 (1988) 12, S. 157-176; ders., »A Paradigm of Legitimate Intervention« in: Lori Fisler Damrosch (Hg.), *Enforcing Restraint: Collective Intervention in Internal Conflicts*, New York: Council on Foreign Relations Press 1993, S. 316-347; und Stanley Hoffmann, »Delusions of World Order« in: *New York Review of Books* 39 (1992) 7, S. 37-43. Vorschläge dieser Art haben zwei Nachteile: Militärische Interventionen werden, manchmal wenigstens, blutig ausfallen, und Interventionsentscheidungen werden in den Regel von den (zum Beispiel machtpolitischen) Interessen der intervenierenden Staaten mitbestimmt werden. Ohne solcherlei Vorschläge abzulehnen (oder zu befürworten), wollte ich hier eine weniger radikale und riskante Reform vorschlagen, die, wie ich glaube, eindeutiger zeigt (obwohl

Mein zweites Beispiel betrifft weitverbreitete bittere Armut im Kontext eines extremen internationalen Wohlstandsgefälles. In der bestehenden globalen Grundordnung, der zufolge Eigentumsrechte an natürlichen Rohstoffen auf territorialer Basis den verschiedenen Staaten bzw. ihren Regierungen unterstehen, leiden ca. 800 Millionen Menschen an chronischer Unterernährung und Hunger[13] und den damit oft einhergehenden leicht und billig heilbaren, aber faktisch oft tödlichen Krankheiten.[14] Ich habe anderswo argumentiert, daß sich dieses Leiden durch Einführung einer globalen Rohstoffdividende rasch weitgehend abschaffen ließe.[15] Dieser Vorschlag ist maßvoll, insofern er das bestehende Staatensystem übernimmt und den nationalen Regierungen insbesondere die Verfügungsgewalt über die auf staatlichem Territorium befindlichen Rohstoffe beläßt. Allerdings müssen Regierungen eine dem Wert der tatsächlich genutzten Rohstoffe proportionale Dividende abführen. Das Wort »Dividende« bringt zum Ausdruck, daß allen Menschen, auch den jetzt ausgeschlossenen, ein unverlierbares Teilrecht an allen Naturschätzen zugeschrieben wird. Wie im Falle von Vorzugsaktien

ich hier natürlich weder alle wesentlichen Einzelheiten meines Vorschlags noch alle möglichen Einwände gegen ihn diskutieren konnte), daß sich unsere gegenwärtige Weltordnung mit einigem guten Willen der reichen Länder so modifizieren ließe, daß sie eine demokratisierende Kraft ausübte.

13 United Nations Development Program, *Human Development Report 1995*, New York: Oxford University Press 1995, S. 16. Ebenda ist zu lesen, daß 1,3 Milliarden, über ein Fünftel der Weltbevölkerung, unter der Armutsgrenze leben, die definiert ist als »that income level below which a minimum nutritionally adequate diet plus essential non-food requirements are not affordable« (United Nations Development Program, *Human Development Report 1993*, New York: Oxford University Press 1993, S. 225).

14 Über 20 Millionen von ihnen kommen jedes Jahr frühzeitig ums Leben – die meisten schon als Kinder: so etwa eine Million an Masern, drei Millionen an Durchfall und dreieinhalb Millionen an Lungenentzündung. James P. Grant, *The State of the World's Children 1993*, New York: Oxford University Press 1993.

15 Thomas W. Pogge, »Eine globale Rohstoffdividende« in: *Analyse und Kritik* 18 (1995) 2, S. 183-208. Dort werden die Einzelheiten des Vorschlags, Gründe dafür und dagegen sowie eine wichtige Alternative ausführlicher besprochen.

impliziert dieses Recht keinen Anspruch auf Mitsprache darüber, ob und wie nationale Rohstoffe zu verwenden sind, sondern lediglich einen Anspruch darauf, an der Nutznießung von Rohstoffen linear beteiligt zu werden. Diese Idee einer globalen Rohstoffdividende (GRD) könnte natürlich auch auf die Nutzung (etwa zur Entsorgung) von Luft, Wasser und Erde angewendet werden.

Die Dividendeneinnahmen sollen zur Emanzipation der Ärmsten dieser Welt verwendet werden, so daß endlich alle Menschen in der Lage sind, ihre Grundbedürfnisse aus eigenen Kräften und mit Würde sicher zu befriedigen. Dabei geht es also nicht nur darum, die Ernährung, medizinische Versorgung und sanitären Einrichtungen der Armen zu verbessern, sondern auch darum, zu ermöglichen, daß *sie selbst* ihre Grundinteressen wahrnehmen und diese auch gegen die Ambitionen ökonomisch und politisch stärkerer Personen und Gruppen wirksam verteidigen können. Dazu müssen sie frei sein von Verhältnissen persönlicher Abhängigkeit, lesen und schreiben können, gewisse Grundrechte haben und diese auch verstehen und durchsetzen können sowie einen Beruf erlernen und am Arbeitsmarkt und in der Politik gleichberechtigt teilnehmen können.

In einer idealen Welt könnte man die hierzu notwendigen Mittel einfach den Regierungen der ärmsten Länder überschreiben, die damit zum Beispiel ihre ärmsten Bürger von Steuern und Schulden befreien, ihre Erziehung, medizinische Versorgung und Infrastruktur verbessern oder ihnen eigene Anbauflächen, Kapitalhilfen oder zinsgünstige Darlehen anbieten könnten. Solange Regierungen nicht gerade korruptionsfrei sind, wird es oft wirksamer sein, für dieselben Zwecke auch andere Kanäle zu verwenden, nämlich verschiedene internationale Organisationen, ähnlich wie UNICEF, UNDP, WHO oder Oxfam, die aber doch den neuen Aufgaben gemäß neu zu gestalten wären und deren Erfolg natürlich, genau wie der von Regierungen, fortlaufend ermittelt werden müßte. Von besonderer Wichtigkeit ist hier, daß das Wirken dieser Organisationen weitestgehend von sachlichen Gesichtspunkten bestimmt und deshalb von den machtpolitischen und ökonomischen Interessen aller Regierungen möglichst isoliert sein sollte.

Es wird vorkommen, daß eine Regierung es ganz unmöglich macht, die Lebensumstände der Armen ihres Landes überhaupt nennenswert zu verbessern. In solchen Fällen sollten die Mittel anderswo eingesetzt werden, wo sie tatsächlich zur Beseitigung von Armut beitragen. Denn schließlich geht es bei der GRD darum, den ärmsten *Menschen*, und nicht den ärmsten Staaten, ihren fairen Anteil an der Nutznießung aus natürlichen Rohstoffen zu sichern.

Allerdings werden GRD-Zahlungen nicht nur den Menschen, deren soziale Position sie verbessern sollen, zugute kommen, sondern indirekt auch ihren Regierungen und Mitbürgern. Dieses Faktum sollte man sich bei der Formulierung der Regeln zur GRD-Vergabe zunutze machen. Je erfolgreicher eine Regierung Armut im eigenen Land bekämpft, desto mehr von dem für dieses Land vorgesehenen GRD-Anteil sollte tatsächlich für dieses Land verwendet und desto mehr davon auch direkt an seine Regierung ausgezahlt werden. Damit hätten die Regierungen und Wirtschaftseliten der armen Länder einen klaren Anreiz, zum Erfolg des GRD-Regimes beizutragen.[16]

IV

Diese kurzen Bemerkungen zu zwei Beispielen sollten hinreichen, die folgenden wichtigen Tatsachen zu illustrieren. (1) In den meisten Ländern wird die Erfüllung der Menschenrechte nicht nur von nationalen Faktoren (Kultur und Machtstrukturen, natürlicher Umwelt, technischem und ökonomischem Entwicklungsstand), sondern auch von globalen institutionellen Faktoren stark beeinflußt. (2) Dabei stehen Erklärungen, die auf nationale und globale Faktoren rekurrieren, nicht in einem simplen Konkurrenzverhältnis. Nur ihre Synthese – eine Erklärung,

16 Dieser Anreiz wird nicht immer Wirkung zeigen, da in vielen Ländern wenigstens einige der Regierenden auch ein Interesse daran haben, die Unwissenheit, Machtlosigkeit, Abhängigkeit und Ausbeutbarkeit der Armen im eigenen Lande zu erhalten. Dennoch verschiebt dieser Anreiz das politische Kräftespiel in die richtige Richtung. Mit dem GRD-Regime würden Reformen häufiger und kräftiger versucht werden und auch öfter und schneller Erfolg haben, weil dieses Regime Regierungen und internationale Organisationen zu einem friedlichen Wettbewerb in effektiver Armutsbeseitigung anregen würde.

die beiderlei Faktoren integriert – kann eine wirkliche Erklärung sein. Denn einerseits werden die Auswirkungen nationaler Faktoren oft stark von globalen Faktoren beeinflußt (und umgekehrt), und andererseits haben globale Faktoren auch einen erheblichen Einfluß auf jene nationalen Faktoren selbst (was umgekehrt generell nur in geringem Maße der Fall ist). (3) Die vom globalen Institutionensystem ausgehenden Einflüsse sind nicht notwendig so, wie sie sind, sondern werden in erheblichem Maße durch relativ geringfügige und von Menschen veränderbare institutionelle Strukturmerkmale (zum Beispiel die An- bzw. Abwesenheit der beiden oben vorgeschlagenen Institutionen) mitbestimmt.

Daß diese Tatsachen oft völlig übersehen werden, läßt sich auf folgende Umstände zurückführen: Im Gegensatz zu den oft dramatischen institutionellen Entwicklungen innerhalb einzelner Länder (zum Beispiel kürzlich in Osteuropa) verändert sich unsere Weltordnung nur sehr langsam. Auch gibt es zu ihr (im Gegensatz zur bunten Vielfalt nationaler Grundordnungen) keine sichtbaren synchronen Alternativen, mit denen man sie vergleichen könnte. Diese Umstände erklären die Neigung, unsere globale Grundordnung als natürlich und unabänderlich zu empfinden. Weiterhin lenken die erheblichen internationalen Variationen in der Erfüllung der Menschenrechte unsere Aufmerksamkeit natürlicherweise auf Faktoren, hinsichtlich deren sich die verschiedenen Länder unterscheiden. Durch eine genaue Analyse dieser Faktoren scheinen sich alle menschenrechtsrelevanten Phänomene gänzlich erklären zu lassen. Doch der Schein trügt: Zwar muß es natürlich, wenn zwei Länder hinsichtlich der Erfüllung der Menschenrechte differieren, einen Unterschied in relevanten nationalen Faktoren geben, der zu dieser Differenz beiträgt. Eine Erklärung dieser Art läßt jedoch wichtige Fragen offen. Eine Frage betrifft den weiteren Kontext, in dem die nationalen Faktoren sich so und nicht anders auswirken. Es ist wohl möglich, daß dieselben nationalen Faktoren bzw. dieselben internationalen Unterschiede sich im Rahmen einer anderen Weltordnung ganz anders auf die Erfüllung der Menschenrechte auswirken würden.[17] Eine andere Frage betrifft die Erklärung der

17 Ein analoger Punkt spielt in der Debatte um die relative Wichtigkeit von genetischen und Umweltfaktoren eine entscheidende Rolle: Faktoren, die für die Erklärung der beobachteten *Variation* eines Merk-

nationalen Faktoren selbst. Es ist wohl möglich, daß im Rahmen einer anderen Weltordnung menschenrechtsgefährdende nationale Faktoren viel seltener oder gar nicht auftreten würden.[18]

mals (zum Beispiel Körpergröße, Intelligenz, Krebserkrankung) in einer Population ganz unwichtig sind, können für die Erklärung seines *Gesamtniveaus* in derselben Population dennoch von größter Wichtigkeit sein: Auch wenn die Größenunterschiede (135-150 cm) unter den Frauen einer Provinz fast gänzlich im Rekurs auf genetische Faktoren erklärbar sind, bleibt es möglich, daß alle Frauen dieser Provinz ganz erheblich größer (167-185 cm) wären, wenn nicht zu ihrer Jugendzeit Lebensmittel knapp und Mädchen bei deren Verteilung benachteiligt gewesen wären. Auch wenn Krebsanfälligkeit ausschließlich genetisch bedingt ist, bleibt es möglich, daß in einer wirklich gesunden Umwelt kaum je ein Mensch an Krebs erkranken würde.

18 Dieser Punkt wird immer wieder übersehen – von Rawls zum Beispiel, wenn er die Menschenrechtsprobleme in den Entwicklungsländern ausschließlich auf lokale Faktoren zurückführt: »the problem is commonly the nature of the public political culture and the religious and philosophical traditions that underlie its institutions. The great social evils in poorer societies are likely to be oppressive government and corrupt elites.« (John Rawls, »The Law of Peoples« in: Stephen Shute und Susan Hurley (Hg.), *On Human Rights*, New York: Basic Books 1993, S. 77; deutsch: »Das Völkerrecht«, in: Shute/Hurley, *Die Idee der Menschenrechte*, Frankfurt am Main 1996, S. 89). Diese oberflächliche Erklärung ist nicht so sehr falsch wie vielmehr unvollständig. Sobald man (im Gegensatz zu Rawls) fragt, warum denn in so vielen ärmeren Ländern repressive Regierungen und korrupte Eliten an der Macht sind, stößt man unweigerlich auf globale Faktoren – etwa diejenigen, die ich in meinen beiden Beispielen diskutiert habe: Dritte-Welt-Eliten können es sich leisten, repressiv und korrupt zu sein, weil sie sich auch ohne lokale Popularität, mit Hilfe ausländischer Kredite und Militärhilfe, an der Macht halten können. Und sie sind so oft repressiv und korrupt, weil es infolge des steilen internationalen Wohlstandsgefälles für sie sehr viel lukrativer ist, sich an den Interessen ausländischer Regierungen und Firmen zu orientieren als an denen ihner verarmten Landsleute. Dieserlei Einflüsse lassen sich vielfältig belegen: Es gibt genug Dritte-Welt-Regierungen, die mit erheblicher ausländischer Unterstützung an die Macht kamen oder sich nur durch solche an der Macht halten. Und es gibt genug Dritte-Welt-Politiker und -beamte, die, von ausländischen Interessen verleitet oder gar bestochen, sich gegen die Interessen ihrer Bevölkerung einsetzen: für den Ausbau einer touristenfreundlichen Sexindustrie

Diese Überlegungen stellen klar, daß das globale Niveau der Erfüllung der Menschenrechte sich unter Rekurs auf nationale Faktoren allein nicht erklären läßt.

Unsere beiden Beispiele illustrieren also den empirischen Hintergrund, gegen den die globale Forderung des Artikel 28 sinnvoll ist. Es ist Sinn und Zweck der Menschenrechte und offizieller Deklarationen derselben, daß alle Menschen sicheren Zugang zu bestimmten menschlichen Grundgütern haben. Heute fehlt vielen diese Sicherheit.[19] Für dieses Defizit können wir allerdings die Regierungen und Bürger der Länder, in denen es besteht, verantwortlich machen. Es dabei bewenden lassen dürfen wir allerdings nicht. Denn die Hoffnung, daß die ärmeren Staaten sich von innen her demokratisieren und die schlimmste Armut und Unterdrückung beseitigen mögen, ist solange völlig naiv, wie der institutionelle Kontext dieser Länder weiterhin nachhaltig das Entstehen und Beharren brutaler und korrupter Eliten begünstigt. Und für diesen institutionellen Kontext, für die bestehende Weltordnung, sind natürlich in erster Linie die Regierungen und Bürger der reicheren Länder verantwortlich, weil wir diese Ordnung, mit wenigstens latenter Gewalt, aufrechterhalten und weil wir, und nur wir, sie relativ zwanglos in den angedeuteten Hinsichten modifizieren könnten. Artikel 28 läßt sich im Sinne dieser Punkte verstehen: als klare Zurückweisung der weitverbreiteten und höchst gemütlichen Überzeugung, daß Menschenrechte nicht über Staatsgrenzen hinausreichen, die Menschenrechte von (im Ausland befindlichen) Ausländern für uns also normalerweise keine normativen Implikationen haben.[20]

(an deren Zwangsprostitutierung von Frauen und Kindern sie duldend mitverdienen), für die Einfuhr unnötiger, obsoleter oder überteuerter Produkte auf Staatskosten, für die Erlaubnis, gefährliche Produkte, Abfälle oder Produktionsstätten zu importieren, gegen Gesetze zum Arbeitnehmer- oder Umweltschutz usw. Es ist völlig unrealistisch, zu glauben, daß die von Rawls zu Recht bedauerte Korruption und Unterdrückung in den ärmeren Ländern sich ohne eine erhebliche Verringerung des internationalen Wohlstandsgefälles beseitigen ließe.

19 Dies gilt ganz unabhängig davon, welchen der ernstlich vorgeschlagenen Inhalte einer Menschenrechtskonzeption man befürworten mag.

20 Ein anderes Argument, das dieselbe Überzeugung unter Rekurs auf

V

Die inhaltliche Bestimmung der Menschenrechte ist nach wie vor umstritten. Prominent ist hier die Debatte zwischen denen, die (wie viele westliche Regierungen) besonders die politischen und Bürgerrechte, und denen, die (wie viele sozialistische und Dritte-Welt-Staaten) besonders die sozialen, ökonomischen und kulturellen Rechte hervorheben wollen. Wir haben bereits gesehen, daß der institutionelle Menschenrechtsbegriff des Artikels 28 die Antwort auf solcherlei Fragen nicht präjudiziert und ganz unabhängig davon mit starken Argumenten abgestützt werden kann. Ich will jetzt zeigen, daß dieser Menschenrechtsbegriff außerdem auch die praktische Bedeutsamkeit solcher Kontroversen erheblich verringern würde.

Nehmen wir einmal an, daß nur politische und Bürgerrechte als Menschenrechte in Frage kommen und daß also die in der *Universal Declaration* genannten sozialen, ökonomischen und kulturellen Rechte (allen voran das viel verlachte Recht auf »periodic holidays with pay« des Artikel 24) den Status von Menschenrechten nicht verdienen. In Verbindung mit meiner Interpretation des Artikel 28 folgt daraus die Behauptung, daß jeder Mensch einen moralischen Anspruch auf eine internationale Ordnung hat, in der seine politischen und Bürgerrechte erfüllt werden können. Wenn unsere Weltordnung diesem Anspruch auch nicht annähernd genügt, so liegt das in erster Linie an dem erschreckenden Ausmaß der von ihr reproduzierten Ungleichheit und Armut: In den meisten Entwicklungsländern können die positiven Rechte einfacher Bürger nicht wirksam durchgesetzt werden. Denn viele dieser Länder sind so arm, daß sie gut ausgebildete Richter und Polizeikräfte in ausreichender Stärke gar nicht finanzieren können; und in vielen von ihnen sind Institutionen sowie Politiker, Beamte und Behörden – oft unter gehöriger Mitwirkung finanziell viel mächtigerer ausländischer Firmen und Regierungen – ohnehin dermaßen korrumpiert, daß die Erfüllung der wichtigsten politischen und Bürgerrechte gar nicht erst ernsthaft betrieben wird. Und in den wenigen ärmeren Ländern, in denen die positive Rechte einfacher Bürger doch wirk-

die von ihr gegebenen inhärent bedauerlichen Anreize angreift, findet sich in Thomas W. Pogge, »Schlupflöcher in der Moral«, in: *Deutsche Zeitschrift für Philosophie* 40 (1992) 3, S. 256-272.

sam durchgesetzt werden können, sind viele Menschen unter zu starkem wirtschaftlichen Druck, zu abhängig von anderen oder zu unwissend, um die Durchsetzung ihrer Rechte zu betreiben. Diese Überlegungen zeigen, daß, selbst wenn es überhaupt keine sozialen, ökonomischen oder kulturellen Menschenrechte gäbe, die anerkannten politischen und Bürgerrechte, wenn man sie nur im Sinne des Artikel 28 verstehen wollte, allein ausreichen würden, die Forderung nach institutionellen Reformen, die eine Verringerung weltweiter Armut und Ungleichheit zur Folge hätten, zu untermauern.

Wir wollen jetzt umgekehrt annehmen, daß nur soziale, ökonomische und kulturelle Rechte als Menschenrechte in Frage kommen. In Verbindung mit meiner Interpretation des Artikels 28 folgt daraus die Behauptung, daß jeder Mensch einen moralischen Anspruch auf eine internationale Ordnung hat, in der seine sozialen, ökonomischen und kulturellen Menschenrechte erfüllt werden können. Unsere Weltordnung ist weit davon entfernt, diesem Anspruch zu genügen: Über eine Milliarde Menschen lebt heute in bitterster Armut, ohne minimale Ausbildung und Gesundheitsfürsorge und ohne Reserven selbst für kleinere Notfälle. Einige zehntausend von ihnen, meistenteils Frauen und Kinder, sterben täglich an Unterernährung und leicht heilbaren Krankheiten. Diese Mißstände gehen zum großen Teil darauf zurück, daß die Armen dieser Welt unter Regierungen leben, die sich nur in Ausnahmefällen um den Abbau von Armut bemühen und oft sogar noch zu ihrer Verelendung beitragen. Die Armen verteilen sich über etwa 150 Staaten, die meist nicht von allgemeinen und öffentlichen Gesetzen, sondern von (oft vom Ausland unterstützten) mächtigen Personen und Gruppen (Diktatoren, Parteibonzen, Militärs, Großbesitzer) beherrscht werden. In solchen Staaten sind sie nicht in der Lage, sich frei zu organisieren, auf ihre Situation aufmerksam zu machen oder sich für politische Reformen einzusetzen. Selbst die herkömmlichen sozialen und ökonomischen Menschenrechte, wenn man sie nur im Sinne des Artikel 28 verstehen wollte, unterstützen daher die Forderung nach einer globalen Grundordnung, die die nationale Einrichtung und Durchsetzung von (positiven) politischen und Bürgerrechten begünstigt und befördert[21] – zum Beispiel durch wirt-

21 Natürlich würden einige der Regierungen, die sich zum Vorrang der sozialen, wirtschaftlichen und kulturellen Menschenrechte beken-

schaftliche (Handel, Kreditaufnahme, GRD-Zahlungen) und diplomatische Privilegien und Sanktionen.[22]

In diesem Abschnitt habe ich sicherlich nicht behaupten wollen, daß uns die inhaltliche Bestimmung unserer Menschenrechtskonzeption egal sein kann. Ich wollte nur zeigen, daß die praktisch-politische Wichtigkeit und Sprengkraft der real existierenden Meinungsverschiedenheiten zu dieser Frage abnimmt, wenn wir Menschenrechte nicht im herkömmlichen, sondern in meinem Sinne als moralische Ansprüche an globale Institutionen verstehen. Auch wenn wir recht unterschiedliche Vorstellungen darüber haben, welche Güter unter den Schutz einer Menschenrechtskonzeption zu stellen sind, werden wir dann nämlich – wenn es uns wirklich um die Erfüllung von Menschenrechten und nicht zum Beispiel um ideologische Propagandasiege geht – gemeinsam dieselben Reformen unserer globalen Grundordnung betreiben, anstatt uns darüber zu streiten, wieviel Lob oder Tadel dieser oder jener Staat verdient.

nen, einwenden, daß solche politischen und Bürgerrechte in ihrem Lande zur Zeit unnötig oder sogar kontraproduktiv (nämlich teuer und von Wichtigerem ablenkend) seien. Aber die meisten dieser Regierungen würden, glaube ich, zugestehen, daß eine Stärkung von politischen und Bürgerrechten anderswo oder zu anderen Zeiten durchaus wünschenswert wäre. Die heutige chinesische Regierung zum Beispiel würde sicherlich geltend machen, daß die Einführung stärkerer politischer und Bürgerrechte in China heute nicht im Interesse der Armen läge, für die Partei und Regierung sich auch so schon unermüdlich einsetzen. Aber dieselbe Regierung würde wahrscheinlich, wenn auch vielleicht nur inoffiziell, zugestehen, daß es andere Regionen gibt – Afrika, vielleicht, oder Lateinamerika, Osteuropa, die ehemalige Sowietunion oder Indonesien –, in denen solche Rechte es den Armen und ethnischen Minderheiten ermöglichen würden, sich wirksamer für ihre legitimen Interessen einzusetzen. Vielleicht würde sie sogar, noch inoffizieller, zugeben, daß die chinesische Hungersnot von 1958 bis 1961, deren Todeszahl von 30 Millionen erst kürzlich bekannt wurde, nicht hätte stattfinden können, wenn China damals unabhängige Massenmedien und ein offenes politisches System gehabt hätte.

22 Stärkere Sanktionen, wie Embargos und militärische Interventionen, sollten wahrscheinlich nur in Fällen extremer Unterdrückung ausgelöst werden.

Artikel 28 (wie hier expliziert) hat wichtige Implikationen auch für die Debatte um die universale Geltung der Menschenrechte. Es wird häufig gesagt, daß diese Rechte Ausdruck einer provinziellen, nämlich europäischen Moralkonzeption sind, deren weltweite Durchsetzung einer neuen Form von Imperialismus gleichkäme: »Haben nicht die Chinesen, Inder und Zulus ihre eigenen Traditionen, aus denen sie selbst eigene Moralkonzeptionen, vielleicht ganz ohne den individualistischen Begriff von Rechten, schöpfen können? Wenn ihr eine Menschenrechtskonzeption ins Zentrum eurer politischen Philosophie stellen und in euren politischen Institutionen verwirklichen wollt, dann tut es halt, aber laßt anderen dieselbe Freiheit, ihre Werte im Kontext ihrer Kultur selbst zu entwickeln und zu bestimmen.«

Auch wenn solche Mahnungen oft aus verdächtigen Quellen (zum Beispiel von westlichen Politikern, die etwa Folter und Mädchenhandel als Teil der Kultur von befreundeten Staaten herunterspielen wollen) zu hören sind, erfordern sie doch eine vernünftige Antwort. Sobald wir Menschenrechte als Ansprüche an globale Institutionen verstehen, können wir die folgende neue und überzeugende Antwort geben: Solange wir die Menschenrechte als Standard für die Beurteilung nationaler Institutionen und Regierungen auffassen, mag es plausibel erscheinen, unterschiedliche Standards für verschiedene Staaten vorzuschlagen, um dadurch etwa Unterschieden in ihrer Geschichte, Kultur, Bevölkerungszahl und -dichte, natürlichen Umwelt, geopolitischen Umgebung oder Entwicklungsphase Rechnung zu tragen. Sobald wir die Menschenrechte jedoch als Standard zur Beurteilung *globaler* Institutionen begreifen, können wir internationale Unterschiede so nicht mehr auffangen. Es kann zu jedem Zeitpunkt nur *ein* globales Institutionensystem geben. Wenn es möglich sein soll, diese Institutionen gegenüber allen Betroffenen zu rechtfertigen und auch weltweite Einigkeit darüber zu erzielen, wie diese Institutionen sich ändernden Umständen und neuen Erfahrungen anzupassen sind, dann müssen wir *einen* Beurteilungsstandard anstreben, den alle Menschen und Völker als Grundlage ihrer moralischen Beurteilung unserer Weltordnung akzeptieren können.

Ein gemeinsamer Standard zur moralischen Bewertung globaler Institutionen setzt keine durchgängige Übereinstimmung voraus. Er braucht lediglich zu fordern, daß unsere Weltordnung so einzurichten und gegebenenfalls zu reformieren ist, daß möglichst alle Menschen sicheren Zugang zu einigen wesentlichen menschlichen Grundgütern haben. Nun stimmt es natürlich, daß eine in diesem Sinne entworfene globale Grundordnung sich auch auf den Verwirklichungsgrad anderer Werte auswirken wird, zum Beispiel auf das kulturelle Leben in den verschiedenen Ländern oder auf die Popularität verschiedener Religionsgemeinschaften. Dieses Problem ist schlichthin unvermeidbar: An *jeder* Grundordnung kann kritisiert werden, daß bestimmte Werte in ihr nicht optimal gedeihen. Dennoch läßt sich das Problem dadurch reduzieren, daß wir unseren Beurteilungsstandard so wählen, daß die von ihm begünstigten Institutionen mit einer möglichst großen Vielfalt lokal prominenter Werte vereinbar sind. Ein Menschenrechtsstandard genügt dieser Bedingung, weil er auch in einer pluralistischen Welt, mit recht verschiedenen Kulturen, Traditionen und nationalen Institutionen, ganz erfüllt sein kann.

Der entscheidende Gedanke hier ist dieser: Wenn wir Menschenrechte als moralische Ansprüche an globale Institutionen auffassen, dann gibt es einfach keine attraktive, tolerante, pluralistische Alternative zur Universalität. In unserer Welt können verschieden strukturierte Gesellschaften friedlich koexistieren. Aber unsere Weltordnung selbst kann nur auf *eine* Art strukturiert sein. Was die interne institutionelle Struktur von Staaten anbelangt, können verschiedene Gesellschaften verschiedene Wege gehen – mit denen, die ihren Staat anders strukturieren wollen als wir unseren, brauchen wir uns nicht zu streiten.[23] Wo es jedoch um die institutionelle Struktur unserer Weltordnung geht, da muß sich notwendig, durch Vernunft oder Gewalt, *eine* Konzeption durchsetzen. Wenn wir es wirklich ernst meinen mit den Menschenrechten, dann müssen wir uns also für eine diesem Standard entsprechende globale Grundordnung einsetzen, zur Not auch gegen diejenigen, die, vielleicht unter Berufung auf andere Werte, eine alternative Weltordnung befürworten oder

23 Gegenseitige Toleranz in diesem Punkt ist also *möglich*. Damit soll natürlich nicht gesagt sein, daß wir die nationalen Grundordnungen anderer Länder, wie ungerecht sie auch sein mögen, tolerieren *sollten*.

anstreben, in der Menschenrechtsgüter schlechter gesichert wären.

Natürlich könnten wir Menschenrechte im hergebrachten Sinne als Standard für die moralische Beurteilung nationaler (Institutionen und) Regierungen verstehen und anderen Staaten die Verwendung anderer solcher Standards zubilligen. Aber eine solche »Bescheidenheit« bringt nichts ein. Denn wir können uns der weiteren Entwicklung globaler Institutionen gegenüber nicht neutral verhalten. Unsere politischen und wirtschaftlichen Entscheidungen werden diese Entwicklung notwendig mitbestimmen. Es ist, für die Zukunft der Menschheit, die wichtigste und dringlichste Aufgabe unserer Zeit, diese Entwicklung in eine vernünftige Bahn zu bringen. Es wäre völlig unverantwortlich, uns jeglicher moralischer Grundlage für die Beurteilung und Reform unserer Weltordnung zu begeben. Und die einzig plausible und international konsensfähige moralische Grundlage, die für die Lösung dieser Aufgabe heute denkbar ist, ist eine Konzeption der Menschenrechte.

VII

Einer weitverbreiteten Meinung zufolge bestimmt sich der Inhalt des Völkerrechts durch Handeln und Rhetorik wirklicher Regierungen. Es ist wohl möglich, daß nach diesem Kriterium meine Explikation des Artikels 28 und seiner Thesen über Begriff und Reichweite der Menschenrechte chancenlos erscheinen. Meine Absicht war jedoch nicht, diesem Kriterium zu genügen, sondern, auch *gegen* das lebendige Beispiel wirklicher Regierungen, die Auffassung der Menschenrechte als moralische Ansprüche an globale Institutionen am Leben zu erhalten. Auch wenn diese Auffassung marginalisiert wurde, ist sie doch heute genauso zwingend wie vor fünfzig Jahren. Und sie schließt natürlich nicht aus, daß Menschenreche *auch* zur moralischen Beurteilung von nationalen Institutionen und Regierungen herangezogen werden.

Auswahlbibliographie

»Allgemeine Erklärung der Menschenrechte vom 10. Dezember 1948«, abgedruckt in: Wolfgang Heidelmeyer (Hg.), *Die Menschenrechte*, Paderborn/München/Wien/Zürich: Schöningh (UTB) 3., erweiterte Auflage 1982.

Konzeptionelle Fragen der Bestimmung von Menschenrechten

Alexy, Robert, *Theorie der Grundrechte*, Frankfurt am Main: Suhrkamp 1985.

An-Na'im, Abduhlahi A. (Hg.), *Human Rights in Cross-Cultural Perspectives. A Quest for Consensus*, Philadelphia: University of Pennsylvania Press 1992.

Apel, Karl-Otto, »Diskursethik vor der Problematik von Recht und Politik: Können die Rationalitätsdifferenzen zwischen Moralität, Recht und Politik selbst noch durch die Diskursethik normativ-rational gerechtfertigt werden?«, in: ders. und Matthias Kettner (Hg.), *Zur Anwendung der Diskursethik in Politik, Recht und Wissenschaft*, Frankfurt am Main: Suhrkamp 1992.

– *Transformation der Philosophie*, 2 Bde., Frankfurt am Main: Suhrkamp 1973.

Arendt, Hannah, »Es gibt nur ein einziges Menschenrecht«, in: Dolf Sternberger (Hg.), *Die Wandlung* IV, Heidelberg 1949, S. 754-770, wiederabgedruckt in: O. Höffe u.a. (Hg.), *Praktische Philosophie/ Ethik. Reader zum Funk-Kolleg*, Bd. 2, Frankfurt am Main: Fischer 1981, S. 152-167

Bauer, J. (Hg.), *Zum Thema Menschenrechte. Theologische Versuche und Entwürfe*, Stuttgart 1977.

Bedau, Hugo Adam, »International Human Rights«, in: T. Regan und D. VanDeVeer (Hg.), *And Justice for All*, Totowa, N.J.: Rowman and Littlefield 1982, S. 287-308.

– »Why do we have the rights we do?«, in: E. F. Paul, F. Miller und Jeffrey Paul (Hg.), *Human Rights*, Oxford: Blackwell 1984.

Benda, Ernst, »Die Menschenwürde«, in: ders. u.a. (Hg.), *Handbuch des Verfassungsrechts*, Berlin: de Gruyter 1983.

Blackstone, W. T., »Equality and Human Rights«, in: *The Monist* 52 (1968) [*eine Begriffsanalyse*].

Böckenförde, Ernst-Wolfgang, *Recht, Freiheit, Staat*, Frankfurt am Main: Suhrkamp 1991.

– und Robert Spaemann (Hg.), *Menschenrechte und Menschenwürde. Historische Voraussetzungen – säkulare Gestalt – christliches Verständnis*, Stuttgart: Klett-Cotta 1987.
Brieskorn, Norbert, *Menschenrechte. Eine historisch-philosophische Grundlegung*, Stuttgart: Kohlhammer 1997.
Buergenthal, Thomas, *International Human Rights in a Nutshell*, St. Paul, Minn.: West Publications, 2. Auflage 1995.
Byrd, B. Sharon, Joachim Hruschka und Jan C. Joerden (Hg.), *Rechtsstaat und Menschenrechte. Jahrbuch für Recht und Ethik*, Bd. 3, Berlin: Duncker und Humblot 1995.
Cassese, Antonio, *Human Rights in a Changing World*, Cambridge: Polity Press 1990.
Charvet, John, »A Critique of Human Rights«, in: J. Roland Pennock (Hg.), *Human Rights*, New York: New York University Press 1981 [*eine Kritik des liberalen Verständnisses der Menschenrechte, das die Rechte und Ansprüche in der menschlichen Natur (Autonomie) verankert sieht*].
Crawford, James (Hg.), *The Rights of Peoples*, New York: Oxford University Press 1988 [*zur ›dritten‹ Generation der Menschenrechte, das heißt der Grundrechte von Gruppen*].
Davidson, Scott, *Human Rights. Law and political change*, Buckingham, Phil.: Open University Press 1993.
Davies, Peter (Hg.), *Human Rights*, London/New York: Routledge 1988.
Diemer, A., u. a., *Philosophical Foundations of Human Rights*, Paris 1986.
Dietze, Gottfried, *Problematik der Menschenrechte*, Berlin: Dunker und Humblot 1995.
Donnelly, Jack, *The Concept of Human Rights*, London: St. Martin Press 1985.
– *Universal human rights in theory and practice*, Ithaca, N.Y.: Cornell University Press 1989.
Dworkin, Ronald, *Taking Rights Seriously*, London: Duckworth 1977; deutsch: *Bürgerrechte ernstgenommen*, Frankfurt am Main: Suhrkamp 1984.
Feinberg, Joel, *Rights, Justice, and the Bounds of Liberty*, Princeton: Princeton University Press 1980 [*grundlegend zum Rechtsbegriff*].
– »The Nature and Value of Rights«, in: *Journal of Value Inquiry* 4 (1970); wieder in: ders., *Rights, Justice, and the Bounds of Liberty*, Princeton: Princeton University Press 1980.
Ferry, Luc, und Alain Renault, *Philosophie politique*, Bd. 3: *Des droits de l'homme à l'idee républicaine*, Paris: PUF 1985; englisch: *Political Philosophy*, Bd. 3: *From the Rights of Man to the Republican Idea*, Chicago: Chicago University Press 1992.

Finnis, J., *Natural Law and Natural Rights*, Oxford: Oxford University Press 1980 [*echte moderne Naturrechtstheorie*].

Forst, Rainer, »Das grundlegende Recht auf Rechtfertigung. Zu einer konstruktivistischen Konzeption von Menschenrechten«, in: Hauke Brunkhorst, Wolfgang Köhler und Matthias Lutz-Bachmann (Hg.), *Recht auf Menschenrechte*, Frankfurt am Main 1999.

Galtung, Johan, *Menschenrechte – anders gesehen*, Frankfurt am Main: Suhrkamp 1994.

Gauchet, Marcel, *Die Erklärung der Menschenrechte. Die Debatte um die bürgerlichen Freiheiten*, Reinbek: Rowohlt 1991.

Gewirth, Alan, *Human Rights. Essays on Justification and Application*, Chicago: University of Chicago Press 1982.

– »The Basis and Content of Human Rights«, in: J. Roland Pennock und John W. Chapman (Hg.), *Human Rights* (*Nomos* XXIII), New York 1981, wieder in: ders., *Human Rights. Essays on Justification and Application*, Chicago: Chicago University Press 1982 [*eine allgemeine Begründung der Menschenrechte: Die Objekte von Menschenrechten sind notwendige Bedingungen für Handlungen überhaupt*].

– *The Community of Rights*, Chicago: University of Chicago Press 1996.

– »The Epistemology of Human Rights«, in: Ellen Frankel Paul, Fred D. Miller Jr. und Paul Jeffrey (Hg.), *Human Rights*, Oxford: Blackwell 1984.

Habermas, Jürgen, *Faktizität und Geltung. Beiträge zur Diskurstheorie des Rechts und des demokratischen Rechtsstaats*, Frankfurt am Main: Suhrkamp 1992 [*Begründung von Grundrechten in Kapitel III und IV; These vom inneren Zusammenhang zwischen Demokratie und Menschenrechten*].

– »Zur Legitimation durch Menschenrechte«, in: P. Niesen und Hauke Brunkhorst (Hg.), *Das Recht der Republik*, Frankfurt am Main: Suhrkamp 1998 [*These vom inneren Zusammenhang zwischen Demokratie und Menschenrechten*].

Hart, H. L. A., »Are There Any Natural Rights?«, in: *Philosophical Review* 64 (1955); wieder in: Jeremy Waldron (Hg.), *Theories of Rights*, Oxford: Oxford University Press 1984.

Hartnack, Justus, *Human Rights. Freedom, Justice, and Equality*, Lewiston: Mellen Press 1992.

Hartung, Fritz, und Gerhard Commichau, *Die Entwicklung der Menschen- und Bürgerechte von 1776 bis zur Gegenwart*, Göttingen 1985.

Hayek, Friedrich A., *Law, Legislation, Liberty*, London 1976; deutsch: *Recht, Gesetzgebung und Freiheit*, Landsberg: Verlag Moderne Industrie 1981.

Heidelmeyer, Wolfgang (Hg.), *Die Menschenrechte. Erklärungen, Ver-*

fassungsartikel, Internationale Abkommen, Paderborn/München/Wien/Zürich: Schöningh (UTB), 3., erweiterte Auflage 1982.

Höffe, Otfried, »Ein transzendentaler Tausch. Zur Anthropologie der Menschenrechte«, in: *Philosophisches Jahrbuch* 99 (1992), S. 1-28.

– »Menschenrechte und Tauschgerechtigkeit«, in: Peter Fischer (Hg.), *Freiheit oder Gerechtigkeit. Perspektiven politischer Philosophie*, Leipzig: Reclam 1995.

– »Sieben Thesen zur Anthropologie der Menschenrechte«, in: ders. (Hg.), *Der Mensch – ein politisches Tier? Essays zur politischen Anthropologie*, Stuttgart: Reclam 1992.

– *Vernunft und Recht. Bausteine zu einem interkulturellen Rechtsdiskurs*, Frankfurt am Main: Suhrkamp 1996.

Hohfeld, Wesley Newcomb, *Fundamental Legal Conceptions*, New Haven: Yale University Press 1919 [*eine grundlegende Analyse des Begriffs von Rechten*].

Huber, Wolfgang, »Menschenrechte/Menschenwürde«, in: *Theologische Realencyclopädie*, Bd. 22, Berlin/New York: de Gruyter 1992, S. 577 bis 602 [*guter historischer Überblick*].

– und H. E. Tödt, *Menschenrechte. Perspektiven einer menschlichen Welt*, Stuttgart: Kreuz-Verlag 1977.

Hufton, Olwen (Hg.), *Menschenrechte in der Geschichte*, Frankfurt am Main: Fischer 1996.

Hutter, Franz-Josef, und Cartsen Tessmer (Hg.), *Die Menschenrechte in Deutschland. Geschichte und Gegenwart*, München: Beck 1997.

Jellinek, Georg, *System der subjektiven öffentlichen Rechte*, Tübingen, 2. Auflage 1905 [*einflußreiche Unterscheidung zwischen negativen Freiheitsrechten (»status negativus«), positiven Teilnahmerechten (»status activus«) und sozialen Teilhaberechten (»status positivus«)*].

Kamenka, Eugene, und Alice Erh-Soon Tay (Hg.), *Human Rights*, New York/London: Basic Books 1978.

Kant, Imanuel, *Metaphysik der Sitten* (1. Auflage 1797, 2. Auflage 1798), in: *Kant's Werke*, hg. von der Preußischen Akademie der Wissenschaften, Berlin 1902 ff., Bd. 6 [*Kants Rechts- und Staatsphilosophie*].

Kaufmann, Matthias, *Rechtsphilosophie*, Freiburg: Alber 1995.

Klug, U., und M. Kriele, *Menschen- und Bürgerrechte*, Stuttgart 1988 (= *Archiv für Rechts- und Staatsphilosophie*, Sonderband 33).

Koller, Peter, »Menschen- und Bürgerrechte aus ethischer Perspektive«, in: *Jahrbuch für Recht und Ethik* 3 (1995), S. 49-68.

König, Siegfried, *Zur Begründung der Menschenrechte. Hobbes, Locke, Kant*, Freiburg: Alber 1994.

Locke, John, *Second Treatise of Government* (1690), Indianapolis: Hackett 1980; deutsch: *Über die Regierung*, Stuttgart: Reclam 1983 [*klassische menschenrechtliche liberalistische Begründung der Freiheit und des Eigentums*].

Luhmann, Niklas, *Gibt es in unserer Gesellschaft noch unverzichtbare Normen?*, Heidelberg: C. F. Muller 1993.

Lukes, Steven, »Can a Marxist Believe in Human Rights?«, in: *Praxis International* 1 (1982).

– »Five Fables about Human Rights«, in: Stephen Shute und Susan Hurley (Hg.), *On Human Rights*, New York: Basic Books 1993; deutsch: »Fünf Fabeln über Menschenrechte«, in: Shute/Hurley (Hg.), *Die Idee der Menschenrechte*, Frankfurt am Main: Fischer 1996, S. 30-52.

Lyons, David (Hg.), *Rights*, Belmont, Cal.: Wadsworth 1979.

Lyotard, Jean-François, »The Other's Rights«, in: Stephen Shute und Susan Hurley (Hg.), *On Human Rights*, New York: Basic Books 1993; deutsch: »Das Recht des Anderen«, in: Shute/Hurley (Hg.), *Die Idee der Menschenrechte*, Frankfurt am Main: Fischer 1996, S. 171 bis 182.

Machan, Tibor, »Some Recent Work in Human Rights Theory«, in: *American Philosophical Quarterly* 17 (1980), S. 103-115 [*Überblicksartikel*].

MacIntyre, Alisdair, *After Virtue*, Notre Dame: University of Notre Dame Press, 2. Auflage 1985; deutsch: *Verlust der Tugend*, Frankfurt am Main/New York: Campus 1987 [*kommunitaristische Kritik an der abstrakten und universellen Idee der Menschenrechte*].

Marshall, Thomas H., *Bürgerrechte und soziale Klassen. Zur Soziologie des Wohlfahrtsstaates*, Frankfurt am Main/New York: Campus 1992 [*These, daß negative Freiheits-, demokratische Teilnahme- und sozioökonomische Teilhaberechte historisch aufeinander folgen*].

Martin, Rex, und James Nickel, »Recent Work on the Concepts of Rights«, in: *American Philosophical Quarterly* 17 (1980), S. 165-180 [*Überblicksartikel über den Begriff der Rechte, einschließlich der Menschenrechte, von 1963 bis 1978; mit Bibliographie*].

Melden, A. I. (Hg.), *Human Rights*, Belmont, Cal.: Wadsworth 1970.

Nagel, Thomas, »Personal Rights and Public Space«, *Philosophy and Public Affairs* 24 (1995), S. 83-107; deutsch: »Menschenrechte und Öffentlichkeit«, in: ders., *Letzte Fragen*, Bodenheim: Philo Verlag 1996, S. 331-359.

Nelson, John O., »Against Human Rights«, in: *Philosophy* 65 (1990), S. 341-348.

Nickel, James, *Making Sense of Human Rights. Philosophical Reflections on the Universal Declaration of Human Rights*, Berkeley, Cal.: University of California Press 1987.

Nino, Carlos Santiago, *The Ethics of Human Rights*, Oxford: Clarendon Press 1991.

Nozick, Robert, *Anarchy, State, and Utopia*, New York: Basic Books 1974.

Odersky, Walter (Hg.), *Die Menschenrechte. Herkunft, Geltung, Gefährdung* (= Schriften der katholischen Akademie Bayern, 151), Düsseldorf: Patmos 1994.
Paul, Ellen Frankel, Fred D. Miller und Jeffrey Paul (Hg.), *Human Rights*, Oxford: Blackwell 1984.
Pennock, J. Roland, und John W. Chapman, (Hg.), *Human Rights (Nomos XXIII)*, New York: New York University Press 1981 [*guter Sammelband*].
Perelman, Chaim, »Can the Rights of Man Be Founded?«, in: Alan Rosenbaum (Hg.), *The Philosophy of Human Rights*, Westport: Greenwood Press 1980.
Perry, Michael, *The Idea of Human Rights. Four Inquiries*, Oxford: Oxford University Press 1998.
Picht, Georg, »Zum geistesgeschichtlichen Hintergrund der Lehre von den Menschenrechten« (1957), in: ders., *Hier und Jetzt. Philosophieren nach Auschwitz und Hiroshima*, Stuttgart: Klett-Cotta 1980.
Pogge, Thomas, »How Should Human Rights be Conceived?«, in: *Jahrbuch für Recht und Ethik* 3, hg. von Joachim Hruschka, Berlin: Duncker und Humblot 1995, S. 103-120.
Pojman, Louis, »Are Human Rights Based on Equal Human Worth?«, in: *Philosophy and Phenomenological Research* 52 (1992), S. 605 bis 622.
Rawls, John, *A Theory of Justice*, Cambridge: Harvard University Press 1971; deutsch: *Eine Theorie der Gerechtigkeit*, Frankfurt am Main: Suhrkamp 1975.
– *Political Liberalism*, New York: Columbia University Press 1993; deutsch: *Politischer Liberalismus*, Frankfurt am Main: Suhrkamp 1998.
Renaut, Alain, und Lucas Sosoe, *Philosophie du droit*, Paris: Presses Universitaires de France 1991.
Rorty, Richard, »Human Rights, Rationality, and Sentimentality«, in: Stephen Shute und Susan Hurley (Hg.), *On Human Rights*, New York: Basic Books 1993; deutsch: »Menschenrechte, Rationalität und Gefühl«, in: Shute/Hurley (Hg.), *Die Idee der Menschenrechte*, Frankfurt am Main: Fischer 1996, S. 144-170.
Rosenbaum, Alan (Hg.), *The Philosophy of Human Rights*, Westport: Greenwood Press 1980
Scanlon, Thomas, »Human Rights as Neutral Concern«, in: Peter G. Brown und Douglas MacLean (Hg.), *Human Rights and U.S. Foreign Policy. Principles and Applications*, Lexington, Mass.: Lexington Books 1979.
Schwartländer, Johannes (Hg.), *Menschenrechte. Aspekte ihrer Begründung und Verwirklichung*, Tübingen: attempto 1978.
Schweidler, Walter, *Geistesmacht und Menschenrecht. Der Universalan-*

spruch der Menschenrechte und das Problem der Ersten Philosophie, Freiburg/München: Alber 1994.

Shute, Stephen, und Susan Hurley (Hg.), *On Human Rights. The Oxford Amnesty Lectures 1993*, New York: Basic Books 1993; deutsch: Shute/Hurley (Hg.), *Die Idee der Menschenrechte*, Frankfurt am Main: Fischer 1996.

Sieghart, Paul, *International Law of Human Rights*, Oxford: Clarendon Press 1983.

– *The Lawful Rights of Mankind*, Oxford University Press 1985.

Simma, Bruna, und Ulrich Fastenrath (Hg.), *Menschenrechte – Ihr internationaler Schutz*, München: Beck im dtv 1992.

Spaemann, Robert, »Über den Begriff der Menschenwürde«, in: Ernst-Wolfgang Böckenförde und Robert Spaemann (Hg.), *Menschenrechte und Menschenwürde*, Stuttgart: Klett-Cotta 1987, S. 295-316.

Tugendhat, Ernst, *Vorlesungen über Ethik*, Frankfurt am Main: Suhrkamp 1993 [*17. Vorlesung über Menschenrechte*].

Vlastos, Gregory, »Justice and Equality«, in: R. Brandt (Hg.), *Social Justice*, Englewood Cliffs, N.J.: Prentice Hall 1962; wieder in: Jeremy Waldron (Hg.), *Theories of Rights*, Oxford: Oxford University Press 1984, S. 41-76; wieder in: Louis Pojman und R. Westmoreland (Hg.), *Equality. Selected Readings*, Oxford: Oxford University Press 1996, S. 120-133 [*Vlastos argumentiert, daß Personen gleichen Wert haben*].

Waldron, Jeremy, *Liberal Rights. Collected Papers 1981-1991*, Cambridge: Cambridge University Press 1993 [*Waldron vertritt die These, daß alle (Menschen-)Rechte, auch die sozioökonomischen, als Freiheitsrechte verstanden werden müssen*].

– (Hg.), *»Nonsense Upon Stilts«. Bentham, Burke and Marx on the Rights of Man*, London: Methuen 1987.

– (Hg.), *Theories of Rights*, Oxford: Oxford Univerrsity Press 1984.

Walzer, Michael, *Kritik und Gemeinsinn*, Berlin: Rotbuch 1990.

– *Thick and Thin: Moral argument at home and abroad*, Notre Dame: University of Notre Dame Press 1994; deutsch: *Lokale Kritik – globale Standards. Zwei Formen moralischer Auseinandersetzung*, Berlin: Rotbuch 1996 [*kommunitaristische These, daß Menschenrechte höchstens als hermeneutisch zu ermittelnde, kontingent geteilte Übereinstimmung von Gemeinschaften zu verstehen sind*].

Wellman, Carl, »A New Conception of Human Rights«, in: E. Kamenka und A. S. Tay (Hg.), *Human Rights*, New York 1968.

– *A Theory of Rights. Persons Under Laws, Institutions, and Morals*, Totowa, N.J. 1985.

Werhane, Patricia, u.a. (Hg.), *Philosophical Issues in Human Rights*, New York: Random House 1986.

Winston, Morton E. (Hg.), *The Philosophy of Human Rights*, Belmont: Wadsworth 1989 [*guter Sammelband mit Auswahlbibliographie*].

Ackerman, Bruce, *Social Justice in the Liberal State*, New Haven: Yale University Press 1980.

Aiken, William, und Hugh LaFolette (Hg.), *World Hunger and Morality*, Englewood Cliffs, N.J.: Prentice Hall, 2. Auflage 1996.

Arneson, Richard J., »Property Rights in Persons«, in: Ellen Frankel Paul, F. D. Miller und J. Paul (Hg.), *Economic Rights*, Cambridge: Cambridge University Press 1992.

Böckenförde, Ernst-Wolfgang, »Die sozialen Grundrechte im Verfassungsgefüge«, in: ders., J. Jekewitz und T. Ramm (Hg.), *Soziale Grundrechte*, Heidelberg/Karlsruhe 1981.

Brunner, G., *Die Problematik der sozialen Grundrechte*, Tübingen 1971.

Copp, David, »The Right to an Adequate Standard of Living: Justice, Autonomy, and the Basic Needs«, in: Ellen Frankel Paul, Fred D. Miller und Jeffrey Paul (Hg.), *Economic Rights*, Cambridge: Cambridge University Press 1992, S. 231-261.

Cranston, Maurice, *What are Human Rights?*, New York 1962. [*Kritik an sozialen Menschenrechten*].

– »Human Rights. Real and Supposed«, in: D. D. Raphael (Hg.), *Political Theory and the Rights of Man*, Bloomington, Ind.: Indiana University Press 1967 [*Kritik an sozialen Menschenrechten*].

– »Kann es soziale und wirtschaftliche Menschenrechte geben?«, in: Ernst-Wolfgang Böckenförde und Robert Spaemann (Hg.), *Menschenrechte und Menschenwürde*, Stuttgart: Klett-Cotta 1987.

Cullity, Garrett, »International Aid and the Scope of Kindness«, in: *Ethics* 105 (1994), S. 99-127.

Feinberg, Joel, *Social Philosophy*, Englewood Cliffs, N.J.: Prentice-Hall 1973 [*Einführung und Überblick*].

Golding, Martin P., »The Primacy of Welfare Rights«, in: Ellen Frankel Paul, Fred D. Miller, Jr. und Jeffrey Paul (Hg.), *Human Rights*, Oxford: Blackwell 1984.

Harrison, Ross, »Welfare Rights«, in: *Archiv für Rechts- und Staatsphilosophie*, Beiheft 55 (1993), S. 71-81.

Hernekamp, K. (Hg.), *Soziale Grundrechte*, Berlin/New York: de Gruyter 1976.

Michelman, Frank, »Constitutional Welfare Rights and A Theory of Justice«, in: N. Daniels (Hg.), *Reading Rawls*, New York 1975, S. 319 bis 347.

Miller, David, *Social Justice*, Oxford: Oxford University Press 1976, 2. Auflage 1986.

Moller Okin, Susan, »Liberty and Welfare. Some Issues in Human Rights Theory«, in: J. R. Pennock und J. W. Chapman (Hg.), *Human Rights (Nomos XXIII)*, New York 1981, S. 230-256.

Nelson, William N., »Special Rights, General Rights, and Social Justice«, in: *Philosophy and Public Affairs* 3 (1974), S. 410-430 [*gegen die These, daß alle Menschenrechte universell sind; soziale Rechte sind keine generellen Rechte, sondern spezielle*].
Nussbaum, Martha, »Human Functioning and Social Justice. In Defense of Aristotelian Essentialism«, in: *Political Theory* 20 (1992), S. 202 bis 246, deutsch: »Menschliches Tun und soziale Gerechtigkeit. Zur Verteidigung des aristotelischen Essentialismus«, gekürzt in: Micha Brumlik und Hauke Brunkhorst (Hg.), *Gemeinschaft und Gerechtigkeit*, Frankfurt am Main: Fischer 1993, S. 323-361, wieder in: Holmer Steinfath (Hg.), *Was ist ein gutes Leben?*, Frankfurt am Main: Suhrkamp 1998, S. 196-234 [*eine Liste von Grundbedürfnissen, die für das menschliche Leben wesentlich sind*].
O'Neill, Onora, »Lifeboat Earth«, in: William Aiken und Hugh La Follet (Hg.), *World Hunger and Moral Obligation*, Englewood Cliffs, N.J.: Prentice-Hall 1977; wieder in: Charles Beitz, M. Cohen, T. Scanlon und A. J. Simmons (Hg.), *International Ethics*, Princeton: Princeton University Press 1985, S. 262-281.
– *Faces of Hunger. An Essay on Poverty, Development and Justice*, London: Allen & Unwin 1986.
Paul, Ellen Frankel, Fred D. Miller und Jeffrey Paul (Hg.), *Economic Rights*, Cambridge: Cambridge University Press 1992.
Ryffel, Hans, und Johannes Schwardtländer (Hg.), *Das Recht des Menschen auf Arbeit*, Kehl am Rhein/Straßburg: N. P. Engel 1983.
Schneider, P., »Social Rights and the Concept of Human Rights«, in: D. D. Raphael (Hg.), *Political Theory and the Rights of Man*, London: MacMillan 1967.
Sen, Amartya, *Poverty and Famines. An Essay on Entitlement and Deprivation*, Oxford: Clarendon Press 1981.
Shue, Henry, *Basic Rights. Subsistence, Affluence, and U.S. Foreign Policy*, Princeton: Princeton University Press 1980.
– »Solidarity among Strangers and the Right to Food«, in: William Aiken und Hugh La Follette (Hg.), *World Hunger and Morality*, Englewood Cliffs, N.J.: Prentice Hall 1995.
Wellman, Carl, *Welfare Rights*, Savage: Rowman und Littlefield 1982.

Demokratie und Menschenrechte

Benhabib, Seyla (Hg.), *Democracy and Difference*, Princeton: Princeton University Press 1996.
Böckenförde, Ernst-Wolfgang, »Demokratie als Verfassungsprinzip«, in: ders., *Staat, Verfassung, Demokratie*, Frankfurt am Main: Suhrkamp 1991, S. 289-378.

Bohman, James, und William Rehg (Hg.), *Deliberative Democracy*, Cambridge, Mass.: MIT Press 1997.
Copp, David, Jean Hampton und John E. Roemer (Hg.), *The Idea of Democracy*, Cambridge: Cambridge University Press 1993.
Dworkin, Ronald, »Equality, Democracy, and Constitution. We the People in Court«, in: *Alberta Law Review* 28 (1990), S. 324-346; deutsch: »Gleichheit, Demokratie und Verfassung. Wir, das Volk, und die Richter«, in: Ulrich K. Preuß (Hg.), *Zum Begriff der Verfassung*, Frankfurt am Main. Fischer 1994, S. 171-209.
Elster, Jon, und Rune Slagstad (Hg.), *Constitutionalism and Democracy*, Cambridge: Cambridge University Press 1988.
– »Majority Rule and Individual Rights«, in: Stephen Shute und Susan Hurley (Hg.), *On Human Rights*, New York: Basic Books 1993, S. 175-216; deutsch: »Mehrheitsregel und Individualrechte«, in: Shute/Hurley (Hg.), *Die Idee der Menschenrechte*, Frankfurt am Main: Fischer 1996, S. 207-253.
Gosepath, Stefan, »Das Verhältnis von Demokratie und Menschenrecht«, in: Hauke Brunkhorst (Hg.), *Demokratischer Experimentalismus*, Frankfurt am Main: Suhrkamp 1998, S. 201-240.
Gould, Carol C., *Rethinking Democracy. Freedom and Social Cooperation in Politics, Economy, and Society*, Cambridge: Cambridge University Press 1988.
Habermas, Jürgen, *Faktizität und Geltung. Beiträge zur Diskurstheorie des Rechts und des demokratischen Rechtsstaats*, Frankfurt am Main: Suhrkamp 1992 [*These vom inneren Zusammenhang von Demokratie und Menschenrechten*].
– »Drei normative Modelle der Demokratie«, in: ders., *Die Einbeziehung des Anderen*, Frankfurt am Main: Suhrkamp 1996, S. 277-292.
– »Über den internen Zusammenhang von Rechtsstaat und Demokratie«, in: Ulrich K. Preuß (Hg.), *Zum Begriff der Verfassung*, Frankfurt am Main: Fischer 1994, S. 83-94; wieder in: ders., *Die Einbeziehung des Anderen*, Frankfurt am Main: Suhrkamp 1996, S. 293-305.
Höffe, Otfried, »Die Menschenrechte als Legitimation – kritischer Maßstab der Demokratie«, in: Johannes Schwartländer (Hg.), *Menschenrechte. Aspekte ihrer Begründung und Verwirklichung*, Tübingen 1978.
Holmes, Steven, »Precommitment and the Paradox of Democracy«, in: Jon Elster und Rune Slagstad (Hg.), *Constitutionalism and Democracy*, Cambridge: Cambridge University Press 1988; deutsch: »Verfassungsförmige Vorentscheidungen und das Paradox der Demokratie«, in: Ulrich K. Preuß (Hg.), *Zum Begriff der Verfassung*, Frankfurt am Main: Fischer 1994, S. 37-57.
Luhmann, Niklas, *Grundrechte als Institution. Ein Beitrag zur politischen Soziologie*, Berlin: Duncker & Humblot 1965.

Maus, Ingeborg, »Zum Verhältnis von Recht und Moral aus demokratietheoretischer Sicht«, in: Kurt Bayertz (Hg.), *Politik und Ethik*, Stuttgart: Reclam 1996, S. 194-227 [*Maus vertritt den Vorrang der Demokratie vor den Menschenrechten*].

Michelman, Frank I., »Do Human Rights Need Democratic Legitimation?«, Ms. 1996; erscheint deutsch in: Hauke Brunkhorst, Wolfgang Köhler und Matthias Lutz-Bachmann (Hg.), *Recht auf Menschenrechte*, Frankfurt am Main: Suhrkamp (in Vorbereitung).

Schwartländer, Johannes (Hg.), *Menschenrechte und Demokratie*, Kehl am Rhein/Straßburg: N. P. Engel 1981.

Universalität, Relativität und Konkretisierung

Beitz, Charles, *Political Theory and International Relations*, Princeton: Princeton University Press 1979 [*über internationale Gerechtigkeit*].

–, M. Cohen, T. Scanlon und A. J. Simmons (Hg.), *International Ethics*, Princeton: Princeton University Press 1985 [*über internationale Gerechtigkeit*].

Bielefeldt, Heiner, »Die Menschenrechte als ›das Erbe der gesamten Menschheit‹«, in: ders., W. Brugger und K. Dicke (Hg.), *Würde und Recht des Menschen*. Festschrift für Johannes Schwartländer zum 70. Geburtstag, Würzburg: Königshausen und Neumann 1992 [*kulturelle, weltanschauliche und politische Unterschiede in der Auslegung der Menschenrechte, die diese von innen her bedrohen*].

Brandt, Willy, *Menschenrechte: mißhandelt und mißbraucht*, Reinbek: Rowohlt 1987.

Brunkhorst, Hauke, Wolfgang Köhler und Matthias Lutz-Bachmann (Hg.), *Recht auf Menschenrechte*, Frankfurt am Main (in Vorbereitung) [*Menschenrechte und Demokratie im Zeitalter der Globalisierung*].

Chwaszcza, Christine, »Politische Ethik II: Ethik der internationalen Beziehung«, in: Julian Nida-Rümelin (Hg.), *Angewandte Ethik. Die Bereichsethiken und ihre theoretische Fundierung. Ein Handbuch*, Stuttgart: Kröner 1996, S. 154-198 [*guter Überblicksartikel zur internationalen Gerechtigkeit*].

Derrida, Jacques, *Gesetzeskraft. Der »mystische Grund der Autorität«*, Frankfurt am Main: Suhrkamp 1991 [*Problem der Ungerechtigkeit bei der Anwendung allgemeiner Regeln*].

Gerhard, Ute, Mechthild Jansen, Andrea Maihofer, Pia Schmid und Irmgard Schultz (Hg.), *Differenz und Gleichheit. Menschenrechte haben (k)ein Geschlecht*, Frankfurt am Main: Ulrike Helmer 1990 [*feministische Diskussion der Menschenrechte*].

Goodin, Robert, »What is so special about our Fellowcountrymen?«, *Ethics* 98 (1988), S. 663-686. [*internationale Gerechtigkeit*].

Habermas, Jürgen, *Die Einbeziehung des Anderen*, Frankfurt am Main: Suhrkamp 1996.

– »Kants Idee des ewigen Friedens – aus dem historischen Abstand von 200 Jahren«, in: ders., *Die Einbeziehung des Anderen*, Frankfurt am Main: Suhrkamp 1996, S. 192-236.

Henkin, Louis, *The Age of Rights*, New York: Columbia University Press 1990 [*Internationales Recht und Menschenrechte*].

Höffe, Otfried, »Die Menschenrechte im interkulturellen Diskurs«, in: Walter Odersky (Hg.), *Die Menschenrechte. Herkunft, Geltung, Gefährdung*, Düsseldorf: Patmos 1994, S. 119-137.

Kant, Immanuel, *Zum ewigen Frieden. Ein philosophischer Entwurf*, 1. Auflage 1795 (A), 2. Auflage 1796 (B), in: *Kant's gesammelte Werke* (Akademie-Ausgabe), hg. von der Königlich Preußischen Akademie der Wissenschaften, Berlin 1902 ff., Bd. 8, S. 341-386.

Lohmann, Georg, »Zu Problemen der Institutionalisierung von Menschenrechten in Japan«, in: P. Koller und K. Puhl (Hg.), *Current Issues in Political Philosophy: Justice in Society and World Order*, Wien: Hölder-Pichler-Tempsky 1997, S. 196-202.

– »Müssen die Menschenrechte durch eine Allgemeine Erklärung der Menschenpflichten ergänzt werden?«, in: *perspektiven ds* 15, Heft 2, Marburg: Schüren 1998, S. 123-138.

Lutz-Bachmann, Matthias, und James Bohman (Hg.), *Frieden durch Recht. Kants Friedensidee und das Problem einer neuen Rechtsordnung*, Frankfurt am Main: Suhrkamp 1996 [*internationale Gerechtigkeit*].

MacKinnon, Catherine A., »Crimes of War, Crimes of Peace«, in: Stephen Shute und Susan Hurley (Hg.), *On Human Rights*, New York: Basic Books 1993, S. 83-109; deutsch: »Kriegsverbrechen, Friedensverbrechen«, in: Stephen Shute und Susan Hurley (Hg.), *Die Idee der Menschenrechte*, Frankfurt am Main: Fischer 1996, S. 104-143 [*feministische Diskussion der Menschenrechte*].

Maier, Hans, *Wie universal sind Menschenrechte?*, Freiburg: Herder 1997.

Maihofer, Andrea, »Die Menschenrechte haben kein Geschlecht. Ein Plädoyer für ihre Reformulierung«, in: *Vorgänge* 94 (1988), S. 79-92 [*feministische Diskussion der Menschenrechte*].

Merkel, Reinhard, und Roland Wittmann (Hg.), *Zum Ewigen Frieden. Grundlagen. Aktualität und Aussichten einer Idee von Immanuel Kant*, Frankfurt am Main: Suhrkamp 1996.

Miller, David, »The Ethical Significance of Nationality«, in: *Ethics* 98 (1988), S. 647-662 [*internationale Gerechtigkeit*].

Peters, J. S., und Andrea Wolper (Hg.), *Women's Rights, Human Rights: International Feminist Perspectives*, New York: Routledge 1995 [*feministische Diskussion der Menschenrechte*].

Pogge, Thomas, »Cosmopolitanism and Souvereignty«, in. *Ethics* 103 (1993), S. 48-75.
– »An Egalitarian Law of Peoples«, in: *Philosophy and Public Affairs* 23 (1994), S. 195-224 [*internationale Gerechtigkeit*].
– »Eine globale Rohstoffdividende«, in: *Analyse und Kritik* 17 (1995), S. 183-208.
Rawls, John, »The Law of Peoples«, in: Stephen Shute und Susan Hurley (Hg.), *On Human Rights*, New York: Basic Books 1993, S. 41-82; deutsch: »Das Völkerrecht«, in: Stephen Shute und Susan Hurley (Hg.), *Die Idee der Menschenrechte*, Frankfurt am Main: Fischer 1996, S. 53-103 [*internationale Gerechtigkeit*].
Robertson, A. H., und J. G. Merrills, *Human Rights in the World. An Introduction to the Study of the International Protection of Human Rights*, Manchester: Manchester University Press, 4. Auflage 1996.
Shue, H., »Mediating Duties«, in: *Ethics* 98 (1988), S. 687-704 [*internationale Gerechtigkeit*].
– »Negative Duties Toward All, Positive Duties Toward Some«, in: Peter Juviler und Bertram Gross (Hg.), *Human Rights for the 21st Century: Foundations for Responsible Hope*, Armonk, N.Y./London: M. E. Sharpe 1993, S. 266-274 [*internationale Gerechtigkeit*].

Hinweise zu den Autorinnen und Autoren

Robert Alexy, geb. 1945, ist Professor für Öffentliches Recht und Rechtsphilosophie an der Christian-Albrechts-Universität zu Kiel. Zu seinen Veröffentlichungen zählen: *Theorie der juristischen Argumentation* (1978, 3. Aufl. 1996); *Theorie der Grundrechte* (1985, 3. Aufl. 1996), *Begriff und Geltung des Rechts* (1992, 2. Aufl. 1994), *Recht, Vernunft, Diskurs* (1995).

Ernst-Wolfgang Böckenförde, geb. 1930, o. Professor für Öffentliches Recht, Verfassungs- und Rechtsgeschichte, Rechtsphilosophie an den Universitäten Heidelberg (1964-1969), Bielefeld (1969-1977), Freiburg (1977 bis zur Emeritierung 1995). 1983-1996 Richter des Bundesverfassungsgerichts, Zweiter Senat. Veröffentlichungen: *Gesetz und gesetzgebende Gewalt. Von den Anfängen der deutschen Staatsrechtslehre bis zur Höhe des staatlichen Positivismus* (1958, 2. Aufl. 1981); *Die deutsche verfassungsgeschichtliche Forschung im 19. Jahrhundert* (1961); *Die Organisationsgewalt im Bereich der Regierung* (1964); *Die Rechtsauffassung im kommunistischen Staat* (1967, 3. Aufl. 1968); *Die verfassungstheoretische Unterscheidung von Staat und Gesellschaft als Bedingung der individuellen Freiheit* (1973); *Staat, Gesellschaft, Freiheit* (1976); *Die verfassungsgebende Gewalt des Volkes* (1986); *Schriften zu Staat, Gesellschaft, Kirche*, 3 Bde. (1988, 1989 und 1990); *Recht, Staat, Freiheit* (1991); *Staat, Verfassung, Demokratie* (1991); zahlreiche Aufsätze in Zeitungen, Zeitschriften und Sammelbänden.

Ronald Dworkin ist Professor of Jurisprudence an der Oxford University und Professor of Law an der New York University. B.A. und J.D. in Harvard, B.A. in Oxford, mehrere Ehrentitel von Universitäten in den USA, Europa und Südamerika. *Veröffentlichungen: Taking Rights Seriously* (1977, deutsch: *Bürgerrechte ernstgenommen*, 1984); *A Matter of Principle* (1985); *Law's Empire* (1986); *Life's Dominion* (1993, deutsch: *Die Grenzen des Lebens*, 1994); *Freedom's Law* (1996). Zahlreiche Artikel in wissenschaftlichen und allgemeinen Zeitschriften. Sein neues Buch *On the Nature of Equality* erscheint in diesem Jahr. Er ist Mitglied der British Academy und der American Academy of Arts and Sciences.

Stefan Gosepath, Dr. phil., geb. 1959; Studium der Philosophie an den Universitäten Tübingen, FU Berlin und Harvard; Promotion 1992, 1988-1993 wissenschaftlicher Mitarbeiter für Philosophie an der Hochschule der Künste Berlin, seit 1993 Assistent ebenda; 1996/97 Forschungsaufenthalt in New York (Columbia/NYU) und Harvard. Wichtigere Veröffentlichungen: *Aufgeklärtes Eigeninteresse. Eine Theorie theoretischer und praktischer Rationalität* (1992); »Eine einheitliche Konzeption von Rationalität«, in: *Protosoziologie* 6 (1994); »The Place of Equality in Habermas' and Dworkin's Theories of Justice«, in: *European Journal of Philosophy*, 3 (1995); »Das Verhältnis von Demokratie und Menschenrecht«, in: Hauke Brunkhorst (Hg.), *Demokratischer Experimentalismus* (1998); »Praktische Rationalität. Eine Problemübersicht«, in: S. Gosepath (Hg.), *Motive, Gründe, Zwecke. Theorien praktischer Rationalität* (in Vorbereitung).

Otfried Höffe, geb. 1943, o. Professor für Philosophie an der Universität Tübingen. Wichtigste Buchveröffentlichungen: *Praktische Philosophie. Das Modell des Aristoteles* (1971, 2. Aufl. 1996); *Strategien der Humanität* (1975, 2. Aufl. 1985); *Ethik und Politik* (1979, 2. Aufl. 1987); *Sittlich-politische Diskurse* (1981); *Immanuel Kant* (1983, 4. Aufl. 1996); *Politische Gerechtigkeit* (1987, 2. Aufl. 1989); *Den Staat braucht selbst ein Volk von Teufeln* (1988); *Kategorische Rechtsprinzipien* (1990, 2. Aufl. 1993); *Moral als Preis der Moderne* (1993, 3. Aufl. 1995); *Aristoleles* (1996); *Vernunft und Recht* (1996); Gibt es ein interkulturelles Strafrecht? (1998). – Zahlreiche Übersetzungen in europäische und außereuropäische Sprachen. Herausgeber der *Zeitschrift für philosophische Forschung*, der Reihen »Denker« und »Klassiker Auslegen« und zahlreicher Sammelbände, zuletzt: *Lesebuch zur Ethik* (1998).

Peter Koller, geb. 1947; Studium der Rechtswissenschaften und der Philosophie (mit Nebenfach Soziologie) in Graz; 1985 Habilitation; Gastprofessuren an der University of Minnesota in Minneapolis, der Rutgers University, New Jersey, und an der Universität München; seit 1991 Professor für Rechtsphilosophie, Rechtstheorie und Rechtssoziologie an der Universität Graz. Veröffentlichungen: *Neue Theorien des Sozialkontrakts* (1987); *Theorie des Rechts. Eine Einführung* (1992, 2. Aufl. 1997); zahlreiche Aufsätze über Themen der Rechts- und Sozialphilosophie, der Ethik und der Rechtssoziologie.

Georg Lohmann, geb. 1948, Prof. Dr. habil.; Studium der Philosophie, Soziologie und Politikwissenschaft unter anderem in Frankfurt am Main, München, Heidelberg und London. 1992 Habilitation; seit 1996 Professur für Praktische Philosophie an der Otto-von-Guericke-Universität Magdeburg. Wichtige Veröffentlichungen: *Indifferenz und Gesellschaft. Eine kritische Auseinandersetzung mit Marx* (1991); (Hg., zusammen mit Hinrich Fink-Eitel) *Zur Philosophie der Gefühle* (1993); Aufsätze zur Moralphilosophie, Sozialphilosophie, politischen Philosophie, angewandten Ethik und Problemen des Ethikunterrichts.

Susan Moller Okin ist Marta Sutton Weeks Professor of Ethics in Society an der Stanford University. Veröffentlichungen: *Women in Western Political Thought* (1979); *Justice, Gender, and the Family* (1989); Aufsätze zu feministische Theorien, zu Hobbes, zur Geschichte der Familie und zur moralischen Rechtfertigung nuklearer Abschreckung. Sie arbeitet gegenwärtig über die Spannungsverhältnisse zwischen gleichen Rechten für Frauen und Ansprüchen auf kulturelle Autonomie.

Onora O'Neill ist Principal of Newnham College, Cambridge. Sie studierte in Oxford und Harvard, erwarb ihren Ph.D. bei John Rawls und lehrt Philosophie in den USA und Großbritannien. Arbeitsgebiete: Ethik, politische Philosophie und Aspekte der Kantischen Philosophie. Jüngste Veröffentlichungen: *Constructions of Reason: Explorations of Kant's Practical Philosophy* (1989); *Tugend und Gerechtigkeit: Eine konstruktive Darstellung des praktischen Denkens* (1996).

Thomas W. Pogge, Ph.D. (Harvard), Associate Professor für Philosophie an der Columbia University, New York. Veröffentlichungen: *Realizing Rawls* (1989); *John Rawls* (1994); Aufsätze zu internationaler Gerechtigkeit, Kant, Ethik, politischer Philosophie, Sozialphilosophie und Rechtsphilosophie.

Henry Shue ist Wyn and William Y. Hutchinson Professor of Ethics and Public Life an der Cornell University und erster Direktor von Cornell's Program on Ethics and Public Life. Nach dem Studium am Merton College, Oxford, als Rhodes Scholar erhielt er seinen Ph.D. am Interdepartmental Program on Political Philosophy in Princeton. 1976 Gründungsmitglied des Institute for Philosophy and Public Policy, eines Forschungszentrums bei Washington für die Erforschung ethischer Aspekte öffentlicher Angelegenheiten. Wichtige Veröffentlichung: *Basic Rights* (2. Aufl. 1996).

Ernst Tugendhat, geb. 1930, Professuren für Philosophie in Heidelberg (1966-1975), am Starnberger Max-Planck-Institut (1975-1980), an der FU Berlin (1980-1992), seitdem Gastprofessuren in Santiago de Chile, Zürich, Wien, Konstanz, Prag, Brasilien. Buchveröffentlichungen in Auswahl: *Ti Kata Tinos* (1958); *Der Wahrheitsbegriff bei Husserl und Heidegger* (1967); *Vorlesungen zur Einführung in die sprachanalytische Philosophie* (1976); *Selbstbewußtsein und Selbstbestimmung* (1979); *Logisch-semantische Propädeutik* (zusammen mit Ursula Wolf, 1983); *Nachdenken über die Atomkriegsgefahr* (1986); *Probleme der Ethik* (1984); *Ethik und Politik* (1992); *Philosophische Aufsätze* (1992); *Vorlesungen über Ethik* (1993); *Dialoge in Leticia* (1997).

Albrecht Wellmer lehrt seit 1990 Philosophie an der Freien Universität Berlin. Neben zahlreichen Aufsätzen zur praktischen Philosophie, kritischen Theorie, Ästhetik und Sprachphilosophie veröffentlichte er unter anderem: *Zur Dialektik von Moderne und Postmoderne. Vernunftkritik nach Adorno* (1985); *Ethik und Dialog. Elemente des moralischen Urteils bei Kant und in der Diskursethik* (1986); *Endspiele: Die unversöhnliche Moderne. Essays und Vorträge* (1993).

Andreas Wildt, Dr. habil., Privatdozent für Philosophie an der FU Berlin, Lehrbeauftragter für Ethik in der Lehrerausbildung für LER in Brandenburg. Hauptarbeitsgebiet: Praktische Philosophie. Wichtigste Veröffentlichungen: *Autonomie und Anerkennung. Hegels Moralitätskritik im Lichte seiner Fichte-Rezeption* (1982); Aufsätze zur Geschichte der Ethik, zu Marx, zur politischen Philosophie und zu einer emotivistischen Moralphilosophie.

Suhrkamp Verlag GmbH
Torstraße 44, 10119 Berlin
info@suhrkamp.de
www.suhrkamp.de